U0060278

煉獄風雲錄

辛酸六十年 下

228事件二七部隊部隊長

鍾逸人回憶錄 1947～19

目次

緒言

第一部 台北監獄

第二部　台中監獄

第三部 台南監獄

第四部　重回北監

第五部　警總保安處

第六部　軍人監獄

第七部　綠島

——張信義

第八部 小琉球

附錄

序

鍾肇政

世人當還記得於一九八八年，也就是解嚴次年出版的《辛酸六十年——二二八事件二七部隊部隊長鍾逸人回憶錄》一書。那是一本厚厚的大書，近七百頁，係由鄭南榕所主持的「自由時代」印行。出版後一紙風行，迅即再版多次，據云還出現幾種盜印版，亦照樣暢銷無阻。幾年後，又有由前衛出版社發行的新版本出來，一樣擁有可觀的讀者。

平心而言，這本書沒有燦爛詞華，更不會有美辭麗句，有的只是平平實實的敍述方式。而其所以能牢牢吸引住讀者，爲之手不釋卷，爲之欲罷不能，實乃因它的內容十分動人之故。

年長一輩的人多半模糊記得，二二八事件當時，台中地區曾經出現過「二七部隊」，與來自中國的蔣家部隊交手，打了一場結結實實的仗，雖然功敗垂成，然而其守土衛民，爲正義而戰的精神，確實是可以名垂靑史的。寫下此書的鍾逸人即該部隊的指揮官。

鍾氏也和許許多多參加那一場起義的人們一樣，在事件後不久即被捕，却僥倖未死，在數達兩萬人以上的死難、失踪者當中，他確實是九死一生——當然是活罪難逃，身繫囹圄達十七星霜之久。

可以想像鍾氏在心中積淤了多少不平與痛苦，然而戒嚴時代，是不許把這些抒發出來的——不，這麼說未免太輕描淡寫了。即令他在一九六四年獲釋以後，表面上雖然也恢復了自由之身，實則只不過是從小監獄移到大監獄，過著特務人員無時無刻不在身邊的恐怖歲月。不錯，那段歲月，整個台灣簡直就如一所其大無比的牢獄，可憐的台灣人民只有任人宰割的悲苦命運。

從一九四九年五月起到一九八七年七月，軍事獨裁統治下的戒嚴令，竟緜延達三十八年以上之久！一旦解除，被壓抑的民氣驟昇，那是必然的現象。於是鍾氏握起了他的如椽之筆，寫下了他生平遭際，當然主要還是二二八前後他置身其中的動亂歲月的種種切切。他爲我們這塊悲苦大地，留下了珍貴的見證。

讀者當還記得，前衛版的本書，書名下多了一個（上）字。這就是說，本書還有（下），並且還可能不久即將問世。

事實是在本書末尾，已爲（下）集留下伏筆。請看該書第六五二頁有如下記載：

「放棄上訴，我開始渡過漫長的牢獄生活。……一九四八年一月被送往台北監獄第二十工廠，接著先後移台中監獄（一九四八年十月）、台南監獄（一九五〇年七月）、台北監獄（一九五二年六月）、新店國防部軍人監獄（一九五四年七月）、綠島監獄（一九五六年六月）、小琉球第三職訓總隊（一九六一年秋）。在漫長的牢獄生活裏，我接觸許多獄中朋友，也從他們口中聽聞許多風風雨雨的時事與秘聞。關於這些獄中見聞，我打算另寫一本獄中見聞錄，作爲本書的續篇。……」

讀者看了這麼一小段，或許會忍不住地驚嘆一聲說：眞是「資歷完整」呀！其實，戰後的恐怖歲月裏，坐黑牢達二十年乃至三十年的人不知凡幾，鍾氏的十七年還只是小巫見大巫而已。然而，十七年，那是多少個日子呢？請不必屈指去算，簡言之，那是足足把一個人的青春歲月整個地埋葬掉的一長串日子——這麼說，恐怕也還只是「輕描淡寫」吧。鍾氏曾一度被判死刑，其後改判十五年，但是刑滿後仍未獲釋，還必需在牢籠中再待兩年之久始放出來。

這本（下）集裏所寫，也就是正式判刑後，從台北監獄起輾轉於各監獄服刑的漫長歲月當中的見聞。筆者有幸先行拜讀原稿，屢屢爲之掩卷太息，並且也重溫了欲罷不能的閱讀三昧——不是興味盎然的那一種，而是驚奇的、匪夷所思的；有時令人髮指，有時爲之悲憤不能自已。或者說，那根本就是煉獄之火，足可令鋼鐵之身化爲灰燼的。但是，我們這位鍾逸人先生並沒有崩潰，更沒有變成灰，他依然是鐵漢一條，屹立在苦難之中。

他何以能如此？

一個在日據時期，以弱冠之齡即因「思想問題」遭日警逮捕，坐過巢鴨監獄的政治牢的反日抗日青年，戰後一變而爲手持青天白日旗歡慶「台灣光復」的愛國青年，怎麼會在僅僅一年多之後揭竿而起，勇敢地向統治者挑戰？

我想大概可以用一句話來回答：欲已不能的正義感。試想在日本統治下，受過鐵血洗禮的熱血青年，當他面對集落後、無知、無能大成，兼且又貪得無厭的外來政權，眼看自己所熱愛的土地與人民，被剝削、踐踏得奄奄一息，胸中怒火即將轟然爆發之際，一個有正義感的熱血青年又怎能不起來奮身一搏!?

該也是這樣的一搏，「台灣人」、「台灣精神」才被型塑出來的。台灣確乎是台灣，而非中國；台灣人確實是台灣人，而非中國人。在二二八之後，「祖國」的幻象破滅了。這裏所提的「台灣精神」四個字，或許只有像鍾逸人這種人，他們那一代台灣人才能領略出來的精神狀態，却在二二八的屠殺，以及繼之而來的白色恐怖下的外來政權教育之下，整個地被扭曲了，被抽離了。因此恐怕也只能存在於那一代人的胸臆深處。然而，不管如何，它儼然存在過，並且確確實實地活在他們的血液之中。

不知何年，在我腦海深處曾經孕育過寫一本題名《小說・二七部隊》的書。在隱微的記憶裏，該是風聞過二七部隊的若干事蹟之後吧？與逸人宗兄相識，也許也過了十幾二十年那麼久。縱使《小說・二七部隊》在腦中初顯輪廓，我仍未能化而爲具體行動——譬如到北斗去拜會宗兄，聆聽一些有關他以及他所率領的二七部隊的種種。由(上)冊裏即可知，在宗兄離奇的半生事蹟當中，可充作小說題材的，簡直是俯拾皆是。然而，如今我已經明白過來，我這本書只不過是在我腦中萌生過的幻影而已。特別是在(下)冊宣告脫稿付梓的這一刻，她根本不再需要了。「事實比小說更奇」，宗兄這兩本大書，證明了此說之不虛，而諸多劫收人員之劣蹟，更非任何富於想像力的小說家所可企及。

但是，在我的寫二二八的長篇小說《怒濤》之中，我倒也安排了一幕在深山裏工作的幾個青年，靠廣播聽到了起義的消息，其中也包括了叫做二七部隊的武裝義軍。雖然只是乘著電波而來、一閃即逝的消息，却也激起了書中青年放下工作，下山去投入抗暴行動的行列。我筆下那幾個可愛的青年，說不定也可算廣義的二七部隊的一員吧。這是極勉強可笑的說法，但這也正是我對二七部隊以及鍾逸人部隊長的敬意所使然。其實說廣義，那時的台灣青年，誰又不是二七部隊的一員呢？

我想說：那就是「台灣精神」！

日前，逸人宗兄來舍，要我爲他的新書寫序。就像我在(上)冊的讀後感「迷幻的二七部隊眞相」一文裏寫的：「(我與他)碰面時，偶而也喊喊日式口令，行行日式軍禮，乃因我也曾是一名日軍的復員小兵之故」，部隊長之於一名小兵，命令自是必需「絕對服從」的。這是日軍軍紀。所以我只得拿起筆來，奮兩日之力，寫成這篇蕪文，成不成「序」在所不計了。

一九九五年元月六日
敬識於龍潭

勇士鍾逸人先生坐黑牢的故事

許世楷

一九七七年當時因爲國民黨政權的政治黑名單還不能回國，在東京的津田塾大學教書的我，突然接到從故鄉來訪的意想不到之客人——鍾逸人先生。那時錯以爲是和他頭一次見面，但是在談論中發現以前我們至少見過一次面。一九四七年二二八事件當時我是台中一中的一年級學生，我父親做推事在台中地方法院服務，我們住在法院附近，和台中女中很近。事件發生沒有幾天之後我走過女中後面，看到禮堂旁邊牆壁挖開一個通口，裡面有兩三個人在修理久被遺棄在那裡的日本軍舊戰車。我站在那裡看了一下之後，也進去搬一些東西幫一會他們的忙，不知後來那輛戰車怎麼樣？當我說出這一個回憶時，鍾先生拍案叫奇，說那就是他率領部下在那裡修理，所以我們以前就見過面。他並苦笑著說：事件中他被推舉爲二七部隊隊長，轉戰於中部一帶。因爲台灣土共一方之女雄謝雪紅跟著他們走，也有人誤以爲他是浪漫的謝麾下年青男朋友之一。

鍾先生在社會上最活躍的一段時間就是戰後到二二八事件，其詳細內容記述在他的前作

《辛酸六十年》上冊。這一次的《辛酸六十年》下冊是因爲二二八事件被判有期徒刑十五年，關在國民黨政權黑牢的記實。因爲記載的是監獄內和從監獄內得知的事情，十幾年的生活動態遠不如戰後的一兩年動盪。但是可驚奇的是他的記憶力高強，在沒有筆記設備的環境下，他居然能道出所遇到的每一個政治犯。這一本下冊可稱爲難能可貴的一九四〇、五〇、六〇年代國民黨政權白色恐怖政治受難者的眞實記錄。

不但是獄內記錄，我更欽佩的是他自從獄內小天地，能洞察出國際環境的變化、國共內戰的推移。國民黨政權在四〇年代末期搖搖欲墜，因爲韓戰才開始有起色，他都能從獄內洞察，以做爲說明其在獄內所受待遇變化的理由。獄卒、被禁者之間，被禁者互相間都圍繞國際政治、國共關係的變化，相對的關係有所變化。促使我聯想到在自由而且更爲國際化的今天的我們，好多人卻只被拘束於眼前的利害，毫無以廣大的視野來想自己的處境、台灣的前途，可悲。

二二八事件後，鍾先生被出賣落網，以唯一死刑的刑法第一百條第一項首謀內亂罪被起訴，被認爲與謝雪紅共同首謀，卻被判決有期徒刑十五年。鍾先生放棄上訴，自此過他漫長獄中生活。首先他被收容在台北監獄，可能因爲內戰對國民黨不利，獄方還怕他三分，容納他的意思將他與其他三個同案老朋友關在同一房。不過獄中糧食費被司法官員打五分之三的回扣，犯人陷於飢餓營養不良狀態。見義勇爲的鍾先生又是忍不住，開始獄中的糧食爭取鬪爭。還好他有獄外省議員林日高的撐腰，算是沒有受害。

一九四八年十二月鍾先生被轉送台中監獄，因為國共內戰國民黨節節敗退，被誤認為「紅軍」二七部隊隊長的他，受到獄方特別優待。一九四九年開始流亡到台灣的國民黨政權，為了宣傳他們的「德政」，將二二八事件關係者統統釋放。原也想釋放鍾先生的國民黨政權派人來監獄觀察，被他反駁：「決不在任何人的憐憫和施捨之下出去」，以致只有他留下來。這或許反而救了他一條命，因為出去的好多受難者卻在白色恐怖政策之下，又紛紛被國民黨政權以更重的罪名再逮捕而喪命。

在整本書中我們看到鍾先生處處提起他的未婚妻玉扃女士的事，他實在三生有幸遇到這樣專情的伴侶，在最惡劣的環境中長期忠心耿耿地等待他、鼓勵他。鍾先生卻是註定桃花運的男子漢，在獄中又遇到「紅粉知己」——典獄長身邊小姐的關心與維護。

一九五〇年五月，鍾先生的四叔被捕，二二八事件後不久他的三叔也曾被捕過。當時政治受難者的周圍常有被國民黨政權逮捕的事，反正受難者的關係者容易編造莫須有的罪行以立功，不然也可以敲出一筆財產。當時特務橫行，類似的事件百出，鍾先生的三、四叔都是這樣的受害者。但是他們一被逮捕，家族都會怪到鍾先生的頭上來，結果受苦的是鍾先生的母親。

同年七月，鍾先生被移送台南監獄，獄方待他相當嚴格，但也遇到有心人的幫助。一九五二年七月，再被移送台北監獄，在這裡他與台灣共和國大統領廖文毅的侄子廖史豪，及同案的黃紀南等同房。

一九五四年四月，鍾先生突然被告知釋放，但是辦好手續出獄，卻在門前被等候著的一批軍人帶上手銬用吉普車載到位於西門町的警備總司令保安處。不明就裡地過了幾個禮拜以後才被提審一次，之後就被關到三樓的好房間。同年九月又被送到新店的國防部軍人監獄，在這裡鍾先生受到「流亡學生」、「反共義士」等無知極左份子的歧視。在這裡他也以「陰謀暴亂」的帽子，被銬上脚鐐，生活相當苦悶。

一九五九年六月，鍾先生被移送綠島的所謂新生訓導處。整部《辛酸六十年》下冊，我覺得〈綠島〉這一部分的記述最為開朗海闊天空，這當然是由於生活背景的不同而來，居住在廣大海山間而且較有自由移動的生活記述，自然地與在陰暗的高牆裡面小房間、小放封場的記述大為不同。可能反映著這種作者不同的心情，這裡有不少頗富幽默感的記述，鍾先生假跛脚，因而得到藥方買米酒開酒宴，更被遣派管理農場，自創「世外桃源」的故事為其最。

鍾先生在綠島上於一九六二年四月，十五年徒刑期滿，卻未見釋放，至同年七月受命移送本島，卻被收容在台東警察局的遊民收容所，當做流氓轉送小琉球。不明不白地在那裡多關了兩年以後，一九六四年二月才得到釋放。鍾先生由東港登陸，投入持有偉大愛情的未婚妻玉扃女士的懷裡，有情人終成眷屬。

本書為一部國民黨政權恐怖政治受難者的記實，但也是一部偉大愛情的記述。

一九九五年一月十五日　於台中市大坑自宅

序

鄭欽仁

一九九五年在世界史上是一個重要的年代。從第二次大戰結束迄今，正好是半個世紀；從甲午戰後台灣淪爲殖民地以來，正好是一個世紀。世界上有許多地方都以「戰後五十年」爲題，做爲討論的對象；日本的「朝日新聞」擬作系列的報導，早已赴各國採訪，並在九四年後半期不時討論「戰後五十年」的各種現象作爲暖身運動。

台灣的民間社會在九四年已經研議在九五年的各種活動。對台灣人來說，甲午戰後一百年正好分成兩半，前五十年是日本帝國主義的「統制」，後五十年是國民黨外來政權的「統制」；任何一方，都是外來政權的殖民地支配。所以不論是從戰後五十年或甲午之後一百年的角度來看問題，本書的作者鍾逸人先生選在這時候出版他的巨著『辛酸六十年』一書的下册，有其深長的意義；同時，是作者出版此書的「時代背景」。何以說之？

筆者之所以如此說，不論是採五十年或百年的角度，對於國家的前途、社會的發展都有檢討的必要。從戰後五十年的角度看來，台灣在「再被佔領」的形式下爲國府所支配，然後發生二二八事件，同時被編入世界的冷戰體制下參與集團的對抗，而台灣的內部之「政治自決」就在這種體制下被犧牲，專制獨裁體制藉此鞏固它的政權，壓迫人權，而本書的作者從其回憶中提供不少消息。譬如在中國大陸「特殊背景」下產生的違反交通器材罪移殖到台灣，造成不少冤獄，就是一個例子。

若從殖民地統治百年的角度視之，正好比較兩種殖民地統治的異同，譬如作者經歷的監獄制度，以及戰後不到兩年的時間，竟然比日治時代囚犯多出六倍，有比較史的意義。

台灣人是「喪失歷史記憶的民族」。在戰後的歷史教育中，在中國近代史的框架內，有鴉片戰爭、甲午戰爭、辛亥革命、蔣介石的抗日、北伐、勦匪，以及「光復」台灣作爲其「復興基地」和延續其中國的內戰體制，但沒有台灣本身自我發展的歷史，當然也就不會知道日治時代的政治、社會、經濟情況。但這只不過是一個攏統的例子而已。在國民黨政府的歷史教育下，台灣人變成喪失歷史記憶的民族。

從民族歷史記憶的角度看來，今後對台灣歷史的提倡，不論是爲研究或教育的普及化，都是絕對必要的。在當今民間的不斷努力已逐漸蔚爲潮流，而回憶錄的出版是其重要的一環。尤其戰後史料的闕如或在人權逐漸抬頭之際而被銷燬，獎勵回憶錄的撰述，變成刻不容緩的工作。尤其在四〇年代遽變的時代，有豐富經驗的人逐漸凋零，而至於考詳無門；當今年輕者略有所聞竟不敢相信，視之爲「天方夜譚」，實爲國民黨的統治體制之自我歌頌吹噓所掩蓋，而不知先人創造過美好的歷史發展條件。以此看來，回憶錄的創作可以彌補「失去的歷史環索」。

作者以古稀之齡完成回憶錄的創作，本書『辛酸六十年』之上冊，已是一部巨著，而今之下册，其部帙可觀，可見其精力過人。但若不是負有時代使命之認知，恐只是含飴弄孫而已。

然本書雖是下册，但可以自成一册而不難讀。作者在「緒言」中「簡述二二八」事件，（自一九四七年的二月廿七日至該年的十二月廿三日，）交代事件之經緯，以便與上册「承上續下」。作者在此册叙述進入囹圄之經緯，分章叙述前後進入台北、台中、台南、台北（第二次）監獄，以及在警總保安處、軍人監獄、綠島以及小琉球之經過。

作者曾經受過電刑，三次心臟痳痺而昏厥，身處死亡邊緣，曾有一段日子每天見聞囚犯之被槍決或餓殍抬出去的情形。但作者也描述在那黑暗的時代，苦中作樂或其諧詼的一面，從不掩飾；所謂人生百態，正是最好的形容！但想在亂世中求生，尤其是身處溝壑的人，能保持樂觀的一面，並不是一件容易的事。也就是由於這一點，雖是描述獄中生活之境遇，但不願令讀者感到恐怖下全盤灰色，而有一口氣讀完之慾望。

如上所述，作者雖是古稀之齡，但對人物記憶猶新而多所評述，實是難得，可做爲多方求證之資料。筆者雖再三提及作者年逾古稀，但見其人則魁偉、矯健、樂觀而進取，令人効慕。逢此新歲之初，謹頌作者長年百歲，仍舊以其樂觀進取之精神，爲建立新國家而匪懈！

一九九五年元月十日

謹識於台大文學院第二一七研究室

但願台灣人民不再受苦
—序《辛酸六十年》(下冊)

陳永興

鍾逸人先生繼其《辛酸六十年》上冊的傳記之後，又寫出了他歷經國民黨黑暗殘酷的牢獄迫害十七載的辛酸血淚史，書出之前囑我先讀一遍並寫一序，作爲晚輩的我不敢違背吩咐，卻因爲看了本書的打字稿之後內心痛苦難過了好久，我實在不敢相信像國民黨過去這樣侵害台灣人權的罪惡政權，竟然在今天的台灣社會還能高高在上的藉著黑道、財團的勢力統治著台灣人民，這種不公不義不仁不道的政權存在台灣社會一天，眞可以說是台灣人民的不幸和苦難，更是台灣人民的悲哀和慘痛！

近代民主國家的原則是任何統治必需建立在法律和民意的基礎上，然而國民黨政權統治台灣卻是建立在二二八的大屠殺和緊接而來的大逮捕、白色恐怖、長期戒嚴、牢獄威脅、思想控制、剝奪人權的基礎上，台灣人民過去爲了追求建立一個近代民主國家所付出的代價眞可說是慘重無比，鍾逸人先生的親身經歷正好提供了活生生的血淚見証；從二二八事件的參與反抗暴政，到逃亡被捕未經公正公開審判，到坐遍國民黨政權所設用來凌虐台灣人民的所有黑牢，鍾逸人先生的不幸遭遇卻能奇蹟似的保住其生命，更能在其晚年還保有良好記憶而完整的記錄下來最珍貴的台灣人權受迫害血淚史，用最沉痛的見証留給後代子孫最有力的控訴，讓世人知道不公不義的政權如何用不仁不道的牢獄來逼害台灣人民，鍾逸人先生可以說爲台灣歷史留下了奇蹟的見証和第一手史料，所有本書的讀者想必會有深刻的震撼和感觸！

我讀完鍾逸人先生的牢獄災難血淚傳記之後，有一些感想要向讀者報告，首先是人性的卑賤和高貴、軟弱和堅強、殘忍和寬厚竟有如此巨大的差異，我們從國民黨政權的特務兇惡嘴臉或是從獄中不肖管理人員喪盡天良迫害坐牢者家屬的作法，可以看出監牢中每天發生了多少人間悲劇令人憤慨不恥；又從同樣被迫害的坐牢者當中竟然還有永無止境的鬥爭、猜忌、出賣行爲發生，可以想像人性的弱點和劣根性是多麼可怕和可悲；相對來說也只有在牢獄災難之中才看得出眞正的友情、愛情、理想、原則的堅持是否能存在，在家人、難友甚至素不相識的監獄工作人員當中，難能可貴的人間溫暖有時可說是受苦難受折磨的人生存下去的勇氣和希望！

鍾逸人先生的特殊牢獄經驗可以說是十分的豐富，尤其是幾乎坐遍了台灣島上北、中、南甚至外島（綠島、小琉球）的監牢，而且還包括軍人監獄，這樣的遭遇還長達十七年，所以鍾逸人先生在獄中接觸到不同的人、不同的案件、不同的處境特別多。難能可貴的是上帝賦與他的記憶特別好，使得許許多多的千奇百怪、背景複雜的人物和案情，鍾逸人先生都能在本書中有所記錄和交代，這眞是相當不簡單，不是一般人所能作到的。尤其在獄中當時根本不可能留下資料，只有靠日後痛苦的回憶和求証，這方面鍾逸人先生所用的苦心和所費的苦工，絕對不是一般人所能想像，我在讀本書時都不得不佩服鍾逸人先生確實具備了史學家收集資料的功力和第一流記憶力，倘若沒有這麼多的材料能再出土，我不曉得後代子孫將來如何去了解台灣前輩在國民黨政權迫害之下，到底有多少寃枉的英魂被埋葬在暗無天日的黑牢之中！

不僅是難能可貴的慘痛經驗和絕佳記憶力，使得本書有極高的閱讀價值，鍾逸人先生的文筆有時還充滿了幽默和風趣，在描寫一些小故事或無傷大雅的嘲弄時，充份表現出其文學素養和文字功力，以其年齡及未受白話文教育的背景而言，鍾逸人先生的文章甚至比起我這樣的晚輩還要流利易讀，確實使我慚愧之餘更要表達應有的敬意。特別值得一提的是，鍾逸人先生能在遭受百般折磨、飽受監牢之災而出獄之後，不僅沒有怨天尤人也未曾消沉喪志，反而還能保有堅強的意志力和體魄，其創造力和衝勁恐怕不是今天台灣社會沒有吃過苦的年輕人所能比擬，即使是像我這樣年紀的中年人也自嘆不如。這或許是上帝要還給鍾逸人先生一個公道，或是要爲台灣社會保住一位最後見証者，讓他目睹國民黨政權最後如何結束的奇蹟安排吧！我相信鍾逸人先生內心一定有旺盛的生命力，將來還要繼續寫出台灣子孫共同追求和共同的盼望！

作爲曾經是台灣人權促進會會長的我，作爲關心台灣人民心靈健康的精神科醫師的我，作爲二二八公義和平運動發起人之一的我，含淚讀完鍾逸人先生的苦難見証之後，要在此向所有爲台灣犧牲受苦的前輩深深一鞠躬，表達台灣後輩的歉意和敬意，但願台灣人民早日結束苦難走向光明，讓台灣子孫不再受這樣的災難！

自序

鍾逸人

一九八八年二月廿八日《辛酸六十年》上冊完稿後，覺得意猶未盡，遂想銜接定讞以後，被移監執行經過，以續編做了結。不意在被移監執行不久，適逢國共內戰形勢逆轉，蔣幫被趕出支那大陸踉蹌逃來台灣，台灣政治環境，隨之遽變。蔣幫不思悔過，竟以「乞丐趕廟公」，「鵲佔鳩巢」君臨台灣，宣佈戒嚴，大肆捕殺愛國志士，並以「三七五減租」等手段掠奪搜括台灣人田園土地。

又爲了收攬喪失於「一九四七年慘案」時的台灣人「民心」。下令釋放所有「二二八人犯」，卻又故意將作者遺漏，不予釋放。自此作者便在國內幾所大型監獄，被轉來轉去，最後被移送綠島，至刑期屆滿，仍不被釋放。而且未經任何手續或審判，竟又將作者解送小琉球從事開闢機場。

在此漫長十七年牢獄生涯，每被移送到另一所監獄都看到許多已經卸下「假面具」露出赤裸裸人性，和在「娑婆」無法想像的奇景怪象。

也從出出入入的一般刑事犯和軍事犯那裡，聽到一些蔣記外來政權如何戕害台灣社會，破壞環境生態的消息。作者遂發誓「絕不白坐牢」，要牢牢記取這些獄中黑暗面的秘聞。揭露蔣幫假藉「反攻大陸」之名，行掠奪戮害台灣之實的眞相，和所謂「反共義士」及紅色狂妄份子，在獄中興風作浪的醜陋嘴臉。

作者寫此書期間曾經遭受到一小撮已爲台灣人民所唾棄的「人民協會」派遊魂亡靈尋釁。由於作者「沒有死」的消息，一九八七年二、三月間，終於出現北美「國際日報」和「公論報」，使陰謀篡改「二二八史」的「人民協會」派投共份子慌張狼狽，驚惶失措。

《辛》書的出現，更使他們氣急敗壞：因爲它推翻了「中共領導二二八」說，和揭穿投共份子的許多謊言，如二七部隊是「紅軍」，謝雪紅的「御林軍」……等無恥極點的大謊言。

爲這些「人民協會」派遊魂亡靈找碴，作者一時氣短，幾想停筆，幸蒙李喬、張恆豪、李筱峯三位先生鼓勵，才繼續寫完此書。

《辛》書下冊的完成，端賴內子玉扃幫我抄寫，尤應感謝蕭銀嬌、許素蘭、蕭米倫三位女士百忙中替我推敲校對，在此謹向所有協助過，以及推動此書出版的朋友致謝。

一九九四年十二月二十五日

於逸盧

緒言

簡述二二八

一九四七年，「二二八事件」中，我所涉及部分，在拙作《辛酸六十年》上冊已予敍述，以下是自傳的下冊，爲顧及讀者銜接方便，茲再交代事件經緯如下：

一九四七、二、二七：台北發生緝煙人員槍殺煙販事件。

二、二八：學生、民衆到「行政長官公署」要求懲兇，卻遭到機槍掃射，當場死亡七人，傷十八人。台北開始罷課、罷市。消息傳到台中，張煥珪、莊遂性、楊逵、葉榮鐘、何集璧等人成立「輿論調查所」探測輿論對慘案的反應。

三、一：中部各界，聚集台中市議會討論台北事件因應問題，決議推派林連宗爲代表北上參與處理事件。市上出現「三、二」在台中戲院召開市民大會的傳單。

三、二：「市民大會」取代蔣渭川、巫永昌的「政治建設協會」演講會，如期召開，聽衆空前爆滿。人民協會意圖控制會場未得逞，楊逵、高兩貴、何集璧及學生代表仍繼續上台激昂指責唐山政府的顢頇無能，野蠻殘忍。人民協會派雖欲乘機推選謝雪紅當主席，卻沒人理會。大會未結束，場外已失控。一群失業青年開始找官署和貪官污吏算帳。

三、三：凌晨趕回嘉義任所，在嘉義火車站前和中央噴水池邊，「稍作停留」，旋即回報社處理一些緊急業務，事畢即乘原車趕回台中。前中市「義警」中隊長，綽號「加納」的何鑾旗接管市警局，成立「特別警察隊」。林連城成立「保安隊」負責看管被集中的唐山人。下午「民主保衛隊」成立，吳振武任隊長，我當參謀。民軍攻陷「教化會館」，俘獲三百餘蔣軍。謝雪紅成立「作戰本部」，並往「三六部隊」向許子哲要武器遭拒。

三、四：凌晨，埔里隊攻下干城營區。吳振武失踪。在埔里隊長黃信卿邀請下，「民主保衛隊」進駐干城接防。爲擴大組織，民主保衛隊解散，成立二七部隊。

三、五：各地民軍隊伍陸續湧進二七部隊。嘉義國本曹長（羅金城），斗六劉占顯（陳篡地參謀）堅持要我再回嘉義。張志忠帶十九名小隊伍來求見。

三、六：吳崇雄、盧伯毅、周秀青、古瑞雲等從台北回來，古任副官。吳、盧則分別任中隊長。傍晚謝雪紅來部哭訴險遭「加納」殺害，我們將她留下。晚往「三六部隊」找許子哲，隨行者有黃信卿、吳金燦、及劉佳彬等三名山地青年和謝雪紅等。搬走數卡車武器。

三、七：凌晨，由劉佳彬帶路，往埔里及幾個原住民部落。希能找到曾經在南方密林地帶，作戰過的「高砂義勇隊」出身的驍勇山地青年，做部隊骨幹。

三、八：早晨跟吳金燦去看一些新發現、未搬回來的重武器，下午與謝雪紅吵架。

三、九：往大甲溪、大安溪鐵道隧口鐵橋下防區了解防務。謝雪紅要求由二七部隊宣佈成立「人民政府」。令人震駭，姑且敷衍，「建軍計劃」受挫，幕僚作業趕不上，加上謝雪紅的出現二七部隊，支持者逐漸疏離。

三、一〇：蔣軍登陸，分別在基隆、台北、高雄等地區，開始殺戮人民的傳聞，造成大震撼。家叔鍾添登臨危受命任「台中處理委員會」財務課長。

三、十一：到斗六會陳纂地，午後轉嘉義始悉嘉義士紳不顧在戰壕裡餐風露宿的民軍，私下派所謂「和平使」前往敵營投降，結果僅放回邱鴛鴦、劉傳來兩人，餘悉被扣押。奔回台中本欲調派援軍，奈何台中亦開始不穩。「處理委員會」及所有的民軍組織均已解散。

三、十二：經多方檢討，覺得台中攻守兩難，市民也不希望台中變成戰場，於是遂決定將二七部隊撤出台中，進駐埔里待機觀察。將各「點」部署分派畢，往訪楊維命醫師請益。

三、十三：與蔡光台潛返台中探軍情，夜宿草屯旅社，臨檢時身份暴露被逮，軟禁鎮公所，險些被押往台中。幸經洪金水（三青團草屯區隊長）營救，始免於難。派兵夜襲在水社發電廠的駐軍，俘獲十一名。住民對二七部隊進駐山城很冷漠。謝雪紅和楊克煌潛往竹山投靠張庚申（竹山鎮長，三青團區隊長、「農組」委員）。

三、十四：古瑞雲趕往竹山會謝雪紅。蔡鐵城、呂渙章分別帶著兩批人馬，繞過水裡往樟湖與陳纂地部會師。山城住民對二七部隊冷漠如故，雖然派人到街上安撫，依然無法掃除住民心中的恐懼。

三、十五：我第三次往霧社附近部落，遊說部落民和酋長，都因日本殖民教育根深蒂固，「恐共病」深刻侵蝕每一個樸素部落民的心、一九三〇霧社事件的陰影餘悸猶存，加上廖童集團全般抵制和過分渲染，使部落住民視二七部隊爲「アカ」（共產主義），而更畏首畏尾。

雖然有幾個零星山地青年和「平埔仔」，不顧長老們的勸阻偷偷跑來參加，但最後還是被「廖童集團」連哄帶騙地轟走。

早上約七點左右，由草屯開進埔里的蔣軍車隊十數輛，行至接近烏牛欄橋不到一公里處時，遭到埋伏龜仔頭的我軍伏擊，受到慘重傷亡。到傍晚，我軍因彈盡援絕，乃放棄陣地。烏牛欄橋南端一帶，傍晚則開始爲唐山兵所佔領。

再次往守城大山，向楊維命醫師求助。

三、十七：早晨我卸下戎裝，一個人悄然站在武德殿階梯上張望，未幾劉佳彬、吳崇雄和周秀青都來看我。他們再次力勸我早做離開埔里的準備。並從衣袋裡掏出昨日分給他們的鈔票，還給我說：「不會有人認得出我們，要逃、要回彰化應該沒問題。可是你不同，大家都認識你。你太拋頭露面，而且還要肩負所有二七部隊的責任，再不走，好好隱匿起來，恐怕很危險。多帶一點錢，總是萬無一失。」他們無微不至的關心，令人感激涕零。

我揮淚握別他們以後，一個人朝著烏牛欄橋方向走去。走了約兩、三百公尺，卻被從後面追趕來的劉佳彬和兩位歐吉桑攔路勸阻。我經不起他們的苦勸，便掉頭改往守城大山。當晚在楊維命醫師的山莊，承他們夫婦的安慰和鼓勵，並於次日凌晨僱來兩名樵夫爲我帶路。

我們繞過珠仔山，走蹊徑，涉水越嶺，傍晚終於到達魚池郵局。局長謝德芳並未拒絕我們的借宿。次晨我們經國姓鄉的蓮花池、南港、中寮、繞過南投，再由新街——赤水崎直下田中。在田中將兩名帶路的樵夫打點妥當，便跳上玉扃八叔林伯岳爲我特地從北斗僱來的車子。

在北斗玉扃家藏匿兩天，於一九四七年三月廿二日早晨，又轉移「陣地」，遷往二林準泰山林伯樞任教的二林農校宿舍。到二林第二天，「二農」校長林上先生，好像也知道我來這裡的原因，便自動要求我留下來當英語老師。因他們正爲請不到英語老師而大傷腦筋。

此刻我自身難保，那裡還有心情留在二林當教員？不過表面上還是和他虛與委蛇，先答應他們，再要求他們准我將手邊一些私事處理以後，才正式就任。其實這一段時間，我都瞞著他們，每天騎著自行車往沙山、王功、漢寶一帶沿海找船隻。

跑了三趟始終找不到船，連最小的舢板都沒有。祇有零星幾隻收牡蠣、文蛤用的小竹筏。

我忽然想起左營和汐止。到這兩個地方，也許可以找到一些幫我逃離台灣的管道。左營有在海軍任職的蔡懋棠，可能機會比較多，但南下左營必須經過嘉南地區，那裏正是我的地盤，認識我的人很多，萬一被發現，恐怕會跑不成。

我從沙山（現在的芳苑鄉）回二林的文山醫院，獲悉楊逵和葉陶也來二林，躲藏在「二農」後面舊「農組」同志林奔家。三叔蕭玉衡醫師（我們都習慣這麼稱呼他），也勸我暫時離開台灣，避一避「烽火頭」。

來到中正路二二號翁外科對面亭仔腳，不意遇見蔡慶榮（投共以後改名蔡子民，曾以中共駐日大使館經濟參事身份爲掩護，主持統戰），問我「是否到李舜卿那裡？」

我與蔡慶榮的認識，最初是經李舜卿介紹，後來又在王添灯先生的文山茶行碰過幾次面，所以他一下子就猜中我是要去李舜卿那裡。

我由蕭玉衡醫師帶路去看楊逵和葉陶，他們對我出現在二林很驚訝。「退入埔里的二七部隊，是各地被國軍追趕、走頭無路之人唯一的燈塔。大家都將最後的希望寄託二七部隊，甚至將埔里視同當年的瑞金。台灣四周環海，想逃離台灣談何容易？幸好我們還有一支二七部隊。」楊逵一見到我便滔滔不絕地說。接著他又說：「我們已經約好各地逃難者，將於近日束裝前往埔里。身爲部隊長的你爲什麼反而跑出來？」他甚覺駭異，認爲事必有蹊蹺，便再次詳問我：「何故離開埔里？」

我則將旅中埔里士紳的誤會，和對謝雪紅的成見，廖童集團的過分渲染，乃至日人反共教育的深蝕民心，和霧社事件的陰影餘悸，都使原住民畏首畏尾，不肯支持的原因加以說明。楊逵聽完了我的分析，默然不作聲，好像被澆上冷水，顯得很沮喪。次日他便帶著葉陶悄悄離開二林。我也在楊逵走了以後的第三天，將自己隱藏在北上火車的「洗手間」，到汐止鎮長李朝芳先生家避難。

落網

在汐止李朝芳伯家二十三天的隱匿，我受到朝芳伯家人很好的照顧。

在朝芳伯家藏匿期間，儘管朝芳伯母一再勸我不要到外面亂跑，我還是悄悄背著她們到南港、汐止間，社仔附近山洞口坑溝邊，追弔日前慘遭殺害、棄屍那裡的同胞，也曾一度跑到台北大正街六條通尾找張士德（「警總」高參），探聽淡水與基隆兩地的海防情形而險遭不測。

（詳情請參照《辛酸六十年》上冊六〇四頁～六〇七頁）

四月廿一日下午，許子哲突然來朝芳伯家找我，我對他的突然出現，內心甚覺驚訝。然而對逃難中「同志」的過於關心與同情，卻使我未加深究。不過後來在交談中發現，他與蔡慶榮是「中一中」同窗，又是親戚，始恍然大悟。

許子哲「二二八」中在「三六部隊」——戰後改爲「空軍第三機械廠」，當過由廠裡台灣人臨時組織的保安隊隊長。因爲我曾經派數輛軍用卡車到那裡，搬走一批槍支和其他裝備，他們上級正在追究這批武器下落，因此他無論如何必須找我出來交代。

他向我說得這麼清楚，我卻一點警覺性都沒有。反而爲能買到一艘漁船和四十包砂糖喜極發昏，一再慫恿他一起逃往日本。當他發覺我已做好逃離台灣的準備，情急之下虛晃一招，當即表示要跟我去日本，並說即刻趕回去準備行李。

一九四七年四月廿三日下午三時許，呆盼中的許子哲終於出現朝芳伯家的二樓後廳。沒有人通報，也沒有人帶路，如入無人之境，一個人逕自上樓，而且兩手空空，沒有帶行李。我忍不住問他的行李，他的回答卻是：「有人會幫我帶來。」

然而還有誰會知道這棟隱避的古屋深宅呢？連舜卿兄都感到納悶。許子哲始終不發一言，兩眼一直凝望窓外的林投樹，好像在尋找什麼，也好像有什麼沈重心事。因爲他帶來太多的不尋常，我們的棋也下不下去，整個客廳似乎已被籠罩在一片反常的沈悶中。

過了約莫一刻鐘，我終於被上樓梯的陌生腳步聲，和漸近的「老許、老許」的喚聲愣住。是一個很熟識的人的聲音。不一會兒，那個人果然出現客廳門口。他兩手揷入衣袋裡，一直佇立門口，兩顆眼睛卻牢牢盯住我。

那個人便是曾因盲腸炎經許子哲手術挽回一命、戰後當過台中「民生會」會長黑道老大的阿狗（即廖金和——台中第二市場的牛肉販）。然而阿狗和他們那一夥兒人早已被捕送「警總」「圓山流氓營」管訓，何以竟於此時出現這裡？我滿腹狐疑，當我忍不住愁悶，欲向許子哲問個究竟時，卻忽然從外面湧進七、八名手握手槍身著雨衣的便衣捕手。

七、八支槍的槍口一致瞄準著我的腦袋，我被搜身帶上兩副手銬，舜卿兄則乘亂而竄。也許他們早已安排好，故意放他一馬。我被帶到汐止火車站，才發現為了逮捕我一個人，「憲四團」竟動員四十多名便衣憲兵，埋伏在朝芳伯古宅四圍，與基隆河間的林投樹下。

我被解押到現在西門町，日據時代的台北憲兵隊。一進去便被帶上六斤重的腳鐐，當天半夜即被帶到有若陰司地府，兩排刑具令人觸目驚心，陰森潮濕的刑場接受偵訊。偵訊內容不外是「謝雪紅的去向」、「武器的下落」，和「所有兵員，特別是那些『日本兵』的下落」。自忖案情唯一死罪，再如何與他們「合作」，給他們最滿意的供詞，最後還是不免一死。於是我便拿定主意，不論被如何刑求拷問，都祇敷衍一下，堅不吐實，也不爲求生作任何脫罪的努力。（此段詳情請參照《辛酸六十年》上冊六〇七～六一八頁）。

四月廿八日下午，我被移送到台中憲兵隊。這裡現在是「憲四團」第三營的一部分。我被關進背向新民街的獨居房，未被帶上任何戒具，每天都可以接見和接受外面送進來的食物。迴然不同於台北憲兵隊的待遇。

大概是五月二日下午，玉扃帶蔡懋棠來看我。他一開始便責備我「留著一條大路等你，你卻不會走」。接著他改用日語降低聲音偷偷告訴我「老太婆已經出去」。我卻笨頭笨腦地一再問他「老太婆是誰？」「去那裡？」惹得他大爲緊張，環顧遠處站崗的「憲兵同志」。

至次日，從藏在玉扃送進來的襪子裡面一張小紙條，才摸清「老太婆」是指謝雪紅，「已經出去」則是說她已經離開台灣去中國。蔡懋棠這時候在左營海軍第三基地司令部技術員兵大隊任上尉教官，謝的離台，即由他安排光明炮艇送她出去的。

這個意外的信息，幾乎改變了我一生的命運。

蔡懋棠給我的消息，使我不得不重新檢討直到目前爲止的供詞，和衡量各種利害關係。既然知道謝確已離開台灣，我何不順水推舟，藉這個機會讓永遠逮不到的謝雪紅去頂所有的責任，供認謝雪紅才是眞正罪魁禍首。二七部隊也是她當「總司令」，我不過是奉命行事的傀儡。這樣，我也許可以摘掉「首謀」之名，而保存一命。

五月四日深夜，我被一陣巨響——好似進站列車的笛鳴驚醒。灯光昏暗，不知幾更。走近牢門抓住欄杆，張望左右，正想找值夜班長查問時間，一位上士卻從另一角落出現，我還來不及問他，他卻搶先命我：「快把衣服穿好，等一會兒帶你出去」。

我聞言愕然，血液開始沸騰，一陣冷風侵襲項背而發抖，難道，他們眞的就要送我上刑場，不管我是否招供？

我被帶到一間僅一盞約二十燭微光的小房間。坐在那裡等我的，竟然還是曾在台北訊問、下令拷刑我的那位著草綠色中山裝，操泉州腔的中年人。這一次他未動聲色，因而使我覺得有點不尋常。他抽了一大口煙，又開始提出老問題問我。口氣卻一反過去的殺氣騰騰，而變得溫婉而未帶絲毫強迫性。

我並不是因他的態度和口氣的改變，才放棄已往的堅持，而是受到蔡懋棠給我的信息，和求生的本能，而作無實的供詞：「一切都是由謝雪紅指揮，武器和部隊的事情，也希望能直接問她。我不過是一名掛名的『部隊長』，所知無多。」

對我刻意編造的供詞，他聽得很滿意似的，便站起來拍拍我的肩膀說：「你能想通，坦白最好，不然你祇有苦頭吃，到最後不招也得招。」接著他又說：「我們其實什麼都知道，早已掌握有關謝雪紅的一切。」

我這次的供詞，對他們的結案，好似具有突破性。三月十二日下午二七部隊撤出埔里以後，佇立火車站前列隊揮旗迎接劉雨卿部隊（廿一師）的台中士紳——以林獻堂為首的「會議派」，早已將所有責任推給謝雪紅和二七部隊。再則，島內幾張代表官方的御用報紙，都異口同聲強調「這次事件確由共黨份子在幕後操縱……。」

我編造的供詞，正符合陳儀「將所有責任推諉給中共」的謀略。這樣做後果如何，此時我都未加顧及。我滿腦子祇想「能變成一名從犯，挽救一命」。反正謝雪紅已逃離台灣，他們永遠逮不到她，我又何須顧忌那麼多？

五月七日早晨，我又被移送到干城營區。這裡兩個月前是二七部隊的隊部，現在則為廿一師的師部。這裡人犯爆滿，連馬廄和給馬調配飼料的調配場所都被改成牢房。我被關進靠近茅廁，馬廄改成的牢房中。

我在這裡一共被提訊過三次。每次所問都是老問題，我雖然已經在台中憲兵隊招供「接受謝雪紅指揮」，但對謝的去向和武器及傳聞中的「日本兵」下落，他們卻依然不肯稍加放鬆，一再地追究迫供。

每次提訊，我都受到電刑，甚至曾經有三次被電到心臟麻痺而昏倒。

這些日來，大家心情都很緊張，惶惶不可終日，彷彿世界末日之將臨，幾乎每天都有人被押出去遊街示衆後，押赴旱溪埔處決。我們每次從牢房門縫裡，看到荷槍實彈的憲兵隊伍在操場晃動時，都會想到又有人要被拖出去槍斃。這時候每一個待斬之囚，都會在心裡揣測今天會不會輪到自己？而祈盼遊街時能在圍觀群衆中找到自己的親人故友。

這時候我還會把滿腦裡要留給自己同胞的話濃縮成「最後一句」。因爲劊子手決不可能容許我沿街作長篇大論的演講。

已經接連三天沒有看到荷槍實彈的憲兵出現操場，也沒有聽說有人被拖出去遊街……。這個反常的靜寂更使我眩惑。各種猜疑謠言，不久便開始在各牢房傳開。

其中以「省政府改組，魏道明就任台灣省主席兼『警總』司令，並即下令取消戒嚴，公佈處理有關「二二八」人犯的規定：『……不具軍人身份既判者，一律原判撤消，改由司法機關重新審判』一則」，對我們這幾個待斬之囚關係重大。也許這個緣故，一些被帶上手銬腳鐐的死囚，也已全部被解除刑具。

這消息終於被證實。果然開始放人。一些涉案較輕的，都被釋放。有幾個被認爲「有共黨嫌疑」的，則被解送「警總」如楊逵夫婦等。被移送地方法院的，則多是一些所謂「妄從份子」，將依公共危險、妨害秩序、妨害自由、傷害殺人、毀損……等罪嫌被起訴。

判決

我和三位涉及二七部隊的吳金燦、蔡鐵城、張水源及消防隊長林連城、特別警察隊長何鑾旗等十八名，則被解往台北高等法院檢察處。我們這幾個人都被認爲涉嫌較重，應依「內亂罪」偵查起訴。

六、七月中從各地移送來北監的六十多個人，至十月已剩下無幾。一些具有公職身份的人都以罪嫌不足，不起訴而獲釋。連最悲觀自認必會被「警總」接過去大加修理的省議員林日高也被釋放，而且回復原職。我和吳金燦成爲同案，前後已開過兩次偵查庭，再經過一次辯論庭，大概就會判決定讞。

我還是依「一〇一條第一項，第一〇〇條第一項，共同首謀意圖以暴動顚覆政府而著手實行」被起訴。儘管對「二二八」的不幸事件，海內外都有強烈反應，對事件眞相也已漸趨明朗，事件罪魁禍首也已被調職——陳儀的調職，雖然祇是象徵性質。一般說來，判刑的行情尺度已大爲降低，獨我一個人卻依然依「唯一死刑」的法條起訴。

我將所有的責任推諉給謝雪紅，爲使自己成爲祇是被動的「非首謀」。結果「首謀」推不掉，反而變成與謝雪紅更密切，成爲同等級的「共同首謀犯」。

十二月十二日開辯論庭。蒞席檢察官的論告，不過十分鐘。他祇是將起訴書上面的文字照本宣科一番，便進入辯論。辯護人祇有劉旺才一個人，他以不大流利的中國話悠揚感性地辯論。他從台灣「光復」未久，中台文化尚未溝通，乃至二二八發生背景，一一分析，並對起訴文極力吹求，當庭指責法條引用未當加以辯駁。幾達半個多小時的辯論，使庭長梁恆昌、陪審和檢察官無不凝神靜聽，也使旁聽席上的人動容感嘆。

辯論結束，庭上隨宣佈十二月二十三日宣判。我和吳金燦被諭令還押，回到北監病房即寫信通知家人能於宣判日到庭旁聽。

十二月二十三日下午二時半如期開庭。庭長梁恆昌宣讀判決書全文，庭內一片死寂。我雖坦然處之，卻仍無法掩蓋隱約心悸。及至聽到被判有期徒刑十五年褫奪公權十年，才放下心頭那塊沈重大石。我終於撿回一條命，正想轉頭找旁聽席上的玉扃，沒想到她早已越過被告席與旁聽席間的低欄，用手緊緊抓住我的肩膀，喃喃細語說：「不是說過麼，祇要留下一條命，什麼都沒問題……。」

我考慮再三，終於決定放棄上訴。這並未意味著我已「俯首認罪」，我祇是被俘，何罪之有？而且上訴也不一定減刑，反而被加刑的例子也時有所聞。反正我對自己的案情很淸楚，能撿回這一條命，無寧應加慶幸。應感謝主的疼惜和憐憫，及劉旺才律師的精彩辯論。至此我的案總算結案定讞。再過來便是等候行刑，分發工場接受漫長苦刑。

第一部

台北監獄

北監概覽

二次大戰中台北監獄的監舍，幾經盟軍轟炸，被毀泰半：二區一舍全毀，二舍毀三分之二，三舍也全毀，唯一未受損的是四舍，五舍獨居房也被毀近三分之二。東港事件的「主嫌」，台南歐清石律師則被關在五舍十二房。他是一九四五年六月「台北大空襲」當天被炸死在監房裡的。

日人的監獄一般都分三個區：一區爲收押未決被告。國府接收後，一區則被改爲「台北看守所」。它行政上雖與監獄分開，管理還是沿用日據時代制度，仍由獄方派人管理。

二區面積最大，幾佔全監五分之三的空間，是收容既決受刑人的地方：執行徒刑、勞改的處所。這裡有各種習藝工場，如：鐵工場、木工場、竹工場、藤工場、木器工場、火柴盒工場、洗衣工場、織蓆工場、榻榻米工場、印刷裝訂工場……等。廚房、醫務所和敎誨堂也都設在二區。

三區則爲女監。未決的被告與既決的女受刑人都雜處在同一棟舍房裡。這裡有：裁縫工場、編織工場、小型養雞場、和種一些蔬菜、花草的「小農場」。

終戰後未經國府接收前，日人曾主動將涉案所謂「治安維持法」的「政治犯」全部釋放。對一般刑事案件的人犯也分別給予減刑或假釋。但在短短不到兩年之間，不安定、未上軌道的中國政治和陳儀政權的腐敗無能、橫徵暴斂，又使台北監獄人犯爆滿，超乎從日人手裡接收時的六倍。

「四人幫」喜同房

正當涉案「二二八」案件，未被起訴的大部分人，一批又一批被釋放出去的時候，留在台北監獄一區五舍的人已所剩無幾。爲了管理上的方便，一九四八年一月底的一個下午，我們這二十多個人，終於也被移到二區二舍，接受與一般受刑人同等的待遇。

當天坐鎮二區中央八卦樓的值日官是范姜看守長。是一位才三十出頭，黝黑結實的客家青年，他在台北監獄的經歷已近十年，具有對付頑劣、兇橫黑社會殺人犯的閱歷，是日本人走了以後才升任的。因此他給一般受刑人的印象是峻厲不苟言笑的人。

大部份人的監房都已分配完畢，唯獨我們四個（吳金燦、蔡鐵城、張水源和我）被以「內亂罪」判刑的，還擠在中央八卦樓的左牆角，等候分配監房。

這時候我們的心裡，都有一個共同的願望——能夠分配到同一個房間，不知多好。不僅可以互相照顧，接見時也可以讓家裡的人輪流前來探訪，日子漫長，路途遙遠，每個人都不願意再牽累家裡的人，希望家人不必每星期都來探監，僅將口信託那些輪到的人帶來即可。

吳金燦和蔡鐵城兩個人終於將他們內心的盼望說出來了，張水源也表示他的希望。我自己又何嘗不這麼想？於是我便趁著范姜看守長坐下來看桌上配置表的時候，悄悄趨前向他敬個禮，很誠懇地拜託他准許我們四個人能住進同一個監房，以便互相照顧。

范姜側頭一瞥，遂又掉頭繼續看他的配置表。不一會兒，不知是否心血來潮，他又抬頭看看我們，然後點點頭，似乎在表示可以給我們方便，讓我們住進同一個房間。

大約又過了半個小時，一位一毛二的管理員前來叫我們每一個人的代號，並命令我們帶好自己的行李跟著他走。我們四個人果然一齊被關進二舍十八房，同時又從十八房調出去四個人。室裡還有八個人，因此連我們四個人，便是十二個人。

我們四人在這裡，很意外地受到近乎「英雄式」的歡迎。他們似乎早已知道我們的案情。他們裡頭，三個穿著較好的，一個是被判無期徒刑的販毒犯，另兩個是從事走私的商人。其餘似乎都是些沒有受過什麼教育的鄉下人，都是觸犯「特種條例」——違反交通器材案件，起碼最低刑七年的重犯。

戰時在中國內地，道路橋樑、通信系統，受到敵人破壞，未修復時，橋板、電線、鐵軌枕木，常常給無知百姓在路旁、河邊撿回去，因此常碰到器材欠缺無法即予修復的情形，所以才有特種條例——違反交通器材罪的公佈實施。然而在戰後，到附近的廢墟斷橋撿些廢料，或在溪邊撈些從上流漂流下來的橋板，帶回去做柴火、或供修漏屋之用，如果被抓，則仍然被以違反交通器材論罪起訴，而最低將被處七年以上有期徒刑。

這一類案件，被告初無犯意，在溪邊撿些從上流漂流下來的木塊帶回去修漏屋或做柴火，在日據時代，並不構成犯罪。中國人一來，這種行爲便變成比一般盜竊、詐欺、強盜案件更爲嚴重的案件，至少要被處七年以上的徒刑，而且不能與一般刑事案件同享假釋，或享受「行刑累進法」的待遇。

悲慘的「發福症」

被移監二區十八房以後，我們所受的待遇，便被降低至和一般受刑人完全一樣。探監已由每星期兩次變成每月兩次。而且除了衛生紙，及一些特定便藥和炒胡麻鹽外，其他任何食物都不准送入，書刊當然也在禁止之列。受刑人還想看什麼書刊？還想吃什麼水果、粿餅？但在日據時代，這些食物、日常用品，是對受刑人最起碼的人道法規。那時被判刑後進工場執行徒刑的受刑人，也是享受「四等飯」的待遇。儘管戰時已降至碎米飯，卻還是純米的飯，而且佐以醃魚、或醃瓜、菜干等。

現在（一九四八年一月）副食費，還是沿用三年前日據時代的「兩元」規定。戰後食糧奇缺，每天卻仍有一大批一大批的食糧送往中國。物價貴的駭人，「兩元」副食費，事實上連買一小撮鹽巴都不夠，還想獄方能給什麼佐膳？

這時候一般公務人員的薪資，都常積欠三個月至半年以上，而且所領的，也都跟不上一日三市的物價。於是司法大廈的官員們便想出一套「自救之道」——盗囚糧自肥的福利辦法：每月將囚糧的五分之三移作所謂的「福利米」，分配給司法大廈裡所有員工，及監所（台北的）獄吏。而爲彌補這個不足的五分之三囚糧，他們又派人南下到東石、北門一帶四處搜購廉價地瓜，將地瓜堆積路旁，等候台北監獄派來的車子搬運回去。可是這時候的台北監獄，就祇有這麼一部戰時樺山倉庫（台灣軍一二八〇五部隊）報廢棄置於東門圓環附近的破爛車子，而且還是第一工場（鐵工）的受刑人費了九牛二虎之力，才勉強修復起來的。

戰後兩年，陳儀政府在台灣，除了劫收奪位，製造滿街的失業者之外，也使每一個監所人犯爆滿，尤以省城的台北監獄爲甚。因此即使每天台北、東石往返一、兩趟，那些地瓜還是不敷食用。如果碰到雨季，搬運困難，被壓在底層的地瓜，就會自然的發酵腐爛。這些開始腐爛的地瓜又不能棄之不用，爲了確保量的「足夠」，腐爛的、連皮帶根的也都統統搬回來，用蒸氣蒸熟，再拌以些許米飯，分等打成飯餅發給每一位受刑人。

反正上級的規定是依照日據時代的定量，因此重量不夠也許會出紕漏，但對品質內容的不同，卻也沒有什麼硬性規定。所以司法大廈的官爺們，便可趁此勾結監所獄吏上下其手，大做他們的「福利」。幸好所應付的對象都是些「罪該萬死」的囚犯，他們先天已得不到社會的同情，在深牢裡面，即使有人敢出來抗議，也祇有換來一頓皮肉之痛。他們有的是刑具，囚徒們只能徒嘆奈何！

接見時不准從外面送入「胡麻鹽」以外的任何食物，更是沒有道理。受刑人不能講求享受，理由堂皇，言之成理。然而主食的米被盜去五分之三，代以臭地瓜飯，叫人如何下嚥？整天在監房裡輾轉，呼飢嚎餓的囚徒們，大多雙眼凹陷，骨瘦如柴，在微光下彷彿面對著一堆活殭屍，眞是令人觸目驚心。

一些比較年輕、食欲旺盛、熬不住飢餓之苦的，便用自己身上僅有的衣物巴結外役，多要開水加鹽巴，猛飲充飢。每餐如此，天天如此。於是每個人便漸漸地水腫肥脹，慢慢地「發福」，與那些活殭屍形成一個極端的對照。不久這些「發福」的年輕人，反而一個又一個被抬到病房。在那裡快即半月，慢即一個月後，都將以「發福症」解脫苦海，告別人間，一個一個從小南門被抬出獄。

聽說凡患過這種「發福症」——腎臟病，解脫苦海的人，最後全身都會散發出一種難聞的臭味。因此整棟病房都必須用濃烈的「煤溜油酚液」消毒。如果遇到吹季節風的時候，這些濃烈消毒液的餘臭，也會隨風飄進我們的房裡「報信」——今天又有難友得到「解脫」，從小南門被抬出去了。

這時候我們心裡都會掀起一陣狂濤。金燦兄會扼腕瞪視窗外，鐵城則習慣地用「三字經」遠咒司法大廈那些偷天換日、將囚糧移充「福利米」的喪心病狂官吏。我也會再次私自發誓：祇要我有出獄的一天，必將為這些從小南門被抬出去的數十名難友們報仇，殺盡搶奪囚糧，造成悲慘人間地獄的豬官狗吏。

攤牌

一九四七年秋，玉扃經她父親的安排，到彰化縣溪州小學當教員。母親也因三叔全家將三叔的被捕怪罪到我身上，遭到全家上下老小對她使白眼，無奈出外謀生。經一位戰時曾經在我們筑後屋，做過臨時工人的歐巴桑介紹，到台中柳川西街「二少爺」——林列堂三姨太，阿美姨那裡，照顧其甫出生數月的「孫少爺」。

現在她們已經不能像往日那樣常來看我。幸好吳金燦的丈母娘每隔一個星期都會來看他，他的太太江玉葉女士也輪流前來探視。她們都會順便給我帶些口信，並幫我送些炒麻鹽進來。反正我們四個人——金燦兄、鐵城、張水源和我都被關進同一個房間，生活在一塊，所以金燦兄的炒麻鹽一端出來，我們四個人都會拿出自己的筷子，從麻鹽的小容器裡沾小麻粒，往嘴裡送。無聊的時候，我們也會比賽，看誰的動作敏捷，沾到的麻粒多。最後我還是要喝開水以沖淡口裡的鹹澀，明知這個猶如吃毒藥，對身體並不好，奈何飢渴難熬、喉口如燒，再不用水加以調劑，又如何能熬過這漫長的夜晚！

不久我的身體也發生一些變化，漸感衰弱，時有體力不支，頭暈腦脹的現象，體重也已由六十五公斤降至五十八公斤。鐵城和水源的痢疾，也似乎愈來愈嚴重，天天叫著他們會死，很不甘心。祇有金燦兄雖然滿臉鬍鬚，消瘦許多，每天仍扼腕瞪眼，一個人站在窗前，觀望空中的風雲變化。

我經過一夜激烈掙扎以後，終於決定與獄方作最後攤牌。成功的話，大家或可再殘喘幾年，即使不成功，也可成仁。至少可以造成一場猛烈的影響給獄方瞧瞧，讓他們知道這裡的受刑人並不全是瞎眼聾啞，麻木不仁。對「囚糧」的問題大家心裡都明白，對他們的非人道待遇，忍耐也已至極限。

我遂吩咐鐵城起稿，自己看過以後，又交金燦兄繕寫。

報告提出去以後，我還是放心不下，那張報告會不會給管理員壓下來，不轉上去？爲此我問過前來巡房的管理員，他們都異口同聲說當天就轉到警衛課。果然第三天上午點名後不久，中央八卦樓值日官唐朝雄看守長（頭份客家人）便命令管理員帶我去問話。

我被帶到八卦樓唐看守長面前，兩手垂直木然站立著，不敬禮，也不遵照他們那一套沿用日人的陋規蹲下。站在我背後的管理員程日，遂疾言厲色命令我蹲下，同時揮舞著他手上的鞭條。我早已咬緊牙關，並準備接受程日的任何粗暴和加害。萬無料到唐朝雄看守長右手一晃，暗示程日停止揮舞手上的鞭條。但那小子彷彿心有不甘，仍在嘴上喋喋不休，說我的態度傲慢，不好好教訓，不會覺醒……。唐看守長似乎看得有點煩，便命令他回舍房巡邏去。

程日走了以後，唐朝雄當即收下他的「職業架勢」，以一反過去的嚴肅、兇惡態度，和顏悅色開始問話：你的簽呈我們已經轉上去，金典獄長（金聞天、江蘇人）最近公事很忙，也許得再等幾天才會召見你，但有什麼要事？可不可以讓我知道一點？也許不必麻煩典獄長，在我們的職權內可以替你們解決。

我聞言遲疑片刻，便陪著笑容，很有禮貌的回答他說：「看守長你的誠意和熱心，我完全領受，你的職權我也相當肯定。但有些事情，不，有些問題的造成並不在你們的職權內。比方最近每一、兩天，就有人從小南門被抬出去。一個好端端的青年，法律也不過判他幾年，或幾個月的徒刑，刑期一滿，他還是可以回復原來的社會地位和人格。可是你們台北監獄卻不顧及這些，要逼迫他提前從小南門出去，不讓他們等到刑期屆滿……。」

「你胡說什麼？」唐看守長暴跳如雷，睜大兩眼瞪著我說。他又說：「你太放肆了！竟敢在這裡說這種話，你還想活不？在這裡你亂扯，我可以當做沒有聽見。可是若在課長或典獄長那裡說這種話，恐怕就不會這麼簡單就算了。你講話得三思，要經過大腦，要識時務，顧慮環境，千萬不可以身試法。這裡不會講什麼人情，祇講法律，凡事必須有根有據……。」

我覺得再跟他們這種人爭辯無益。因爲他們腦筋單純，所知無多，職權也是極其有限。他們管理小盜鼠輩有餘，要處理那麼多囚犯好端端地進來，不到幾個月時間卻一個個被抬出去的問題，恐怕就沒那麼容易了。而且造成這種悲慘問題的罪魁禍首，原本也不是獄吏之輩。那是更高層次——司法大廈裡，來自中國的官爺們。

我沈默片刻，又滿臉堆著笑容向他道謝說：「幸好你提醒我，我應該識時務，顧慮環境一點。不過有些事情還是容我當面報告典獄長，因爲祇有他才有權解決問題。我會說一點中國話，在社會上也見過世面，我會慎言小心，絕不會冒失，請你們放心。」我剛說到這裡，他便迫不及待地攔著我的話說：「聽說你是謝雪紅的參謀長，你怎麼沒有跟她們跑？她現在那裡？」

我故意裝做沒有完全聽懂他的話，祇管裝傻，對所問的，既不肯定，也不予否定。僅以搖頭表示「不知道」。他接著又問我以前幹過什麼？我便緊抓住這個機會，想彰顯我的社會關係，及不可侮的地方。我說：「我戰時曾經在日本陸軍，戰後教過書，也幹過記者……。」我剛說到這裡，他遂搶著問我：「是陸軍志願兵？」我搖頭表示「不是」，但我隨即又補上「是日本陸軍尉官囑託」。

他聞言離坐，以略帶驚奇和不敢相信的眼光瞪著我，他雖然不再問長問短，然而他對我的態度，卻似乎已有明顯的改變：從他的眼神，至少可以看出是一種友善而非敵意。自此以後所有管理員（獄卒）對我們房裡的人，尤其是對我們四個被處以「內亂罪」名的人，都顯得客氣一點。至少不會再大聲吼叫。

張萬福醫官

我的體力漸感不支，有時也會頭暈目眩。明知起因於營養不良，我們還是每隔一天就申請看病。看病要到衛生課，都是由醫官張萬福親自給我們看的。

張醫官淡水人，他的正式職稱是衛生課課員，自日據時代即在台北監獄衛生課當見習員。他爲人和善、處事熱誠，從不擺官架子，特別對我們這些涉案「二二八」的。他與林日高省議員私交甚篤，也知道我與金燦是林日高最關心的朋友，所以對我們兩個人也格外關照。

他（張醫官）每次看到我們來醫務室，即悄悄暗示外役帶我們到他們的値夜室。那裡有香蕉、桔子，有糕餅、皮蛋，有時候甚至連熱騰騰的花生湯、麵線糊和炒米粉都有。

被帶到門口猶未進去，即聞到一陣撲鼻的香味，我肚子裡的腸胃又開始激烈地蠕動。外役讓我們二人留在室裡，並低聲指著桌上的東西告訴我們：「都是給你們吃的，但不得帶出外面。」說畢便轉身回去。

每次等我們吃得差不多的時候，也就是張醫官看完了患者以後，他都不忘移步到值夜室門口探探頭，找我們聊天。有時候他也會提及監房裡的慘虐情況：他們都知道被囚禁在裡面的人的悽慘處境，挨飢受餓，始終得不到「滿腹感」，不得已拿鹽水充飢，結果慢慢地「發福」，最後一個一個從小南門被抬出去。

他也曾經將這情形在獄務會議席上反映。奈何，官微言輕，始終未獲重視。那些天天來看病的人，其實也沒有什麼大毛病，都是些營養不良所引起的衰弱症狀，祇要營養足夠，不吃藥也會自然痊癒。幫他們看病開藥，也不過是給他們一些安慰罷了。

黃境順

一九四八年元宵過後，一個春寒微雨的夜晚，我一個人背靠牢門，手握家書爲寡母的淒涼晚景，興起無限憂思的時候，忽覺有人敲門，翻身把頭移近洞口，兩眼欲穿地朝外一掃，發現竟是日前放封時，給我們開門的那一位年輕管理員。

他大概也發現我已經靠近小洞口，正在窺探外面，便移步門邊彎著腰低聲問我：「肚子餓不餓？」我當即點頭表示很餓。他隨即從洞口擲進兩塊年糕給我。

我感激之餘，便問他尊姓大名。他告訴我姓黃，名境順。我又進一步問他：「什麼地方人？」他即回我：「汐止」。我聽到汐止人，便緊追不捨地再問他：「認識不認識李朝芳先生，你們的鎭長？」他不正面回答我，卻告訴我：「朝芳先生正是我二伯父」。我聞言幾乎不敢相信天下事竟有這麼巧合！接著我又改問他：「是否認識李舜卿？」他還是不直接回答我的話，而說李在台北省立醫院實習，也在汐止高中兼課。

至此一切不容我再置疑。然而他姓黃，朝芳先生他們是姓李，這卻仍使我無法釋疑。經他一番說明以後才了解，原來他的父親童年時代即被「過繼」給姓黃的，所以現在他們便成爲傳承黃家香火的子孫。

對於我提起他二伯父的名字，又認識他的堂哥李舜卿，他也已在心裡起了疑惑。便問我是否也是汐止人？我搖頭，但隨即告訴他，我是在李朝芳先生家被捕的，舜卿是我留日時代的好友……。我話猶未說完，他卻已迫不及待地提高嗓音說：「原來就是你！那些事情我們都知道！」

自此以後，每次輪到他值班時，他都會來跟我聊天，或送些吃的給我。有時候也會替我帶口信給舜卿和家人。外面有什麼新聞，尤其是有關「二二八」的最新消息，他也會帶剪報來給我。家裡有人來接見時，他都會自動到外面幫我先把東西帶進來。

他在台北監獄當管理員總共不到一年，便轉入基隆港務局。他現在是國宇倉儲(股)公司董事長。在此之前他曾經是汐止政界的風雲人物，前後擔任過鎭調解會主席，鎭民代表會副主席、主席達二十年之久。在事業上的成就與他的堂兄李舜卿不相上下。

林日高

有一天張醫官悄悄告訴我們，這些天來我們在這裡吃的都是林先生（日高）托人到外面買來的。因爲他曾一再吩咐過別告訴我們，但張醫官卻覺得這種事又不是見不得人，所以還是讓我們知道。

他又悄悄透露一些消息：最近有幾個想競選「監委」的人，如台中地院檢察處陳世榮檢察官等人，都來找過林日高，要他發揮在省參議會的影響力，爲他們多拉幾張票，看來林先生不會在這裡就太久，也許很快就會出去。

我聞言心急，當下要求張醫官設法讓我住進病房，以便接近林日高。張醫官點頭會意，遂命外役隨我回監房取便檢驗。次晨點名以後不久，我被帶到中央八卦樓，經唐看守長問明「病情」，便隨一位管理員到病房。

我被送到一般病監外面的大廳享受優待，這是經張醫官刻意安排才得以睡到林日高的鄰床的。大廳祇有五張病床，林日高佔一床；另在萬華開業婦產科，因「墮胎案」不懂送紅包，被關進來「反省」的洪某也佔一床，他在這裡當「外役」，但有時候也代替醫官看病患。

被安排到病監外大廳的病患，都是些「特殊病患」。兩個月前省議員郭國基，「三青團」台南分團主任莊孟侯和台北市參議會副議長潘渠源、議員駱水源也曾因「特殊病症」而住進這裡。

次晨趁著放封，大家到外面透空氣的時候，林日高示意我留下來。他見四下無人便告訴我有關他的案情，及他女兒的事情。他說儘管王民寧(省警務處長)暗中幫他一次忙，使他倖免於死，但柯遠芬(陳儀的參謀長)之輩恐怕不會輕易放過他。許許多多無辜、沒啥事的人都被殺，被推入海中餵魚，他還能指望無罪出獄麼？

「二二八」中他所做過的且不談，光在省參議會修理過陳儀、柯遠芬，即夠讓他們把他置於死地。如今既然身繫囹圄，要殺要剮便操在他們手裡。很多人都安慰他，說他很快就可以出獄，他也祇有一笑置之。他們根本不了解他的案情，也不知道他「二二八」前在省參議會如何跟他們拚命。他自己心裡明白，所以很想託我一件事，希望我出獄後務必替他完成。

我聞言心裡頗覺納悶，我已依「內亂罪」被判十五年徒刑，而他至今連最起碼的起訴都沒有，卻要將他女兒的事情託我。依林日高的看法：凡行動派——所謂因不明「祖國」政治文化，一時衝動而觸法的案情，必將獲得寬恕。像他前有參加「台共」案底，今有下鄉組訓工農群衆的記錄，在省議會又是與王添灯、郭國基、林連宗同是猛攻猛打、手下不留情的族類，陳儀和柯遠芬正恨不得剝他的皮、啃他的骨，無論如何他已經死定了。

他一直與獨生女兩人相依爲命，如今竟然發生這種變故，他自己所做所爲，心裡有數，他雖然能從容就義，但不能眼睜睜看著他的愛女徬徨失措，更不能因此而耽誤她的一生。於是他問我：東京的「女子藥專」那一家比較好？問我學費加生活費每年需多少？入學考試的競爭率如何？乃至我能否帶她到東京就近關照她……。

他彷彿是一位將要受刑的死囚在留「遺言」似的，我內心甚覺惶恐。他的女兒我從未謀面，儘管如此，我還是想盡可能答應他、滿足他的心願，在他即將「就義」的時刻，減輕他的痛苦，使他無後顧之憂。

我與林日高的認識是經文山茶行王添灯的介紹（一九四三年）。戰後我們也在「三青團」台北分團見過幾次面。那時台北分團主任是王添灯，林日高則爲分團幹事，潘欽信爲分團總務股長。

一九四八年二月中旬，林日高經獲不起訴處分而出獄。對這個遲來的消息，大家並不感意外，獨他本人驚訝不已。儘管周圍的人都爲了他能夠出去而高興，他自己卻因感到迷惑而驚惶失措。

臨走前他曾經悄悄向我吐露他的隱憂和苦衷。他說他在這裡，再怎麼樣都不會死，相信也不會遭受任何拷刑。可是一旦落到「警總」，或憲兵手裡，他還能僥倖苟活麼？添灯、文瑞和朝生都被燒、被殺，何況是他呢？說不定張慕陶（憲四團團長）和柯遠芬派來的人早已在監獄外面等他呢！說畢他緊緊握著我的手，仍不忘將他女兒的事情再次重託我。

他是未被起訴而獲釋的最後一位省參議員。他出去以後確曾運用各種關係和影響力，使我們幾個涉案「二二八」仍留在獄中的人，享受到一些特別照顧，伙食的改善便是一個例子。獄方所供給的主食仍是四分之三的臭爛地瓜和祇有四分之一的米飯。但現在已由原來的「五等飯」改升爲「二等飯」，將碗裡臭地瓜揀掉，便有比原來多三倍的純米飯（大約有一般飯碗的半碗量）可以充飢。

每個月除了原來規定的一次探視外，現在還可以享受兩次特別探訪。送東西的限制，也略有放寬。除了原來的「炒麻鹽」，現在也可以藉預防「腳氣病」的理由多送點「炒米糠」進來。我們幾個人的「炒米糠」，即使裡面偷偷加些炒麵粉，炒米麩或砂糖、蜂蜜進去，他們也會裝做視若無睹，醫務室方面的照顧依然繼續，每隔兩、三天我們仍到值夜室，補補營養，直到我們被送監執行爲止。

印刷裝訂廠

我們四個人的「執行指揮書」，終於在一九四八年三月三日到達台北監獄。我和吳金燦兩個人，則於次晨由作業課韓課員「驗明正身」後，交給負責「二二工場」印刷裝訂的作業導師嚴淵涵。我到「二二工場」隨即被指派當「精算」。「精算」是沿用日本時代監獄裡面慣用的一種職稱，是一種工場主管和作業導師的助理人員，實際任務是統計、記錄和製報表，有時候也要幫忙校對印刷品和領料等工作。不過我的任務更特殊一點：常常自告奮勇，擔任「二二工場」和「二一工場」工作的難友們與獄方管理人員之間的橋樑。

凡有犯規——大多是偷抽煙、或打架的難友，被帶到主任管理員面前時，我都會自動跑過去向即將揮鞭「行刑」的管理員，說幾句話求求情。蔡主管雖然未必「每求必應」，但對一般比較輕微的犯規，他都留著讓我去處理。結果不到兩個月，我在「二一」、「二二」兩個工場的「特殊地位」，便建立起來。

蔡主管和嚴導師當然知道我的案情和社會關係。工場裡的難友們也都差不多知道我是「二二八」案中的一名重犯。依這裡的舊習，凡犯案兇悍，刑期愈重的人，都反而越受「畏敬」。因而他們對我似乎也另眼相待。

除了這些因素，聽說製圖室一位老難友戴天送，也知道許多有關我和謝雪紅的事情。戴天送也是台中市人，年約四十，身高不到一六〇，微胖，嘴巴常帶笑，和藹可親。他是台中市成功路，中區區公所右鄰一家相當具規模的彩印廠——「廣信」的老闆。因涉案「僞造有價證券」而被判十年，是戰後次年被關進來的。

他人緣好，又廣交，他的製圖室更是癮君子的最好「煙巢」。因此工場裡的癮君子們都知道欲「拍豉」找天送，那裡不但有「豉」也有「箸」，而且是一個最隱蔽的地方。「豉」就是香煙，「箸」爲火柴。他們有時候也會拿「魚脯」做香煙的代表，將火柴叫做「蔭豉」。因爲火柴的頭很像「蔭豉」。

每當癮君子們，趁著蔡嚴兩位管理員不注意，潛進製圖室後面廁所，或蹲在工作台下面「拍豉」的時候，戴天送都一定站到門口爲癮君子們把風。這時候他習慣上都會「播送新聞」給正在「拍豉」的癮君子聽。

他一方面用斜眼注視管理人員的動作，嘴巴卻朝著裡面的癮君子們喋喋不休，樂此不疲地說些謝雪紅雙手使雙槍，嚇走「阿山仔兵」（中國軍），和我曾經騎在馬背上向群衆演講、指揮部隊……。他的想像力，眞是令人嘆爲觀止。他的勇氣更是我等所望塵莫及。那麼大的牛皮他都敢吹，不怕被人戳破。「二二八」未發生以前，他就被關進這裡，怎麼會知道那麼多？

他是「二二」和「二三」兩工場的龍頭，爲人又大方慷慨，常爲癮君子供應「鼓」和「箸」，說話時的神情又是那麼率眞，不由你不信他的話。無怪乎工場裡的難友們都待我那麼好。論「輩分」，我是最近才進來的「新雀」，但他們還是待我以老大，有什麼吃的必有我一份。洗衣服時會有人搶去替我洗；洗澡的時候，甚至也有人自動爲我擦背。在工作上，每次獄方有新的要求，如果我出面，或由我傳達，他們都會看在我的份上，毫無怨言地默默接受，如期完成。

當時「二二工場」大約有五十多名受刑人分佈在製圖室製版、文案、活版、石版、大輪機、校正、鑄造、裁剪及雜役。「二三工場」（製本部）也有二十多個。兩工場合起來共有八十多個人，是台北監獄所有工場中人數最多，受刑人素質比較好的工場。

他們的主要成員有：戰前強盜犯、殺人等罪，因「光復」獲減刑一半，仍在這裡繼續接受未了的刑期的；有戰後觸犯陳儀政府的所謂「戰時物資管制條例」的商人；有工廠被接收宣告停工，被趕出廠門，生活無依流浪街頭，想不開又跑回去和國府資源委員會的駐廠人員吵架，被控以妨害自由，脅迫關進來的。

也有看到政府那麼糟，法律蕩然，便藉機仿印「有價證券」想撈一筆橫財的；還有學校老師，因憤懣陳儀派來的人員，不學無術，卻高高在上作威作福、及接連好幾個月不發薪水，而將日人留下來的一些字畫古董，拿出去賣而被控以竊盜進來的；更有身爲村長爲了給自己的孩子蓋房子，竟然乘黑夜到附近學校盜剝教室玻璃，被反對派告了一狀，因所送紅包「不夠看」，仍被關進來「反省」的。

這個人叫做黃溪，現爲南台灣某縣國民黨元老級黨員，曾在地方政壇叱咤風雲、操縱選局達十數年。他的兒子叫做什麼「彥」，是喝國民黨奶水長大、滿腦子企望反攻大業成功，可以在中國當一名大學校長。他臥底美國台灣人社會很久，常以「教授」、「博士」或什麼委員身份出現。不過現在大家都知道他是怎樣一個貨色。

此外還有觸犯特種條例——交通器材盜竊罪的及吸毒、販毒的所謂毒蟲。而人數最多的，要推僞造文書——僞造學歷和文憑、或僞刻機關學校的印章、圖記關防，戰後才由彼岸來台的「少年人」。犯詐欺恐嚇罪進來的「半山」也有幾個，而最後便要輪到我們這四個新近進來的「內亂犯」了。

工作方面：自日據時代即已經在這裡承印的鐵路局「車票」及各種報表。這是固定的作業，所以慣例上都派給重刑犯，刑期在十二年以上的人去擔任。最近國府司法院秘書長謝瀛洲交印的五仟本「中華民國憲法論」全書，共六百多頁，交書時間爲六月底（一九四八年）而且都是精裝本。

爲承印這部憲法論，蔡主管和嚴導師都頗爲緊張。因爲對方是他們的頂頭上司，因此我們也不得不陪他們緊張一番。幸好工場裡的難友們都很合作。對「拍鼓」——抽煙的問題，我也抓住這個機會，要求兩位主管馬虎一點，為使工作順利，最好別刺激他們的情緒。除非逃亡、鬧監這類不能寬恕的過錯，其餘都可以睜一眼閉一眼。

我又告訴蔡嚴兩位管理員，我們不但要將這部書印得讓南京方面的人絕聲叫好，還要讓他們瞧瞧所謂受過日人「奴化教育」的棄民，而且是被關在黑牢裡面的台灣囚犯，印出來的精裝書，能否與上海商務印書館所出的「四庫全書」媲美？老實說，我們台灣人的技術和勤奮不是蓋的。

千奇百怪的行狀錄

一九四八年四月初，一個風和日麗的上午，蔡主管命我到「二一工場」挑選五名刑期未滿六個月，素行良好的交給嚴導師。由嚴導師帶到高等法院地下室、和監獄教化課，搬回日據時代遺留下來的報表、信封及各種記錄表回來加工。

戰後紙張奇缺，從中國來的毛邊紙也非常有限，而且又限於經費，當局遂想到日據時代留下來的這些沒有保存必要的表張，加以翻面更新重印，仍可利用。而且犯人的工是無償的，不計成本可以任意叫他們做任何事情：將一批日人用過的舊信封拆開翻面更新使用，每一張表張也翻面重印……。反正這是為專門折磨受刑人體力、幫忙他們「消遣」漫長刑期刻意安排出來的。

凡從外面搬進來的東西，或各種進料，都必須經我過目清點入帳。當我忙著翻點如山般的舊紙堆時，忽然間發現一本「昭和十三年、台北刑務所教誨課懲役囚行狀錄」，它勾起我的好奇，我的視線便緊緊盯住那本行狀錄良久，我終於決定將那本行狀錄留下來。

我趁著蔡主管在工場外面跟巡邏員聊天的時候，悄悄帶著那本行狀錄到製圖室一翻，赫然發現一張編號十三號，氏名：謝阿女。姓別：女。籍貫：彰化。罪名及判決：違反治安維持法。懲役十三年。

謝氏阿女，不就是二十多年前抱過我，背過我那位鄰居漢文私塾洪喜仙的小媳婦，到日本以後改名山根淑子，到中國以後又改名謝雪紅，並取外號「飛英」那位歐巴桑麼？可惜她「二二八」以後跑去左營找蔡懋棠，經蔡安排「光明炮艦」讓她逃往香港。不然讓她看到過去坐牢，日本人曾經如何考核她的行狀時，不知會有怎麼樣的感想？

我如獲至寶般雀躍不已，一個字一個字很仔細地看下去：行狀表上記錄她在裁縫工場學裁縫。品行良好，無不良嗜好。健康狀況不佳：有潰瘍性胃病，左肺部稍呈黑點。喜歡看書，也會作俳句。

俳句是一種由五、七、五、共十七個字組成的日本人獨有的短詩。至今還風行於日本的中上層社會。

我遂將這一張很珍惜地抽出來，託戴天送代爲保管。我繼續翻，又翻出王萬得（老台共主席）和林日高、潘欽信、莊守、簡吉、蕭來福等人的「行狀錄」。我將它們一張張抽出來。他們六個人當中要算潘欽信和王萬得素行最差，經常受處罰且多是「煙癮」惹出來的禍。

次日，我又翻出楊克煌、郭德欽、陳得興、翁澤生、洪朝宗、莊春火、和王溪森等人的「行狀錄」。他們這幾個人，除了王溪森的記錄稍好一點外，其餘的人，似乎也沒有什麼特別的記載。他們的犯規記錄仍以偷抽煙爲多。蘇新與翁澤生的記錄裡面甚至有「與共犯傳遞紙條」、「服從精神不佳」而被禁閉兩個月的紅字記載。

這幾張「行狀錄」，我覺得將來必有用處，便託人連同謝瀛洲的《中華民國憲法論》一併帶出去。凡經「二工場」承印的書，或任何印刷物，都一定要多印幾張或幾本留下來供日後參考。我便從多印出來的六本裡面，悄悄留下一本，帶進監房裡，花兩個晚上的時間把它看完。

那本「憲法論」所強調重點是說：孟德斯鳩的理論不過是「三權分立」，不夠看。他們的憲法卻是「五權分立」，比歐美任何先進國家的憲法都「完整、進步」。美國的憲法，監察單位被置在參議院裡面。他們中國的御史卻早已獨立於行政官署之外。又考試權，他們也讓它由行政部門獨立，與監察權同樣保持超然獨立立場。

他們的最大「傑作」，便是總統的職權問題。他們的五權分立，行政院應該是內閣。內閣必須負責所有行政責任，所以這個政府，照理應該是內閣制的政府。然而總統——當然是指蔣介石，只要高興或他認爲有必要時，隨時都可以任意逕自指揮內閣，這樣又讓人覺得，他們也許是總統制。

總而言之，他們這部不倫不類的憲法，既不像一般西方國家的內閣制，也不像美國的總統制，完全憑總統一個人的好惡去決定一切，也就是說完全迎合蔣介石一個人的興趣和需要去決定的。這本書事實上也沒有什麼存藏價值，但由於一時的好奇，我還是託人將它帶出去。

林先生的溫情

一九四八年四月五日，玉扃利用學校春假前來探監。這是我下工場以後的頭一次晤見。因爲事前接到她的信，所以我能從容先作些準備：我將見面時要講的話都一一記在紙條，一些冬天穿的襯衫褲和西裝也加以綑包，準備讓她帶回去。

因接見時間只有十五分鐘，她路途遙遠，又難得來一次，於理於情都應該有商量之處。於是我便請求警衛課李定堯課長，特准我延長一個小時的接見時間。李課長初有難色，及至聽說我是「林日高的好友」以後，便點頭說可以考慮，但接著他又說他會吩咐接見室。

玉扃現在似乎比以前更加成熟，也堅強多了。彷彿一夜之間，她又成長了許多似的。她雖然祇是一個實歲不到二十的弱女子，卻經得起任何風吹雨打。過去在憲兵隊和廿一師軍法處時，明知道我命在旦夕，隨時都會被拖出去槍斃掉，她還是發揮她「偉大的母性愛」，無微不至地關懷她受盡委屈的「孺子」。想盡辦法要讓我臨刑前仍能享受一點人間溫暖，能無後顧之憂，慷慨就義。

去年十二月二十日，我在高等法院被宣判十五年徒刑時，她不但能沈著泰然，不流淚、不驚駭，反而跑進被告席，緊緊抓住我的肩膀，安慰我、鼓勵我，使得前來旁聽的李舜卿和蘇玉環目瞪口呆、嘆息不已。一般來說，像這種情形發生時，她一定會受不了打擊，而昏過去的。

她初始祇抓住我的肩膀，經法警庭丁的勸阻，雖然略將身軀往後退，但不一會兒，卻又猛力撲過來，乾脆用雙手緊緊摟住我不放。儘管法警庭丁想動粗硬將她擠開，但因看到準備退庭的審判長梁恒昌又回頭，不動聲色站在那裡搖頭嘆息，庭丁們便祇提高嗓門大聲喝阻，卻始終未敢伸手拉她。她雙手緊摟著我，嘴唇也在我的頸項喃喃自語。我依稀聽到她在告訴我：「祇要能保住一命就好了。相信他們也沒有那麼大的耐力關你十五年。我會等你，永遠等你。」

接見時她悄悄告訴我，板橋林先生不久前來台中開會，前後來過三次，每次來都住進台中最大的中央旅社。到了晚上九點左右，他都會派三輪車來接母親和金燦兄的丈母娘到旅社會面。他除了極力安慰她們兩位老人家，關懷她們的生活狀況外，每次必掏出幾張大鈔，四百元或五百元給她們。

那個時候一名小學代教的每月薪津祇有七十元，正教員的也不過一百二十元左右。

我當然知道玉扃所說的林先生是誰。祇是暫時還不便在那種場合，將那位朋友的眞姓實名說出來罷了。因爲他是一位「警總」「特別關心」的敏感人物。

林日高出去後，即回復省參議員身份。現在他又被選爲省農會理事長。省政府爲整頓「二二八」大劫以後的台灣省農會，便不得不借重他的長才和關係。

省農會在台中，他便藉來台中主持會議的機會，派三輪車去接她們來談話。在至親朋友都遠避我們，連舅舅都視母親如路人的時候，林日高的溫情和關懷，的確給已沮喪惘然的母親，帶來很大的鼓舞和勇氣。對自己不肖兒子的前途，也逐漸回復信心，開始肯定我並不是什麼三頭六臂，大惡不赦的人。

林日高出獄後，一直官運亨通，無往不利。然而「警總」爪牙的鷹眼犬鼻，卻始終未放鬆，一直跟踪著他。使他任事謹愼小心，從不敢稍微大意。

台灣省政府改組

一九四九年一月五日，台灣省政府又改組。貪汚無能，堪與陳儀媲美的國府省主席魏道明下台，由他的老婆押著卅二大箱在台劫收的金銀財寶，經香港轉往美國。在上海負嵎頑抗的東南軍政長官陳誠，隨即親自兼任台灣省主席。他一上任，即任命李友邦爲國民黨台灣省黨部副主委，並兼任十數家公營事業公司董事長。（而成爲他日後被殺的禍根。）

陳誠接任台灣省主席不到一年，又將省主席讓給前上海市長吳國楨。吳國楨接任後遂大舉起用非「半山」的純台灣人。此刻國民黨所謂的「戡亂」、「剿匪」，已經是窮途末路，反而將他們的「大好河山」拱手讓給敵人。

臨危受命的吳國楨有鑑於此，爲了收攬民心和要求台灣人的容納與合作，遂任命蔣渭川爲省委兼民政廳長，彭德爲省委兼建設廳長，游彌堅爲台北市長。林日高便在這種背景之下也被攬爲省政府委員。

一九五〇年吳國楨起用的幾名台灣人（包括「半山」如游彌堅及彭德等人），才就任不到五天，即被中央日報一則「祝賀」啓事轟下來。

這則「祝賀」啓事的主要箭頭是指向C.C.派外圍「台灣政治建設協會」的蔣渭川，和分類上屬於「半山」的游彌堅及彭德。而聯名祝賀的，則多是「二二八」時慘遭殺害的人。如：王添灯、林茂生、施江南、黃朝生、宋斐如、吳鴻麒、李瑞漢、李瑞峯、林連宗、王育霖、白成枝、陳欣……等。不過裡面也雜有幾個尚活在人間的人之名。如：許丙、林紫貴、呂伯雄、陳嶺（有名無政府主義者）等。

這個「惡作劇」聽說是一位家住士林，親眼目擊「二二八」慘案的隱士，因不滿「半山」特務，將自己的官祿建築在「二二八」慘死者的屍骨上而作的。

此啓事一刊出來，朝野上下一時譁然，受到莫大的震撼。結果省府當局也不得不順應輿情，在不到四十天便被迫作第二次改組，另任命楊肇嘉爲省府委員兼民政廳長，吳三連爲省府委員兼台北市長，陳尚文則接替彭德任建設廳長，李友邦和林日高兩人，則仍留任省府委員。

但不久後，林日高還是逃不掉劫數，仍被「警總」羅織「偷取省政府密碼給『中共』潛台份子」的罪，被押至馬場町處決。林日高在押中，還未被處決以前，他的唯一愛女也在派來監視他的國府特務淫威之下被強暴……。

爲地方一些不肖警察人員，和特務所強暴誘姦的也不止林日高的女兒一個人。有更多的政治受難者的家庭，幾乎是在五〇年代的白色恐怖時期，被國民黨的特務所誘拐拆散的。一九五六年間轟動內外的包啓黃、楊又凡拐騙國府聯勤總部，一位已被判死刑少將處長的妻子，和一位涉嫌所謂「通匪」案的商人妻女成姦的案子，如非監察院長于右任在蔣介石面前「參了一本」而曝光，恐怕也早已被私了。

楊又凡是國防部軍人監獄上校監獄長，包啓黃則爲中將軍法局長。本來這一類的案情對他們來說，根本不算一回事，祇要他忠心耿耿，祇「忠於一人」，即使再大再嚴重的問題，也都可以化解的。祇是包、楊二人不幸碰到衰運罷了。

玉扃的信

大概是五月初（一九四八年），玉扃來信告訴我母親近況，和她在溪州國小的情形。她的信寫得並不流暢，我費了幾近半個小時的時間，才把它看完。她和我一樣僅受過日本教育，ㄅㄆㄇ之類也是當了教員以後才開始學習的。不過她有很好的日文基礎，儘管她的中文不暢順，我還是看得懂她在信裡想告訴我些什麼。

她說母親除了宿疾——頭皮癬，一切都還好。她曾幾次想把母親接來溪州就近照顧，都遭到老人家的婉轉拒絕。母親的想法是連自己鍾家的人，對她都避之惟恐不及，怎麼可以又跑到溪州那種陌生的地方叫人家討厭呢？再說玉扃雖說是媳婦，畢竟還未娶過門正式完婚，更不好意思接受她的扶養。

母親總是這麼深明大義，而且以她的個性，即使再窮、再困，除了偶爾找三叔，從不向任何人訴苦乞憐。幸好她在阿美那裡過得還可以，當人家的老媽子，幫忙看孩子，工作雖然並不怎樣煩冗，也不算什麼勞動，然而寄人籬下，處處得看主家顏色，精神上的負擔實不難想見。一家不過三口，如今卻分散三個地方。

玉扃又告訴我，她一個人在溪州，她媽媽雖然有時候會陪她住幾天，她的生活費用還是很省，房子是學校的宿舍不需租金，即使想過好一點，她一個人每月三十元已經很夠了。每月給我送兩次包裹，以每次十元算也不過二十元，所以她要接母親來溪州，是絕對扶養得起的。

她又說，讓母親到外面拋頭露面，當人家老媽子，如果給同事們和朋友知道，一定會在背後遭人數落，面子上也一定很不好看。所以她要我多爲她設想，勸勸母親能到溪州。事實她也很需要母親來陪她。

最後她提及十天前，許子哲囑他妹妹許×鸞到北斗找她們。主要是叫她來試探我們的意思——能否讓他們爲我們做些什麼？用什麼方法來補償我們？讓她哥哥有贖罪的機會。

玉扃的媽媽一見到許×鸞來怒不可遏，不但一口謝絕，甚至跑進去找掃把準備把她趕走。幸好她識相，先拔腿跑開，不然必定會遭到老人家的報復的。我差一點被她哥哥害死，如今說這些廢話有啥用。

猥官惡吏

矇矓之間彷彿有人在敲牢房的牆壁，並降低嗓音吱吱喳喳地與鄰房的人「通信」。仔細一聽，原來是那些煙癮發作的癮君子，正與鄰房的人說：「我這裡有『鼓』，卻沒有『箸』，你們那裡有『箸』麼？」對方便有人答以：「我們這裡還不是一樣，祇有『魚脯』，沒有『蔭鼓』……。」

原來他們都算定五更以後，管理員的巡監次數慢慢減少，是有利與鄰房同好「通信」的時刻。癮君子們似乎都不大貪眠，尤其是煙癮發作的時候，他們甚至可以整夜不睡。可是我們這些不抽煙，或已經戒煙的人，卻很想過一個正常的夜晚，好好的睡一覺。然而由於不同個性的難友，被囚在同一個四坪大小的牢房裡，因而幾乎每晚，同房人之間都會發生磨擦，甚至打起群架來。

這種地方根本沒有是非，祇有拳頭大小之分。打起群架來，不論那一個牢房，最後必歸癮君子群「勝利」。因爲每一個牢房都是癮君子佔多數，就憑他們人多勢衆，加以同房的人都不願意「家醜外揚」，讓管理員「坐享漁翁之利」，故祇推說某人大聲說夢囈，驚動鄰人引起誤會。不然的話，就說某人起來小解時，不小心踩到其他人的腳或手而引起的誤會。

儘管明眼人一見便知道究竟怎麼一回事，卻從沒有任何一個人，敢挺身將事實內情透露給獄方，而自甘成爲「萬人之敵」。那些「鼓」也好，「魚脯」也好，沒有長翅膀，也沒有腿，絕不會自己飛進來的。即使有人敢冒「天下之大不韙」，直言隱情，暴露內幕，不僅得不到獄方的青睞，反而會被帶到中央八卦樓受到青面獠牙、粗暴不講理的獄卒們，一頓無情的鞭笞和制裁。

香煙是怎麼進來的，管理員們心裡都明白，祇是不方便追查罷了。即使有任何不識相的管理員，出於正義感，或爲職務上的責任驅使，認眞地加以查究，最後不但會碰壁，而且還會遭到同事們的杯葛孤立……，終至於不得不走路。

說來這些可憐的管理員，都有各種不同的苦衷。當一名普通管理員，月薪不過五十多塊錢，連一名代用教員的起薪都不如。如果家有妻小，在物價一直上漲，幣值逐漸下降之際，光靠這些微薄收入，絕難維持一家的生活。這時候癮君子們如果肯出十塊錢，或以嶄新的西裝，向他們換一包不過七分錢的香蕉牌(香煙)，何樂而不爲呢？

對主觀條件本來就很差，也沒有受過多少教育，才落魄到監獄，當一名不受社會敬重的獄卒的人，這種誘惑是很難抗拒的。當他們想到自己的孩子明天就要註冊，正苦沒有地方調借的時候；想到臥病床上已經數天沒有錢看醫生的妻子時，對於這種現成的「機會」他們能不動心麼？如果他們有骨氣，抱持寧死不屈，不爲利所惑的，屬於近乎「聖賢」型人物，他們也不會到這種地方來謀職，當一名「準地府陰官」。

反正他們的上級——來自中國的看守長們，這時刻也同樣出來大做他們的「生意」，穿梭舍房之間找一些特定目標，忙於誘勸那些因走私、煙毒、貪汚、風化案，或觸犯工商法進來的商人，聘請他們所介紹的律師。

由於這些看守長通中文，也略具中國法律常識，而且他們事前都詳閱過每一個「獵物」的起訴書和初審判決書，抓住要點嚇唬他們說：如不請高明律師，案情會如何如何地不利，或告訴他們案情關鍵所在，祇要請高明律師稍加辯護便可獲判無罪……。

看守長所推介的所謂「高明律師」，都是位望極高，靠山甚堅，神通廣大，無往不利之士。如果誘惑得逞，他便當場供你紙筆，叫你寫下委任書，並附一封信由他親自代送。以後他仍會來看你一、兩次，順便帶些口信和香煙給你。但他會更勤於到你家走動。如果家裡沒有男人，妻子孑然一身，獨守空閨的時候，他就不止勤於走動，甚且會使出他的十八般本領，淫威兼施逼迫你的妻子就範。否則他的「委員長」的什麼人，或什麼長官的朋友，既然能使人「升天」，也能叫人「入地獄」。一個弱小無知的女子，一心一意爲拯救自己的親人，也就慢慢地陷入這些握有「生殺之權」的猥官猾吏的陷阱中，而至不能自拔。

似此之例，不僅在一九四八年間的台北監獄，一九四九年的台中監獄和一九五一年的台南監獄也偶有所聞。祇是沒有一九四八年間的台北監獄那麼嚴重罷了。這些猥官獄吏，多是戰後跟隨陳儀來台灣「劫收」的「阿山仔」。

毛邊紙事件

四天前才由作業課搬來堆放在「擔當台」（日人慣用詞：爲工場管理員能掌握狀況，特地加高的監視台)前面的三捆毛邊紙，不知什麼時候，竟有兩捆被人用機油灑了一大塊，而且一直浸漬到底層，使整捆毛邊紙幾乎報銷。

蔡主管目睹此景，暴跳如雷，遂即派人請嚴導師來。嚴導師見狀也頻頻搖頭，長吁短嘆，連聲叫糟，卻始終提不出主意，祇瞪大眼睛看著蔡主管，蔡也顯得很無奈，想求助於嚴……。

忽然間蔡主管不曉得搭錯了那一條神經線，揮舞著鞭條，猛力朝著桌面，砰然一聲打下去，使正在工作的難友們驚駭萬分。因爲這是風暴即將來臨的前兆。蔡接著像歇斯底里般大聲咆哮，命令全部停工，統統集合跪下。

我遂關掉電源。許多本來裸露著上身工作的人，都在忙著找尋厚一點的上衣，甚至有的人竟披上兩件，原來他們是要拿它當甲冑，防禦鞭條的抽打。

差不多的人都乖乖地跑到「擔當台」前跪下，等著即將臨頭的一頓鞭打。蔡主管站在「擔當台」上面，威風凜凜，兩手插腰，瞪大眼橫掃四周，發現鐵城和金燦兩人，抗命不肯下跪，隨即揮起鞭條，正欲衝下去「教訓」他們的時候，站在一旁的我也爲他們急出一身汗，毫不思索，衝口大聲喚叫嚴導師一聲，接著故意問他：「早上不是說課長有話問蔡鐵城和吳金燦麼？」嚴導師聞言一怔，遲疑片刻，似有所悟，會心點頭向我示意，並側頭向蔡打個招呼，便把他們兩個人帶出工場。

我的心雖然還砰砰跳著，但能臨危不亂，不慌不忙，使計讓他們兩個人暫離工場，逃出一劫，免受無妄之災，內心委實也感到無限欣慰。然而萬一我的「計謀」露出馬腳，被蔡發現，我該如何應付，也得早作準備。

且作最壞的打算：他也許會不顧情面，回復他身爲獄卒的猙獰面目，讓我帶上腳鐐手銬，再揮舞著鞭條抽打我。甚至於不再讓我當「精算」，並將我送至犯規房禁閉。

這也許是我多慮，然而在這種地方，平素無事則已，一旦有事——犯規，他們是不會顧慮什麼情面的。隨時隨地都會板起面孔，行使「職權」，不把你當做人，任意施虐侮辱……。

當天收監前，我便悄悄告訴嚴導師，萬一事情敗露，被蔡發覺，一切由我一個人負責，絕不連累任何人。「課長要找鐵城和金燦問話」的事情，就當做我聽錯了，即使被蔡發覺是我刻意安排，讓他們兩個人離開工場，我也還是會堅持到底。

我又拜託他趕快替我找吳宏仁，或吳宏基，今天晚上務必到監房看我，因事屬火急，請他下班前一定先找到他們之中任何一個人。因爲二吳都是「新雀」，到台北監獄當管理員還未到一年，所以暫時白天帶輕刑犯的清潔班，或營繕班，晚上收監以後則擔任巡邏員或舍房的管理員。

他們的勤務是上午八時到次晨八時交班。而且由於是兄弟，所以也分別被分配到「偶數班」和「奇數班」。因此無論如何，今天總能找到其中的一個。

吳宏仁和吳宏基兩兄弟是宜蘭人。都是「二二八」中曾經在蘭陽地區發難過的熱血青年，爲了躲避中國軍的「追捕」才進來這裡避難的。他們都是「一期志願兵」，曾經在澳州戰場參加過作戰。終戰時，分別以陸軍伍長和軍曹退伍。半年前我被發監執行以後，他們曾經「聞風」跑來「廿二工場」看我，因而我們便成為莫逆之交。

當天晚上九點多，老大吳宏仁果然到監房看我，並為我帶來一些糬和糖果。因為今天沒有輪到巡邏我們的舍房，他可以說是冒險進來的。為了顧慮他的立場，我便長話短說，僅僅告訴他「廿二工場」那位姓蔡的，最近可能會找我的麻煩，也有可能被關進犯規房，請他趕快找張醫官多關心一點，並火速將事情告訴林先生(日高)。吳君本欲問其詳，我因顧慮到他的立場，不忍給他增加太多的麻煩，而且監房裡也有那麼多隻耳朵，更不能說得太具體。

第三天中午前，吳宏仁帶著廚房送飯的外役到工場門前停下，我連忙跑出去假裝幫我們的外役點飯丸，其實我是藉機會接近宏仁，想知道託他的事情，辦得如何？他並不是沒有注意到我，兩眼卻故意躲開，一直注視工場裡面，因為他發現蔡也把頭側向這邊。他機械式的大聲催促：「快！快！還有幾個工場還未送去……。」

對我日前所託之事他卻連一點暗示都沒有，眞把我急壞了。及至廚房外役抬起飯箱朝南(「廿工場」)走時，他忽掉過頭裝做找什麼的樣子，藉機降低嗓音，悄悄告訴我：「不會有問題，放心。」接著又告訴我：「他們都知道了。」便加緊步伐追上抬飯箱的外役。

已經五天了，絲毫沒有動靜。蔡與我辦事的地方雖然靠得那麼近，由於工作性質，幾乎每一件事情都得請示他，問他的意見。然而現在我們兩個人卻似乎變得很陌生。貌合神離，非不得已，我們是絕不交談的。

工場裡的空氣完全不一樣。悶得很，彷彿籠罩著重重的低氣壓，連呼吸都感到有點困難。

大家的情緒都很壞，再也沒有人敢明目張膽，大聲喚出「有魚脯、沒有蔭鼓」，「有箸、沒有鼓」……。更聽不到「歌王」低哼民謠和「白賊七」的講古聲了。

活版機啓動十分鐘，即停五分鐘。用鐵鎚敲敲打打的聲音，也此起彼落，響個不停。原來是「機械不順」，都在「調整……」，有的人甚至乾脆圍坐在機房裡打瞌睡。因爲電源短路，機械不能動，不是他們偷懶。

爲鐵路局承印的火車票，第一次發生無法如期交貨。爲此嚴導師額上已冒出豆大汗珠，急得像什麼似的。裁剪機固定刀片的螺絲忽然鬆落，造成十倍於兩捆毛邊紙的慘重損失。眞是禍不單行，明知事出有因，又奈何！

然而這一切都是由「鞭條萬能主義」的蔡主管逼出來的。爲了兩捆毛邊紙的損失，害大家蒙受天大冤罪，無論如何一定要追究到底，將搞鬼的人抓出來，絕不能縱容放鬆。

難友們很懊悔平素爲工作、爲提高工作品質所付出的額外奉獻。他們甚至懊悔沒有長眼睛，一直把蔡當做「朋友」，擁護他、爲他爭取成績和榮譽，也讓他每月多領取數百元生產獎金。他們的士氣，一落千丈。很多人對所謂「累進處遇條例」也不再感興趣。有更多的人，甚至變得自暴自棄。反正再努力工作，做得再好，也還是要等到刑期屆滿那一天才能出去，那又何必去刻意表現呢？

似此慢性怠工，一直延續兩個多月。作業課方面，再也不能坐視，深覺事態的嚴重性。幾經與戒護課長李定堯研商，終於決定將蔡調離。「廿二工場」又慢慢地回復正常。很奇怪！

自從這一天開始，活版機再也不故障，電路也不斷了。每天登記看病的人，也降低到幾近於零。

一天中午餐後，工場外面忽然發生打群架事件。是台北牛埔幫的「三八太郎」和「小鼠」兩個人，被工場裡一些一向安份守己，案情也比較單純的難友們圍毆。而且向來不喜歡出風頭的金燦和戴天送兩個人，竟然也在裡面。我見狀心急，即衝出去問個究竟。才知道「三八太郎」餐畢，趁著大家到外面透空氣的時候，一個人躲在機房裡鬼鬼祟祟地偷倒機油。大家便認定那兩捆毛邊紙的事件，必定是他的「傑作」，便一齊衝進去「興師問罪」。

「三八太郎」眼見事跡敗露，便承認那「兩捆毛邊紙的事件」就是他幹的，又說誰敢動他一根寒毛，就要給誰好看。惹得連老實人的戴天送，明知不是他的對手，卻也義憤塡膺，參加「義軍」。金燦的出現，更使我納悶。他是寺浦五段的高足，台中柔道同志會老牌會員。他未參加同志會以前，即已練好一身台灣拳，要應付如「三八太郎」這種小流氓，何需「殺雞用牛刀」，勞煩他老哥出陣？

至於「三八太郎」所以拿機油灑上整捆毛邊紙，實出於報復心理。當初他自己也沒有想到這個事情會給大家帶來那麼多麻煩，害大家受牽連，各挨五個大板。現在他一不做二不休，還想做第二次報復，給獄方增加更大的損失和更多的困擾。

「打鼓」（抽煙）在監獄是公開的秘密，誰也不要「假仙」。用數倍金錢，向管理員買進來的香煙，一但被搜到不但要被沒收，還要受鞭笞毆辱。「三八太郎」爲了這個問題被蔡主管鞭打過，因而懷恨在心，一直想找機會報復。剛好聽到從福州來的毛邊紙，量少價貴，恐怕暫時會斷貨，他遂感興趣，便伺機向它下手。

牛埔仔這個地方，三〇年代即已響叮噹。它位於現在台北市民生西路與民族路之間，中山北路三段大同公司一帶到重慶北路這一塊地方。那個年代在台北地區鼎足的有：艋舺幫、大橋頭幫、和盤據於城隍廟和屠宰場前一帶的猪肚口幫（即大龍峒幫）。而「牛埔仔幫」初時羽毛未豐，還寄人籬下，暗受猪肚口幫遙控指揮，但「三八太郎」出獄後，經他慘澹經營，慢慢壯大到能與「猪肚口幫」分庭抗禮。到了五〇年代乾脆剪斷臍帶，獨樹一幟，於是威名遂遠播遐邇。

「三八太郎」姓陳，名太郎，正名應爲陳太郎。他坐牢期間常告訴同房人，他曾經幾次要求大他十三歲的娘跟他「那個」，他娘都沒有生氣……。眞是忝不知恥，禽獸不如。他便因此被冠上「三八太郎」「尊號」，卻仍沾沾自喜。

他常對同房人誇稱他也是涉案「二二八」，被逮進來的。但他的罪名卻是「搶劫殺人」。一九四七年三月初，他不知從什麼地方弄來一支手槍，便乘亂到台北市太平町一丁目一番地的原鐵路局（已改爲省鐵路警察局）「狩獵」，打傷一名鐵路警察。後來又到雙蓮騷擾私娼館，而於三月底被逮進來。若以時間論，他的涉案確於「二二八」動亂期間，說他涉案「二二八」，事實也沒有什麼不對。可是獄方也好，難友們之間也好，從來就沒有人這麼看待過他。

搬家

一九四八年十二月中旬，有一天下午收監前約半個小時，總務課送來一份列有九個名字的名單。裡面有我，也有蔡鐵城和張水源，卻沒有吳金燦。其餘六名幾乎都是些刑期十年以上的重刑犯。名單上除了記載每個人的姓名、代號、罪名、刑期及刑期屆滿時間外，什麼都沒有。

我心裡頗覺納悶，到底要做什麼？主管始終守口如瓶，不肯透露一點消息。直至收監十五分前，才將名單上的九個人叫到「擔當台」前，正式宣佈我們九個人明天將被疏散到中南部監獄，命我們即刻將公家的衣物交出，自己的東西也統統帶進監房。接著又說：希望我們沿途守法、中南部氣候比台北好，監獄也沒有台北監獄擁擠。最後又說祇要大家守法，假釋的機會還是很多……。都是些不負責任的屁話。

次日雞剛報晨，未到起床時間，大家都早已起來準備自己的行李，祇有我一個人一直坐在門邊，望著監房外，等巡邏的管理員。這次的疏散對我是一個機會。如果我再不趁機爭取回台中，以後恐怕就沒有機會。

忽然間一個穿白襯衣的人影映入我的視野，他從中央八卦樓向我們這邊走過來。走到我們監房前即停下來，將鑰匙插入，門祇開一半，丟進一包東西給我，話也不說便將門關上，掉頭加緊步伐向八卦樓方向走回去。

他是黃金全，是特地來看我的。然而我們連話都沒有談，他卻匆匆忙忙地掉頭回去，眞叫人納悶。當我正爲這個事情惘然失措的時候，他又回到我們的監房前。原來他是拿鑰匙去還給人家的。他已經被調離戒護課，到教化課當助理員。所以他沒有正當公事，不能隨便進來這裡看我。

我即將離開這裡，如果他不趁著日班值勤人員未交接的時間，冒一點險來看我，以後恐怕就沒有機會。他對我的即將離去，雖然有點依依難捨，但想到我回台中以後家人接見方便，就近照顧，事情又是發生在台中，社會上知道我的也一定很多，因此我在台中監獄必定可以過得很好。

從他的話裡知道我將被送回台中監獄，我才放下一百個心。我已經很久沒有看到母親，回到台中以後我們便有機會常見面，玉扃也不必爲了來看我而請假。我也希望三叔和四叔能來看我，這兩位叔叔是最了解我，最關心我的。

黃金全，桃園大溪人。是一位廿二、三歲，書生型彬彬有禮的青年。一點兇惡相也沒有，也未染上黑牢裡獄卒禁子應有的職業習性。師範學校畢業，本可當一名小學教員，不知何故卻跑到台北監獄當管理員。他以前在警衛課當巡邏員，日間有時候兼帶些雜役輕犯。後來被上級發掘，提拔到教化課當助理員。他也是「聞風」來看我，因而成爲莫逆之交的。

■二、二八時，斗六警備隊長陳纂地，事件最後一名被俘者。

■汐止濟仁醫院院長李舜卿暨夫人淑卿女士。

■王添灯

■呂赫若（石堆）

■劉明

■張庚申

■林朝權（左）攝於一九七八年。

(1954、11、28)

■二七部隊自動車隊長吳金燦及夫人江玉葉女士

臺灣高等法院檢察官執行指揮書

檢紀字第〇六三〇號

被告姓名	性別	年齡	罪名及刑期	判決法院及判決年月日	判決確定年月日	刑期起算日期	羈押及折抵日數	執行期日	備考
鍾逸人	男	三七	內亂 有期徒刑十五年 褫奪公權十年	臺灣高等法院 民國三十六年十二月二十日	民國三十七年一月二十七日	民國三十七年元月二十七日	三十六年四月廿四日起羈押至三十七年元月廿六日止應抵刑期二百七十六日	五十一年四月一期滿	一號刑期滿日為翌日
吳金燦	男	三九	內亂 有期徒刑十年 褫奪公權十五年				三十六年四月二十四日起羈押至三十七年元月廿六日止應抵刑期二百七十六日	四十六年四月二十五日期滿	三十一日期滿 閩正字第…號

此致

台灣台北監獄

附送：判決正本二份 被告吳金燦鍾逸人二名

中華民國三十七年二月 日

檢察官

■台灣高等法院檢察官執行指揮書。

臺灣高等法院刑事判決　卅六年度刑特字第八號

公訴人　本院檢察官

被　告　鍾逸人　男廿六歲業新聞記者住台中市初音町三丁目十九番

吳金燦　男卅八歲業商住台中市初音町三丁目二番

指定辯護人　劉旺才律師

右被告等因內亂案件經檢察官提起公訴本院判決如左

主　文

鍾逸人共同首謀意圖以暴動顛覆政府而着手實行處有期徒刑十五年。褫奪公權拾年　印

吳金燦共同意圖以暴動顛覆政府而着手實行處有期徒刑柒年。褫奪公權伍年　印

事　實

鍾逸人於本年三月一日本省「二二八」事變台中發生變亂時受奸匪謝雪紅指揮編組「台中治安隊」「獨立治安隊」等部合併組織「二七部隊」受任「二七部隊」隊長佔據台中團管區司令部並下達嘉義規劃當地叛徒與國軍作戰事宜。吳金燦則充任「二七部隊」連絡部長，負責運輸械彈

■台灣高等法院刑事判決書。

詢給養，接濟叛徒。迨國軍蒞台戡亂，鍾逸人隨謝雪紅等退至埔里，潛率叛徒卅人，各攜步槍，並授予另案被告蔡鐵城手溜彈一枚，以圖頑抗。及事不可爲，謝雪紅逃往竹山，鍾逸人亦[illegible]匿，吳金燦則逸走處所。又潛回台中，始經憲警分別緝獲，送由本院檢察官偵查終結提起公訴。

理　由

本件被告等雖否認有顛覆政府意圖，並謂係受奸匪謝雪紅蒙蔽利用云云。然對右開事實，曾據於憲兵隊、警察局暨保安司令部訊問時供認至明。本審審理中雖閃爍其詞，然核與所述大致相符，亦有案卷可稽。鍾逸人在埔里時授予另案被告蔡鐵城手溜彈一枚，又據蔡鐵城供明，載在另案，可資覆按。查本省「二二八」事變當時，中部一帶嘉義、台中、埔里諸地，均受奸匪謝雪紅指揮。「二七部隊」所佔據之團管區司令部曾被該匪充為作戰本部，被告鍾逸人受任此基幹部隊隊長，自係該匪親信，了無可疑。其首謀倡亂，組織叛徒，佔據機關，攻擊國軍之行動，全係圖謀顛覆政府。而蔡鐵城、被告吳金燦既係「二七部隊」運輸部長，雖諉稱係被迫參加事變，然事實[illegible]，關係至重，亦不能任其詭飾，希卸刑責。查奸匪禍國殃民，公然作亂，技倆惡毒，逆跡昭彰。此次乘本省初定，光復未久，對祖國尚欠了解之際，甘心陷之民于水火，造成流血慘禍。被告

鍾逸人參與首謀，吳金燦助長為本暴動事態，以重特辦中尤覺太嚴
惡。姑予從輕論科。又念本省昔受日人統治五十載。文化尚未溝通。易
受奸匪煽惑。被告鍾逸人首謀作亂，雖實在犯罪情狀，究亦不無
可憫，並予依法減輕。藉勵自新。【印】

據上論結，應依刑事訴訟法第二百九十一條前段，刑法第一百零一條第一
項、第一百條第一項、第五十九條、第六十三條、第六十四條第二項、第六十五條第
二項、第卅七條第二項、第廿八條，判決如主文。

本案經檢察官林秉仁蒞庭執行職務。

中華民國廿六年十二月廿　日

臺灣高等法院刑事庭

審判長推事　梁恒昌

推事　高森琳

推事　汪　峻

右判決正本證明與原本無異

對於本件判決如有不服，應於送達十日內向本院提出上訴狀。

中華民國三十六年十二月廿三日

臺灣高等法院刑事庭書記官　汪文漢【印】

第二部

台中監獄

獄中殊遇

我在台北監獄過了一年四個月，現在又回到台中監獄。我們這一百個人被帶到二區八卦樓，當天即分別被分配到工場。蔡鐵城被分配到廚房當「精算」，我和張水源兩人則被分配到五工場（藤工場）向塗春田報到。但不到兩個星期我又被調離工場，到一區坐獨居房。

起初我以爲獄方看到我在五工場人氣好，頗獲難友們擁戴，而有所顧忌，才將我調走。及至到一區看守所，看到所有管理員都待我如賓，親切友善，而且監房可以任憑我選，監房門也可以不關——早晨五點到晚上十一點之間。心裡的疑慮才逐漸平息。

然而我何德何能，竟然可以在這裡享受到根本不像坐牢的待遇？上自課長，下至獄卒，現在待我都不像對待一名犯人。我的代號明明是「五號」，但他們都不再叫我的代號，而改叫我「鍾先生」，或乾脆直叫我更具親切感的「鍾的」。

我滿腹狐疑，百思莫解。嘗聞有錢萬事通，也可以使鬼推磨，尤其像監獄這種地方。然而我何來金錢？如果我有錢，爲什麼連被起訴「內亂罪」——共同首謀意圖顛覆政府而著手實行——的唯一死罪，都沒有請律師？又何必讓母親去當人家的老媽子，爲人幫傭呢？如果說三叔很有錢，也很關心我，然而經「二二八」大難，他被捕，被拷刑，被敲詐，是用麻袋裝鈔票，用滿車子（三輪車）的錢去把他的命換回來的。

他現在元氣大損，對我也是力不從心。何況他們一家人除了三叔本人，大大小小都認定是我惹出來的「好事」。禍首是我，沒有我，他們今天怎會落到這種悽慘境地？無論如何，即使他們手上還有點錢，也不會爲我散財，更不會爲我買通獄吏的。

然而獄方對我的種種殊遇，不但讓人看了眼紅，連我自己也覺得大惑不解。他們到底爲什麼呢？

我被送回來台中監獄次日下午，玉扃和母親前來探監，我剛回來連心都未定下來，也還未通知她們，她們卻已經來了。我心裡委實有點納悶。原來有人打電話到三叔家去報信的。這一次晤見，看守長雖然在場，他卻祇忙顧其他的探訪者，對我們的探訪時間和談話內容，不但始終未加任何限制和干涉，連送來的東西，也「不屑一顧」命我統統帶回監房。

最近，幾乎每天都有人從監房後窗口，丟進當天或前一天的報紙。也有人將我已經看過的同一報紙，晚間巡房時，再從監房門口丟進來。偶而也有人丟進香煙，這些人大概還不曉得我不抽煙。丟報紙或香煙進來的人，不消說都是管理員。

一區中央八卦樓後面，通往監獄長辦公室走廊右側，有一間約四疊半榻榻米大小的管理員休息室。有時候沒有事情，我也會到那裡找人聊天，排遣漫長的日子。不論有無相識，他們都會有禮貌地讓位，敬煙或遞報紙給我。

有時候，幾乎每個禮拜，總有一、兩個人在接近中午時分，到監房來借「飯盒」（日本野戰軍用的飯盒，用鋁板造的）。過中午後，又將飯盒送回來。我一接手便發現飯盒有微溫，裡面裝著炒麵，也有雞腿和鹵蛋……。我怔怔望著他們，他們每次對我的說明幾乎相同：不是說「今天有拜拜」，便是「有客人來，順便麼。」他們的盛情難卻，我心裡卻因而更覺不安。

這種殊遇我能受之無愧麼？我不了解他們爲什麼祇巴結我一個人，這麼無微不至地關懷我。

鐵城在廚房當「精算」，想必也在那裡享受優遇吧！他的「煙癮」問題相信也早已解決。

有一天晚上，大概過了子夜不久，看守長陳壎箎親自來開門，帶我到中央八卦樓吃綠豆湯。這些綠豆湯是輪到大夜班的人自己掏腰包買來的。我經不起他們的好意，也吃了兩碗。這時候我肚子委實也有點餓。吃畢本想回房休息，卻被陳看守長留住。他說監房裡空氣不好，在這裡透透空氣，聊聊天，反正我每天閑著沒有事情……。我遲疑片刻，想到他這麼熱誠，對我的起居無微不至的關照，也常爲我的事情反映上級：強調我爲台灣犧牲，在獄規許可範圍應盡量給我方便。切不可與那些犯寡廉鮮恥罪的一般刑事犯齊等看待……。

陳看守長很健談，也喜歡用日語和我談。他滔滔不絕地談個不休，從他的身世開始，說到現在的地位和家境。他說他家境貧困，是海線龍井鄉人。家務農，卻是自己沒有土地，被雇用的佃農。

小學畢業後，陳看守長一個人離鄉背井跑來台中，當台中商業學校（現在台中商專）日人校長坐車（黃包車）的車伕。每天從村上町（三民路一段貴陽街）拉到新高町（三民路三段），下課後再由新高町拉回村上町，風雨無阻，天天拉，天天跑，除了寒暑假。前後七年，每天跟在日人校長身邊，倒也學到一些東西和做人的道理：「誠」字爲做人的基本……。「守法」也是作爲社會人的最起碼條件……。

陳看守長從校長那裡學到的東西，充其量也不過是朝會時，校長對學生訓話講過的東西罷了。也可以說是日本殖民統治者希望台灣人遵守法規，以便日本帝國的政策能順利進行——希望大家能做他們的殖民地「順民」而已。他卻將它引爲座右銘，始終堅信不渝。

七年後即將退休回國的日人校長，對這位長年跟隨他的忠實僕人，也認眞地開始考慮他的前途。於是便介紹他到台中監獄當看守。

戰後日人被遣散回國，陳看守長和他的兩位堂兄——陳宗明（現任看守所主任）和陳東貴（總務課員）便同時分別被遞補看守長與課員之缺。最近升任看守長的陳丁貴也是他的堂弟。總而言之，現在這裡面凡姓陳的，可以說都是龍井人，都是他們的親或戚。幾佔總數的三分之一。大家都很合作，對我也很照顧。

對我的事情，他常告訴他們，我爲大家犧牲，他們恪於法令縱然一時無法還我自由，至少也應讓我在這裡過得舒服一點，何況我的刑期又那麼長，在人道上，也是應該考慮。他接著又叮嚀我，有什麼困難儘管告訴他們，祇要能力所及，他們都會替我解決。

大陸變色　蔣軍一敗塗地

日本戰敗，關東軍投降，「滿州國」解體，不到一年，「東北爭奪戰」遂告開始。

一向剛愎自用，胸襟狹窄，祇想確保自己嫡系實力，不惜犧牲、排擠抗戰中曾經並肩作戰、同樣爲國付出代價的非直系各省人民，所自動自發組織成立的所謂「雜牌軍」，而一再犯戰略錯誤的蔣介石，又坐失良機，任令林彪收編經陳誠命令遣散、受過日本關東軍嚴格訓練和裝備的四十萬「滿州軍」。並因捨近求遠，使林彪坐大。等到他的嫡系新一軍等部，遠從西南滇緬邊境趕到的時候，林彪的「四野」已經相當強大。除了長春、瀋陽、錦州數個據點，整個東北，幾乎已被控制。

「四平街」一役，收編僅配有舊關東軍裝備的前「滿州國」陸軍的「四野」，因敵不過具有豐富陣地作戰經驗，全套美式新裝備的孫立人部隊，而被擊潰向滿北敗退。此時照理應乘勝追擊，將敵軍主力摧毀。但剛愎自用的蔣介石，反而下令「暫緩追擊」，使潰不成軍的「四野」，能從容北撤，有喘息整編的機會。因此整個東北的局面，不久復爲「四野」所控制。

那時美國馬歇爾將軍審度戰局，曾經建議暫時放棄東北，將數十萬精銳大軍調入關內，鞏固華北。蔣氏依然置若罔聞，對東北剿匪總司令衛立煌的「縮短戰線，集中兵力固守錦州，打通北寧線，以北京爲後方與共軍在遼南決戰」的建策，也置之不理。甚至竟擅自越級指揮前線軍、師長。

及至發現又犯戰略錯誤，三十萬精銳悉數被俘，整個東北已丟盡，還是死不認帳，將所有責任推委衛立煌，下令將他拘禁，差點將他槍決。

東北淪陷不久，一九四九年年底，濟南亦爲陳毅的「三野」攻陷，接著天津也不保。華北剿匪總司令兼河北省主席傅作義眼見大勢已去，遂在他女兒和鄧寶珊慫恿下與中共謀求「局部和平」。於是北平便在一九四九年一月二十二日被「不流血佔領」。

這時候國府最精銳、美式裝備的裝甲部隊三十餘萬集結徐蚌外圍，在杜聿明、邱淸泉指揮下準備與劉伯承、陳毅的六十萬大軍決戰。如果戰略運用得宜，不存「祇想保存嫡系實力」，犧牲排擠「雜牌軍」的心理，也許不至全軍覆沒。奈何到了生死存亡的關頭，蔣介石的狹窄心態，還是暴露無遺。

丟東北、失平津，在「徐蚌會戰」作孤注一擲地掙扎，結果還是挽回不了局勢。蔣介石眼見大勢將去，等不及「徐蚌會戰」結束，便於一九四九年二月十一日黯然下野回浙江奉化。他臨走之前卻未忘記做兩件事：即讓李宗仁出來收拾殘局，和派陳誠任東南軍政長官兼台灣省主席，暗地裡叫他經營台灣，以便作最壞的打算……。

接著上海亦告急，他遂於一九四九年四月離開奉化來台灣。未幾天飛回重慶，等他再回台灣的時候，一向養尊處優，接受美式新裝備嫡系胡宗南的西北軍，亦告全軍潰敗。

這時候台灣的報紙雖然還在「報喜不報憂」，但台灣人卻並不全是白痴。大公報、文匯報、光明報等非國民黨報紙，也已透過各種特殊管道出現市上。逃難來台的大陸人，都不避諱地公然談論大陸的淪陷經過。

一九四九年十二月二十六日，台灣的報紙竟公然轉載新華社廿五日的電訊：「中共中央發表戰犯名單，蔣介石被列第一名。李宗仁、白崇禧、孔祥熙、宋子文、孫科、陳立夫、陳誠等都榜上有名。」

總而言之，就在這般如此的社會背景下，我在監獄裡面所受到的冷暖，便有極明顯的不同。「六尺的」——如閻羅王般的戒護課長黃源泉，和郭明堂典獄長都對我「睜一眼閉一眼」，甚至與民聲報系關係密切，常與「十四大哥」（國民黨台灣省黨部調查室主任蘇泰楷在中部地區設立的組織）份子往來的戒護課課員徐萬貴，這時候看到我，也都故意避得遠遠，深怕與我碰面。

台中的台灣民聲報，曾經是C.C.的機關，尤其是陳果夫逃難台中那一段時間。社長徐成則爲日據時代台中憲兵隊編制外「義工」。「十四大哥」在「二二八」中相當活躍，比台北的許德輝一夥兒人並無遜色。許德輝則爲「軍統」外圍組織，忠義服務隊隊長。

老K抹黑二七部隊

二七部隊在「二二八」中，即已被一些有心人刻意渲染成「赤匪」「紅軍」。陳儀更暗中指使他的「文特」，顛倒是非，捏造事實，將所有「二二八」責任推委給中共。中共又振振有辭，忝不知恥地說他們如何暗令他們的「地下黨」策劃，又台灣人民如何受到偉大毛澤東思想感召而奮然起義……。鬼話連篇，令人噁心。

國民黨的唯一藉口，便是謝雪紅的出現，那個時候她確曾出現台中，在台中「二二八處理委員會」走動。爲躲避何鑾旗的暗殺，到二七部隊求救，並一起撤入埔里。

因爲謝是「第三國際」培養出來的共產黨員。雖然她隸屬於「第三國際」日共，台灣民族支部，受命與日本殖民統治當局展開民族鬥爭——也就是爲擺脫日本殖民統治，謀求台灣人民獨立自決，而迴別於徒倡階級鬪爭的中共。然而既已被貼上共產黨的紅色標籤，國民黨的「文特」，更不會放過，便藉題發揮，大作文章，醜化打擊無所不至。

又說她開酒家，位於台中中山公園前，與市營立體停車場左側緊鄰、到公園路之間那家「大華酒家」，其實這是她弟弟謝眞南所經營的。一些好奇的國民黨接收大員，奉命前來探底細的特務；或「聞風」而來，卻不懂台灣話的人，來時都得請這位懂中國話、會說一點上海話的「大姊」出來應酬應酬。何況雪紅本人也有「她的想法」：趁此機會跟這些大員認識、周旋有何不可？她是一位層次很高的政治人物，我們可別忘記！

說她「當過酒女與雜交」，更是荒唐汚辱。她一生中確曾交過幾個異性朋友：曾以一百圓代價賣給洪喜做「童養媳婦」；因意識形態不同而離開的張樹敏；被台灣海峽所遠隔的楊克培；和憐惜她出獄後身體虛弱、孤苦伶仃，而常帶著補藥酒去慰問她，早年在上海相識，傾慕她多年的林西陸；及因思念楊克培，而「愛屋及烏」的楊克煌……，都統統加上去，也沒有毛婆、蔣嫂之多，又何必大驚小怪。她是一位被解放的女人，又是庫倫泰主義者，她是不會拘泥於那些吃人禮教，和屈服於法律任何枷鎖的。

至於幾個極有想像力的獄吏，捕風捉影，將我也當做她的閨友情人看待，更是令人啼笑皆非。她雖然風韻猶存，卻非徐娘半老之流。何況她比我母親還多兩歲呢！不過這種誤會，對我的獄中生涯，委實也不無小補，尤其是在中共渡江前夕。

殺人犯傳奇

一九四九年三月某日傍晚，看守所又新收十一名被告：都是台中地方法院檢察處送來的。四名賊頭賊眼，動作怪異的「阿閃仔」（竊盜犯的卑稱）；兩名西裝革履的詐欺犯；一名風姿綽約，面貌姣好，看似風塵女郎的妨害風化案女子，及涉嫌傷害殺人案的各兩名。那名犯妨害風化案的女子，聽說是醉月樓的大牌酒女。辦完手續，很快就被送往三區女監。從此我們再也看不到她的倩影。

然而這十一名被告中最引人注意的，還是那位看上去尚未五十，高高瘦瘦，衣著頗爲講究，唇上留有一小撮鬍鬚的「殺人嫌疑犯」。像他這種弱不禁風的人，竟也會「殺人」？寧非笑話！

原來他即是日前震撼台灣文化界，被人殺死倒栽在綠川民權橋下的台中聞人，前台灣文藝聯盟創立者之一——中央書局老板張星建的姑丈陳森雨。另一殺人案被告，約二十歲的青年，則爲陳森雨的同案共犯，台中石頭灘仔人李氷芥。爲防串通口供，他們兩個人被嚴格隔離。

不曉得陳森雨是因社會關係好，抑或他的衣著講究，而被關入祇關三個人的三舍小房間。而李氷芥則被帶上腳鐐，送進每個房關十數人，潮濕、空氣汚濁的五舍三房。

兩天後，早晨點名過後不久，陳森雨一個人被放出來八卦樓前草坪上散步作晨操。果然他的關係不錯！此時中央八卦樓還未交班，看守長是大個子——周石城，值班課員是徐萬貴。陳森雨抬頭瞥見我站在遠處望他，似乎有點驚惶失措，難道他有什麼不便爲人知的秘密，或什麼隱情苦衷？這個「人情」不消說，不是徐萬貴賣的，便是周石城。一個普通管理員是冒不起這種險的。

他兩手垂下站著不動，睜睜地望著我。我禁不住好奇，走過去並用日語小聲向他說聲：「歐哈喲」(早安)。他點點頭也用日語回我：「歐哈喲」。他接著問我在這裡擔任什麼職務？我含笑回答：「我跟你一樣，也被關在這裡的。」他有點不相信，但又問我頭髮爲何未被剃掉？也可以帶手銬和褲帶？尤其是我的氣色，看上去一點都不像坐牢的人。及至他知道我是什麼人的時候，他怔怔望著我，許久才問我：「不是很早就被槍斃了麼？外面的人都這麼說。不過另有一部分人卻說你已經和謝雪紅一起逃往國外……。」

他跟我談了許多有關「二二八」的事情，和那些人被抓去以後如何、又某某人被「三腳仔」出賣，險些沒命，用多少錢去「交涉」，才放出來。然而對我急欲知道的——他怎麼殺死張星建的事情，卻故意躲開始終不提及。快到八點交班的時間，周石城和徐萬貴都要交班回去。接班的人看守所主任陳宗明，看守長劉秋冬和陳丁貴都快要來了，他可能就要被關進去，我心急，便直截了當地問他：「張星建到底怎麼死的？你們之間有什麼深恨大仇，非置他死地不可？」

他聞言心焦，頻頻搖頭作否認之狀。然而當他知道我是星建的好友的時候，隨即收起笑容，臉色也變鐵青。我卻緊追不捨，想繼續問個究竟……。奈何，交班時間已到，交班管理員前來喚他的代號，並示意他回監房。

從此接連數天都沒再看到他的踪影。聽說他爲了避免我的「糾纏」，已自動申請到病房去。但未幾即出庭不再回來，可能獲准交保候審。一個「殺人兇手」，居然也可以交保候審，眞是神通廣大。

原來陳森雨與張星建之間有財產糾紛，興訟數年始終無法擺平，陳便把心一横，乾脆僱人把他做掉。事後他雖然被起訴，但由於他未直接參與殺人行爲，而教唆罪的證據認定，又須視當事人口供如何……。

後來陳森雨是否被判刑？不得而知。祇有他的唯一同案共犯李氷芥被判有期徒刑九年三個月。理由是「他係初犯，又因雙方發生口角被激，一時氣憤而動刀，原祇想聊予『教訓』，並無殺人犯意，奈因錯手致死……。」至於「被雇殺人」云云，僅係傳說，缺乏直接證據。

李氷芥，大屯街石頭灘人。即以前的台中市干城町十六番地，現在的南京路。他與我不但是小同鄉，而且巧得很，又是同里、同隣、同巷、同番地。他的家就在洪喜家（謝雪紅被賣做童養媳婦的地方）南側第三間。他雖然出身黑道，曾被送往外島「管訓」數次，卻愈關愈勇，愈有名。他每次「結訓」回來，都被他的弟兄們像迎接「凱旋將軍」般地歡迎，有時候甚至像迎城隍般地被抬起來遊行。

他爲人重義慷慨，頗有俠義之風。任何難纏的人，任何難題，一經他排解，多可擺平，大事化小，小事化無。

然而他之所以有今天，亦非偶然。卅多年前台中黑社會曾經發生一件極難處理的問題，很多人都不敢插手，無人敢過問，幾乎都避之惟恐不及。但他卻見義勇為，自動要求與對方談判。他一個人坐三輪車赴會（那時候汽車還沒有今天這麼普遍）既未帶人，亦未帶任何武器。據他自己的描述：當他到國光路，中興大學前赴約地點，還來不及下車，忽從路樹後面黑暗處躍出五名手持武士刀的人，不分青黃皂白舉刀就砍。結果他閃避不及，左大腿便給亂刀砍斷，霎時血流如注。

他手無寸鐵，也沒有什麼拐杖可資防禦，在萬分危急，三把武士刀正揮舞迫近之際，他不顧痛楚，抓起剛被砍斷、血淋漓的自己的大腿，奮不顧身地向正揮舞著武士刀者的鼻樑、手背猛打過去，使那三個偷襲者，目瞪口呆，懾息掉頭便走。

自此旱溪，石頭灘，乃至「下橋仔幫」、「大湖幫」的黑道弟兄，都無不懾服於他的膽識和勇敢。

因此李氷芥的名字便開始在台灣中部響叮噹。

有錢萬事通

自從陳看守長（壎麃）特為我換裝四〇W電泡以後，我的看書時間，便移到夜間。白天上午五時許，管理員定時來開監房門，但我並不一定這時候出去。有時候留在房裡「補眠」，睡懶覺、翻翻書。直到放封時間到，管理員前來通知時，才到八卦樓前大草坪指揮難友們做體操。

一區看守所共有五舍。除了一、二、五舍，三個舍房爲大型雜居房外，三、四兩個舍房則爲獨居房，或另安排兩個「帶有使命」的人照顧、監視，觀察另一個案情特殊、性情暴躁、精神壓力過大、有不軌、自殺可能的被告，或精神有異狀的人。

每舍的放封時間都規定每次二十分鐘。每日分上午九點半和下午兩點半兩次。每次實際體操時間即佔去十五分鐘，剩下的時間不多，光是整隊回監房也不止五分鐘。

整天被囚禁在氣悶，有臭虫的斗室裡，難得有機會出來透透氣、散散心、鬆鬆筋骨，或找熟人、同案、同鄉的人聊聊天，聽聽消息……。這些都是這高牆裡面，人間地獄裡的人的最大享受。

因此每天到放封時間，監房門一打開，他們都會像洪濤般湧到八卦樓前的大草坪。但到了應該收封、回房的時候，卻反而躊躇不前，顯得不大情願、不合作。儘管管理員大聲怒斥，他們都充耳不聞，甚至迫得管理員不得不動刑具……。每遇到這種場面，站在一旁的我，都會挺身出面，先請管理員暫時息怒，再側頭面向難友們，加重語氣，大聲命令「立正」。然後降低嗓音，徐徐訴諸道理，告訴他們：

「如果大家都這樣子，那麼要拖到什麼時候？一共有五個舍房，探監時間也快到了。大家午飯也不吃麼？再說我自己也需休息，不能老站在這裡陪你們。而且還在舍房裡等放封的人也會抗議。我跟大家一樣，祇是已被判刑，刑期也很長，所以獄方才給我這個差事。論坐牢的『經驗』我敢說比各位都多、都久。大家腦子裡在想什麼，我比你們更清楚。可是不可能的事，再怎麼堅持都沒有用。這裡是監獄，大家都先被假定有問題，才被請到這裡來的。大家要認識環境，冷靜想一想，別太爲難我，跟我過意不去，太沒意思。」

「你們看！你們不回房，別舍的人就不能出來。那好，明天起我乾脆就將放封的順序倒轉過來，由五、四、三、二，再輪到你們如何？機會均等麼，誰也沒話說才對。」我把話說畢，故作兩手插腰狀，瞪著眼橫掃每一個人的臉孔，並裝作似理不理的態度，讓管理員揮舞著鞭條，不由分說，趕鴨子般地將他們趕回舍房。這樣子「教訓」，確有奇效。再兇惡的殺人犯、江洋大盜，或滑頭的詐欺犯，以後好似都不敢再「假仙」。

台中監獄的伙食比台北監獄好一些。每一個人的副食費雖然也與台北監獄同樣每月兩元，連買鹽巴都不夠，不過這裡好似沒有「盜囚糧做員工福利米」，而將不足的部分拿爛地瓜充數那種不人道行爲。

這裡的五等飯也好，一等飯也好，都是「純米飯」，副食的蔬菜也不像台北監獄那樣，祇有兩根沒有葉子的空心菜骨。接見時送東西的限制，也比台北監獄合理多了。

這裡還有一點北監所沒有的「優點」，任何人祇要有錢，三餐不食獄方所提供的囚飯也可以。即使想吃「壽司」、「撒西米」，或火鍋什麼，祇要提早一天告訴福利部的外役，還是照樣吃得到。

祇要有錢，在這裡要什麼便有什麼，很方便。甚至神聖尊嚴的法律所加在難友們身上的任何刑罰，也可以託金錢之便，加以抵銷。反之，沒有錢，除了宣判所加在他們身上的任何刑罰和限制，還要忍受「唯錢是問」的獄吏的不同顏色和待遇。連生命和健康的最起碼保障，也會因沒有錢，而任其消失和摧殘。

俗話說：有錢能使鬼推磨，又說有錢萬事通，的確不假。我就在這裡親眼目睹，也親身體會到。例如「一尾大毒虫」，每天大魚大肉，吃得不亦樂乎。這尾「毒虫」名堂可眞多，所謂飽暖思淫慾，天天叫著要回去「看他的太太」。這本是不可能的事，但經高人指點，稍動一點腦筋，比方說要出去「看牙科」，理由堂皇，又合人道要求，祇要懂得怎麼做即可。

他的申請終於得到典獄長和執行檢察官的批准。每個禮拜都由獄方派專人陪他出去「看牙醫」。結果沒多久，他的細姨和太太都統統「有了」。他人坐牢，家裡的人還能爲他生孩子，照理是應該慶祝，値得高興的。

但事實卻不然。他對自己開始懷疑，也開始猜疑那些常到他家走動的「朋友」。他眞悔不當初，不該讓這些人到他家送信、傳話、拿錢，他也不敢相信自己「彈不虛發」。他們在外面搞什麼名堂，他雖然看不到，但誰知道她們肚子裡的東西，是誰的？

他家財萬貫，又擁有嬌妻美妾，這有啥用？現在誰能了解他的苦衷。他焦慮，開始暴躁，幾乎要發狂。他剛被判刑，還未下工場，就這麼浮躁，往後漫長日子，又怎麼過？

後來這尾「毒虫」，有一天藉出庭爲人作證的機會，掙脫手銬逃亡……。

加納(何鑾旗)被槍斃

一九四九年五月某日午餐過後不久，在廚房當「精算」的蔡鐵城，急急忙忙地拖著「棕柴屐」——木屐，從中央八卦樓奔來我的房門口，又興奮又口吃地告訴我：「不要臉的『加納』(何鑾旗的綽名)到處自誇他幹特務，做『地下工作人員』，如今他眞的到地下工作去了，廚房『擔當』邱先生到旱溪埔，親眼目擊他被槍斃。」

原來一九四七年五月廿二日我們這一批(約廿四、五名)曾經「整編廿一師」軍法處判刑，旋因新任台灣省主席魏道明取消戒嚴，我們這些不具軍人身份的，隨即被撤銷原判，改由司法機關重新審判……，因而由干城營區被移送來台中監獄看守所時，兼看守所長葛某爲了解每一個被收監者身份、學歷、和職業，在中央八卦樓問話調查。問到「加納」時，他即坦率地答以「地下工作人員」。

對「加納」的坦然答覆，葛所長聞言一怔，久久不能平息。擔任翻譯的外役也目瞪口呆。我們這些一齊被送來，同是涉案「二二八」的人，也都感到面紅耳赤，無地自容。葛所長遲疑片刻，又示意譯員再詳問一遍。譯員隨即改變問法：「幹地下工作，是『中統』，還是『軍統』？到底那一單位？」又問他：「既然幹特務，怎麼又涉案『二二八』，而被逮進來？」

對「中統」、「軍統」這兩個名詞，自稱幹地下工作的「加納」，竟然是個陌生名詞，眞是不可思議。他左思右想，依然摸不著頭腦。最後他索性將上級所交下的任務，具體地說出來。

他結結巴巴地說：「是要我去抓謝雪紅，因爲沒有逮到，所以把我抓進來……。」

他答非所問，而且自編自說的話，誰也不會相信，簡直是一派胡言。葛所長似乎有點不耐煩，便使性子提高嗓音說：「到底屬那一個單位，是『軍統』或是『中統』？」這一次他似乎「聽懂了」，便直率地答以「警統」。他自以爲這次終於答對了，而且間接地也可將他的「不可侮」的特殊身份顯示出來。

然而他的無知和幼稚，卻引得哄堂大笑。很多人爲他的無知搖頭嘆息，也爲他的幼稚而感到可憐。

因爲有兩年前的這一段趣劇，忽聽到喜歡自矜自是，以從事「地下工作」爲榮的「加納」被槍決，即將「到地下去」——被埋葬地下，平素對特務三腳仔之輩，痛恨疾首的鐵城，此刻的狂喜心情是不難想見的。他興高采烈，雀躍不已，諷刺「加納」「終償心願」，眞到地下工作去了。

（有關加納的「身世」請參閱《辛醉六十年》上冊。四五六、四五八、四九九、五〇〇、六三四頁）

然而一向扯著脖子說大話，腰佩手槍招搖過市的「加納」，這一次何以跌落馬下，葬身刑場？他的荒誕不經一向令人側目，祇因爲他身份特殊，後台甚堅——國民黨國防部少將何偉光即爲他宗叔，所以一般小市民都敢怒不敢言。但那些平素與他有瓜葛，與他同樣「有來歷」的人的胸懷，恐怕就沒有那麼大的空間容納他。他們暗中搜證，終於讓他們抓到尾巴。

第二市場門對角，三民路中山路口，一塊一百多坪空地，原屬林乞所有。一九四八年間搭建簡陋臨時店鋪，經營布莊，暗地裡卻經營地下錢莊。因與人發生財務糾紛，對方請「加納」出面處理。豈知不知天高地厚的「加納」，一見面即拔出手槍，置於櫃台上，繼而又亮出「派斯」，擅自暴露自己的「特工」身份脅迫對方就範。

這個事情很快就傳遍市上。中區防衛司令部司令闕乃庚，市政府社會課長王瀛洲，乃至國民黨省黨部調查室系統「十四大哥」都開始密切注意。由於類似情形，已經不止一次的發生過，受侵害的人，也有幾個。未幾「加納」遂爲「中防部」拘捕。此消息，隨即轟動台中市。爲他的糊塗幼稚嘆息的有之，努力斬斷與他的組織關係以自保的亦有之。而乘機落井下石的，更是大有人在。

直到被處刑前夕，在市議會召開各界聯席座談會席上，市長及中防部司令，前後起來徵求所有在座議員代表和地方士紳們：「看誰敢擔保『加納』(何鑾旗)爾後不再爲非作歹，犯類似事情，便當場准予保釋。」一時左右鴉雀無聲。反覆三次，依然一片靜悄悄。始終沒有人肯挺身出來爲他作保，甚至連爲他求情的人也沒有。

在座地方有力人士，除了議長、副議長及議員、鄰里長外，還有國代林朝權，省議員賴榮木、蔡志昌、徐成……等人。這時候祇要這些人中，任何一個人肯挺身爲他作保，「加納」的命還是可以挽救的。奈何他平素樹敵太多，這些有力人士中，就有幾個人曾經與他衝突過的。

比方：林朝權本來是「加納」的好友。就因爲林朝權向當時任彰化縣長的陳錫卿，買一棟座落台中的房屋，得到消息的「加納」也想插一腳，向林朝權索討佣金被拒，因而發生激烈衝突。

又如：日據時代當過壯丁團長，威風一時的賴榮木，戰後迫於時勢，雖然龜縮摒息一時，但「二二八」以後又乘機復出，爲台中市警察局「鞠躬盡瘁」。「加納」目睹此景，內心頗不是滋味，又發現他以前在義警中隊長任內「慘澹經營」的地盤，有漸爲賴榮木蠶食之勢，爲這個問題他耿耿於懷，有一天終於衝突起來。自此賴榮木便視「加納」爲眼中釘，正恨不得把他拔掉爲快。

他與蔡志昌的弟兄李來旺、陳平關兩人也因「二二八」中大搜捕時互相爭功，互揭瘡疤而結恨，曾經在台北監獄（一九四七年七月間某日）醫務課與五舍之間的草坪上比武過。後人曾譏嘲這場比武搏鬥爲「中統」與「軍統」的「大車拚」。

「加納」與時任台中市政府社會課長的王瀛洲也有瓜葛。因此風聞「加納」之死，可能與王瀛洲關係不少？

二二八涉案者多人被釋

一九四九年十月中，一個日麗風和的下午，我一個人悄悄躲在斗室，忙著看楊逵託人送進來的《觀察週刊》、《大學評論》，和蘇聯上海新聞處出的《時代》等禁書雜誌的時候，忽然聽到有人輕敲房門。連忙藏好禁書推門一看，原來是黃麟田。

黃麟田，彰化和美人。來台中監獄當管理員已有兩年。是一位處理任何犯規事件從不動聲色，不揮舞鞭條，也不罵人的書生型青年。在一區看守所的管理員中，他是唯一懂得如何看報紙的人。報紙一到他手上，他必先看國際版，看看美蘇兩強對動盪中的中國，及美國對台灣和岌岌可危的國府將採取的態度……。對聯合國「安理會」有關中國問題的辯論，他也一直密切加以注意。對中國內戰的軍事動態，他更是興致勃勃。特別對國民黨今天又丟掉幾個城池，那些將領又帶多少部隊向中共「陣前起義」……，他都能如數家珍般地告訴我。

他今天不是來找我「討論」時事，而是來通知我接見。我聞言納悶，母親和玉扇昨天才來過，楊逵夫婦也已於四天前來過，到底還有誰會來看我呢？我問黃麟田申請接見的人是誰？他祇告訴我要接見的人現在典獄長室，他要帶我到典獄長室。

我披上外衣，略加整容，便跟在黃麟田後面，穿過看守所通往行政區小便門，經長滿朝鮮草的小深井，右側一間，略有裝潢，排有盆景的辦公廳，便是典獄長室。

我還以爲來者爲何方神聖，抬頭一看，竟是久違許久的陳建文。

陳建文是我們三青團一位「神祕人物」。明明是早年去大陸，戰後從中國回來的台灣人，卻始終不肯承認自己是台灣人。儘管他穿上中山裝，戴上金框眼鏡，一付「阿山仔」派頭，說普通話時再加些「那麼、那麼，這個、這個……」的習性，則更維妙維肖，使任何人都會誤以爲他是道地的「阿山仔」。但如果到他家走一趟，從他家客廳的佈置和堆滿日文書籍的書櫥一看……便不難抓到他的狐狸尾巴。

他跟李友邦一齊回來台灣，在三青團新竹分團當書記。未幾因台中分團發生「壁報事件」——（請參閱《辛酸六十年》前篇），他遂被派來台中接陳文輝（書記）之缺。這時候我已被調離台中到嘉義分團任組訓股長。因此我們雖然沒有同事過，他對我以前在台中分團的種種卻瞭如指掌。尤其對我在壁報事件及「二二八」中所扮演的角色，所做的事情，他更知之甚詳。

他現在是黨團合併以後，經國民黨改造委員會改造過的台中市黨部書記長。他看到我進來也不站起來「迎客」，卻將視線往我身上上上下下，打量一番，才開口叫我坐下來。典獄長不在室裡，也許故意躲開。僅李秀貞一個人在那裡處理文書。黃麟田將我帶到典獄長室，即掉頭回去。臨走時他告訴我一會兒他會來帶我回去。

李秀貞是一位廿左右，高雅姣美，處事大方，思想前進的女孩。她的職稱雖然不是典獄長秘書，卻也不是工友。她「高職」畢業，在這裡領管理員薪，卻做秘書兼工友的工作。因為典獄長室，除了典獄長，就祇有她一個人。

陳建文坐在對面沙發，兩眼目不轉睛地瞪著我。他遲疑片刻，終於開始問我：「在裡面的生活怎麼樣？」我答以「很好」。接著他又問我：「在監獄裡為什麼你可以享受到別人享受不到的優遇？」我隨即回以：「因為我的刑期較長，大家同情我……。」緊接著他疾言厲色，多少帶著責備的口氣問我：「既然知道自己的刑期長，為什麼在獄中不安份守法？反而處處為難獄方，使獄方人員一提到你就頭痛……。」

接著他改變口氣告訴我：「李主任（友邦）十分關心你的事情。因為所有涉案『二二八』

的團幹幾乎都已經釋放出來。一般涉案者也都考慮近日中，全部准依『監犯疏散條例』釋放。李主任已經請得陳誠（東南軍政官兼台灣省主席和省黨部主委）首肯，最慢到下個月中即可放人。萬萬沒想到大家所關心的你，在獄中的表現竟然這麼差勁，眞令人洩氣……。」

他又說：「你縱不爲自己想，也應爲老邁寡母著想，怎麼可以在這裡逞英雄？說什麼非『無條件釋放』絕對不出去。又說什麼國府現在岌岌可危，自身難保，那裡還有十五年……。總而言之，就因爲你在這裡的言辭太放肆狂妄，才引起獄方的極度不滿。他們態度堅決，表示這次疏散暫不考慮你。再察看一段時期，看你是否悔過再議。」

陳建文的話猶未了，我卻已迫不及待，提高嗓音，大聲反駁說：「我鍾某決不會在任何人的憐憫和施捨之下出去的。他們要關，就讓他們關。我就不相信，他們還有多少日子可以關我。反正他們難不到我，我也不希望現在就出去。我還要多看書，多充實自己。」

陳建文愕然，睜大眼睛瞪視我。許久才起身說：「既然你自己這麼不珍惜，這麼堅決，旁人也無可奈何。我祇有將此情報告李主任交差。但願你夜深人靜時，能好好自我檢討，衡量利害得失。切不可意氣用事，爲逞一時之快，而耽誤終身……。」

陳建文回去後第三天，母親和玉扃兩人又來探監，這一次她們什麼都沒有帶來，也許因臨時決定，來不及準備，其實我在這裡也沒缺少什麼。如果有，就是想多看扃和母親幾眼。玉扃愈來愈成熟，她不但懂得看報紙，對動盪中的中國和內戰對台灣的影響，也已具有粗淺的概念。

我進入接見處，遠遠就發現她們兩個人。扃也發現我進來，便緊拉著母親的手，略帶微笑趨前告訴我：「今天的探訪是臨時決定的。因爲昨天陳建文派人找母親到團營青年旅社談話。告訴她老人家，並不是他們沒關心你，而是你自己把自己糟蹋掉。李友邦受到各地同志強烈反應，好容易請得陳誠首肯准他保釋你。經多方研究，發現『戰時監犯臨時疏散條例』尚可適用，便決定趁機會將所有涉案『二二八』人犯統統准其疏散保釋。豈知你在獄中的表現太令人失望。獄方堅持你除外，餘可照辦。高等法院檢察處的公文，也支持獄方的堅持。」

已變成淚人的母親，站在一旁靜聽玉扃的報告。忽然間禁不住心中的怒火，責備我狂妄自大，不聽教誨，也不想想獄方的人對我們這麼好，別人探監，祇有十五分鐘的時間，我們卻沒有限制。即使天天來，他們也都准許。三更半夜，也可以在監獄裡直接打電話給你三叔，可是你就是不自量力，人家獄方辦事情，處理犯規什麼的時候，你都要站在一旁插嘴干涉，指責他們打人是如何犯法，使他們爲難、頭痛。人家犯法又不是犯你的法，你算什麼東西，至今老毛病還改不掉……。

玉扃依然含笑，一會兒側頭看看母親，一會兒又看我，並不斷用她柔軟的手握緊著我的手掌。我發現陳主任（宗明）到裡面去，便連忙張開兩手，把扃緊緊摟住。母親爲我的「怪異」動作一怔，旋即又轉怒爲笑，略帶嗔睨告訴我：「在這裡忍耐一點，安份守法，不是就可以早一天出去麼？那麼我們三個人不是天天可以生活在一起？爲什麼我會生你這麼一個頑皮不聽話的囝仔……。」

接著玉扃又悄悄提醒母親，我的案件涉及洪喜的媳婦阿女（謝雪紅）的事情，國民黨都指她是共產黨，而且我又當過廿七部隊部隊長，即使我今天能從這裡出去，他們（國民黨）也未必會放過我。最近不是北屯方面一位姓賴的，祇因手上有一張朋友的名片，就被抓去打個半死麼？那麼像我具備這種特殊條件的人，會遭受怎樣的待遇？是可以想見的。

最後她安慰母親，陳建文所講的也許都是事實，因爲他深知我的脾氣。但也不能排除當局的一些政治性的動作。因爲我的案情太特殊，在他們的眼裡，我這種人即使殺一百個頭，還是不夠呢！母親不說了，祇搖頭嘆息，顯得很無奈。臨走時母親忽又想起什麼似的，告訴我：「三叔和四叔兩個人，也不希望你這個時候出去。現在聽玉扃這麼一說，我也瞭解其中原因。祇是太委屈玉扃了……。」

我佇在特別接見室門口，目送她們出去，到拐彎的地方扃又轉頭望我一笑，母親也停下來揮手命我快進去。

另眼相待

繼楊逵、葉陶、林日高等人獲不起訴處分之後，曾經以「內亂罪」被台灣高等法院分別判刑，並發監執行中的吳金燦、蔡鐵城和張水源，也於週前，依「戰時監犯臨時疏散條例」被釋放。至此所有涉案「二二八」的，除了我，可以說已經全部清監。

於是國民黨各傳播媒體便緊抓住這個機會，大肆宣傳他們的「德政」和「寬大」，並企圖藉此機會收攬曾經喪失於「二二八」大屠殺的台灣民心。在這些自我吹噓和宣傳報導中，卻始終未提及還有我尚留在獄中的任何消息。彷彿我的案情，並不屬於「二二八」案似的。

剛從台北監獄釋放出來的吳金燦，甫回到台中老家的次晨，即帶著一大籃水果來看我，實在令人感動。才一年不見，他已變得好看多了，簡直不像一個坐過牢的人。這一年來他在台北監獄，想必也享受到和我在台中監獄同樣的特別照顧吧！這都是「拜謝雪紅之賜」的。

中共已席捲大半中國，京滬也相繼於一九四九年五月底變色。劉伯承和葉劍英的部隊，勢如破竹，如入無人之境般地縱橫大江南北。無論如何，最後必然渡海攻台灣……。這是一般人的推測，也是大家的憂慮。因此獄方人員也就不得不面對現實，對我們這幾個與謝雪紅有關係的人，另眼相待了。

新難民潮

大概又過了一個星期（一九四九年十月），蔡鐵城和李炳崑也來看我。他們一看到我，便將出獄後一星期來的見聞告訴我：滿街都是剛從中國大陸撤退過來，衣衫襤褸的散兵和難民，與操著「阿拉，阿拉……」的上海話，穿著無袖鮮麗緊身旗袍，姿容媚人，被穿著空軍制服的軍官，攙扶著姍姍過馬路的嬌艷姑娘。雖然是一幅極不調和又諷刺的景象，卻也使一向樸實保守的台灣人，一時眼花撩亂，目瞪口呆。

這些風姿綽約的姑娘，聽說都是上海十里洋場的交際花，和大世界、派拉蒙特大舞廳的

「紅牌」舞女。因爲聽到共軍即將攻進上海，便帶著金條細軟跑到大場鎮（上海市郊的大機場），看到中意的少年軍官，即主動投懷送抱，換取搭乘他們的飛機，跟他們逃奔來台灣。

這些女人一向都很新潮，也敢於大膽暴露，不僅露出雪白的胳臂和小腿，也讓誘人的胸脯隱約露出。使得剛從獄中出來的「餓虎」，目瞪口呆，大開眼界。他們眼睛「大吃冰淇淋」之餘，也想分一杯羹給尚在獄中的難友。

他們也告訴我很多學校的教室和禮堂，以及公園公共處所，都被部隊和難民佔用，搭建違章房屋。學校被迫改爲兩部制：沒有教室的學生便改於下午上課。公園的幽美景觀悉被破壞無遺。許多供市民休閒的地方，也都變成髒亂的難民營。

由於他們都是跟隨他們中央政府「轉進」台灣的忠黨愛國份子，所以便可以享受各種特權。政府對他們也睜一眼閉一眼，警察更不敢過問他們的一切。

隨著他們暫時的安頓，不久馬路兩旁便出現許多台灣前所未有的各種食攤：有賣燒餅、油條、小籠包、蛋卷和紅燒牛肉麵等，有港式、粵式飲茶，有川菜、湘菜、粵菜、浙菜和北平烤鴨……。幾乎全中國每一省每一個地方的菜都可以在台灣吃到。

如果說這些人對台灣有任何貢獻，也許讓我們大享口福，在這裡同時能吃到各省各地不同名菜便是。

又聽說入夜漆黑的時候，台北新公園、植物園和高雄萬壽山一帶都出現操著中國各不同省分方言的年輕女人，跑來遊客身邊悄悄問你：「先生要買花麼？」樸素無知的台灣青年，給這些女孩子這麼輕言細語一問，都會受寵若驚，也會感到納悶。她手上並沒有花，祇有一張草蓆。她的「花」在那裡？這麼晚在這麼漆黑的地方……？然而當你問她：「花在那裡？」的時候。她會引你到隱蔽樹林下，佈下她的草蓆，將裙子捲起躺下迎你……。這便是這些相信她們的「偉大領袖」，跟著他們糊里糊塗「轉進」台灣，生活無依，不得不靠著自己最原始的「本錢」討生活的人，所要賣的「花」。

獄中的紅粉知己

作完晨操，剛回房擦汗，忽聽有人大聲喚叫：「五號，小姐找你。」聞言一怔，連忙開門往外探望，原來是看守長劉秋冬。他看到我推開房門探頭，又催我：「快呀！她正在門口等你……。」我更糊塗了。她，到底是誰？

我穿好衣服，略整儀容，趿著拖鞋到中央八卦樓，值班看守長劉秋冬用左拇指指著他背後通往行政區的小便門。我抬頭望去，發現小便門半掩著，門後似有人影晃盪。我隨即快步趨前，剛欲伸手，門卻被裡面的人推開。原來是「中獄之花」李秀貞小姐。

儘管她是典獄長身邊的人，能走動的空間，卻還是被限制在行政區和三區（女監）。她所以不敢越雷池一步，原因在此。因爲這是對異性職員的安全顧慮。

被長年囚禁，受到極端性壓制的人，對異性都有平常人所想像不到的各種不同幻想和慾望。不論男監或女監，工餘相聚之時，或收監後在濃烈體臭撲鼻的擁擠監房裡，相互私談的話題，幾乎都離不了異性的問題。

李秀貞推開著半掩的小便門，隨即將自己藏在門後。她用手不斷地揉搓著手帕，低著頭，輕咬下唇，但有時候也會偷偷地斜視我。她臉色泛紅，幾次欲言又止，最後終於還是鼓起勇氣，抬起頭直截了當的告訴我：「我在接見所外面看過你的母親。她老人家很可憐，祇生你一個，你卻不能出去……。」她說到這裡，略停片刻，抬頭掃視四周，又說：

「陳書記長（陳建文）來看你那天，事前和夏士珍（典獄長）為你的保釋問題爭執很久，結果不歡而散。雖然現在夏士珍，比前任郭典獄長（郭明堂，台南縣人）更敢擔當。但，對你這件問題的處理態度卻使我很感意外。」

依她所知，這位雲南籍的典獄長，平常對我的印象似乎並不壞。外面送進來的書，經教化課檢閱後，他都必親眼過目一遍。他從我的案情、社會關係和讀的書去了解我。所以一直默許下面的人，對我有各種超規定的優遇。如果不是他睜一眼閉一眼，戒護課長「六尺的」（黃源泉的綽號。台南人，是前任郭典獄長帶來的人。）怎敢讓我在這裡享受這麼多的自由。

「可是偏偏有人看了眼紅，嫉妒，向典獄長……」說到這裡，她忽然又停下，環顧四周之後降低嗓音繼續告訴我：「他們向典獄長打小報告，說你常在一區大放厥辭，說中共一定會攻台灣，國民黨一定會完蛋。又說什麼非無條件釋放，絕對不出去。又指責管理員不得隨便打人，打人便會觸犯瀆職罪。也說你擋人財路，使管理員不敢在你面前做香煙生意。」

我忍不住打斷她的話說：「不管怎麼樣，我多少是見過世面的人，在社會上也做過一點事情，有自己一定的地位和自尊。我決不會不自量力到去擋『禁子大人』的財路，和干涉他們的『神聖』作業。」

「然而那些人會打我的小報告？我心裡明白。反正我自己並不急於這時候出去。我眞的曾經說過非無條件釋放，絕不出去。我是很認眞的這麼說過……」

她看到我對她的一片好意和關心並不領情，甚感失望。她開始懊悔：爲什麼要冒著背後給人指指指點點，說閒話的險，到這裡跟我講這些話？她就是看到許許多多涉及「二二八」的人都出去，我卻還被留在這裡，又看到那位孤苦伶仃的阿婆，委實太可憐……。

她生氣了。遲疑片刻，終以嬌嗔的口氣指責我：「你有點像『覺慧』，卻還被留在牢裡，插翅也難飛！嘴巴別那麼硬。」我心頭一愣，緊接著問她：「那一個覺慧？」她故意不回我所問，卻氣咻咻地罵我：「別裝傻！木頭。」然後又瞪白眼補上：「是覺新、覺民的三弟，琴的表弟。」說畢，砰然一聲，猛用力把門關上。

自此以後，我再也看不到她的倩影。不過有時候她還是會來借書的。都是用一張條子——請託看守所主任陳宗明先生來借。直到我於一九五〇年七月四日被移送台南監獄爲止。原來我的《激流三部曲》——巴金的「家」、「春」、「秋」三本，所以被躭延了三個多星期後才送到手裡，是給這位小丫頭偷偷地先「揩油」去的。

李秀貞和我見面的消息，很快就被傳遍到整個一區看守所和二區。上上下下以訛傳訛：有說我勾引李秀貞……，也有說我有所企圖，所以選她下手……，還有更荒唐的，竟說我曾向早已「暗戀」我的秀貞作過許諾，祇要她能設法把我弄出去，我一定帶她走，和她結婚。

事實上，我和李秀貞的見面，這不是第一次。祇是這次的時間稍長了一點，而且最後惹她生氣，大家不歡而散罷了。

爲了這件事情，戒護課課員陳水牛，和看守所主任陳宗明，看守長陳壎篪及教化課長黃少卿（安徽人）都前後來看守所找我談話。他們雖然深信我不會做出這種糊塗事，也知道我的家世背景，尤其我有一位很了不起的未婚妻在等我……。所以我與秀貞之間有什麼曖昧云云，他們都一致認爲簡直不可思議。然而既然有這種謠言，因職責所在，他們也就不得不查個水落石出，做個交代。

我聞言勃然大怒。我覺得這簡直是對我人格的一大侮辱。我鍾某再怎麼樣，也不會這麼隨便。而且我是一名失了自由的俘囚，她是獄吏，又是監獄長身邊的紅人。況且每次都是她託人來叫我到八卦樓後面，通往行政區小便門口，在衆目睽睽之下，即使我們兩人有什麼曖昧，怎麼選在這種地方呢？

平心而論，秀貞確是一名任何人見到，都會喜歡的女孩子。她氣質高雅脫俗，天眞活潑，人也長得甜美。眞不愧爲「中獄之花」。一些年輕管理員沒有值班時，三五成群聚在一起時，不也都在品頭論足地品評她麼？她對異性確具有濃厚吸引力。怪不得有那麼多人，甘願被她「差遣」，競相走告：秀貞在找你呢！

其實我們每次所談的，也不過是一些有關讀書的問題。她每天晚上，都到台中公園附近的警察會館（現在合作大樓）的「北京語」講習班，參加講習。班上的老師都是中國來的年輕人，課餘都會給學員們介紹些「祖國」文學，鼓勵她們去看。

因爲這些書，這時候在台灣還買不到。剛好由教化課轉來監獄長室的書中有：巴金、冰心、矛盾和郁達夫的作品，都是朋友送來給我的。她喜出望外，想先一睹爲快，於是便將巴金的「激流三部曲」暫時藉故「扣壓」，待草草過目後再轉到我手上。

她很貪婪地把家、春、秋三本看完了以後，仍愛不釋手。但又不能永遠藉故扣壓下去。於是她便逕自到看守所找我「談判」——要我把這三本書看完了以後，再借給她。她的作風，實在有點霸道。不過因感於她的好學，和她是一位可愛的女孩子，我便自動放棄對她的抗議。這便是我與李秀貞小姐認識的開始。

以後她常來向我借書。有時候也會藉這個機會與我討論些讀書心得，或聽聽我對書中人、事的看法和評論。儘管如此，她畢竟是一名「獄吏」，而我是階下囚。我能對她輕佻、不尊重麼？

不過平心而論，她從未對我擺起獄吏的架子。她一直將我當做朋友，或師長般看待。她也喜歡用北京語和我交談，將前夜剛在講習班學到的，現學現賣，在與我交談中做實驗。她更喜歡聽我講北京語，她說我的北京語的發音，聽起來，似乎比浙江籍老師講的，和雲南人典獄長說的，都「好聽」，比較聽得懂。

謠言止於智者。獄方高幹，終未爲謠言所動。對方是典獄長身邊的人，萬一處理不好，必然會惹來一身麻煩。因此他們臨事必須小心翼翼，謹言慎行。更不敢對秀貞有絲毫傷害或影射。

謠言似乎暫告平息。然而一小部分得不到秀貞青睞的年輕管理員，和難友們看到我時的眼色，似乎仍有異樣：有代表「羨慕」的；也有代表「嫉妒」；更有代表「睥睨」的……。

張萬福探監

一九四九年十一月初，細雨濛濛，沒有放封，探視的人也寥寥無幾，難得清靜的一個下午，我半掩著房門，一個人躲在室裡看書的時候，忽然聽到值班管理員何德正，在走廊大聲叫喚「五號，接見。」我聞言探頭一看，果然是在叫我。

我走到中央八卦樓，正想右轉，逕往接見室，忽被看守所主任陳宗明叫回來。他告訴我客人正在主任室等我。我轉身回頭，發現一位很面熟的中年人坐在主任室，滿臉堆著笑容，舉手招呼我。我怔怔望他良久，才認出他是台北監獄衛生課的張萬福醫官。

我兩步做一步的衝過去，緊緊抓住他的手，問他「什麼時候來的，是否公差？」他搖頭表示「不是」。但隨後補上一句「是專程來看你的」。我有點受寵若驚，但心裡卻仍有點迷惑。我何德何能，怎麼受得起張醫官從遙遠的台北來這裡看我。

我滿臉笑容，「緊追不捨」地問明究竟。他卻還是一本正經地回我：「真的，是專程來看你的。」我更糊塗了。我們喝完陳主任倒給我們的茶，正不知從何說起的時候，陳主任卻搶先告訴我說：

「大家都很關心你。我們在外面街上碰到熟人，都會問起『爲什麼所有二、二八案的人統統都放出來了，他還不能出去？』被人這麼一問，我們都不知道要怎麼回答。很多不明究裡的人，甚至怪到我們身上，以爲是我們故意刁難，不讓你出去呢！」

「我們爲你背黑鍋不要緊，但願你千萬要考慮老邁寡母，和年輕的未婚妻在等你回去。嘴巴不要太硬，識時務爲英雄。有時候吃虧一點也沒有什麼。想辦法早日離開這裡才是正經。我們能夠幫忙的究竟有限，畢竟官小言輕。」

「曾經想藉到豐原農會糧倉搬運囚糧的機會，讓你出去透透空氣，順便回家看看老邁母親和年輕未婚妻，卻被『六尺的』打回票，使我很沒有面子。可是你自己對爭取出去的問題並不熱心，即使我們再爲你爭取，也是枉然的。」

陳主任說到這裡，略停片刻，拿杯茶潤潤喉嚨，卻被坐在一旁的張萬福迫不及待地搶著說：「是日高先生特地叫我來看你的。他很關心你的事情，曾經爲你的出獄問題到省黨部看過李友邦，他們都很肯定的答應爲你爭取，可是你偏偏不和他們合作……。對這個問題李友邦很生氣，林日高先生也滿腹狐疑，百思莫解，所以才叫我來台中了解眞相。」

我不覺啞然失笑，但隨即又自動收斂笑容。如此冒失，是很不禮貌的。我回張醫官說：「很多人都指責我，說我不與獄方合作。然而我到底要如何與獄方合作？他們既未明告我，也未曾暗示過我，使我無所適從。」

「如果說我不安分、不守規，爲何我現在在這裡可以享受到這麼多自由和方便？這不是可以證明我在這裡很循規蹈矩、很安分，它們才『賞賜』給我的麼？這些吱吱喳喳，說穿了，也不過是一種政治煙幕。他們不讓我出去，總是要有一套堂而皇之的理由，才好對社會交代。依『戰時監犯臨時疏散條例』，釋放有關『二二八』案的人，是他們政府的政策，是被中共趕下台灣海峽，狼狽不堪，敗退來台的國民黨，爲企盼收攬曾經喪失於『二二八』大屠殺時的台灣民心，而釐定出來的。」

「既然如此，他們又何須僅僅針對我鍾某一個人，挑毛病說壞話，說我不守規、不合作做盾詞呢？問題關鍵便在這裡。國民黨的陳儀政府曾經將一九四七年『二二八』事件的責任推得一乾二淨，統統推到中共身上。他們便可師出有名，堂而皇之，大肆搜捕、屠殺。」

「那時候國民黨的唯一證據，便是出身『第三國際』的謝雪紅，及『她的二七部隊』。謝雪紅早已從左營軍港，坐光明砲艇逃離台灣。在他們手上僅有的二七部隊部隊長。在剿共戡亂失敗，蔣介石不得不飲恨下野，整個大陸已丟失的今天，他們豈肯輕易放過我呢？」

「如果我的推論不錯，這便是他們所以不放我的唯一理由。」

陳主任和張醫官，及後來才陸續進來的陳丁貴、周石城、陳守福三位看守長，都默默瞪眼，頻頻點頭，似有所領悟。

張醫官臨走時，從身上掏出五張一百元鈔票給我，說是日高先生給我做零用的。我當即把鈔票交給值班看守長轉總務課保管。因爲坐牢的人，不論被告或既決者都規定不得私自持有金錢鈔票，這是爲了預防脫逃的一個措施。

我跟在陳主任後面，送張醫官到通往行政區的小便門口。張醫官知道我祇能到這個地方，穿過小便門便是行政區，不是我所能隨便走動的地方，便停下來緊握著我的手說：「儘管我已經了解眞相，我們仍希望你能早日出獄。」接著他又說：「現在外面很亂，從中國來的軍隊和難民，品質參差不齊，生活習慣也不同，而且他們都是些與『中共』有關的人，給我們台灣住民的精神壓力很大，大家都能夠出去，獨你一個人不能出去，雖然委屈了你，但這裡無憂無患，也有留在這裡的好處，眼不見爲淨。」他說到這裡遲疑片刻，又握緊我的手，說聲「珍重」便掉頭穿過小便門回去了。

張醫官回去後，有幾位管理員前來問長問短。我便藉機會告訴他們，我和鐵城以前在台北監獄時也是受到他們的特別照顧。那裡不是我們的「地盤」，他們以前都不認識我們，祇因爲我們是「二二八」案的，所以他們都很同情我們，給我們各種方便。

拒絕利誘

一九四九年十二月七日國府流亡台灣，並正式遷都台北。一九五〇年三月一日蔣介石復職。在兵荒馬亂、驚濤駭浪的時刻，這一則新聞的確給正陷於群龍無首，岌岌可危的國民黨政權一些定心作用。然而「二二八」的血跡斑斑，傷痕未癒的台灣人，卻爲台灣即將成爲另一群中國人——中共攻擊的次一目標而惶惶不可終日。

三月底，彷彿是元宵過後不久，一個天氣晴朗的星期三傍午，我又被帶到監獄長室。兩個三十來歲，一位著軍裝的少校，和一位穿黑布料中山裝的「阿山仔」在那裡等我。他們看到我進來，便從遠處上上下下打量我一番，並「驗明正身」問我姓名、家世，也問我已坐過多久牢和健康狀況……等。然後示意我坐在他們對面那張藤椅。

等到李秀貞端茶進來，濃眉闊嘴著中山裝的「阿山仔」隨即親手送一杯到我這邊來，使我有點受寵若驚。對他們的來歷背景和意圖也愈加疑團滿腹。他們幾次欲言又止，似乎在顧慮些什麼。放回茶杯以後，我便故意將視線移到窗外庭院的花木，有時候也將視線轉到埋首整理文件的李秀貞那邊。但腦海裡卻一直在探索：他們到底何方「馬骨」，有何企圖？對我這麼一個囚犯竟然如此殷切？室內所有窗戶雖然都打開，我心頭還是悶不透氣。

「闊嘴的」終於打破沈悶，直截了當的告訴我：政府很同情我的案情，也準備想辦法放我回去，要給我一個「立功」的機會，祇要我肯跟他們「合作」，他們準備保我出去。對他們的話，我既不驚奇，也不感動。我祇淡淡的反問他們：「要怎麼合作？」要一個坐長牢的囚犯「合作」、「立功」，寧非笑話？

少校連忙攔阻「闊嘴的」，並搶著說：「到底山裡還有多少日本兵，躲藏在那些地方？聽說你都知道。他們都曾經參加過你的什麼『二八部隊』……」我聞言當即糾正他們：「是『二七部隊』，沒有什麼『二八部隊』。」少校點點頭連忙改口稱「二七部隊」。他接著又說，希望我能配合他們的計劃，好好跟他們合作，深入匿藏日軍的巢窟，招撫那些未被遣送回去的漏網之魚。

我終於明白他們的來意和所屬，心頭疑團立刻釋然。我心裡甚至現出得意的微笑。因爲當年（一九四七年三月十二日）二七部隊由台中撤退埔里時，所佈散的「疑陣」確已奏效——至今仍有部分日軍尙藏匿深山的問題，一直使他們不敢掉以輕心。

儘管他們幾次想套我的話，也很想即刻得到我的肯定回應，然而台灣究竟還有多少日軍？我卻故意避而不談，既不予肯定，也不加否定。說眞的，我寧願他們相信確有日軍。我實在看不慣趾高氣昂的唐山征服者，我要讓他們永遠相信，還有很多日軍在台灣的深山伺機而動。這樣也許可以壓壓他們的氣焰，使這些連他們中國人都不要的「垃圾」，不要再那麼猖獗，老尋善良的台灣人出氣。

壁鐘已敲兩響，大家都還未進午餐。他們發現我有點不自在，一再抬頭注意壁鐘，也知趣站起來準備要走。臨走時他們仍不忘提醒我，這是一個立功報國的好機會，要我好好把握，千萬不可錯過機會。

周石城（大胖子、看守長）送他們走了以後又回來，示意我進監回一區。我想多坐一會兒，反正今天夏士珍（監獄長）不在，祇有李秀貞一個人在這裡整理文件。我告訴周石城口乾想喝茶，李秀貞隨即爲我倒茶，我便趁機會悄悄問她那兩個「阿山仔」是誰？李秀貞遲疑片刻欲言又止，終於鼓起勇氣顧左右回我說：「從台北來的。」

我回到監房換上睡衣躺下。把兩腳高擱在小桌子上面，睜眼望窗外，凝視浮雲的變幻。

心裡卻在反覆推究那兩個「阿山仔」的眞正動機：快三年了，難道他們還相信二七部隊裡面眞有日軍？

以二七部隊的組織和嚴明軍紀，及完全仿照日本陸軍的編制和裝備、口令用語也是日語，尤其那些與日本人同屬亞里安系又能說流暢日語，動作禮節已完全「皇民化」的高砂青年，更易給人錯認爲日本人。他們的情報所指的也許就是這一群人。

恍惚間阿烈仔和阿銅兩個人被殺的往事，突然閃進我的腦際，使我不得不往另一角度來審視今天的事情。

一九四五年大戰結束，中國尚未派軍來接收的七十天，可以說是台灣人眞正自己管理自己的日子。日人戰敗自動退下不再問事，台灣人自己便起來組織自衛隊巡邏，維持治安，管制物資流通。廖金和(外號「阿狗」台中第二市場牛肉販)在台中市中山路平等街(原錦町派出所)，成立「民生會」負責縱貫鐵路以北區域治安維持的時候，阿烈仔(陳新烈，台中石頭瀨人)也和吳煌、魏賢坤等人在台中路第三市場前(原楠町派出所)，成立「新生活促進會」與「民生會」分庭抗禮，分擔台中東南區至大里一帶的治安維持。

阿銅則與紅毛宋等人在彰化市火車站前(現在華南商業銀行舊址)成立「彰化自警團」，負責維持彰化地區的治安。這些成員都是自動參加，無給無薪，僅賴地方熱心人士的捐獻來維持。由於參加份子素質參差不等，雖對治安維持和物資暢通有所貢獻，但因處理不當，得罪人的事也偶有所聞。甚至利用自衛隊做掩護，私開賭場的害群之馬也不是沒有。不過各地自衛隊被解散歸制後，社會上對他們七十天來的奉獻大多還是給予正面的肯定。

然而表面讚揚自衛隊的奉獻，內心卻懷著嫉忌和恐懼的唐山政府，卻祭出他們老祖宗的「法寶」——「以夷制夷」出來：他們微服暗訪，找出戰前喜歡狐假虎威，仗日人之勢欺凌百姓，戰後又躲躲閃閃，到處奔命的「三腳仔」流氓之輩，慫恿他們出來組織「義警隊」，甚至起用在溪湖開賭場、包娼館的巫重力擔任鹿港刑事組長，台中媽祖廟幫的蕭來福、陳吸之輩當台中市警察局刑警。日政時代「台灣軍」參謀部情報課，一個外圍單位「一心隊」出身的加納（何鑾旗），則任台中義勇警察隊中隊長……。

唐山人政府眼見「策劃」就緒，即下令搜捕具有領導地位的七十天自衛隊幹部。台中的阿烈和彰化的阿銅兩個人，便在這時候被捕送憲兵隊。他們分別在彰化和台中憲兵隊接受調查和訊問，因爲始終查不出任何足以起訴治罪的罪證，照理應該立即釋放。但因爲唐山人覺得他們這些人太可怕：並不具任何身份，竟能動員那麼多民衆，而且將台灣管理得比「中央」派來的官員還好。這種具有群衆魅力的人，留著終非政府之福。誰能保證將來他們不會再動員群衆，反對、阻害政府的「政令推行」。

於是便決定將阿烈和阿銅從牢裡提出。押赴市郊——將阿烈押赴台中綠川東街建國市場前（當時這一帶尚屬郊區，林投樹雜草叢生），命他下車小解，從背後碰碰兩響將他結案。阿銅則以移送法院爲詞，到了現在彰化「台化公司」左側通往台中和草屯的岔道口，依樣命阿銅下車，出其不意從後腦開一槍斃命。

次日台灣的報紙，對這兩件事情的處理則刻意加以淡化，一律依照憲警單位提供的資料，指「嫌犯企圖脫逃，在追捕中中流彈……。」作了結。

這些發生於一九四六年間的往事，至今猶歷歷在目。阿烈和阿銅的情形當然不能與我相提並論。不僅案情不同，許多方面也完全不一樣。而且我是一個經判刑移監執行中的人。不過如果我答應他們出去「立功」，情形恐怕就很難說。深山裡有無日軍，我比誰都清楚。萬一被他們發現一切全屬虛構，是故意散佈的疑陣，或者被認爲我的誠意不夠時，他們恐怕很難罷休。那我豈不等於自入虎口？

我並不急於現在出去。玉扃也希望我靜待時局的變化。反正現在外面也亂得很，並不比裡頭好過多少。至少我在這裡，還可以大聲高論時局問題，不必爲唐山人的「聽壁隊」提心吊膽。

蔣記推出的「反共抗俄」膏藥在中國無人問津，卻搬來台灣大拍賣，由此可見唐山人的「阿Q哲學」一斑。不過三年工夫，鳥語花香，人民安居樂業的美麗之島，卻被搞得烏煙瘴氣，雞犬不寧，到處瀰漫著白色恐怖。天天都有人因講了一句話、看了一本書、持有一張朋友的名片、給在外奔波的朋友一點點路費、知道自己先生和一位同學吃一頓飯沒有報告……而被抓，而忽然間失踪，而從此不見踪影的事情每天都在發生。台灣已經被弄得人心惶惶不可終日。

我考慮再三，終於決定拒絕兩位阿山仔的「立功」機會，大約又過了兩個星期，「闊嘴」

一行人馬又來要求和我會晤。夏士珍派人來帶我的時候，我臨時心生一計，裝著心臟舊疾復發，拒不見面。以後聽說又來兩次電話，由於我的堅持，終於不了了之。

四叔被捕

一九五〇年五月底，近半月的梅雨，趕走了寄生池塘泥溝的蚊蟲；也奪走了一天僅有一次的「放封」機會。梅雨季的牢房斗室，既潮濕又悶熱。轉輾吁嗟不覺已五更，矇矓中依稀有人在監房外吱吱喳喳，談論些什麼。

側耳傾聽，原來值夜管理員黃麟田，隔著鐵格子門與門外的巡邏員在交談——昨天傍晚台中又被抓去兩個人，都是多少有名氣和地位的人。一個是巫永昌醫師，另一個竟是我的四叔鍾聰敏。我聞言心慌意亂，不知所措。隨即敲門要求讓我打電話回去查眞相。黃管理員初有難色，最後還是回八卦樓，向看守長要來鑰匙爲我開門。

到了八卦樓，陳壎篪看守長用穩貼口吻，驚訝問我：「發生什麼事？」我心慌不能自制，雖搖頭擺手表示「沒有什麼。」卻又移步趨近監視台，熱切懇求准我到行政區總務課掛電話回去查個究竟。

當陳看守長瞭解我要求出來八卦樓的目的，他便坦誠告訴我，晚上行政區每一課室都上鎖無法進去，再過兩個小時劉秋冬看守長即來接班，交班以後他可以到外面代我查。我聞言雖然有點悵惘，他的誠摯友誼卻又令我感動。

次晨八點陳看守長又來接班。等交班的人都回去，他便藉著巡查舍房之便，到房門口悄悄告訴我，家裡的人今天會來看我。對我所關心的問題，他卻幾次欲言又止，似有顧忌，我迫不及待地直截了當問他，他才點點頭證實他們兩個人確已被捕。接著他又告訴我，巫永昌和我四叔鍾聰敏兩個人爲何被捕，外面傳說紛紜，莫衷一是。他們在社會上都有地位，也是受過相當教育的人，想必不會犯什麼差錯。希望我千萬別激動自擾。如有進一步消息，他會隨時告訴我。

傍午時候，母親果然帶些炒魚脯和醃蛋來看我。她老人家站在接見室窗口兩眶紅紅，似曾哭過。她唯恐使坐牢中的我增添煩惱，雖然極力抑制，努力掩蓋，強作若無其事，然而她紅腫的眼睛和斑斑未乾的淚痕，必然隱藏著無限悽楚。

母親一面從提袋裡拿出醃蛋、炒魚脯和香蕉，一面指著香蕉提醒我，雨後天氣反常的悶熱，監房斗室裡一定更悶熱，恐不易存久，不如分一部分給其他的難友吃。又叮嚀我醃蛋要先吃那些壓破的……。卻始終未言及四叔被捕的事情，和她老人家最近受過什麼委屈，哭得連眼眶都發腫。

她老人家必定有什麼隱情，不然爲什麼對四叔的事情故意避而不談。什麼事情又使她傷心哭泣？她也一直裝作若無其事，我終於按捺不住，直言不諱地問母親：「四叔被捕是否又有人怪罪到我的頭上來？」母親初猶逃避，既不肯定，也不否定，祇搖頭擺手，又故意將視線移開，彷彿有什麼力量在控制她，使她老人家不敢明說眞相。

母親愈是不敢將實情告訴我，我心裡愈是疑團重重。因爲「二二八」過後不久，三叔也曾經遭到國府特務的逮捕。那時他們一家人，都將所有責任，向正在獄中坐牢的我身上推，給孤苦無依的寡母許多不堪入耳的惡言，也給尚未完婚入籍的玉扃難看的眼色。

幸而四個月後，用兩車鈔票換命回來的三叔隨即替我洗雪，又因爲他也親嘗過牢獄滋味，整個人生觀大變，從此更加同情我和母親的淒涼處境。

母親似乎發現我已經知道這些事情，她現在即使想繼續隱瞞下去也似不可能。她正陷於猶豫不決和掙扎……。忽然由於我不愼說了一句話，又勾起她的無限悲愴，母親的眼淚便如決堤的洪水般奪眶滾出。片刻，她終以略帶嗚咽，斷斷續續地說出四叔被捕經過。原來，大約在一個多月前，有一天一個著軍裝的「阿山仔」兵，突然帶著恐嚇的口氣前來糾纏要錢，要四叔「花錢消災」。

四叔自忖自己並未犯法，要他消什麼災？簡直豈有此理！他便相應不理，硬不買帳。何況他是一個搖筆桿周旋於社會的「木鐸」，豈能隨便屈服於這位目無法紀的「阿山仔」兵！然而一個多月後，這位不懂法律，連土匪都不如的「阿山仔」兵，竟然帶來數名荷槍實彈的丘八，不明不白即將四叔綑綁帶走。這件事情的確給四叔一家人帶來莫大衝擊。一家十口的生活頓失依靠。同一天被抓去的巫永昌醫師家裡，也是愁雲密佈一片紛亂，到底四叔和巫先生犯什麼罪？被逮到什麼地方去？也都沒有人知道。

母親猶豫片刻，終於抑不住心頭那股怨氣，和兩天來精神上所遭受的打擊。她略帶哽咽，邊擦眼淚，邊向我傾訴：「……如果今天你不到這種地方，誰也不敢欺侮我們。四叔的事情，干我們什麼事？冤家有主，她們不去找那些恐嚇他們、抓四叔的「阿山仔」，卻反衝著我們，怪罪到我們頭上來。她們眞會胡思亂想，斬釘截鐵地硬指著我們害四叔。這種沒良心的話，虧他們說得出口，也不怕爛掉舌頭……。」

母親說得有點激動，我頗能了解母親此刻的心境。這些日子來，她老人家所遭受的打擊實在太大了。這時候讓她當著我面前出出氣，發洩發洩，對她老人家的心理衛生，也未始沒有好處。

「……她們說侄輩中，四叔最疼你，一向很支持你，也跟你比較談得來。就因爲這個緣故，所以她們便任意推測四叔來探監時，你一定和他談過什麼『有問題的話』。不然的話，便是對別人談起四叔領導過台中一中總罷課，逃亡廣東進中山大學時碰到一九二六『淸黨』，在紅白交織，國共大拚命的時代混過一段日子的故事，給獄中『有心人』打小報告……。」

母親說到這裡，又遲疑片刻，看看陳宗明主任不在場，遂將一直隱瞞著我的「摔書之事」告訴我。母親說那一堆書，由於我一再吩咐和叮嚀，她費了九牛二虎之力，雇牛車從嘉義搬回來台中，寄放在公館姨丈徐大川家。最近他們要娶媳婦需房子，所以又將它搬到四叔若松町的家（現在中華路徐灶生議長私邸右隣）。

詎料，那些書竟遭到瘋婆的糟蹋，一本又一本從二樓窗口被摔到馬路上。眞是丟人現眼，也給『中師』、『附小』上學的學生和往來的人增添不少危險和不便。幸好徐灶生的一位孫子和兩位馬舍公廟前的舊隣居跑來幫忙，將它撿回來暫堆放在一位歐巴桑家的糧倉。

母親說到這裡，悽然喟嘆，拿手帕擦擦眼睛。接著又說知子莫若母，她知道爲什麼別人都可以適用『監犯臨時疏散條例』提前出獄，卻獨獨不准我出來。就是因爲這樣，她和玉扃兩個人才更堅強，能忍受一切，苦撐這個支離破碎，連棲居之所都沒有的「家」。

「二二八」發生時，鍾家在台中還是相當有聲望。如今風光不再，樹倒鳥散，人情冷暖於此可見。即使自己的親叔叔，除了三叔和四叔多少還肯關心我們，餘者眞連陌生路人都不如。如今四叔家裡又發生變故，今後更難望他們的關心了。

四叔這一次總共被關了幾近三百天。於一九五一年三月中旬始由國府「警總」情報處（即原東本願寺）釋放出來。他被逮以後，一直被關在「東本願寺」接受偵訊。他本來就沒有事，祇不過天生骨頭硬，不肯低頭買「阿山仔」的帳，花錢消災罷了。

然而這三百天，他還是受盡折磨和驚駭，備嚐拷刑之苦。那些利慾薰心的特務，從四叔的學、經歷上面得到一個「啓示」和「結論」，認爲四叔是一尾可以讓他們立大功發大財，領大筆獎金的大魚。便想盡辦法欲將四叔扯上某一個轟動內外的大案子上。幾經折騰偵訊，四叔頑強如故，始終不肯跟他們「合作」。眼見「資匪罪」羅織不成，他們便惱羞成怒，改指控他是「二二八」的漏網之魚。特務們心狠手辣，千方百計，似非將四叔置於死地不肯干休。

最後仍因有關「二二八」案早經政府宣佈結案，遂未得逞。「阿山仔」特務雖怏然不悅，終於還是把四叔放了。

四叔無罪獲釋，使他的家人與我們之間十個多月來的誤會頓然冰釋。而且他自己也深深體驗到獄中生活的凄涼境況，因而倍加關心我的事情，一有空即來探監。有時候，甚至連體態笨重行動不便的三叔，也硬是給請了過來呢。

與四叔同時被捕的巫永昌與前《台灣新民報》專務取締役的羅萬俥和蘇樹發、劉增銓、白福順及童炳輝等四名司法官律師，同爲「埔里幫」的佼佼之士。早年留學日本名古屋大學，一九三五年即已取得醫學博士學位，是詩人巫永福、名醫巫永德長兄，戰前曾任台中州協議會員，戰後則任蔣渭川、張邦傑的「政治建設協會」台中分會長。一九四九年四月陳果夫隨國府流亡台灣，移棲台中時巫曾任陳果夫「御醫」。

他的被捕，聽說是被台中「十四大哥」的陳平關所誣陷：誣指他與「赤色人物」往來頻仍。幸經陳果夫出面作保而獲釋。而陳平關則因此被以誣告罪處十年徒刑。

陳儀飲彈斃命

一九五〇年六月十八日早上，作完了晨操回房剛喝下一杯蜜水，忽聽有人大聲叫「五號」，我心裡有點納悶，很久以來這裡的人都沒有喚我的代號，不是直叫我「鍾的」或「鍾先生」，便是半開玩笑地稱呼我「部隊長」。推開房門一探竟是第七工場（藤工兼洗衣工）的主管鄭文霖在找我。

他看到我又習慣地扮著鬼臉，略帶滑稽的語調告訴我：「你的親家，明天就要到蘇州去賣鴨卵，你高興嗎？」我惘然不知所云。因瞥見他手上拿著一份當天的新生報，以為報紙上刊載些什麼與我有關的記事，便把它搶過來打開一看，果然在第一版中段的地方有一則用一號鉛字做標題的「陳儀勾結共匪陰謀變亂，依法判死刑」的新聞。我遂不顧鄭文霖在外面等候，緊抓著報紙到窗口。藉窗外陽光，很貪婪地一口氣把它看完。

看畢我掩面嘆息，國民黨卑鄙至此！我已經抑不住心頭這把忿怒之火：國民黨在台灣處決的將領，這又不是頭一個，已經有好幾個，如參謀次長吳石等，卻從來沒有一個處刑前在報紙上刻意做預告，都是處決後才在第二版不大顯眼的地方做些簡單報導。

被中共趕出大陸，狼狽逃來台灣的國府，大概有感於「二二八」時殺了太多台灣人，大家對陳儀恨之入骨，便想藉此機會虛晃一招，給台灣人一個「空爽」。

然而我們卻未聽過任何國府官員因「二二八」被究辦，反而看到「二二八」的罪魁禍首陳儀，事後被任命浙江省主席。而當時任高雄要塞司令的砲兵中校彭孟緝更因殺人立功，連跳數級擢升台灣省警備司令。

再說陳儀的被處刑，與「二二八」根本風馬牛不相及。他早與中共暗通款曲，至一九四九年二月因看到陳毅的「三野」即將渡江，遂陰謀「陣前起義」，慫恿江陰警備司令湯溫伯方便「三野」渡江。不料這位「不識抬舉」的部下，卻將這樁事悄悄向蔣介石打小報告，陳儀便因此而被逮。

我將報紙還給鄭文霖，並拜託他明天多帶幾份不同報紙來，我倒想多了解國民黨如何欺騙、大耍痛恨陳儀的天眞台灣人。

鄭文霖，埔里鎭人。日據時代淡水中學畢業。個子不大，腦子裡卻滿有學問。對國府的「轉進」分析尤有深入獨到之處。爲人豪爽，富有幽默感。與線西鄉黃麟田，同是台中監獄管理員中的異數，我常爲他們兩個人的不遇而抱屈。他彷彿也曾經參加過「二二八」，但卻絕口不提。

陳儀將槍決的新聞，委實也給我帶來一點興奮。我平靜的心也被吹起一陣小小的漣漪。輾轉復輾轉，一直無法安眠。等到破曉曙光射入斗室，我便不顧起床號角，先起來站到寬僅有六十公分，高不及百公分的小窗口作「深呼吸」。一邊傾耳聽著遠處報曉的雞啼，一邊觀賞著樹梢上吱吱婉囀跳躍著的雀鳥。

凝視著窗外上空，如披著輕綺薄紗，龍飛鳳舞般，隨風變幻的雲彩，正聚精會神看得忘我的時候，隨著咔嚓的聲音，彷彿有什麼東西從身後「送飯口」被丟進來。蹲下去拿起來一看，原來是裡面裝有當天報紙的厚厚牛皮紙袋。

祇聽到丟東西進來的人，加緊步伐朝著中央八卦樓方向走去，卻不知道他是誰。這時候鄭文霖不可能上班，黃麟田也不是今天的班，到底是誰爲我送進來這捆報紙呢？

直到第二天早上交班以後不久，陳看守長（壚笓）走近我們作晨操的地方，小聲問我昨天的報紙是否看完了？才知道原來這大包報紙是他特地買來給我的。但當天除了陳看守長，黃麟田和鄭文霖也都各丟進中央日報、中華日報和力行報等各不同報紙給我。使我能有機會比較各報特色和多瞭解陳儀被槍斃前後，在台灣各地所引起的騷動。

一打開報紙，我就開始找有關陳儀被槍斃的消息。果然各報都在頭版最醒目的地方，用頭號鉛字以「一代巨憝遺臭萬年」為題，很詳細地報導了陳儀「伏法」經過情形。新生報和中央日報，還特別加上一張陳儀被槍斃後的屍體照片。由於它們的新聞稿，幾乎都是由國民黨的「中央社」統一發佈，報導內容也不會有很大的出入。

綜合各報所載：當陳儀正法的消息刊出後，台北市民原都以為會依例，押赴馬場町刑場執行。因此從上午十時到下午五時，牯嶺街通往刑場的沿路行人一直絡繹不絕。而聚集在馬場町刑場附近的民衆，據最保守估計，也有兩萬多人。

這些民衆都一致朝著通往市區的公路翹望著，祇要聽到卡車聲，或是看到一部汽車的影子，人群中便會引起一陣騷亂和繼之而來的失望。他們一直等到五點過後，這些群衆才帶著原初準備來的鞭炮漸漸散去。

接著這些報紙又報導：事實上當天早晨七點鐘，還在睡夢中的陳儀，便由國防部高等軍法合議庭審判長簽提到庭，驗明正身後，即在戒備森嚴下，由軍事檢察官押赴某地槍決。

今天下午的放封由一舍開始，輪到五舍的時候已經四點差一刻。五舍僅有十個四坪半大小的監房，除了兩間外役房，一間專供精神有異狀的被告和受刑人共用外，另有三間「優待房」。餘則為收容短期輕微罪犯的房間。

「優待房」不同於一般監房者，即每個房間祇關不到十個人，一般監房卻要擠上近二十個人。他們的放封時間長，接見次數多，茶水無限，送東西另有「特別管道」。此外，管理人員的態度也比較客氣，至少對「違規抽煙」都故意視而無見。

「優待房」的「房客」，幾乎有一半是中部地區四個縣市涉案貪污、瀆職、走私、偽造文書(多爲僞造學歷)，及私開賭場等罪嫌的警察人員。由於他們的職業特殊，深恐關進龍蛇雜處的一般監房，一但身份暴露會遭到修理。

「二二八」前後至五〇年代，熱心幫忙情治單位處理案件，在台中地區紅極一時的「聞人」李來旺、陳萍觀、傅天順等人也曾在這裡享受過特別優待。

此外，前月眉糖廠廠長周宣德，省公賣局煙葉試驗所所長官熙光，及台北地院庭長顧某等涉嫌貪污被押進來的，也都被關進這些「優待房」。這一夥人不知是否爲了提高自我身價，都曾經在不同場合，悄悄向我透露他們的「秘密」——曾經在某大學教過書，或當過教授。畢竟教書當教授是一份頗高尙的職業，也許他們都有意拿當過教授來向我強調他們的「冤枉」。

這裡規定四點半開「晚飯」。因爲時間已經差不多，我便吹哨子催促集合回房。値班管理員則先一步趕回舍房等候點人數。官熙光、周宣德等五個「大牌」，聽到吹哨子卻反而跑來我的身邊，似欲與我搭訕，或想藉故留下來多透一點外面的空氣。他們和我都混得很熟，我們常聚在一塊聊天。從這些「教授」們的談話裡去暸解國共內戰的實際狀況，及中國政治社會的一些鮮爲人知的秘辛！

如劉紀文與宋三妹的浪漫史，廖仲凱與胡漢民兩位國民黨左右兩大將如何慘死，汪精衛爲什麼在「廬山會議」後不久不得不出走「河內」……。

他們也常在我的面前埋怨國家，呪詛他們的政府，和數落蔣陳孔宋四大家族。使甫投懷「祖國」的我，不免有點目瞪舌撟，茅塞頓開，感慨不已。他們也告訴我，他們都是被誣陷繫獄的，如今被剝奪一空，黨國對他們既然這般無情，他們也就不義了。他們將掀開所有黑幕，不惜使出渾身解數，與國民黨周旋到底。

對這一夥中國讀書人的「道德勇氣」，我內心雖甚爲「感佩」，但對他們未被羈押進來以前，在法庭上高臨那些無助的被告時，或在他們的單位上指揮部屬時，他們曾否亦敢於如此囂張，大唱反調，潑婦罵街？卻令人不無存疑。無論如何，我倒想看看他們如何與他們的政府周旋搏鬥，我將洗耳恭聽他們的高論。

對陳儀的被槍斃，他們也有一套近乎爲他洗刷「冤情」的異論。他們都強調陳儀是好人，他在國民黨屬政學系開明派。他事實上並不若台灣人所想像那麼壞，他有抱負，有理想，所以他才會慫恿湯恩伯「陣前起義」。弦外之音彷彿會想「陣前起義」的才算好人似的。

本來孔宋都競相到台灣開設銀行，都遭陳儀婉拒。爲保護台幣，他嚴禁法幣在台灣流通。這些具有前瞻性的措施，對台灣的政經安定頗具決定性；他們又說陳儀在短短不到四個月的時間裡，將數百萬日軍和日僑遣送回國，也是值得我們讚揚。如果任那些日軍繼續留在台灣，身爲戰勝國的中國人的尊嚴便無法保持。再說「二二八」如果發生在日軍未被遣送的時候，後果將更不堪設想。

他們似是如非的陳腔爛調，也曾經引起我的忿怒和不滿。我耐不住心裡一把火，終於正聲厲色反駁他們說：陳儀這個人也許如他們所推崇是一位有抱負、有理想的官員，但這僅僅是對腐化無能，落伍不同文化的中國而言。

對數百年來生存在不同空間，與來自南方「波里尼西亞」系的平埔仔「交合」，受過荷西、鄭明、滿清和日本等各不同文化的影響，同化垂三百年的本島人來說，像陳儀及他所帶來的一夥人和文化，絕對無法彼此調適。

台灣在日據時代，即已初具法治，文物制度，而腐化落伍、野蠻不文明的中國人，卻又那麼忝不知恥地自尊自大，動輒搬出一些近乎神話的歷史，不能吃的古董和教條，強迫台灣人接受。由低級文化的人員充數的政府，來統治層次比他們高數倍的人，如何能不發生摩擦衝突呢？

尤其令台灣人最無法忍受的，是他們的「八年抗戰」是爲了「拯救台灣人民於水火中」，這種毫無歷史根據，貽笑大方的荒謬言論，上自蔣介石下至鄉鎮基層的小吏黨棍，都忝不知恥地常掛在嘴巴上，對人民予取予求，耀武揚威，作威作福。

總而言之，他們與台灣人之間的隔閡這麼大，恐非三五百年即能拉近。如果外來統治者不放棄「征服者心態」，繼續藐視台灣族群的實質存在，兩個不同文化和血統的族群，要融合，恐怕就要等到黃河的水澄清那一天了。

■台中監獄

第三部

台南監獄

移監台南監獄

一九五〇年六月二十五日，戰後一直成爲美蘇兩陣營冷戰場的朝鮮半島，終於爆發二次大戰以來最慘烈的韓戰。台灣島上的住民雖然也都寄以密切的注意，但也祇抱著隔岸觀火的心態，很少有人會想到這場戰爭，將給台灣的命運和前途帶來什麼影響？

六月二十七日，美國宣佈「台灣地位未定論」，並派第七艦隊駐防台灣海峽；杜魯門政府的對華政策大轉變，儘管出自對韓戰的通盤戰略估量，卻也間接的救了曾經爲其所遺棄，已面臨崩潰滅亡的蔣政權。也使蔣介石更有恃無恐地在台灣予取予求，實行他的「白色恐怖」，恣意捕殺對蔣政權已絕望、而嚮往幻想另一個用「人道主義」、「新民主主義」和「人民民主專政」……等耀眼富有吸引力的美詞麗句包裝的「祖國」的青年和學生。

一九五〇年七月三日傍午，台中監獄警衛課魏管理員，忽然到一區看守所提我，「六尺的」——警衛課長黃源泉，有事面談。

警衛課是高牆裡我唯一未曾涉足的地方。是一個陰森森、令人觸目驚心、有若地府閻羅殿的處所。雖然是盛夏酷暑的季節，「六尺的」卻一反往常，著上制服端坐在那裡等我。對我的出現既未站起來迎我，也未招呼我坐下，一直任我站在那裡聆聽他的「宣告」。

這位曾經拿上海左派刊物《觀察週刊》和《大學評論》給我看，並悄悄告訴我台灣很快就會「解放」，國府的壽命已指日可數的「朋友」，今天卻假惺惺地扳起臉孔，很威儀地告訴我，奉台灣高等法院的命令，即日將我移送他監，卻又始終不肯明告我移送那一個監獄。接著他又告訴我，監房裡堆放那麼多書，不方便帶走，而且那邊也不一定能准我帶書籍進監房，要我當場掛電話給家裡的人，前來把這些書籍搬回去。

這個「宣告」，對我的確是一個沉重的打擊。尤其是「六尺的」那副裝腔作勢的嘴臉，更使我深惡痛絕。然而當我摸清來龍去脈以後，也就心平氣和了。

這些日子環境的確起了很大的變化。中共的「解放」台灣已無指望。蔣政權得到美國撐腰，他的「反共抗俄」頗合美國保守派的胃口，只要他們繼續高呼這個口號，便將繼續獲得美國的支持。「六尺的」這個善投機的傢伙，便是看到這一點，所以順風轉舵，將我踢開了。

事實上繼續讓我留在台中監獄，對他們也有諸多不便。他們的「內幕」，我知道得太多，要限制我的自由，他們必須付出很大的代價。何況這裡近乎九成的管理人員，對「二二八」均具有比較正確的認識，對我的案情更是一清二楚，他們又將如何擺平這些近乎九成同情「二二八」的同事呢？

儘管「六尺的」故弄玄虛，不肯明告我將移送那一個監獄，但回到一區看守所，還是有人告訴我是台南監獄。我聞言心急，那麼遠，而且我在那裡一點人際關係都沒有。想到即將被移送到一個陌生而遙遠的地方，我的情緒不由得開始激動。七年前剛被關進東京本富士警察署留置場，和被移送巢鴨監獄時的慘狀，這時又一幕一幕地重現眼前。

然而轉念一想，這條命是「撿回來的」，我所有的不安也就消散了。即使台南監獄是陰府閻羅殿，也是我早該報到的地方。有那麼多並未涉案的同胞，都不明不白被殺、被推入海中，如今我猶能苟活，無寧是不合情也不合理！

晚上十點左右，黃麟田悄悄跑來告訴我，明天押解我的人，是「六尺的」派定的徐萬貴(警衛課課員)和管理員老魏。我跟這兩個人平素很少接觸，所以也沒有交情。「六尺的」大概怕解送中發生「徇私枉法」的事情，所以才刻意挑選這兩個一向對我不懷好感的傢伙做押差吧？

果然(一九五〇年七月四日)四點不到，天猶未亮，他們兩個人便出現中央八卦樓，催著我快準備。對這次的忽然移監，我心裡很不快，現在聽到他們的催迫，心頭便冒出一股火，我隨便拿一本書，把褲子脫一半蹲在馬桶上，裝做「方便」。其實我祇在看書。不，我什麼也看不進去，祇是裝模作樣給徐萬貴看，找個藉口磨磨時間罷了。

一會兒，徐萬貴又命老魏來敲門催迫。我腦羞成怒，便大聲反譏他們說：「又不是要押赴刑場，急什麼？連方便都不行，那裡來的規定？請你替我回徐萬貴，說我鍾某人肚子痛，不能走路，乾脆用担架把我抬走算了。」

約莫又過了五分鐘，監房門又給人輕輕敲了兩下，彷彿是熟人的「信號」。連忙衝到門口一探，果然是陳看守長(壚篪)。他示意我將耳朵貼近窗口，自己卻面向中央八卦樓，彎著腰半蹲的姿勢，小聲告訴我，他昨天晚上見過家母，她老人家和玉扃五點前一定會到車站等我，勸我爭取時間要緊，別再跟徐課員計較，還是早一點去火車站。

我聞言心急，連忙收拾行李。起解時他們還是拿手銬拷上我的雙手，我便什麼也不拿，經過一番小爭執，最後還是由徐萬貴和老魏兩人，分別幫我提著行李走。

到站前附近的中央旅社前，我就望見母親和玉扃兩個人佇立候車室外面東張西望。玉扃是臨時向學校請假，昨晚遠從北斗趕來台中的。

母親看到我坐定，便迫不及待地跑過來摸摸我的肩膀和額頭，問長又問短。玉扃則蹲下去爲我穿襪子，才穿到腳後跟，我即發現她的手似乎在發抖。她索性坐在地上，並將淚汪汪的臉深埋在我的兩膝之間，抽噎啜泣著。

我能體會她凄涼的心境。她雖然深明大義，也不希望我這時候出去，然而人非草木，面對這種情景，如何能不唏噓？何況我現在即將被移送到一個遙遠生疏的地方，此後是否能再見面，也是她所憂慮的。

南下列車已經進站，電鈴也一直在響著。徐萬貴一再示意、催迫，奈何玉扃卻動也不動，反而緊緊抱住我的大腿，抽泣得更悲傷，引來路人的圍觀，那裡也有幾個認得我的熟人。

徐萬貴眼見此景，也顯得很無奈，便示意魏管理員放下手上的笨重行李，決定改搭下一班車子。反正今天能到台南監獄即可。

得蔡濟民義助

到台南監獄後，我在行政區總務課與警衛課之間，折騰了幾近三個小時，才被帶到一區中央八卦樓。值班看守長陳栢州是一位瘦瘦高高、有點駝背、年近四十的人。他對站在一旁等待分配監房的我，好像不屑一顧，僅僅瞥了我一眼，又埋下頭繼續看那些由警衛課轉來的資料。

當一名巡邏監房剛回來的年輕管理員，看到我依然站著，便扯著脖子喝令我蹲下。我聞言幾乎要發作，但仍忍氣吞聲，僅報以白眼。他看我毫無反應，且用白眼瞪著他，便找來一根鞭條準備修理我，卻被陳栢州連忙揮手加以阻止。這名粗暴的管理員，遭到看守長反常的舉止，顯然感到一陣迷惘，卻仍不放過我，改用他的鞋尖踢著我的行李說：「又不是要出國，幹麼帶這麼多行李？」

對這些祇會在喪失抵抗力的俘囚頭上耀武揚威的獄卒，我本想不加計較，卻不知怎的，仍以不屑的口吻反駁他說：「已經被關過三、四年的人，又不是才進來的，當然行李會多。」

如此一來一往，這傢伙似乎又抓到我的什麼把柄，更趾高氣揚地指著我的頭說：「既然關過這麼多年，爲什麼還留著長頭髮，難道是很大尾的？」說畢便轉身溜出去，未幾又回來，手上卻多了一把生銹的園藝用剪刀。他請示看守長，說他現在就用這把剪刀把我的頭髮剪掉。

陳栢州聞言沈默片刻，抬頭斜睨我的臉色，又從抽屜裡拿出一串鑰匙給那個管理員，命他將我關進一舍五房，剪頭髮的事情留到明天給紀良駒（值班看守長）去處理。

經過一天折騰，身心俱疲，一進房行李也沒有整理，連衣服都懶得換，倒頭便睡。直到點名的時間，我還是懶洋洋地繼續躺在地板上，只是緊閉著眼睛，裝做還在睡覺罷了。

我現在有點心浮氣躁，也許因爲在台中監獄時被寵壞了，一時無法適應新環境。然而整天禁閉斗室，沒有放封，沒有洗澡又看不到報紙，有關韓戰和聯合國安全理事會的信息全無，等於雙眼被矇蔽，過著瞎子一般的生活。

除了每天三餐和送開水的時刻，外役偶爾會光顧，其餘的時間，都無人聞問。管理人員也祇在巡邏時從監視鏡裡面探一探，從不作聲，也不曾關心我是否還活著。

直到第五天凌晨，窗外仍是一片漆黑，遠處野狗偶爾狂吠，和報曉的雞鳴交織著，然而整棟舍房還是寂然無聲。

忽然間聽到兩響輕敲監房門的聲音。初以爲是別的監房，可是那聲音好似很近，而且斷斷續續敲個不停，於是摒息傾聽，又發現外面彷彿人影晃蕩，便連忙走近房門，趴在送飯口朝外一探，竟是一位身高約一七〇，魁偉身材，肌肉結實，年約二十左右的管理員。

他一開始就用日語叫我「先生」。用日語叫「先生」與用中國語叫「先生」意思不同。依日本人的習慣，祇有社會地位崇高的教師、醫師、律師、作家、藝術家及國會議員才被尊稱「先生」。

他對我的案情也非常瞭解。他用日語一再安慰我，並表示他將盡力保護我。然而當我正慶幸在這舉目無親的牢獄裡，能遇到這麼一個知交，猶如沙漠中一點露，而喜不自勝的時候，像閃電般的警覺心卻在我的腦際閃耀著。

「防人之心不可無」，何況在這種人地生疏，一點關係都沒有的地方。僅憑他對我的案情的瞭解程度，我便有理由懷疑他一定是獄方刻意安排的奸細。我雖然對他打破砂鍋問到底，問他何以對我的案情那麼清楚，知道有個「二七部隊」，也知道我與歐巴桑的關係……。

對我所問，他都直爽地回答我說：「那天——七月四日，我剛好擔任正門守衛。你被送進來時，胖子（徐萬貴）交給我的公事裡面有你的判決書。當我知道你是一名涉案「二二八」的受難者時，我便很貪婪地一口氣把判決書看完。交班後我餘興未消，又趕到總務課借閱你的其他資料。因此台南監獄的管理人員中，頭一個知道你是什麼人的應該是我，知道得最清楚的恐怕也是我……。」言下顯得甚爲得意。

這裡很多人對「二二八」似乎都很冷漠，也許因爲害怕而不敢隨便大意。但他卻是一個異數，不但敢公然談論，而且比誰都關心這件事情。據說，他曾說目睹湯德章律師雙腕被反綁，背後插一支用朱黑書寫姓名的白木牌，押上卡車繞行市街後，在現在的台南民生綠園被槍決。也從高雄、屏東的親戚朋友那裡，聽到很多有關台灣人在那個事件中，如何慘遭殺害的消息。

他生爲台灣人，有血、也有淚，面對著這種慘情，如何能無感慨！如今有幸能看到這麼一位曾經爲台灣人組織民軍抗暴，致身繫囹圄的我，他如何能不興奮？他說我在台南監獄的期間，他會照顧我，並將盡其一切幫助我，要讓我在這裡過得舒服一點。他情溢乎辭，實在令人感動。

然而我能於此時此地，輕易撤除心防，相信他，坦然與他剖心相處麼？不！我還需要觀察。縱然我不能辜負他的一番美意，對他的一片熱誠也不能遽以澆水，但是我必須要保持冷靜，仔細觀察。對他所提出的一些問題，或建言，我都應虛與委蛇。對每封託他投寄的書信，也都應細心設計，以防紕漏，也藉此觀測他的反應。

我忽又憶起俄國安那其主義者，名地質學家克羅泡特金一八八三年，在法國獄中與他在外面繼續運動的妻子，通信時的一些令人嘆爲觀止的故事。我現在必須借助他們的經驗，參考他們如何使用「反間計」：

他們先假定每封信都必經「敵方」秘密檢查以後才能到達受信人手裡。因此克羅泡特金在信裡常編造一大堆虛構的事情，有時候又故意指桑罵槐，指鹿爲馬，故弄玄虛，藉以誤導敵方，使他們糊塗迷惘，而在不引人注目的字裡行間，補上寥寥數語不耀眼的字句，做爲通信的要點。

比方克氏拿「我們的孩子」做他們散在歐州各地組織的隱語暗號。沙皇派去法國的密探獵狗，果然中了他們的計。在拜訪克羅泡特金夫人時，大談「他們的孩子」如何如何。克夫人心知肚明，一聽就知道怎麼一回事，眼前訪客是一隻已暴露身份的獵狗，克夫人便一不作二不休，索性藉題發揮，愚弄這個傢伙，讓他帶著一大堆會令人笑掉大牙的「廢料」回俄國……。

然而我託他投寄的每封信，卻很平安的到達玉扃手裡。快則八個小時內即到（台南到北斗），而且每封信看起來都原封未動，似乎未曾經人拆開或動過手腳。寄到他家裡，再經他親手轉來給我的信，也是兩年如一日，從未發生任何差池。

然而我是否還要繼續懷疑他呢？他對我那麼忠心耿耿，且曾經爲我的事情得罪過兩、三個同事，經課員陳達擺平，也使那些多嘴的人，不敢多說話。

他便是一九六〇年代任興南客運採購股長，及台南市民選市長辛文炳的出納股長，因處事守正不阿、不含糊、不賣帳而得罪過「權貴」，卻換來更多喝彩，而一時轟動府城的蔡濟民。他也是因「東港事件」被投獄的吳海水志士的崇拜者。

他早年喪母，與八十多歲老祖母，和當過琴師兼營小提琴買賣生意的父親，住在西區天地里保安南街，窄巷裡一間陋屋。

無聊的敎誨師

不管在多麼惡劣的逆境，我都能適應，連馬廄都不如的東京本富士警察署的留置場，我都挨過了。既然到這種地方，便要覺悟，不能適應也得適應。

現在除了濟民和兩、三個濟民介紹的管理員，偶爾敢與我竊竊私語外，其餘的人對我仍抱著敬鬼神而遠之的態度。放封的時候，即使想藉故在外面多躭一會，透透空氣都不可能。不過他們的態度和口氣，已經緩和許多，沒有剛來時那麼兇橫。

不過令我最深惡痛絕的，還是那些穿中山裝，帶金框眼鏡的本地教誨師，如王進丁、楊高橋之輩。明知我是台灣人，說話時卻老喜歡摻進一些似是而非，走腔變調的滿州話來點綴，以維「做官人」的身份。

他們根本不懂台灣的歷史，對「二二八」所以發生的政治社會背景也摸不清，光會將國府爲了推諉責任給「中共」所作的文章照本宣科，做爲「教誨」的教材。

王進丁一看到我便滔滔不絕數落我的「罪狀」。他說都是我們這些人輕舉妄動，才連累那麼多人。一個年紀輕輕的人竟敢反抗自己的政府，實在夠大膽。台灣人最優秀的學者林茂生博士之死，還不是給我們這些人害死的。爲逞一時之勇，不顧後果，蠻幹妄爲。如今何在？牢獄生涯的滋味如何？

王進丁剛說到這裡，坐在一旁，幾次欲言又止，不甘寂寞的楊高橋也站起來聳聳肩，比手畫腳，以悲憤慷慨的口吻，嚴厲指責共產黨專門搞些階級鬥爭，高唱工農兵翻身要專政。「二二八」時，謝雪紅也站在十字路口和廣播電台宣傳這一套，也想將台灣赤化。還好上帝有慧眼，讓國軍及時趕來鎮壓平亂，拯救人民於水火，否則這塊寶島必將陷於「世界末日」。他們對共產黨惡行罪跡的指罵，彷彿在背誦國府規定部隊、學校閱讀的反共書刊。

原來楊高橋和王進丁都是台南某一歷史悠久教會的教友。怪不得連蔣介石派兵殘殺台灣人的惡行，都歸功於「上帝的旨意」。也懂得什麼「世界末日」之類，又斬釘截鐵認爲「二二八」是共產黨幕後導演的。國府這麼「唱」，他們當然也要這麼「和」上去。所以將我也歸類於「共產黨」。在這個年代，任何人一旦被貼上「共產黨」標籤，便等於被判死刑一般。從今以後，我便要成爲一名「待斬之囚」了。

不管他們胡扯什麼，我心裡都一直在竊笑。雖然曾經幾次很想當面指正他們的錯誤觀念，並爲謝雪紅洗冤，也爲「二二八」被犧牲的台灣人討回公道。但，忖度自己是一名階下囚，以做獄吏自豪，傲睨囚犯成性的楊高橋之輩，豈有雅量聆聽。

然而最後我還是沈不住氣，打破一個多小時的沉默，開口說話，我說：「台灣過去經過日本人五十年反共教育，使一般人民幾至聞紅色變的地步。台灣人對共產黨一向都抱著敬而遠之的心理。」又說：「再傻的人也不會在那種場合推銷毫無市場的共產主義。更何況『二二八』與共產黨根本扯不上關係。即使有少數『中共』潛台份子有所企圖蠢蠢欲動，他們事實上也無從施展任何陰謀詭計。因爲台灣人對『赤色』的根本就沒有好感。」

「至於謝雪紅女士，過去確曾參加過共產黨。不過她是屬於『日共台灣民族支部』，是爲了拯救日本殖民統治下的台灣，爭取擺脫日本帝國主義統治而獨立的。與『中共』所走的階級鬥爭路線不同。他們的目標是要推翻日本殖民統治當局，而不是要清算資本主義者，和鬥爭地主階級。」

王、楊兩位教誨師已經沒有耐性再聽我的解釋，不管事實眞相如何，讓我繼續說下去，他們將置身何地？我們的地位身份豈不將倒置！事實眞相如何，根本不是他們所關心，所要究明的問題。

他們的職業是敎誨師，顧名思義，是要「敎人訓誨的導師」。不論他們說的內容如何荒唐沒有根據，身爲囚犯的我們，祇有默然恭順，不應有絲毫異議或想辯解的念頭。

王進丁似乎也聽得有點厭煩，便向楊高橋使眼色，示意將我送回一區。臨走時他們又很鄭重地警告我說：「像你這種人，簡直無藥可救。到這裡來就應該好好懺悔，卻還想爭辯這，爭辯那，眞是莫名其妙。如果不徹底悔過，我們也愛莫能助。無法給你加『分數』。」

我很驚訝！我什麼時候要求過他們給我什麼「分數」？我所盼望的是「無條件釋放」那一天的早日到來。我是事敗被俘的俘囚，不懂什麼「內亂罪」和什麼「政治犯」，我祇是爲了保護自己故鄉起而抗暴，那算是什麼犯法？又犯誰的法？我被俘以後，人家要給我貼上什麼標籤，要怎麼說，那是他們的事情。我又奈何？反過來我給他們貼上「共匪」、「國特」的標籤時，他們又將奈何？

邱鴻恩的關照

一九五〇年季秋，一個天氣晴朗的上午，距離放封時間還有一個多小時，看守長陳栢州卻出現監房前，親自插進鑰匙爲我開門，並用溫和口氣吩咐我「衣服穿整齊」。我委實有點驚訝！看守長親身爲我開門已是罕見，又關心我穿衣服。我便問他做什麼？他一反往常，笑臉迎人地告訴我「面會」。

我更糊塗，面會時間沒有這麼早。家裡的人，即使從台中搭頭一班車子趕來台南，也得快近中午才會到。而且帶領面會是件輕差，通常都由新任之學習管理員級的人帶。現在竟然由看守長帶，而且又關照我穿好衣服，其中必有蹊蹺。

我果然被帶到監獄長室，而要接見我的人竟是監獄長邱鴻恩本人。我有點納悶，儘管十二年前（大概一九四〇年間）在東京新宿，蔡培火經營的「味仙」——專賣「台灣蜜豆冰」的小飲食店見過他一面，知道他是一名工讀生，他念中央大學法科，白天在「味仙」幫忙。但他此時未必認識我。因爲那個時候我年紀還小，都是跟在同鄉前輩的屁股後面走的。而且不久我就進去「本富士」和「巢鴨監獄」，因此邱鴻恩斷不可能認得我。

邱鴻恩聽到陳栢州看守長的「報告」聲，隨即放下報紙，並從書櫥裡，拿出一包用大包袱巾包好的東西交給我說：「這是一位中年夫人昨天晚上來我官舍看我時帶來，託我交給你的。我和她已有十多年交情，不過最近大家忙事業很少見面。關於你的事情，她都詳細告訴過我。以後有什麼事情儘管來找我。」他說到這裡略停片刻，看看站在旁邊的陳栢州，又問我說：「身體還好嗎？家裡有人來看過你嗎？……。」

我因爲急於想知道昨天去訪問他的那位夫人究竟是誰，便問邱鴻恩：「那位夫人叫什麼大名？像個什麼樣的人？」邱鴻恩遲疑片刻，點點頭之後，便說：「她認識你，不過她表示暫時還不想公開她的身份。也很鄭重地叮嚀不要讓你知道她是誰，反正將來你出去以後自然會知道。」

我滿腹狐疑，百思莫解，她到底是誰？與邱鴻恩有親交也與我很熟，而且是一位大我十多歲的女士。陳栢州跟在我後面，看到我手上提的包袱又大包又笨重，認爲送來的東西一定不少，便安慰我說：「管他什麼人送來的，常有人送東西來不是很好麼？而且又經監獄長那裡轉來的，一定來頭不小，反正出獄以後自然會知道是誰。」

回到一區八卦樓，陳栢州一反常態，未即刻催我進房，自顧處理其他的事情，卻讓我站在旁邊等。我因急於想解開心結，從這包食品裡面找出一些線索，便自動向陳栢州要求進房。不料，他卻反問我：「幹麼！急什麼？在外面多透透空氣不是很好麼？過去大家都不相識，現在算相識了。老實說，讓你一個人在外面多透空氣，我們也少不了什麼，而且也不犯規定。你已經被關過那麼多年，現在給你一點點方便，在人道上也是應該的。」

好堂皇的論調！太肉麻了。這傢伙眞夠現實，如果他這些話是昨天以前說的，一定令我感激涕零，永生難忘。仲秋已過，聖誕節也快到了，監房裡已經沒有夏天的燠熱，我又何必耽在八卦樓看著每一張獄卒的兇惡相。

由於我自己的堅持，他們還是讓我進監房。不過臨走時陳栢州卻當著我面前，鄭重其事地吩咐負責巡邏舍房的管理員，爾後我有事情要求時要儘量給我方便，大家都是「好朋友」。

我內心一直在納悶，他們這種做作，實在令人噁心。到底做給誰看？做給監獄長看？他從未來過一區，以後大概也不會來。做給我看，那也大可不必，我不過是名俘囚，幹麼做給我看？

我帶來的書，還被扣在教誨課，已經半年多了，還是藉口「檢閱中」，始終不肯發還給我。報紙當然也看不到，除非濟民偶而從窗口丟進來給我，因此我每天吃完了晚餐，漱漱口，便蒙頭就睡。睡到三、四點的時候，矇矓中總會聽到從外面傳進來的微弱急促談話聲。有時候也會瞥見監房外走廊人影晃動，行蹤詭異的人蹲在某一間監房的送飯口，與裡面的被告竊竊私談「生意」。對象似乎都是些「煙毒」、「走私」，經營私娼館涉案「販賣人口」，或黑道人物觸犯「殺人傷害」，「董級人物」交友不慎涉案「妨害風化」，乃至官商勾結，偷伐林木的「山鼠」之輩。

既然看不到書報，清夢又被吵醒，我索性也趴在送飯口側耳傾聽他們的交談：「……你這種案件我們看多了，稍花一點錢，包你沒有事。某某律師從前在中國幹過什麼院的什麼長，請他幫你走一走，包你無罪。」

又如：「這種案件要無罪，恐怕有困難。如果請我的朋友去關說一下，頂多也不過兩、三年的刑。祇要你能相信我，即算被判罪確定後，我仍會爲你想辦法，讓你到工作輕鬆舒服的工場。『監獄行刑累進條例』的執行完全操在我們的手裡，『分數』都是我們打的，要給多少，便有多少。因此假定被判三年徒刑，服刑逾一年半，便可申請假釋出獄。」

「祇要你不忘記我這個朋友，讓你先到工場一陣子……，以後我也會爲你想辦法，讓你每個星期出去看『醫生』。」裡面的人似乎不瞭解他的意思，連忙搶著解釋他沒有病，身體很好。蹲在門外的人，隨即假裝怒罵他傻瓜，不會聽話。那個「醫生」即是指「某」(太太)，懂麼？裡面的人聞言感激涕零之餘，當即寫下便條，委任辦理一切。蹲在監房外送飯口的人，當然不會是一名低級管理員，至少必須是一名老牌，經驗豐富、有膽識、又八面玲瓏、關係良好的人。陳栢州和紀良駒兩人可謂最具條件，也最熱心爲「任何求助」的人跑腿服務。

他們似乎也已經發現我每當他們「談生意」，談得最熱或快要「成交」的時候，即故意猛用力將馬桶蓋蓋下，造成碰然巨響。最初幾次他們還會跑來探個究竟，但次數多了，而且每次都選在事情談妥，他們將紙筆擲進去的時候發生，他們也就瞭然個中原因，而不再來問話了。反正他們已經吃定我是一名與共產黨同樣「重量級」的內亂犯，上級早已規定嚴禁與一般刑事犯接觸，因此大家也都避我惟恐不及，誰也不會聽我的話。

監獄長的召見，陳栢州也在場，我們所談的話很不幸他全都聽到了。自從這一天開始，整個一區都變得「烏煙瘴氣」，所有管理員也顯得沈默寡言，卻又專找一些「報數」時，聲音不夠宏亮，或在監房裡盜抽煙……等犯一些雞毛蒜皮的囚犯出來「修理」出氣。

邱鴻恩是台南市再生醫院院長高再德醫師的第四女婿，也是七十年代熱衷台灣民主運動、並涉案「美麗島事件」的高俊明牧師的「四姊夫」。他戰後經蔡培火推荐任台南監獄長，至一九五一年受到「秋後淸算」，被流放到外島澎湖地院檢察官，未幾又轉嘉義地院檢察官。

一九五〇年十二月，台灣實行戰後第一次縣市長民選，國民黨在台南市提名黃百祿。葉廷珪、吳國信、邱鴻恩等三人也分別登記參選。開始時國民黨聲勢浩大，勢在必得。黨外「三勇士」因爲看到國民黨搬出過去在中國大陸的各種詭詐小動作，深感不滿，幾經協商，遂締結聯合陣線，集中選票給葉廷珪。結果迫使國民黨提名的黃百祿落選。市長寶座遂由聯合陣線所支持的黨外人士葉廷珪當選。邱鴻恩因此招惹國民黨不快，遂於選後受到「秋後淸算」，而被流放外島澎湖。

他今年八十三歲，在台北、中和隱居。

一盒生雞蛋

濟民最近仍每隔兩、三天即來看我一次。都是選在晚上七點左右，值夜課員暫不會來巡邏的空檔時刻。因爲這時候，值夜官都要回去吃晚餐。一區八卦樓的值班看守長，每次看到他來，都知道他來一區的目的，所以也懶得問他，張一眼閉一眼地讓他「長驅直入」。

濟民蹲在送飯口，很興奮地遞給我一封玉扃寄到他家裡，再轉來的限時信，和一盒生雞蛋（這時候生雞蛋在市上不易買到，所以被當做一種「珍品」），然後他便略帶著口吃，斷斷續續地告訴我這些雞蛋的來源。

原來蛋是一位清風莊療養院的護士小姐艷碧，送給國榮的，國榮卻堅持要他拿來送給我。國榮即爲蔡國榮，他也是府城人，與蔡濟民小學同學同班。父親曾任衛生所主任，現在大舞台前一小巷內開診所。他人長得很英俊，卻患有癆疾，此時正在仁德鄉清風莊住院療養。他在這裡與一位美麗活潑的護士小姐艷碧日久生情，互誓終身。

但艷碧卻同時也爲院裡主治醫師蔡瑞洋所熱烈追求。蔡醫師對艷碧的鍾情，並不遜於蔡國榮。僅就他以後所生兩個女兒的名字上面，各冠以「碧」字，則可窺其一斑。

艷碧爲情所困，爲愛所苦，左右爲難。終於毅然決然「魂歸離恨天」，幸經院裡同事及時發現，得挽回一命。

今天濟民帶來的雞蛋，便是艷碧爲國榮補給營養，特地從家裡帶來的。不料，國榮卻爲濟民的一席話——有關我的奮鬥故事所感動，就將這些雞蛋留下來，托濟民轉來給我。

濟民接著又告訴我，新任監獄長李增禮，從前在這裡當過總務課長，「二二八」前調升嘉義監獄監獄長，他是台北市長吳三連的小舅子，邱鴻恩的堂門，也是高俊明牧師的第六姊夫。濟民又問我是否認識李增禮？他也是東京外國語學校畢業的，應該是我的同學，不會不認識他吧？

我搖頭表示不認識。我告訴濟民會挑東京外語學校的人，都很特殊，台灣和朝鮮的學生很少，恐怕連百分之二都不到。而且語系多，不同語系的人，根本就不相往來。他聞言喟然而嘆：如果認識他不知多好，很多問題便可迎刃而解。不過他仍希望有一天李增禮發現我是他的同學時，會自動來看我。因爲這對我在這裡的生活關係重大，至少可以解決我的看書、閱報問題。

然而直到一九五二年七月初旬，我再度被移送台北監獄時止，竟一直沒有機會見到李增禮。不過有一天，依稀記得是一九五一年季夏入秋前一個下午。忽然聽到由遠漸近，有節奏，喀喀作響的女人高跟鞋的急促聲。果然看守長跑來對每一個監房裡的囚犯打招呼，要大家規矩一點、端坐、不准躺著，並告訴我們監獄長帶客人來參觀。

我本想繼續躺著，不理他們，管他什麼人來參觀，這裡又不是動物園。伙食那麼差，自由受到極端限制，每天只有三十分鐘的放封，也不准我看書、閱報……。我這時情緒頗不穩定，暴躁易怒，滿腹牢騷正無處發洩，但轉瞬間我又經不起好奇心的驅使，想看看來參觀的人究竟是怎麼樣的人，更想知道那個有節奏、喀喀作響的高跟鞋的主人，是不是一位美腿修長、楚楚可憐的小女孩？

高跟鞋的喀喀響聲似乎愈來愈近，到了五房——我被囚的監房門前突然停止。從送飯口看出去，彷彿有三個影子晃動著，他們拿起我的名牌看了以後，繼續站在那裡指指點點，好像在討論些什麼。等高跟鞋的喀喀聲回復，好似朝著一舍盡頭那方向走去的時候，我便迫不及待地衝到房門邊，趴在送飯口摒息靜待她們回來。

他們走到舍房盡頭，轉身要回八卦樓時，經過五房前，終於被我認出來了。那位穿白色兩寸高跟鞋，著黑底小黃花綢質旗袍，身高一五〇左右的女士，竟是監察委員李緞，跟在李緞後面身高中等，面容嚴肅穿黑色尼料中山裝，舉止大方不像「阿山仔」的紳士，是李增禮的姊夫台北市長吳三連先生，那麼走在前面比手劃腳似在作說明，身高不及一六〇，上唇留有「牙刷標」的，必定是大家所畏怕的「閻王」李增禮。

當我確認「兩寸的」即是監委李緞的時候，我便不顧什麼獄規守則，趴在送飯口朝著八卦樓方向大聲嘶喊「李同志！李緞、我是鍾某……」。我已經按捺不住，委實有點「氣毛敗」（台灣日本話，很不高興的意思），便繼續嘶聲狂叫，直到紀良駒出現監房前，責我「大家都是好朋友，何必爲難？」他接著苦口婆心勸我冷靜、忍耐，那麼多年都挨過，還有什麼不能忍耐？未婚妻還在外面苦等著我，我應該想辦法爭取「分數」，早一點出獄才是正經。

我聞言暴怒，並當面反譏他：什麼分數不分數！我不懂。我現在迫切關心的是什麼時候准我看書、閱報的問題，楊高橋給我的那本厚厚的「聖經」我看不懂。你們既然擅自將我歸類做「共產黨」，視我如瘟神般，我索性就在這裡做個「共產黨」給你們看看。既然是「共產黨」我就不必「抽鴉片」。請順便把「聖經」帶回去。

紀良駒不明白我在說什麼「抽鴉片」。他仍鄭重其事，很婉轉地為我解釋，我喊叫時客人和監獄長都已走出八卦樓，可能都沒有聽到。即使聽到，他們也不一定知道我在叫什麼。他最後又以很驚訝的口吻問我，怎麼斷定那位女士就是監委李緞，我是否認識他？我即答以「豈止認識！我們曾經在同一個教室上過課……。」

李緞戰時曾因所謂思想問題，以違反「治安維持法」被捕入獄，終戰同時獲釋。參加三民主義青年團台北分團任婦女股長。當時台北分團幹事長為王添灯。一九四五年十二月中旬，三民主義青年團台灣區團部主辦的幹部講習班，她與我同期同班。我暗戀蔡淑時，她也與王溪森、楊進發、潘欽信等同學為我們推波助瀾過。一九四七年中，她與謝娥為了爭取立監委，先後離開三民主義青年團，分別改參加青年、民社兩個「花瓶黨」。結果她們兩人都在所謂「婦女保障名額」護送下，得以順利進軍立法院和監察院。

蔡瑞洋，台南人。與我同庚，一九二一年生於台南佳里。他是一九五一年五月廿一日被「祖國」的「黨幹」劉嘉武出賣，被槍決棄屍於馬場町的蔡瑞欽的弟弟。

他最崇拜的哥哥的悲慘遭遇，雖然給他帶來無限悲傷，卻並未影響到他對社會主義「祖國」的嚮往。他始終堅信「祖國」——幻想中，卻並未謀面的「祖國」，很快就會給大家帶來光明。他們的革命必然會成功，列寧式烏托邦將呈現我們眼前……。

爲了迎接偉大時代的光臨，他不惜冒著殺頭的危險，透過高雄小港某一外商日人朋友的特殊管道，從日本買來一套改造社版的「資本論」，和一些「馬列史毛」著作和語錄，每晚一個人躲在醫院後面特設書房裡研讀。直到「四人幫」猖狂搞「文化大革命」，公然企圖奪權，「造反有理」大吹大擂之聲響徹雲霄，「清算鬥爭」之氣瀰漫全國，弄得整個中國烏煙瘴氣，蔡瑞洋才猛然覺醒，大澈大悟。

然而他還抑壓著滿腹憤怒和內心的懊喪，忍聲吞氣洗耳恭聽林春成（住員林，仁德鄉人）的「妙極了！造反有理」，和張慶璋的「祖國眞有辦法，很快他們的『文化大革命』即將吹越台海，大家都應做心理準備……。」及楊逵的「個人主義的英雄主義不足爲訓。的確有悖『馬列主義』原則。但像『祖國』那種文盲充斥，文化低落的社會，讓人民點三支香膜拜偶像，或許較有功效……。」

他迷惘，他徬徨！他像迷失了路的綿羊般開始焦慮，日人朋友提供給他的《朝日新聞》的每篇有關中國動亂的報導，從收音機收聽到的「中共中央廣播電台」的播送內容，與他幻想中的「祖國」顯然有很大的距離。他所受的教育和他所讀的書，也無法使他再忍受這種紛亂，沒有秩序、沒有倫理、沒有愛心、殺氣騰騰的世界。他此時才發現自己受欺騙被愚弄。

然而周遭的人中，卻偏偏有那麼多人在叫好「祖國」那種悖謬、非人道、非社會主義、非自由民主、非馬克思主義的做法。至此他才認清平素所敬愛、所崇拜的幾位朋友的廬山眞面目。他們這些人觀察事物並未深入，對「馬列主義思想」也未必有精研，充其量也不過「西瓜偎大邊」——一面倒罷了。

自此以後他便勤於跑日月潭，找「癩蛤蟆」張文環，並頻與「成大」張良澤和詩人陳秀喜等志趣相投，傾向自由主義的朋友接觸，而他本人也成爲一位開明的自由主義者。

和約的簽訂

一九四五年八月十五日，日本天皇終於揭開他兩仟年來不神不鬼的神秘面紗，站到廣播台前，向他的人民宣佈願接受「無條件投降」。並於當年九月二日派重光外相和參謀總長，前往停泊横濱港外的美艦密蘇里號上，正式簽下「降書」。

簽署〈對日和約〉，儘管麥克阿瑟統帥曾經示意應盡早完成，奈何蘇聯居間作梗，強調應由聯合國理事會，擁有常務理事的美、蘇、中、英四國外長會議來決定。以致爭論不休，延誤五年之久。

蘇聯所指的中國，不消說，是指未具聯合國會員身份，仍不能代替「中華民國」在聯合國安理會常務理事席位的「中華人民共和國」。由於中共的參戰，使韓戰忽然增加變數，變得更慘烈，更複雜。因此一九五一年二月一日，中共遂在聯合國大會被通過爲「侵略國家」，使蘇案更難得逞。

至一九五一年九月八日，舊金山和平會議召開前夕，忝爲戰勝國之一的中國，卻反而慌張焦慮、憂心如焚，因爲實質上已佔領中國，又有蘇聯撐腰、部份第三世界國家支持的「中華人民共和國」，強調其政府，才是代表中國的合法政府。而逃亡來台的「中華民國」，亦作如是主張。國共雙方，都希望能爭取到各國的支持，以代表「中國」出席和平會議。

如果不是國府所標榜的「反共抗俄」口號，湊巧打動美國保守派心弦，和一群孩子們被抓去參加韓戰的父母們支持，誰也不會去考慮，應該由那一方面代表中國參加舊金山和平會議，簽署「和約」。

在日本國內，也涇渭分明，分成兩派。在野黨和產業界幾乎一致主張，應與實質上統治中國的政權簽署。唯有如此，日本經濟始有出路。然而在朝派的吉田政權，卻探測美國意向，也爲了自己的現實利益考量，偏向支持蔣政權，希望能與偏安台灣一隅的「中華民國」政府簽署。

大英聯邦內部也出現各種不同意見。有主張應讓仍保有聯合國會籍，堅持反共的蔣政權代表中國參加和平會議。而以印度爲首，已承認中共政權的國家，則多表示應由北京政權參加。

被高牆隔絕，幽暗的台南監獄一區，最近也拜兩百多名不屑那些沿襲日據時代管理法的軍事犯之賜，顯得熱鬧非凡。不論獄方管理人員之間，或放封時官級軍事犯在院子裡的熱門話題，都是「誰能代表中國出席和平會議」的猜賭和議論。

最近不曉得從什麼管道，這些官級軍事犯，似乎每天都能看到當天的報紙。每隔兩、三天我也可以看到濟民深夜丟進囚房給我的過時報紙。每天做完體操，到中央八卦樓休息時，偶爾也可以從正在看報的看守長背後，瞥見當天報紙的一些大小標題。因此對台灣的政情動態，對日和約問題的可能趨勢，及聯合國大會對「中國代表權」爭奪戰的熱烈戰況，也略知一、二。

對日和約的主要爭端，除了由誰代表中國參加簽約外，還有「台灣問題」。既然多數國家咸認「中華人民共和國」為聯合國所制裁的侵略國家，自不應代表中國，更不願看到侵略國家的中共再擴大其領土。因此「台灣問題」又成為另一個新焦點。

一九四九年十月一日，中共在北京宣佈成立「中華人民共和國」，英國因深怕中共無視〈一八四一年中英條約〉，遂於一九五〇年一月六日，搶先承認其政權；另屢為疆界問題所困擾的印度，繼於一九五〇年四月一日宣佈承認；接著緬甸也於六月八日給予承認。這幾個國家不但主張由中共代表中國，連台灣也應「歸還」中共。

但，同是大英聯邦的一分子，如紐西蘭、澳大利、加拿大、南非等國卻並不受英國影響，仍然不願意支持一個侵略國家。如此可見大英聯邦內的國家步調也並不一致。

最後實際佔領日本，幫日本制定「和平憲法」，並為日本起草和約草案的美國，遂派杜勒斯為特使，趕赴倫敦與英國折衝談判。「倫敦會議」開始前不久，日本首相吉田茂已經發表有名的〈吉田書簡〉，回答杜勒斯的照會，具體表明日本的想法。他說：「日本不希望由中共代表中國簽署和約。如果由國府出面簽署會招惹麻煩，則希望能將雙方暫時擱置。」

結果「倫敦會議」遂決議不邀請中共和國府參加舊金山和平會議。等日本完全回復獨立以後，再由日本自己的獨自判斷去作選擇。

延誤五年多的「對日和平會議」，終於一九五一年九月四日揭幕，並於九月八日正式簽約。參加國家一共五十二國，除了蘇聯、波蘭、捷克三國未予簽署，計有四十八個國家簽署。這次由於印度、緬甸和中國沒有參加，無論如何，仍不能算是全面的媾和會議。充其量，僅能視爲絕大多數國家參與的媾和會議而已。

對舉世矚目的「台灣問題」，則僅於和平條約第二條b項規定「日本國放棄對台灣及澎湖諸島的所有權利和權原，及任何請求權。」至於放棄後的台灣歸屬問題，雖先有「開羅宣言」，繼有「波茨坦宣言」及一九四五年九月二日的「降伏文件」，但也有美國的「台灣地位未定論」及對未定論的反駁論等……。然而四十八個簽約國家作明確，具有國際法「法效」的規定的應推爲嚆矢。

這個條約於一九五二年四月二十八日生效。台灣從這一天開始，便正式脫離日本的統治。從此以後，日本即不能再對台灣作任何請求或作領土的任何處分。

儘管舊金山和約已於一九五一年九月八日由四十八個國家簽署，日本國會審議該條約時，在野黨派仍一致指責應由中共代表中國參加簽約。迫得吉田首相一時心慌，竟改承認台灣的國府「爲一地方政府」，給美國參議院保守派帶來很大的衝擊和震撼。

爲此美國不得不再派杜勒斯特使訪日。經與吉田首相會談結果，吉田首相隨即十二月二十四日再以〈吉田書簡〉表明日本的態度，云：「如果國府願意依照舊金山和約與日本另簽條約，日本準備與國府再開談判締結條約，而不考慮另與中共簽約。」

這時候日本的確有點躭心美國參議院不批准舊金山和約，因此表示要與美國所支持的國府簽約。看到〈吉田書簡〉的國府，似乎有點迫不及待，隨即派外長葉公超向日本駐台北官員木村四郎七，表示願意與日本另簽和約。於是日本全權代表河田烈遂於一九五二年二月十八在台北與國府代表葉公超開始談判。

會議一開始就不大順利，遲遲未有進展。一直拖到第六十七天，才勉強結束。其間日本代表團曾幾次表示要中止談判率團回國。葉公超曾爲此急得團團轉，頻頻走訪「草山」。舊金山和平會議參加國家，總共五十三個，不過三天工夫和約即簽妥。即使連開幕典禮也算上去，前後也不過五天。由是不難想見〈中日雙邊條約〉締結前的陣痛。

兩個國家的小圓桌會議，竟然花掉那麼多時間，到底爲了什麼？對舊金山和約內容的認定，國府與日本之間確有一些出入。但最主要，還是在於賠償問題。對賠償問題國府當初擺出來的架勢很高。他們期盼美國參議院這時候會有人爲國府挺身聲援，結果期盼完全落空。而且忽接到國府駐美大使顧維鈞來電云：「舊金山和約，將於四月二十八日華盛頓時間上午九點半生效」。

國府聞言驚慌失色，隨於一九五二年四月二十八日台北時間下午三時，即距離舊金山和約生效的七個半小時前放棄賠償要求，與日本簽下〈中日雙邊條約〉，而結束費時六十七天之久的中日和談。

因爲經五十二個國家參加，四十八個國家簽署的〈舊金山和約〉，一旦生效，即使日本代表負氣率團回國，不理睬國府，國府事實上也奈何不了他。因爲條約文上面、未見有任何國家向日本索賠的記載。弱國如國府，又有中共在彼岸虎視眈眈，百般阻攔，恐嚇施壓。此時此地，即使日本不甩他，他又能如何？

國府雖然爲勢所迫，不得已而放棄賠償的要求，不過爲顧全「面子」，私下徵得日方同意，在議定書上面，作如下記載：「中華民國對日本國民寬厚與善意的表徵，自願放棄賠償請求權」。

嚴秀峰與顏碧霞

一九五一年十月間，從台北「警總」軍法處看守所送來八名女囚到三區（女監）。除了一名彷佛是高雄人，非政治案件的外，餘即爲所謂「叛亂」案經軍法判決的蕭志明、張金杏、陳素珠、鄒淑貞，及兩名被捕時，才十七、八歲，分別還在「台南女中」和「台中商職」求學中的黃毛丫頭，王彩蕙和張常美。

前台中省立醫院護士長，戰後曾經與賴部生（即施部生）出入楊逵的瓦窰寮，並曾帶領二十多名「白衣天使」參加過「新生活促進隊」，替台中市民打掃髒亂的市街，同時幫助市民清掃長年積弊腦袋裡的「奴隸根性」的張彩雲，也赫然出現在這八名裡面。

她們平均年齡不過二十二、三歲，少不更事，連縛雞之力都沒有，竟然也會「叛亂」，也夠資格「推翻政府」。寧非笑話！國民黨實在也太抬舉這些小女孩了。也不怕被文明國家的人笑掉大牙。

處在五十年黑暗恐怖年代的台灣人，還是很單純、很守法。即使被判重刑，被關在三區這些小女孩，她們也不過多一顆善心、關心、和同情之心。憧憬一個更美好，更能適合台灣人居住的世界罷了。頂多祇能算「品管」及格，何「叛」之有？手無寸鐵，從何「亂」起？

儘管這些人因所涉案情令人悚然，而被貼上「匪諜」標籤，在這裡還是受到「很人道」的照顧。監獄長李增禮是台南長老教會長老高再德醫師的第六女婿。在大正公園附近開「受惠牙科醫院」的「王」院長，即爲王彩薇的父親，也是台南長老教會的重要支柱。因這般的緣故，她們在這裡便受到王進丁、戴天助(警衛課長)和楊高橋等人的另眼相待，享受到比一般囚犯更多的自由和優待。

每天下午兩點左右，醫務所西側高牆下面一扇高僅五尺、寬不及三尺的窄門一被推開，七、八個女囚便魚貫走出，沒有人戒護。也沒有任何管理員帶領，從容不迫地在醫務所前樹木扶疏、花草盛茂的院子裡聽著樹梢上鳥鳴嬌囀，看著花圃上飛舞來去的蝴蝶，短暫忘我，避避牢房斗室裡的汗臭，透透新鮮空氣，悠哉悠哉好不快樂！名爲「看病」，理由堂皇。誰敢多言？何況這一切都是上級暗示安排的。如果在三區，祇讓她們幾個人在外面享受長時間的放封，恐怕殊難杜絕衆人悠悠之口。

當我摸清她們的底細以後，我也開始「生病」了，而且病得「非常嚴重」，也必須天天去醫務所「看病」。我沒有她們那種好的關係，一切須靠自己。獄方似乎也開始注意到我的「大病」。我的身體一向都很好，從未想到醫務所去看病，最近卻忽然天天吵著要看病。我有無病，須經「醫官」診斷。一個獄卒豈能妄斷我沒有病，而拒絕帶我去醫務所。如果任何一位管理員竟然敢這麼做，他們必然會倒楣的。何況我是一名稍具「閱歷」的俘囚，他們豈能不聞不問？

幸好！警衛課都會配合我，祇要我想去看病，他們都會派人前來帶我去。祇是我意不在「看病」，而是想藉此機會與那些女難友碰碰面，探探在白色恐怖下被逮走的朋友的消息，和交換些有關時局的情報，互相激勵和安慰。

然而狡猾的管理員，每次都故意選在上午、三區的人還未來醫務所的時刻帶我去，始終達不到目的的我終於惱羞成怒，反過來指責他們「爲什麼老是選在我『肚子劇痛』，想如厠方便的時候來？」便將褲子脫下一半、蹲在馬桶上不起，迫使他們等得不耐煩知趣而退。

後來他們識相一點，改於下午來，我就好好配合，乖乖跟在他們後面去醫務所。到了醫務所，我即利用等看病的時間，跑到外面找那些心儀許久的女難友搭訕交談。由於張彩雲是唯一在外頭時即已認識的朋友，而且論刑期（她被判無期）和年齡都堪稱是她們的「大姐頭」，因此不久我便經她的介紹，和其他的人也熟稔起來，話也談得很投機。

她們的「情報」比我還通。彼此對時局的瞭解也沒什麼大出入。雖然不是公開的，有時候她們還是可以看到報紙，聽到一些社會消息。她們都是最近才經過什麼「保密局」、「內調局」、「東本願寺」、「高砂鐵工廠」、「新店」、「景美」、「青島東路」……等稀奇古怪，不像一個國家建制下的機關監所，輾轉被移送來這裡的。

在那裡她們也碰見一些特殊身份的人物：如一位杭州美人，氣度高華、不苟言笑，先生是一位頗有地位的台灣人。她一進看守所，那些丘八獄卒隨即噤若寒蟬，也顯得非常客氣，再也不敢沒事就跑到監房門口找她們「吃豆腐」。從她們的話裡我猜想，她很可能就是李友邦夫人嚴秀峯。數日前玉扃來接見時，曾經提到她也被捕的事情。

還有一位頗不平凡的中年「貴婦」，看似三十左右，身高約有一六五，皮膚白晳細膩，鼻樑挺直，一對比「蒙娜麗沙」的神秘眼睛還大些，帶有炯炯目光，令人望而生畏，不敢接近的顏小姐。她原來即是曾經出資暗助名作家呂赫若（呂石堆）辦大安出版所的顏碧霞。因為呂赫若涉案「鹿窟基地」案件，她遂以「資匪」被捕判刑七年。她亡夫的「高砂鐵工廠」也被國民黨沒收，被改做專供拷刑所謂「匪諜」的處所。

此外戰時曾經跟陳翠玉（現已移民北美）、許青鸞等人被日軍派往廣東、香港等地擔任「從軍護士」的賴瓊煙和張金爵兩人也前後被捕，關進與她們同一個看守所。賴瓊煙戰後擔任過「一陽報」編輯。經歷「二二八」慘案以後，為追求另一個「未曾謀面」幻想中的「祖國」與「中共」一名「高幹」結婚，並生下一子「洋洋」。一九五一年她們夫妻同時被捕時，懷裡的孩子也未被放過，可見白色恐怖下的國民黨抓耙仔特務摧殘人權之一斑。

讀《滅亡》、《新生》

剛過午夜不久，濟民到房門前，蹲在送飯口，用日語喊我「哥哥」。不久前他才改稱我「哥哥」。因爲用日語尊稱我「先生」，我總覺得受之有愧，聽起來也有點毛毛的。我何德何能，怎可任他繼續喊我「先生」呢？經與他一番「協議」始決定今後彼此以「兄弟」相稱，不但可以縮短彼此距離，也覺得這樣的稱呼比較自然。

他告訴我剛從作業課得來的消息，明天要讓我「下工場」。以我的學經歷和案件性質，很可能會被派到第十工場（印刷、裝訂工場）。他接著又安慰我說，到工場總比在一區整天裡被囚斗室好。在這裡既然不准看書報，繼續留在這裡也沒意思。

最近雖然可以藉著到醫務所「看病」的機會，到外面多透透空氣，見見朋友聊聊天，但畢竟非長久之計。我的刑期還有十多年，日夜所盼望的「無條件釋放」又茫茫不可及……。他略停片刻又說：還是先把身體照顧好，再談其他總較實際。

他略帶口吃，幾次欲言又止，但最後還是告訴我這次的決定，是由警衛課和教誨課聯合提出，在例行獄務會議席上，與作業課等其他單位討論後才決定的。理由很堂皇，是爲了「顧慮我的健康和刑期」，「骨子裡卻是深怕繼續讓我留在一區，有一天必然會出岔子」。

我是一名稍具「閱歷」，而且已經被關過五年的「老囚」，在這裡知道的事情也不算少。

尤其最近情緒似乎不大穩定，動輒拿三區那七名代監執行的女「叛亂犯」的待遇出來比較，使直接擔任戒護的人員無力招架，左右爲難。

警衛課和教誨課也有人認爲，如果不是管理員中有一部分人開始認淸「二二八」，對我的遭遇興起同情之心，而且前任監獄長的朋友同時也是我的朋友，則無須顧慮那麼許多問題。

次日上午十點多，作業導師李福全果然出現在一區中央八卦樓，出示公事給陳栢州簽蓋後，便將我帶離一區，到二區八卦樓。在這裡辦完手續，被分配監房以後，我又被帶到第十工場交給主管蔡坤山。第十工場是將印刷和製本兩個工場合併爲一，規模祇有台北監獄「二二工場」的一半大小。在這裡工作的受刑人也祇有五十多人，廠內設備的簡陋，更不用說了。

這裡沒有像台北監獄那種給省鐵路局承印車票的固定作業。台南雖自豪爲府城，卻非政治中心，是一座沒落殘破，僅具一些歷史遺跡的城市，所以能夠輪到監獄裡印刷廠印製的東西，也就不多。

蔡坤山，安平人。身高六尺，不到三十的青年。臉蛋圓圓，童貌猶存，臉型與身高，頗不搭配，但也沒有一般獄卒禁子的窮兇極惡的面相。他凡事依獄規，從不苟且含糊，遇事也從不情緒化，比方抓到違規偷抽煙的，他一定各賞兩個大板，不多也不少，一視同仁。

我在十工場，還是被指派當「精算」，擔任主管蔡坤山的助理一般的工作。這時候十工場比較大宗的「生意」，即爲台南市幾家學校承印作業簿、各類表格、及「台南女中」送來的幾十捆舊書籍的重新裝訂，對送進來的每捆書籍，我都必須一一加以分類檢收，然後分配給製本組補皮裝訂。

有一天我很意外地，在舊書堆中發現三本沾滿垢泥、書面另用硬紙補上的書。仔細一翻，竟然是巴金譯作，克羅泡特金的《一個革命家的自傳》，和兩本同是巴金的作品《滅亡》與《新生》。我抱著這三本書嘆息後生可畏！現在的學生居然會自覺，也知道去找這一類書來看。「那台灣前途有望！大家有福了。」使我不禁打自心裡微笑。

如果不是「台南女中」同學們競相傳閱，這些書怎麼會沾滿垢泥，破爛至此！

收監時每一個受刑人都必須張開嘴巴，脫光衣服。經過檢身房時，更要將屁股湊近檢身員面前，彎腰張開兩腿，以便觀察肛門裡是否挾帶違禁物，即使寒冷的冬天也不能倖免。戰後日人遺留下來的許多有價值的文化特質，如法治觀念，社會公德心……等，都以「日人奴化文化」遺物，加以摧毀或棄置不用。但，這種不文明、非人道的陋規卻被繼續沿用。由此可見國府統治台灣的心態。

一九四八年在台北監獄「二二工場」時，我和吳金燦兩個人都享受過免脫衣褲，徑行進監房的「特權」。主要還是顧慮到我們的案情性質，又經證實我們兩個人確實不抽煙。這裡擔任搜檢的管理人員，初仍堅持絕不通融，仍然要求我接受和其他受刑人同樣的搜檢。

然而我也非常堅持，除非他們敢動手剝下我的衣服。我告訴負責搜檢的獄卒蔡維成，我不是什麼「犯人」、從未犯過什麼法，祇是「二二八」時的一名「俘囚」。這傢伙似乎並未聽懂我的話。對「二二八」也籠統的以爲是「台灣人打外省人」的事件。更不懂什麼叫做「俘囚」。便大聲喝令我「站一邊」，準備最後一個工場的人都搜檢完了以後，才來修理我。幸虧蔡坤山和謝添福看守長覺事有蹊蹺，及時趕到檢身房向蔡維成說些什麼，方得免於一場災難。自此以後每天收監時，我一個人便被留下來，等到所有受刑人都進房以後，才脫下上衣作個象徵性的搜檢。

這本被國府列爲禁書的《一個革命家的自傳》，我以前也曾經涉獵過，現在很想在未被查覺以前再看一遍。奈何長篇厚冊，不好挾帶。《滅亡》、《新生》兩書，祇聽說過卻還未看過，不過兩百多頁的中篇作品，如不趁此機會看，以後恐怕就看不到了。

於是我遂於收監前，將書捲成一小卷，藏在囚衣裡面，準備挾帶進房。不意，卻在走近檢身房時，書竟給滑落地上，我連忙蹲下去把書檢起來，想拿囚衣掩蓋時，我的笨拙動作，卻引起站在一旁監視的管理員懷疑，跑過來將書搶過去。我心裡驚悸萬分，狼狽不堪。那管理員很仔細地將《滅亡》翻了又翻，似乎並不在看書的內容，而祇在找尋些什麼。最後發現沒有任何挾帶物，便自動將書還給我。

書雖然已經拿回來，卻心有餘悸，仍然無法驅散心裡的憂懼。萬一他向上級報告書名爲巴金的《滅亡》，而被教誨課的「阿山仔」教誨師屠其煥知道了，我一定會更慘。

巴金、魯迅、矛盾、老舍、郭沫若的作品，這時候在台灣雖然鮮爲人知，在中國卻早已膾炙人口。來自安徽省的屠教誨師豈會不知道這類書，已被列入禁書？

當天晚上陳達(值夜課員)果然派人帶我到警衛課問話。他一見到我進來，便站起來嚴詞責備我，指責我「太不自量力」，大家同情我的刑期那麼長，也同情我的案情，管理上也處處爲我設想，盡量要給我方便，我郤這麼不檢點，還想挾帶小說進監房看……。

幸虧陳達始終未問及巴金爲何人，或《滅亡》的內容。他還不知道這本書已被列入禁書，也似乎不想作深入追求、知會教誨課，才使我大鬆一口氣，卸下鬱結心頭那塊大石。

看這一類書，或手上持有這類書的人，在五、六十年代白色恐怖下的標準，即令運氣好，未被起訴判刑，至少也會在「思想左傾」的認定下，被任意裁定三、五年的「感訓」，關入台北土城「生教所」洗腦。

儘管不能帶書進監房，郤並未稍減我讀禁書的慾望。我每天仍偷閒幾個小時，躲在十工場最北端的製圖室裡狼吞虎嚥地讀，因爲這裡比較隱蔽，即使有人來巡邏，也很少到這種地方。

巴金是屬於不受中共指使的獨立派自由作家。《激情三部曲》——家、春、秋，可以說是他的代表作。連這麼一部反抗封建道德，始終看不出有絲毫中共教條式氣味的作品，國民黨也不放過，仍將它列入禁書。

《家》，過去在台中監獄時，我曾反覆看過兩遍。每每都看到渾然忘我，融入劇情中，並竊以書中主角「覺慧」自許。

《滅亡》和《新生》兩書，彷彿是描述黎明前，孫傳芳盤據上海時，一群愛國青年如何與封建軍閥周旋搏鬥的經過。書中最令人感動，使我印象最深刻的一幕，便是一個名爲張爲群的勇敢青年，深夜一個人別妻離子，企圖越過戒嚴線傳遞情報，未果被逮，被押赴刑場槍決前後的悲慘劇情。

張爲群雖然已慷慨就義，他生前的壯烈事跡，和大無畏的精神，卻一直縈繞在我的心上。一九六八年我們的頭胎男孩一出世，我所以毫不猶豫給他取名「鍾爲群」，即緣由於此。

客串體操敎師

一九五二年春節前，我又被調回一區。監房還是以前住過的一舍五房。「白色恐怖」的陰影，似乎已滲透到監獄裡面來，人心惶惶，每個人都有朝不保夕之虞。最近時常聽到人緣很好、熱心公益、做事認眞、頗受同事長官賞識的人，忽然失踪；又一個好端端的人，不知何故，被「阿山仔」從家裡帶走了以後，一直沒有消息。等到快要一年的時候，才接到「收屍」的通知。

監獄裡的職員也有人被帶走。如台中監獄看守所主任蘇安南、和管理員林文欽等，也被依什麼「包庇匪諜」、「知情不報」分別被判刑。林文欽最後獄死綠島。

獄方之所以將我調離第十工場，聽說是爲了替「大家省麻煩」。國府的特務抓耙仔，可能早已喬裝囚犯，或管理員的身份，臥底監獄。

我在十工場當「精算」，在特務抓耙仔眼裡，已成爲「掛牌的龍頭」，對工場裡的受刑人深具影響力，收監時又祇有我一個人可以不脫光衣服接受搜檢。必定有人暗中「同情我」，同情一個曾經「與政府公然爲敵的萬惡不赦的囚犯」！那眞是不得了。這便是他們不讓我繼續留在工場的堂皇理由。

回到一區的第三天，值日課員蔡錦泉到一區八卦樓叫我出去問話。他說：「你的刑期那麼長，且已經關過這麼多年，爲了考慮你的身體健康，給你有較大的活動空間，才讓你下工場。奈因你的案情特殊，有些人就惟恐天下不亂，擅自臆測，隨便說一些不負責任的話。上級爲此頗傷腦筋。」他略停片刻，接著又說：「這個年代，凡事不由己，誰也不敢保障明天的事。」他忽然中斷，喟然嘆息，似有隱情苦衷，幾次欲言又止，遲疑片刻，接著又說：「對一些沒有把握，有爭議性的事物，大家都避而遠之，走得遠遠的。即爲此緣故、竟然沒有一個人肯讓你到他們的工場。」他說到這裡，剛好四舍開始放封。我們必須讓路給經過八卦樓到院子的人過路，便退到一舍口，靠近鐵欄。他兩眼一直凝視院子裡，看到從四舍放出來的人，不是懶洋洋地坐在草坪上，就是三五成群圍蹲在地上玩小石子，或在地上畫天書，根本不像出來放封。

蔡錦泉看到這種情形，搖頭嘆息說：「這些軍事犯都被判得那麼重，每天難得有這麼幾分鐘的放封時間，自己卻不會珍惜，不作運動，老坐在草坪上。每個人的刑期都很長，到最後身體一定會關壞。」他說到這裡忽然想起什麼似的側頭問我：「你以前當過日本軍，也彷彿教過書，一定也會教體操。乾脆你就在這裡，專門給他們指揮體操如何？」我喜出望外，當即頓首稱謝。

原來國府的空軍供應司令部軍法處設在台南。他們自己沒有監所，犯案的人又天天增加，想蓋也來不及，便就近向台南監獄商借一棟舍房，收容這些經判刑的軍事犯。又「警總」各地監所，因「白色恐怖」頗有斬獲，各地監所均告爆滿。新店軍人監獄又未竣工，所以也分別借用台北監獄部分舍房，和台南一區五舍全部，供作非「匪諜」案件的一般軍事犯的監所。

自從那天下午，除了下雨天沒有放封，我每天幾乎都可以在外面。開始時我先對他們作簡單的自我介紹，講一些牢獄生涯中的歷練。這些話對他們都很新鮮，倒頗能吸引他們的興趣，也有助建立彼此的感情。然後言歸正題，要求他們「動作要敏捷」，不論要出來院子或回房的時候。

這樣即有較多的放封時間，作一些有益健康，可以鬆鬆筋骨的體操。如果大家走路老是裝作半死不活，不情不願，磨掉時間，吃虧還是自己，別怪「才出來，又要進去」。有那麼多人，在監房等著出來放封，我們一定要做到很公平，使每個人都能享受到一定時間的放封。幸好，大家都很合作。每次監房門一打開，跑慢步湧到院子裡，自動排隊，等候我的指揮。收封回房時，也同樣跑慢步進舍房。因此每次放封，他們都可以增加十五分至二十分的時間，至少共有四十分至四十五分鐘的時間在外面吸吸新鮮空氣。

儘管這些軍事犯，官兵雜處，素質參差，畢竟都是經過嚴格軍事訓練，都具有團體精神，和服從指揮的習慣。因此指揮起來既輕鬆又愉快。

大約經過一個禮拜，幾個看似校級軍官的軍事犯向我建議，將體操的時間減少一半，剩下一半的時間可以讓他們做自由活動，想打太極拳，想跳繩子，或想做伏地挺身的，都隨他們的便。祇要大家能守原初約章，行動敏捷，節省進出監房的時間，和不大聲喧嘩，不爲難管理人員即可。

我覺得他們的建議很好，便從善如流，悉依他們的要求。事實上，這樣對我個人也有好處。第一我可以節省一點體力，同時也可以藉此機會找他們聊聊天，多瞭解一點軍中和獄外的事情，彼此的感情也慢慢地培養起來。他們大多是不久以前跟隨蔣介石，從中國撤退來台的軍人。從這些軍人的身上，似乎已看不出戰後，剛來台劫收時的「阿山仔」的囂張。

不到一個月，我和他們之間的感情，幾已渾成一體。他們都能顧慮我的立場，我也能體諒他們的處境。對茶水的供應，我也要求看守長讓一區外役歸我指揮，到廚房挑茶水仍由外役負責，舍房裡的茶水分配則改由軍事犯自己派人輪流擔任。由於外役已不必在舍房挨房分配茶水，我便要求外役，每天上下午各增加兩擔茶水。被輪流派出來分配茶水的軍事犯，也可以藉此機會，在外面多透透空氣。

有一天當他們知道我在這裡最「飢渴」的，即是書報的時候，他們便開始輪流「供給」我書報。因爲他們都是空軍供應司令部，和「警總」寄押的非政治性普通軍事犯，所以他們閱讀書報沒有受到嚴格的限制。

他們都利用放封時，管理員正忙於點檢人數的時候，將要給我的書，悄悄塞入掛在樹枝上的我的上衣衣袋裡。有《新聞天地》和當地報紙《中華日報》。不過這些報刊都是過時的。

此外偶爾也有幾本書皮沾滿汚泥，好似很多人看過的，三十年代作品。有無名氏的「塔裡的女人」，也有張恨水、章衣萍、張資平等所謂「蝴蝶派」、被冷嘲熱諷，譏爲「靠女人陰門吃飯」的近乎黃色的小說。

少年囚徒黃烽台

一九五二年三月底，又從台北移送來一批軍事犯到台南監獄一區。約有九十名，多是「阿山仔」的普通軍事犯，但也雜有極少數台灣人。這些人原被關在「警總」新店安坑看守所，因爲監所爆滿擁擠不堪，才疏散一部分人到地方司法監獄。由此不難想見國府遷台後的社會治安一斑。

這批新收容者，次日下午即開始放封，參加一般活動。裡面有一位好像才十八、九歲的少年，一出來就擠到隊伍的最前面，眼巴巴地，好似有什麼話要跟我說。等做完了體操，開始自由活動的時候，這位少年又站到我的面前，用日語悄悄叫我「老師」，我心裡一怔，差點以爲聽錯了話，當即問他的名字。

原來他是涉案一九四九年「台灣民主自治同盟」武裝組織，江泰勇綁架彰化市一位陳姓醫師的兒子。陳弘光勒贖三萬元台幣未果，加以撕票棄屍的案件中的一名「中商」學生。此案表面上首謀主犯爲年僅二十一歲的江泰勇，其實幕後策動者爲中共潛台份子。涉案者一共五人，均判處死刑。

這五名被判處死刑者，於一九五〇年一月六日凌晨被押赴馬場町刑場執行死刑。他便是這五名中唯一未被眞正槍決，卻仍應聲倒地，昏迷不醒，被帶回「警總」軍法處摘掉「叛亂罪」，另以普通軍法改判十五年徒刑的黃烽台。因爲他當時才十七歲，而且又是一名從犯，或許因此緣故，僥倖得免一死。

一九四七年一月間，我曾經在何集淮的「火急召集」下，又經三青團台中分團幹事長張信義的推荐，「中商」校長江文章的「歡迎」下，到「中商」當過「極短暫」的教員。很可能這時候他（黃烽台）聽過我的課而認識我的。

何集淮爲台中聞人何集璧么弟、著名女士陳文茜的舅公。戰後他應江文章校長禮聘，與蔡懋棠、蔡伯勳等人同時到「中商」擔任過最時尙最熱門的「北京語」教師。集淮在校裡相當活躍，熱心課外活動，頗受部分學生擁戴，但同時也受到少數「阿山仔」職員側目，而慫恿臥底校園的抓耙仔加以搗蛋破壞。因而心起恐慌，跑來嘉義找我。此時我在「三青團」和「和平日報」不如意事情，正接二連三地發生，恨不得立即擺脫是非地離開嘉義。集淮的來訪可謂正是時候，我當即接受他的建議，回台中找張信義等人……。

我剛上班即發現集淮已被困重圍，危急萬分。原來他是拉我來當「保鏢」，對付那些校園裡的抓耙仔份子。虧得他有「慧眼」，會選擇我。然而我自己此時在嘉義的事業，也正遭到許多困擾。自身且難保，又何能分身到台中爲別人充當「打手」呢？我經考慮再三，遂藉口棄職逃回嘉義。

何集淮又名何健人，「二二八」中曾率領「中商」學生參加二七部隊。二七部隊撤入埔里後，負責宣撫工作。一九四七年十月乘國府海軍的中權艦亡命中國以後，曾經在劉伯承部和鄧小平部任職。一九六七年被中共以「分離主義份子」逮捕送入江西勞改營「勞改」，至一九八〇年被釋，回到上海老家，不過八天即咯血死亡。（有關何集淮詳情，請參照「辛酸六十年」上冊。）

自此黃烽台每日放封出來院子，即利用大家還未到齊的時候，來找我聊天。因爲我是他獄中唯一「親人」。由於這個緣故，使一直被囚禁司法監獄的我，多少也能瞭然於白色恐怖下的台灣社會，和軍事監所裡的「政治犯」動態。

黃烽台，彰化芬園人。他從馬場町押回軍法處，改以「幫助殺人罪」被判十五年徒刑，卻僅關了三年即獲准「保外勞役」。因所有監所，多爲白色恐怖下的獵物——「政治犯」所佔。爲使監所能騰出更多的空間，容納天天增加的政治獵物，國府乃給這些軍事犯「服刑逾五分之一，即准予保外勞役」。

他出獄時韓戰結束，越戰也已近尾聲。在韓越兩場戰爭中，賺進不少美鈔的日本人，不僅已從廢墟中站起來，經濟復興迅速令人刮目。肚飽思外遊的日本人，便競相到舊日殖民地的台灣來觀光。此時由松山機場呑吐的日本觀光客，日以千計。會說日語的他，遂買部小客車專跑機場與觀光飯店之間，並爲日本觀光客介紹生意，及一些遊玩的地方。他現住台北中和。

李友邦之死

這天下午吳金燦來接見。韓戰剛爆發不到十天，我即由台中監獄被移送來這裡，再過兩個月將屆兩年，他卻到今天才來看我，我心裡委實有點怏怏不樂。然而整個台灣正籠罩在白色恐怖下，連骨肉至親且不敢接近探望的今天，我怎能怨天尤人？

他是涉案二七部隊以「內亂罪」被判七年徒刑，於一九四九年初，一次監犯大疏散時被假釋出去的人。想必他在外面也不會有太多的自由。

「二二八」大屠殺，國府受到海內外輿論猛烈譴責，雖不得不暫時收斂，但不久他們又在白色恐怖下，羅織其他罪名，大肆搜捕。

吳金燦雖經高院判決，且已依「監犯疏散條例」假釋出獄，他的自由仍受限制。行踪言動仍有人跟踪監視，使他心身感受疲勞和威脅。他喟然嘆曰：「我的假釋出獄，不過由小監獄走到另一個大監獄罷了。」小監獄容易適應和應付，大監獄則不易。抓耙仔無孔不入，有時候特務站到身邊，也無從辨明他的身份。

他對我的未能出獄，反而感到羨慕。他說我在這裡不須要再驚驚惶惶，反正罪已經定了，刑也已經判了。二七部隊的問題，也不過那麼一回事，國府還能對我怎樣？可是身處「大牢」的他們，僅僅一張商業往來的普通名片，一本宗親會的會員名冊，畢業旅行時與同學攝影的一張照片，都會被追根究底，被拷問，被羅織成「參加匪諜組織」罪名。一句無心之語，也會被扭曲變成什麼「爲匪宣傳」。即使僥倖被判無罪，也要被送進土城「生教所」「感訓」洗腦三、五年。

直到今天——一九五二年春，國府仍老盯著早已成歷史名詞的二七部隊不放。最近台中地區和嘉義方面聽說已有二十多名曾經參加過二七部隊的青年被捕。蔡鐵城、李炳崑、謝富、林西陸和蔡懋棠，也都在最近不到半年中前後被抓去的。行踪不明，生死未卜。

李友邦也繼他的太太之後被捕。他說到這裡淒然淚下，幾次欲言又止，遲疑片刻接著又說：李友邦是所有「半山仔」中，台灣人比較可以接受的人物。他過去所主持三青團台灣區團，所網羅的人才都是地方上有號召力，不是參加過抗日運動，便是參加過「文協」、「農組」，或自治聯盟的人。

也許剛遷來台的國府看到他很受台灣人擁戴，因此國府的東南軍政長官陳誠、繼魏道明之後，兼任台灣省主席，第一個便起用李友邦，任省政府委員，和國民黨台灣省黨部副主委（主委仍由陳誠兼任）。此外許多黨營事業的董事長，陳誠也因某些政治考慮，都囑意他兼任。不料，陳誠對他的器重厚愛，卻反而害死他。

一九四九年十二月七日國府撤出中國大陸，並正式將台北定爲陪都。跟隨國府倉皇逃來台灣的那些老婊，不好好思過反省，卻反而像餓虎般地饞涎欲滴，張牙舞爪，虎視眈眈想找塊「肥肉」——油水豐富的官位，或公營事業。

這些老婊發現黨營事業的董事長都是同一個人——李友邦。他們目瞪口呆，頗覺驚訝。

然而李友邦爲何方神聖？他那裡來這麼大的本事，能「一把抓」？於是老婊們聚首密商對策，分頭洗垢索瘢李友邦的過去。他們當然知道李友邦是陳誠身邊的「紅人」，不能硬碰，祇可計取。

對中共膽怯如老鼠，內鬪卻勇猛如狼的老婊們，終於決定送給李友邦一頂「紅帽子」。祇要能查出一點點蛛絲馬跡，便可以借題發揮。反正搖筆桿舞文弄墨是他們的專業，他們自信必能勝任愉快。

不久，他們果然查出一九二七年「寧漢分裂」前，國民黨總理孫文走「聯俄容共」路線，聘任俄人鮑羅廷爲顧問的時候，李友邦曾經參加過「左派青年團」，而一九二九年給秋後算帳，被逮投獄兩年的記錄。

又查出一九三八年中日戰爭發生次年，李友邦在中國金華成立「台灣獨立革命黨」，並以此名義向重慶政府（蔣介石的）申請成立「台灣義勇總隊」。參加抗日期間，曾經與共黨份子接觸，又容共黨份子在他的義勇總隊裡面。

老婊們又指出，李友邦起用共黨份子潘華爲三青團台灣區團書記，讓潘華以三青團爲掩護，替中共搜集情報云云……。

由老婊們的檢舉，及「國防部四十一年四月二十一日(41)防隆字八三一號判決書」觀之，此判決完全無視時空因素。縱然所檢舉即算確有其事，然而國民黨的國父孫文採用「聯俄容共」政策，聘任俄國共產黨人鮑羅廷做顧問，黃埔軍校校長蔣介石，既然可以請周恩來當軍校政治部主任，與郭沫若等人同事，身爲黃埔學生的李友邦參加左派青年團又算什麼？

再說他一九三八年成立「台灣獨立革命黨」，是爲了對付日本帝國主義者，因爲那時台灣還在日本統治下。成立「台灣義勇總隊」也是爲了參加抗日戰爭。這幫人卻指責他「容共黨份子在部隊裡面」，「他本人也與共黨份子接觸」！

一九三六年西安事件發生第三天，蔣介石即與周恩來促膝懇談國是。從此「國共二次合作」便水到渠成。抗日戰爭中，國共雙方都併肩與日作戰，國家存亡悉繫此戰，大家都在拚命，爲抗戰，爲勝利。那裡還有閒情去關心別人所接觸交談的人，是否爲共產黨份子？眞是無聊至極。

至於三青團台灣區團書記潘華，是否指佘陽？因爲三青團台灣區團部書記，自始即爲佘陽。他個子不高，眼睛圓圓，人很嚴肅，年約三十五、六(一九四七年時)，彷彿是汕頭人。果爾潘華即爲佘陽，依我記憶所及，他是中央團部還在重慶的時候，由第二處(負責組訓)直派來台的。當時第二處長正是蔣經國，第一處長爲倪文亞，第三處長則爲已投共的邵力子。如果潘華即是佘陽，反正他是由蔣經國派來中央直屬台灣區團任書記，論責任應該由蔣經國負責，沒有理由叫李友邦負責。

總而言之，欲之死何患無辭。在中國大陸誤國殃民的老婊們逃命來到台灣，不思過反省，反而在這裡惹是生非，爭權奪利。其心態實可誅，蔣介石又爲何非將李友邦置之死地不可？儘管陳誠幾次往草山求情，蔣介石最後還是聽信老婊們的誣陷，把他殺了。難道因爲他是台灣人，曾經組織「台灣獨立革命黨」，想獨立的緣故。

李友邦被槍決的時間是一九五二年四月二十二日凌晨。

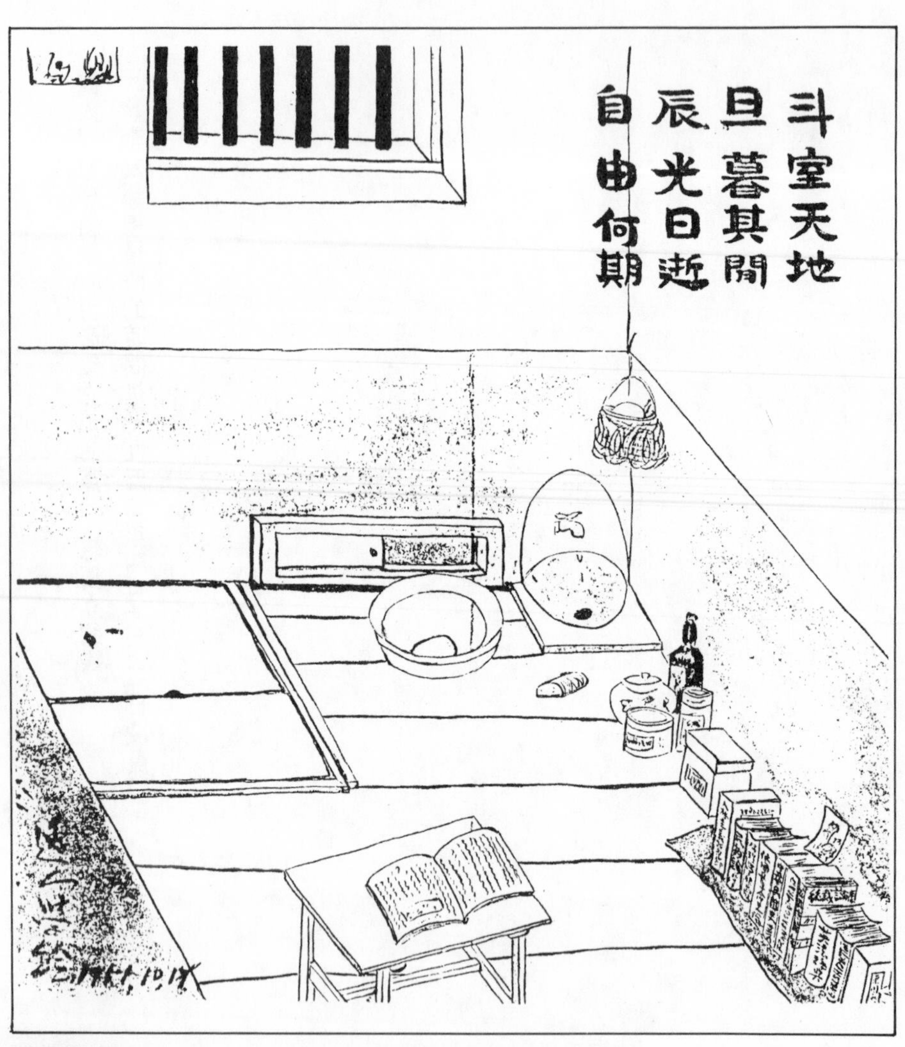

斗室天地
旦暮其間
辰光日逝
自由何期

■台南監獄。

第四部

重回北監

蹓寇

一九五二年七月六日，我又從台南監獄被移送來台北監獄。聽說「警總」寄押三區女監的七名「叛亂」案女囚，也已於數天前被移送台北。這次被移送台北監獄的僅我一個人，由一名著黑色中山服，外號叫做「蹓寇」的「阿山仔」不經二區中央八卦樓檢查行李，逕行將我帶進二區一舍十六房。這棟舍房是戰時受盟軍轟炸變成廢墟，兩年前，復建後轉借給「警總」做收容「叛亂犯」的舍房的。

一舍還有二十多名「警總」軍法處寄押，正束裝待船前往綠島的「叛亂犯」。如因一篇「和平宣言」被判處十二年的楊逵；台灣共和國大統領廖文毅的侄子廖史豪，及其同案黃紀男、鍾謙順、許朝卿；延平學院創立者之一，「二二八」涉及許德輝「忠義服務隊」，「黨要」劉傳能、劉傳來么弟，涉案「資匪」的劉明等。

中共省工作委員會鐵路支部李生財等五名已被槍斃，餘蔡漢清、林鏡明等二十名被判徒刑的，還有前苗栗縣長梁陰源（廣東人），國共合作期間，在上海復旦大學唸書時，曾與左派學生交往，而以「通匪罪」被叛十年的。

又一九四九年國府未宣佈「戡亂時期」以前，經台灣高等法院以「內亂罪」判刑的前「滿州國」建國大學的「愛國青年會」的林慶雲、黃山水、還有兩名台大政治系學生周自強、許華江。

以朴子人黃得卿、林金泉爲首，搶劫民雄廣播電台，和嘉義市東門市場一家雜貨舖、原祇爲一單純盜匪案件，卻因八名涉案中，有一個人家裡藏有一本「新民主主義」，而竟被高院檢察官「錯愛」、「抬舉」，以「內亂」起訴判刑。

一舍總共有三十個監房，每個監房可以收容八個至十二個人。最近雖然已分數批送往綠島，剩下來的已經不多，獄方卻始終沒有考慮將擁擠不堪，已呈現爆滿狀態的其他舍房的普通刑事犯，疏散一部分到這裡。因爲「政治犯」在一般刑事犯心目中，是勇敢、有正義感的「英雄」。獄方也瞭解這種「不正常心理」，所以嚴禁一般刑事犯與「政治犯」的接觸。

這些普通刑事犯，多半也是被屈打成招，遭寃枉判刑。唐山人在台灣横征暴斂，施行軍事統治，限制人民生息，已引起人民普遍反感。老百姓爲求生存，偶爾沿用台灣祖傳交易方式，做一點點小生意都不行，卻任令腐敗官僚買辦公然犯法，囤積走私，無惡不作。對這些官僚買辦的犯法他們都裝聾作啞，視若無睹。祇找些小蒼蠅和無辜老百姓充數邀功，卻始終不敢打老虎。

這裡的管理好似依「警總」各監所的管理方式，絕對禁止與外面的人接觸。即使挑飯的外役，也祇能將飯挑到八卦樓將數目點給看守長，再由我們自己的外役出去把它搬回來。非輪班管理人員也不能隨便進出這個禁區。

這裡可以看書，但需經過嚴密審查。除了有關「匪僞」書刊，幾乎什麼書都可以看。報紙還是受禁止，不過還是有管道，一個月中仍可以想辦法弄一兩張進來。八卦樓的看守長不管我們的事。甚至連值夜課員都為了避嫌不敢越雷池一步。

「小貓」——躡寇的來歷誰也不知道。大家祇知道他是唐山江蘇人，從外面調來專門管理我們的。他幾乎一年三百六十五天都在這裡，不分晝夜，即使三更半夜也會出現。他身高約一七五，瘦瘦高高，看起來很年輕，恐怕連二十五都不到。他聽不懂台灣話，卻學會一句日本話「躡寇」（ねこ），即貓也。

他每次都像小貓那樣躡手躡脚地進來。凡是最先發現他進來的人都有義務傳告警號，祇要說「躡寇」，大家都會開始警覺，知道他又來了。這傢伙不懂「躡寇」的意思，便回去求教台灣人的同事。

他現在已經知道「躡寇」就是指他。雖然沒有罵人的意思，卻顯有「妨害公務」之嫌，便告誡大家以後別再說「躡寇」。他祇不過來看看大家睡覺時是否把肚子蓋好，大家刑期都那麼長，又沒有親人在身邊，萬一生病了，很不好。滿有「同情心」似的。

每天早上七點規定點名。點名時祇要人在監房，數目無差，躺著、甚至將屁股蹲在馬桶上面，他都不會計較。我們從來沒有看過他手上拿鞭條或大聲喝令。即使偶爾抓到偷抽煙的，或打架的，頂多禁閉幾天，不准出去放封。

早晨點名以後，所有監房都打開，我們便開始一天的活動。到鄰房或對面房間找人聊天，討論案情或時局問題，借書、交換書、分送家裡剛剛寄來的不同鄉味。反正我們可以在約有百公尺長，五公尺寬的兩排監房中間的走廊，從容不迫，來往散步，或作其他的活動。

到了晚上七點，大家又要回房，開始過著漫長的夜晚。由於房裡電燈高懸，光線微弱不宜看書，我都睡得很早。但到了夜半總會被高牆外，叫賣燒肉粽，和野狗狂吠的聲音驚醒。偶爾也可以聽到遠處喀喀作響，抑揚宛轉有節奏的女人高跟鞋的聲音。那聲音似乎很微弱，卻仍勾起我對這位夜歸女人的妄猜——她的美腿？她在那裡上班？她是否安全？

林朝權

「受刑人不准閱報」，也是沿用日據時代的陋規，然而報紙，卻是被深囚黑牢裡的每一個政治俘囚的唯一門窗。我是否還有重見天日的一天？端視時局的演變如何？如今祇有透過報紙，才能窺探時局和外面動態。因此即使爲一份報紙得付出二十倍、三十倍代價，祇要有人肯跟我們做「交易」，我們都捨得花。

今天母親寄來的包裹，外面雖然仍用牛皮紙包紮著，裡面卻用兩張舊報紙，分別包著醃菜干和小魚脯。依這裡的規定，連一小張舊報紙片，都不能帶進監房，然而今天代替「躡寇」檢查包裹的卻是一名「新鳥仔」。他不但沒有將報紙拿掉，連對包裹內容也隨便用筷子輕攪一下，便放我過關。

我的「菜」已告罄多日，今天寄來的醃菜干和小魚脯，正是我每天三餐迫切需要的佐膳品。然而我卻反而望眼欲穿地全神貫注著那張爛報紙，報紙上面一定有許多我所急欲知道的消息。

一進監房，我即迫不及待地將醃菜干和小魚脯裝入空餅盒裡面。然後小心翼翼地，將被揉得滿面摺皺的舊報紙用手攤平，移步窗口，藉著從紗窗透進來的微弱光線，很貪婪地開始默唸。

第一版頭條新聞，竟是蔣介石一九五〇年一二月二五日，對中共「人民義勇軍」越過鴨綠江援朝參戰，義憤塡膺聲言也要派軍赴韓參加聯軍，卻遭到華盛頓方面峻拒的新聞。

蔣介石一顆「熱誠」，不，勿寧說是「如意算盤」，卻換來一場冷譏，不僅面子無光，還被訕笑靠美國撐腰，才勉強挽住傾覆的政權，卻也夢想揷足韓戰。

第二版下段不大耀眼版位，赫然一則曾經在台中地區高票當選「國大」的林朝權，繼國府前行政院長翁文灝之後，竟然也悄悄攜眷經港潛入「匪區」的報導，卻頗吸引我的注意。

這位一九四七年「二二八」大屠殺前夕，任台灣省體育會總幹事時，因接到國府即將大屠殺的情報，連夜遙電任職「中師」的三弟林朝棨教授，慫恿正與謝雪紅周旋的吳振武「拿槍自傷右腿，假裝爲『暴徒』所不容……」，而躲入台中佑吉外科醫院「療傷」，而救了體壇健將吳振武一命的林朝權，他因未遵從蔣介石旨意，投「孫阿斗」——孫科一票，而選李宗仁爲副總統，深受蔣介石忿恨。

因風聞蔣介石即將開始秋後算帳，遂藉口赴港探親爲由（當時他的二姨太駱惠卿和兒女均滯港未來台）逃離台灣。

摩掌

林朝權一九〇六年生於中部台灣葫蘆墩(即今豐原)一個基督教家庭。早年經長榮中學、淡水中學，負笈東瀛，讀法政大學法科。一年後因故回台經商。一九三五年再赴日，改讀日本體操學校，即現在的「日本體大」。畢業後回「淡中」母校任體育老師。雖僅僅一年，卻爲「淡中」培養出不少傑出棒球選手。

中日戰爭爆發次年，即一九三八年出國赴平，應聘北京「師大」體育主任。至一九四四年季春，太平洋戰區日軍敗象已顯，遂離平轉滬。在滬期間結識上海女子駱惠卿，並與駱女士生下一男一女。

一九四五年八月大戰結束，次年一九四六年初回台。因曾經揚名京滬體壇，並經蔣系戰時潛伏北京「師大」的學生暗中推舉，就任剛成立的台灣省體育會總幹事。該會首任理事長爲軍統特務，曾任台灣省警務處長的王成章。理事裡面則有林頂立、林季鑾等軍統系人物。

一九四六年底，國民黨爲「疏導」人民長年的憤怒鬱結，假示順應潮流實行民主，結束一黨獨霸的「訓政」，公佈「憲法」準備「還政於民」，並決定一九四七年十一月選出第一屆國民大會代表。

台中區僅有一個名額，卻同時出現多人參選。其中比較有分量的，即爲未設籍中市的「半山仔」丘念台，和日據時代曾任農業組合理事長，現任市參議員的林湯盤。「半山仔」丘念台在台灣無群衆基礎，而且是「二二八」大屠殺後的選舉，台灣人對「阿山仔」的怨恨未消，恐將爲「阿海」的林湯盤所乘。乃思一計，想借重林朝權在體壇聲望，嚇唬嚇唬林湯盤，迫逼他知難而退。

萬無想到林朝權卻一開始就假戲眞做，竟然不顧丘念台殷殷致意，玩眞起來。私下佈局，步步爲營，並求得耆宿林獻堂、楊肇嘉和旅平摯友吳三連、洪炎秋、張深切、郭德欽等人的支持……，終於擊敗林湯盤而高票當選「國大」。也使「半山仔」丘念台連呼無奈，頓足不已。

當選不久，他又受聘「陸總」負責指導體操的少將參議。當時的總司令爲孫立人將軍。林朝權攜妻兒由港潛入中國，輾轉到上海定居不久，竟爲中共控以「國特」，經判刑五年徒刑，並附加兩年「勞改」。至「四人幫」猖亂時，再次被揪出來「鬪臭」，受到百般折磨凌辱……。如兩手反綁背後，吃飯時也不解開，祇得任其兩腿跪下，將嘴移到地上吃……。

有時候又被戴上畫有「國特」紙帽遊街示衆……。被送到江蘇省沿海一所勞改營時，則令從事疏掘運河河道，每天規定從河底擔挑三百六十擔泥土到河岸……。如是幾達十年，直至鄧小平復出，方得「平反」。

經「平反」後的林朝權，儘管具有很好的學經歷，卻仍受到百般岐視。祇能在中學擔任每月僅三十五元人民幣的臨時體育教練——非正式教員。後來雖然爲上海某醫科大學所挖出，仍然以臨時教練的身份赴任。不過待遇已由三十五元人民幣一月，提升到六十五元人民幣。這個數目較之一般教師的正常待遇仍然差別很大。

彷彿是一九六〇年間，曾經奪得奧林匹克「三級跳」金獎牌的織田幹雄藉往中國考察之便，順道拜訪睽違許久的林朝權。談話中林朝權因情不自禁，聲淚俱下談及被送入勞改營，受到如何折磨凌辱的事情。富於正義感，同情林朝權淒慘老境的織田幹雄回日本後，竟未慮及「言論自由」雖是天賦人權，在「竹幕」深垂落伍黑暗的中國，與自由解放，文明的日本之間，卻有雲泥之差，其標準是截然不同的。而義憤塡膺的織田，竟將親身感受和親睹親聆的地方，毫無保留地發表在一本國際性體育雜誌上面。

這篇文章也逃不過駐日中共爪牙耳目，向北京打小報告，結果這一次他又以「洩漏國家機密」之罪，被判兩年徒刑。

林朝權的悲慘遭遇，也許祇是一個「個案」。因爲他是國民黨的「國代」，又在台灣省體育會總幹事任內，與兼具軍統特務身份的理監事常有接觸有關？然而「二二八」逃亡中國的謝雪紅，卻是一名與他們「同宗同道」的共產黨員。其黨齡資歷，甚至還比許多「當權派」爲老牌。年近八十，身虛體弱的老婆婆，尙且不被放過，頭髮給人用手猛揪著，壓倒地上，再任由「紅衛兵」亂棍棒打……。

唉！台灣人的命運何其悲慘！

楊逵

夏季的淸晨，隨著最後一顆星星的隱沒，曙光已透進斗室，夜裡在耳邊嗡嗡叫鬧的蚊子，也拖著飽飽的肚子，東倒西歪地一隻又一隻，朝著曙光進來的方向飛出去。距離點名的時刻還有兩個多小時，牢房裡已經沒有傍晚時的悶熱，也沒有蚊蟲的嗡嗡纏叫，正是補眠的好時刻。

然而在國民黨白色恐怖下，被帶走失踪的幾名戰友的下落，一直記掛心上。如今有幸碰見這些經歷過「警總」各監所輾轉到這裡來的難友，我必須把握機會，從他們那裡去探尋下落。因爲他們也將於一、兩天中被移送綠島。

已經兩年多沒有見面的楊逵，精神似乎很飽滿，也顯得很興奮。像他這種「重量級」的人物，居然仍能保全生命，可謂異數。國民黨也許因爲「惜才」，僅就他發表呼應中共和平攻勢的「和平宣言」的部分，依「爲匪宣傳」判他十二年徒刑。他終於「未涉他案」，如何能不叫他興奮！

我們相對無言。他幾乎將我當做「陌生人」，僅對我輕輕地點頭，悄悄使眼色，始終未與我打招呼，卻忙著和苗栗縣長梁陰源聊些無關重要的閒話，我有點納悶，思忖良久，終於意會個中原因，便暫時回房。

我回到房裡，躺下想「補眠」，卻始終無法合眼。我百思莫解，逵兄到底有什麼苦衷，不敢在那種場合與我相認？難道他身邊有「三脚仔」，有人盯著他不成？然而我有千言萬語欲向他傾訴，被帶走失踪的戰友下落也必須打聽。無論如何，我今天再不找他問話，恐怕就沒有機會。

果然不出所料，天剛亮，「蹓寇」就進來通知他們提早起床，準備行李。到六點半他們的房門都提早打開，每一個人都有大小不等的行李；有冬季的衣服；也有大家輪流看過的破爛書籍，仍被當做「寶貝」般地包紮著。

綠島是每一個經判徒刑的人所嚮往的地方。那裡活動空間大，空氣好，近似一座專供流刑的島嶼，可以在那裡大唱「小夜曲」。卻很少人注意到那裡還是一座監獄，而且是一座設在炎熱火傘下的監獄。

大家都興高采烈，有若待航出國的遊客，一點也不像囚徒。面對著那麼多同志，被押赴馬場町行刑，自己尚能保全活命，而且即將被送往夢寐以求的綠島，如何能不興奮？

眼見他們即將被送走，心裡焦急萬分。我終於不顧一切悄悄跑近楊逵面前喊他一聲「逵兄」，竟也招來旁人的驚訝。一位二十出頭，膚色黝黑的矮子，張大眼睛瞪我半天，走來問我：「你跟我們不一樣，怎麼也知道這位老頭叫做楊逵？」

我啼笑皆非，但也懶得加以解釋。祇推說聽過人家這麼喊，所以我也跟著這麼喊他。這傢伙個子雖矮，態度卻滿高傲。自以爲他們這些經軍法判刑的，才是所謂「政治犯」，便抱著一種莫名其妙的優越感，睥睨那些非「警總」寄押的人。眞是無聊極了。

逵兄聽到我喊他，略把頭抬起望我一下，使個眼色，便掉頭進監房，裝做內急，蹲在馬桶上面。我也趁著無人注意，緊跟著混進他們的監房。幸好都沒有人跟進來，門外也沒有人在那裡窺探。

蹲在馬桶上的逵兄命我坐下來將頭掉向外面，片刻，他喟然嘆氣說：他也有很多話想和我談，奈何「三脚仔」老盯著他。因爲他的命是撿回來的，千萬不能再造次。接著他又告訴我，國民黨的爪牙到處抓人的事情。

對我急欲知道的幾位戰友的事情，他說他也聽說過。快要一年了，一直沒有他們的消息。他又告訴我，在這個無法無天、顚狂的年代，能保全一命已屬不錯，別再奢望其他。被押赴馬場町的人，並非都是「關係」到那裡去的人，大部分的人不是遭到屈打成招，便是太不瞭解唐山人的滑頭作法，太單純，太相信人。以爲好好跟他們「合作」，聽任擺佈，必得相稱報應，必被同情，被開釋，或被從輕發落……。及至被拖出去宣判死刑，押赴刑場，再後悔，再呼天搶地，已噬臍莫及，一切都太遲了。

他又說，這筆賬一定要討。不僅要向「臭頭仔」——蔣介石討，更要向「美帝」討。如果沒有「美帝」給「臭頭仔」撐腰，他們豈敢這麼囂張，這樣子亂抓亂殺台灣人？

他遲疑片刻，長嘆一聲，接著又說：勝利終歸我們，大家暫時忍耐將身體照顧好。「美帝」常常訕笑「中國人民解放軍」爲紙老虎，不堪一擊。可是去年初（一九五二）林彪的「四野」越過鴨綠江、南下攻入南韓心臟地帶，如今已迫近釜山外圍，幾乎將美軍趕下海。朝鮮半島的解放已指日可數，再過來就是輪到台灣。中蘇兩國是兄弟國家，人民解放軍加上蘇聯的強大空軍，即使「美帝」調派所有的艦隊來巡防台灣海峽，恐怕也難敵蘇聯的空軍……。

逵兄滔滔不絕越談越起勁，卻忘記自己還蹲在馬桶上，而且房外一陣喧嘩。好似「警總」

的押差已經到達。楊逵便站起來，穿好褲子緊握著我的手，幾次欲言又止，最後他鼓勵我想辦法申請到綠島。台灣島上一旦發生戰爭，必然玉石俱碎。最安全的地方莫過於綠島，那裡不僅是高懸太平洋的一座島嶼，也是聞名世界的政治監獄，中共絕對不會攻綠島……。

抓耙仔四伏

楊逵等二十多名「警總」寄押的「叛亂犯」被送走後，每天放封時都有人來找我問長問短，有的問我台南監獄的管理情形；也有的問我對「舊金山和約」的看法；以及林彪的「四野」投入韓戰以後，對「美帝集團」所造成的震撼，對「長眠的『獅子』終於醒了」有何感想？以測驗我「進步」與否？幾乎所有的人最後都不忘問我，有關「二二八」案的人，不論被判多重，都已一律依「戰時臨時疏散條例」釋放出去，何以獨我一人，尚留此地？

有一天晚飯後，距點名還有兩個多小時，「黃得卿案」的陳浩圳和林錦泉兩人，又爲我未能依「臨時疏散條例」被疏散出獄大表驚訝，又開始追根究底。問我是否在台南獄中又觸犯些什麼，才被留了下來？我因不明他們的來歷背景，在抓耙仔四伏的深牢裡，隨時都會被打小報告，我需防患，掩護自己。因此對他們的囉嗦，委實也有點不耐煩，便隨口回他們說：「還不是給謝雪紅那個『臭婆子』所累，我根本不認識她，卻硬被扯上去，實在夠衰。」

話猶未完，問話的人卻忽打著赤脚衝過來，意欲找我打架，眞把我嚇得莫名其妙。捫心自問從未得罪任何人，除了爲掩護自己，有時候賣賣關子，說些無心話是有的。然而他們何以竟衝著我來？幸虧我眼明手快，動作敏捷，轉身閃開，讓他撲空跌倒。但陳浩圳被扶起來時，右手掌卻不知被什麼割傷，開始滴血。我愕然凝視。當時我還來不及反擊，手上也沒拿什麼利器，他的手傷到底怎麼來的？眞是令人納悶。

點名前我們都被關進自己監房等候點名。至次晨放封時，才從旁人那裡打聽出對方的傷是被自己手上的小刀片所傷。原來他向我問話時，手上正拿著用鳳梨罐頭空罐蓋磨成的小刀片，因不滿我賣關子，又將責任推給謝雪紅，聽得不爽就拿著刀片衝過來，結果弄巧成拙，大獻其醜。

大約又過了兩個月的一個黃昏，半年前爲蔡懋棠案被保密局借提去「對質」的蔡澤被押解回來。他是「黃得卿案」中我唯一認識的人。次日放封時，我便迫不及待向他探問究竟。他面帶苦笑告訴我，他們當中有幾個人曾經參加過謝雪紅的「作戰本部」，後來也都跟二七部隊進入埔里。這些人當時有的才十八、九歲，對二七部，未必能了解多少。但他們都見過我，認識我，也可以說曾經也是我的部下。他們覺得我做事沒有擔當，竟將責任推給歐巴桑太不應該。

我聞言啼笑皆非，眞是啞巴吃黃蓮。在這種地方，我難道還要逞英雄，誇耀自己的事跡，給國府的抓耙仔提供「打小報告」的資料不成？何況謝雪紅早經蔡懋棠安排國府艦艇讓她逃亡中國。如今即使將所有責任統推給她，事實也不會影響她什麼。對一些不相識，不相干的人隨便說說又何妨？

蔡澤，大甲人，「中商」二十二期畢業。戰時嚮往「祖國」，曾與周秀青、古瑞雲、何集淮、吳崇雄、蔡懋棠等人，在台中市若松町「竹篾市」(即今中華路)後面，滿州人曹玉波先生辦的私塾學「北京語」。戰後一度回母校任「北京語」教師。人頗精幹，富有企業心。尤其善理財，曾經爲其姑丈所經營的紙業公司賺進不少錢。自己也投資不動產和建設公司，適逢景氣向榮，每投必中。他父親曾任陳儀時代的農林處專員，被派來嘉義接收日產農場。因跟他父親到嘉義任所，才認識「黃得卿案」中的一位丁姓朋友。結果遭到牽連，被判八年徒刑。黃得卿一夥人搶劫民雄電台、嘉義東門市場一家雜貨舖原與他無關，卻因一本《新民主主義》便被羅織成「內亂罪」牽連進去。

托洛斯基派

有一天「黃得卿案」一位姓賴的小伙子，「很誠懇」地「忠告」我，別再跟許華江在一塊，因爲他是「托派」。我很驚訝，但也懷疑賴姓小伙子對所謂「托派」知多少，便裝做不懂什麼叫「托派」，而反問他「托派」是什麼？他聞言，祇差沒有暴跳，卻瞪著兩眼，以急促且近乎責備的口吻問我：「怎麼連什麼叫做『托派』都不懂，難道『二二八』的人都這麼沒水準？」

我裝著很無奈，兩手垂直，微裂嘴角，以盼望的眼光，期待著他對「托派」的解釋。他也許屬於所謂「理論家」，對左傾書刊想必看過不少，不然怎麼會有這麼大的口氣，斬釘截鐵，指某些人爲「托派」。然而他的「解釋」，卻令人洩氣，他幾次欲言又止，似在搜索枯腸，表面卻仍甚逞強。最後他略帶口吃、結結巴巴地勉強說句：「反正『托派』是反革命的，所以必須消滅，更不能跟這些反革命份子在一塊。」

許華江是「台大」經濟系學生，身材中等，屬於白臉書生型。記得是安徽人，與另一「台大」政治系學生周自強同案。放封時從未看過他們兩人一起散步或說話。是否因「路線」不同，抑因「招供時」互有誤會？他們兩人是這裡僅有的唐山人，在台都沒親人。雖偶爾也有同學給他們送東西，但都是些衛生紙、肥皂和辣椒醬之類。這一點我們這些本地人比較幸運，至少每兩個月都會有親人來探監，或每半個月送些炒菜干、魚脯炒蔭豉進來作佐膳品。我們都會分一點給他們。

他們儘管感情不睦，互有排斥，但對資本主義社會的弊端隱疾，和「美帝」集團內部階級矛盾，卻都能作深入透視。對「祖國」終將「解放」台灣，及世界弱小民族的奮起，第三世界在世界事務上所具備的不可侮力量，和他們的扮演角色也都抱著堅定不移的信心。

儘管他們的物質生活過得很清苦，衣著甚爲襤褸，但精神都很飽滿，對於前途充滿著興奮。除了犯「搶案」的那一夥小鬼和周自強、許華江兩位「台大」學生外，還有兩位滿州國「建國大學」出身的台南黃山水，和「旗山醬油大王」老三林慶雲。他們兩個人是「建大」愛國青年會的領導人。「二二八」慘案次年政治腐化依然，在所謂清鄉期間，常有人莫名其妙地失踪。一群剛從滿洲被遣送回來的舊「關東軍」台籍少壯軍官，目睹此景此情，憂國慨世之餘遂站出來組織「愛國青年會」，欲藉此喚起台灣人的覺醒，旋因事機不密被一網打盡。經年餘調查訊問，僅將被認爲「主嫌」的黃、林兩人分別處以五年和四年徒刑。

他們兩個人年約三十，處事待人都較穩重，書也好似看過不少。林彪的「四野」進東北期間，他們好似也曾經接觸過一些社會主義書刊。因此放封時他們都喜歡跟我討論一些「理論性」的東西，如布哈林的《唯物辯證論》……。

被孤立，受排擠的「托洛斯基士徒」——許華江，就很孤單，散步時都是一個人。爲了避嫌，幾乎沒有人敢接近他。我因案情特殊，又不信邪，也覺得他很可憐，有時候主動找他聊天。有一天許問我想不想看書，他房裡有幾本值得看的書，可以借給我。放封回來，我就直接往他房間，果然牆角堆了兩大堆舊書。我隨便翻了幾本，發現一本朱光潛的《文藝心理學》，我即將它借回去。接連三天「閉門謝客」，連放封也不出去，結果祇看了三分之一，就已使我欲罷不能，這種書不是小說，不是一下子即能看完，不能囫圇呑棗，應該慢慢吟咏。

我太需要這本書，因此愛不釋手。遂向許華江提出條件，希望他能割愛讓給我。我看到許的衣服汚垢，好似都沒有換洗過，很想拿自己的衣衫和他換書。奈何，體格差得太遠，因彼此尺寸不合而作罷。我正在猶豫不定，許卻提出他的主張：書給我可以，他迫切需要的是營養，在台灣他舉目無親，身體太虛弱，又被孤立，僅靠獄方提供的伙食實在不夠，眞不知道能否熬到刑期屆滿那一天。

我回自己監房，瞥了餅盒裡的炒菜干一眼，又把它放回去，正苦無值得拿出來和他換書的食物時，半年前玉扃探監時送進來的一罐澳洲奶油卻被我盯住。這罐奶油是進口貨，必定相當昂貴。我不是不想吃，而是捨不得吃。如今我更需要許華江的書，我又沒有什麼值得拿出來跟他換的食物，就將這罐奶油給他，許聞言頻頻點頭，表示願意，並將我手上的奶油接過去，自言自語說：「這個我太需要了。」

這個事情終於傳遍整棟舍房。首先是愛國會的人來求證，接著周自強和數位視「托派」如瘟神蛇鬼的人，也來為我「抱屈」。他們都一致攻擊許華江太卑鄙，連那種「觀念論者」寫的，可以丟進茅坑的書，也敢拿出來騙吃，實在太可惡。

「我不管『托派』不『托派』，反正我需要那一本書。是我主動向老許要求，因不好意思白拿人家的書，所以才拿出那罐老放著不吃的奶油跟他換的。」接著我又說：「朱光潛是否『觀念論』者，對我並不重要。我是發現他的文章太美，想拿它做『中文範本』罷了。我沒有你們的福氣，生長在中國，到滿州唸書，我活到三十多歲的今天，才有機會在監牢裡學學中國文。還希望大家多加鼓勵指教。」

這件事情，雖然經我出面加以澄清，而暫告平息。然而對許華江的排擠孤立如故，視「托派」如瘟神的情形還是繼續存在。我覺得必須站出來為許華江說幾句公道話。他們都喜歡說「托派」是「反革命的」，其實剛剛相反，托洛斯基才是鼓吹「不斷革命論」的人。他是一名理想主義革命家。「十一月革命」時，他曾經與列寧併肩作戰分掌黨最高職務——如任外交人民委員長，參加與德談判，極力抗拒德國的併吞。也任陸海軍人民委員長整編陸海軍，組織「赤衛軍」並兼任革命軍事會議議長等要職。祇因後來看不慣史達林、布哈林之輩的跋扈囂張，不民主官僚作風，著文批評而遭嫉，乃至被逐出黨中央……。

這些事情都是「伊厝的代誌」，與我們台灣人根本風馬牛不相及，何必老跟著史達林的吹笛起舞？大家都是受災受難的人。臭頭——蔣介石才是我們的敵人，大家不去怨他恨他，卻找一個為正義為理想而坐牢的學生同難來出氣，大家應該多摸摸良心……。

自此以後，除了黃、林兩位滿洲回來的，還和我繼續保持以往關係。其他的人似乎顯得漸趨冷淡。也許他們認為我也是「托派」，也是「反革命份子」而感到失望？

左傾幼稚病的危害

「黃得卿案」的小伙子們雖然因我一時失察——不明對方來歷和背景，隨便將自己未能依「……疏散條例」獲釋，怪罪謝雪紅，而招致陳浩圳的「衝殺」，以及我為「托派」的許華江路見不平，拔刀相助，而被視為「異教徒」。然而少數幾位曾經跟二七部隊退入埔里過的少年囝仔，對我似乎仍有興趣，有時還會主動提出問題，或跟我討論一些有關二七部隊在二二八事件中的功過得失……。

其中最具爭議性的問題，便是謝雪紅出現二七部隊是功？是過？這些屬於「人民協會」外圍組織的少年囝仔，多認為謝雪紅的出現，確曾給二七部隊增加不少聲勢，使「處理委員會」那一批人，不得不刮目相看。也使那些一直舉棋不定、猶豫不前的「日和見主義」者、小資產階級懾服「投降」，因此極力強調謝在「二二八」中的偉大功績。

對這些「人民協會」派的看法和主張，我當然無法苟同。我告訴他們謝的政治素養，絕對優於「處理委員會」裡的任何一個人。她的奉獻精神和豐富政治經驗，我們也應不吝惜地加以肯定。但，我們也不能忽略她是一位頗有爭議性的人物。她的形象在當時的台灣社會並不受人尊重。連楊逵和文化界人士，如張深切、郭德金都對她敬而遠之。她的私生活我們無權置喙。她對日本人漫長五十年的反共教育，台灣人被強迫洗腦，被教成視「共產黨如瘟神蛇鬼」，主客觀均未成熟，閉塞未開的戰後的台灣社會，並未加以深入體察，即急功近利、揮舞著「人民協會」大旗，高唱「紅ㄆㄚˋㄆㄚˋ的馬列主義」。橫行蠻幹，使社會中堅份子扼腕嘆息，市民望而生畏。

記得三月九日（一九四七），她要求成立「中共」模式的「人民政府」，要由二七部隊向外宣佈，並要求選她擔任「人民市長」。雖然經我堅決反對，使其未能得逞。「人民協會」派的人卻依然故我，藉著下鄉宣撫的機會，到處推銷「馬列主義」，使許多本來熱心支持民軍的城鄉知識份子，心生疑懼，逐漸背離。二七部隊的建軍計劃，也因而受到影響。人心開始浮動，許多學生也在老師和家長的暗示下，一個一個地脫隊離去。

能高（現埔里地區）區長廖德聰通令各鄉村部落，嚴禁原住民青年下山，參加被視爲「紅軍」的二七部隊。埔里士紳童江立醫師，於接到在台中開業律師的弟弟童炳輝的報告—「謝在台中的各種怪異行徑」以後，也開始暗地裡策動山城人民杯葛二七部隊。連在公館、前「日本海軍航空隊」基地——現在的清泉崗，修復三架飛機的技術員，也忽然失踪。

總而言之，我們所以一敗塗地，時不我予當然是個主要原因。然而假使「人民協會」派沒有犯那麼嚴重的左傾幼稚病，不顧未成熟的環境，一意孤行，蠻幹胡爲，我們也許尙有可爲。至少可以迫使陳儀軍坐下來跟我們談。我們三個師的建軍也許早已完成。三架飛機和戰車，雖然僅屬象徵性質，卻大可振奮民心，提高士氣。而且也可以加深外面對二七部隊確有不少「日本兵」的錯覺。對一九四五年八月十五日日本投降時，大半中國仍處在日本陸軍佔領下，而拜「盟軍」兩顆原子彈之賜，才勉強擠上戰勝國之列的國府應有若干嚇阻作用吧？

當時我們的戰略和訴求目標，僅止於要求南京當局「准許台灣能如愛爾蘭之於英國的地位」。眼見林彪的「四野」進入東北，在蘇軍掩護下搜刮日本銳師——「關東軍」所有裝備，深怕「中共」尾大不掉，蓄勢待發的國府，豈肯捨近求遠，無視「四野」的壯大，不顧「中共」的正面威脅，對台灣作傾力之進剿？

二七部隊進駐埔里，即面臨遼闊防區。通往埔里路線共有四條，另有三條小徑，都需派兵設防。兵力分散，又無法就地開發兵源，前線與後方也無法保持聯絡，搬去的野戰用通訊器材沒有技術人員裝接。三訪原住民部落，說服各社頭目村長，因被誤當「日本兵」，反而受到格外歡迎，言談甚歡。正暗自高興不虛此行，奈何區長廖德聰的「密令」和「霧社事件」的陰影，仍然罩住每一位頭目的心頭。他們都說進駐埔里的軍隊是「赤色共產軍」。我又失敗了，徒嘆奈何！

傍晚拖著疲憊的軀殼下山返回埔里。面對著在前線餐風露宿數天，迄未能派人換防，內心甚是難過。參謀長和副官都親自帶隊馳援駐防水社的魚池隊。因爲自前夜開始敵軍已從水裡方面，派出數名斥候前來探索，草屯方面也聞有敵軍進駐。鎮民對我們的杯葛依然，整個山城已呈現山雨欲來的淒涼景象，鎮民開始零星疏散。他們帶口糧攜妻兒直往山區走去，因爲山城可能很快就要淪爲阿修羅場。

他們經過我們哨崗時的狠狠一瞥，猶若利劍刺進我的心窩。他們的憤怒實不難想見，因爲我們據此不走，害得他們不得不拋家離鄉，往山區逃避。

如今在這裡再也看不到向我們搖手、高呼「台灣人萬歲！」的歡聲。祇有冷冰冰的臉孔和咒罵的怨聲。面對此景此情，我又不免心裡再對「人民協會」派的左傾幼稚病者、狂妄自大份子，咀咒幾句。

我最後要提醒強調的：大家對阿山仔政權，固然恨之入骨，每一個人的潛意識裡，卻同時也是「恐共」和「反共」的。雖然不喜歡阿山仔政權，對「紅色共產」也深感恐懼。對謝雪紅「人民協會」派的不識時務，橫行蠻幹更是不能忍受。

總之，一般市民的對紅色疑慮，才是二七部隊敗亡的主要因素。

陳纂地被捕

周自強和許華江被送走，約兩個星期後的一個傍晚，數月前被「警總」保安處（原東本願寺）借提的葉老頭，由「警總」押解回來。次日放封時，他一出現操場，即被五、六個以前同房的人擁上去纏著問長問短。

大家都想透過他，去了解白色恐怖下「警總」的「業況」。保安處和軍法處看守所既決與未決的人數，依「二條一」(唯一死刑罪)起訴，即將押往馬場町處決的有那些人？最近被捉進來的，多屬那一方面的案情？韓國濟州島暴動以後來台灣的所謂「身囚異域，心嚮祖國」的「反共義士」的待遇情形，及有無自己的知友熟人也被抓進來的？

葉老頭雖然被糾纏得無法脫身，兩眼卻似乎一直盯著我。我也暗地裡一直注意他。好面熟的臉孔，似曾相識，卻又想不起他是誰？又過了兩天，有人趨前向他搭訕，卻被他藉故推脫而跑來找我。

他到我面前便迫不及待問我：「你怎麼還在這裡？你們(涉案「二二八」的)不是都釋放了？」經他這麼一問，我更為糊塗。他眞的認識我，我們一定在什麼地方見過。我隨即反問他如何認識我。他連忙陪笑說在斗六陳醫師(陳纂地)家看過我幾次。「二二八」時也和劉占顯(和平日報斗六分局長、陳纂地同志，牙醫)帶陳醫師的「口信」到二七部隊給我……。

原來這位笑容滿臉、說話幽默的老頭兒，竟是日本殖民統治時代的一頭「獵狗」——台南州警務部特高課的「特高」(專門對付政治人物的特別高等警察的簡稱，類似美國ＣＩＡ)被派來監視陳纂地的葉登炎。

陳纂地，彰化二水人。台中「一中」一九期(一九二七年)與「獨盟」許世楷父親許乃邦，許世楷夫人盧千惠父親盧慶雲同期同班，「大阪高醫」在學中，因涉案左傾學生組織「辰馬會」

業建安醫院。

被繫獄數月。至一九三三年才畢業回台灣，與女子醫專婦科出身的夫人陳玉露，在斗六街開

在三十年代的台灣，能擁有這麼一家具有規模的綜合醫院，夫婦兩人同是醫生，在社會上有其崇高地位，普受尊敬自不待言。奈何他留日時的「傷痕」——因思想問題而下獄的記錄，卻永遠被烙印身上，如影隨形。不論他到任何地方，做任何事情，都永遠躲不開「特高」的視線和魔掌。

葉登炎被派來監視陳纂地有好一陣子，不知什麼機緣，這頭「兇惡頑犬」竟讓陳纂地給馴服。戰後葉登炎對自己的「反正」，曾經對我這麼說：他觀察陳纂地已有段時日，發現他與一般「思想犯」不同，富有愛心。對一些不識字衣著襤褸的病患窮人，很是照顧，還常拿錢接濟困貧人。對日本殖民統治的不公不義，即使在他們（特高）面前，也毫不避諱痛加批評。使他有時候不免為他捏一把冷汗。然而他的大義凜然，無所忌諱，一心一意為人民為社會的堅毅奉獻精神，卻使他不得不懾服。自此他開始反省、檢討自己以往的荒誕行徑，乃徹底醒悟，而冒著被革、被下獄的危險，倒戈開始為陳纂地「服務」。

一九四五年初，陳纂地在河內脫下日本軍醫少尉的制服，離開「皇軍」陣營，投入胡志明的「越盟」。大戰結束，印度支那（越南）被法軍收復後，胡志明的勢力也已壯大到幾可與法軍分庭抗禮的地步。胡志明此刻更需要陳纂地留下來協助他們的解放運動。

然而目睹趁著日軍投降，長驅直入印度支那、土匪不如的中國廣西部隊「六十二軍」，又

聽到台灣即將由中國派軍來接收，他便開始焦慮。一旦故國台灣交到中國軍手裡，台灣人民豈不將面臨一場大災難。歸心似箭的他乃決定回台灣。他遂糾集前日軍「志願兵」軍屬籌資買船，經南支那海海南島沿岸返回高雄。

陳篡地回台灣不久，隨即將葉登炎安插到與友人合夥經營的台北舘前街「台灣貿易公司」，並命他負責處理北部地區所有聯絡事務——包括「台籍前日軍安南聯誼會」的業務。「二二八」發生時他緊跟在陳身邊，爲陳分擔一些聯絡工作。他也跟劉占顯（有關陳篡地、劉占顯請參閱「辛酸六十年」上冊三六九頁）到二七部隊帶「口信」給我。

陳篡地的警備隊退入樟湖以後的種種，我們也略有所聞。如三月十六晚（一九四七）在樟湖派出所（此時爲民軍所佔領）斜對面，小徑右側樹蔭蔽天的地方，抓到一名鬼鬼祟祟曖昧可疑的人。由蔡鐵城權充「軍法官」加以調查訊問，證實是敵方臥底奸細，遂下令將他處決。

和簡吉（舊「農組」領導人）爲穩定後方，派交力坪（阿里山鐵路沿線一個小村落）人王棉（約三十歲）潛入生毛樹（現在梅山鄉瑞峰村），暗查國民黨抓耙仔，不愼卻反將自己身份暴露而慘遭殺害。王棉的被害，聽說是由瑞峰村長陳長甲密令陳爲學、葉千歲兩人，將他押赴草領潭岸，用十字勾從後腦袋砍死的。

這兩件事是很奇妙的對照，都可說明慌亂中發現奸細時，敵愾心理的強烈反應。也說明了做走狗的人，不論朝代如何變，唯他甘願淪爲走狗的心不會變。如村長陳長甲（請參閱《辛酸六十年》上冊二一二頁～二一三頁），還有鼎鼎大名的「辜中常委」。

陳纂地撤守樟湖以後，便移陳故鄉二水山區負嵎頑抗。及至發現事已不可為，便躲藏到他父親——土牛師所擁有彰化縣員集路，靠近二水與田中鎮交界處，南投縣松柏坑西側崁腳坑口，他父親的徒弟們為他臨時建造的小碉堡。

陳土牛是一位名聞遐邇的拳師，擁有坑口與南投縣接壤處一大片山園。陳纂地躲藏的小碉堡，便是建造在這片茅草叢生、種有鳳梨和龍眼的山坡地。碉堡為粗簡磚造，約有五、六坪大小，有細流覓水，也備有簡陋廁所。飲食則靠他勇敢機警的姪女阿草（姑以代名）接濟。

碉堡頂面留有一小洞，裝置可以觀測四周的反射鏡。出口處則為密茂茅草，出入時將茅莖輕輕一撥即可進入。但一挺重機槍的槍口也對準著洞口。裡面另有自動步槍、手槍和手榴彈。還有兩小瓶氰酸鉀和一加侖汽油。曾任日本遠征軍陸軍軍醫少尉，並參加過胡志明的「越盟」的陳纂地，畢竟不同凡響。他想得煞是周密，對「最後」如何處理身後，也有妥善安排。

這麼隱密的地方，應該萬無一失。除了自己人以外，並無其他人知道。然而隱匿到第四年，一九五〇年秋收前一個下午，曾經為陳纂地建造碉堡的林姓水泥匠（也是土牛師的徒弟）的妻子，在自己田間逮到偷拔她們稻穗餵雞的鄰婦，兩人因而開始口角，理屈暫居下方的鄰婦，不甘受辱，終於將林婦肚裡孩子的秘密揭穿。她反唇相譏林婦「夫婿遭通緝被追捕不在家，卻還會懷孕。」林婦聞言一急，為顧全名節，竟公然在鄰婦和圍觀看熱鬧的人面前，強調自己夫婿有時候晚上還會回來看看她們母子。

結果陳纂地及林某一伙人隱匿的地方必不遠的消息，便傳遍早在三年多前即派來二水圍捕的特務那裡。次日林婦終於被帶走。復興國小後面那一片山園也開始一波又一波地被搜索。依然無所獲，但被帶走失踪的人卻日甚一日。阿草的行踪也開始被盯住。不久她也被帶走。她被帶到一個秘密地方受盡凌辱和折磨，被剝脫衣服，裸露胸部，然後將電線紮到奶頭通電。又威脅她要用沾過鹽巴的硬質尼龍刷子刷她的陰部。四個月後阿草終於被釋放出來。特務們很顯然地改採欲擒故縱的戰略。果然不到兩個月，她忽又被帶走。她儘管受盡凌辱拷問，卻始終守口如瓶，未曾透露陳篡地隱匿的地方。在小學當老師的哥哥陳振興也被捕。還有更多的人都受到牽連而被帶走。最後當局便確定陳篡地藏匿的地方，並盯住坑口東北側那一大片山坡。

直到一九五一年，台灣省警務處刑警大隊長劉戈青的兒子用擴聲機向陳篡地喊話。並透過陳慶全、王白冬（美術評論家王白淵的弟弟）等前後任鄉長出面勸降，陳篡地始提出三個條件，即——第一、須完全保證他及家人的生命安全，第二、對他的財產及懸壺行醫的保證，第三、因他被捕的人，應全部釋放。始結束這場僵持幾達四年多的尷尬局面。陳篡地離開碉堡不久，果然在台北市後車站的太原路，重懸他們的「建安醫院」招牌。從表面上看，他們似乎完全回復自由，但候診室裡面，卻常出現「不看病的患者」坐在那裡賴著不走，又不知該作如何解說？

國府這種作態，一見很文明，也有點人情味，其實說穿了，眞是一文不值。第一、有關「二二八」案，早經省政府和行政院宣佈結案……，不究既往，經判決服刑的人也一律被釋放。陳始終未牽涉任何與「中共」有關的案件，這才是重要關鍵。

加上他是一位——在竹山、二水、斗六、濁水溪一帶甚具群衆魅力的人物。他父親土牛師又是一位德高望重，桃李滿天下的拳師。日本領台後二十年間，受其照顧的人很多，受其濟困的窮人也不少。因此當局想處理陳案，自不能無視這些人情背景。

還有國府剛被他們的人民趕出中國大陸，抱頭逃竄來台灣，欲求棲息之地。也應該「秀」一點，裝作「很寬宏大量」才能騙騙憨直忠厚的台灣人。

葉登炎最後強調陳篡地不是舉白旗投降，而是被圍困碉堡裡好一陣子（幾達四年多），才爲刑警大隊長劉戈青之子所「俘獲」的。

他被俘後，因他被捕的人都被釋放出來。這與「人民協會」一小撮「高幹」爲求一己一家的安全，自首交關係，出賣同志的情形可說完全不同。

禁閉一個月

天還未亮，便被雞鳴催醒。梅雨淒淒下了一天一夜。一陣涼風吹進斗室，仰頭望窗外一片漆黑，一隻麻雀在屋簷下飛來飛去，似乎在找尋可以避雨的地方。我躭心牠會像飛蛾撲火，飛進囚禁重犯的監房。隣舍牆壁和間隔樹木，仍被烏壓壓的雨雲遮住。

忽聞遠處有人在喊，連忙搬來兩本厚厚的《國父遺教》，和一本蔣介石的《蘇俄在中國》墊脚，雙肱緊靠在六尺高窗框，跂踵傾聽。果然是關在三舍的老蔡在喊我。當他發現我在窗口伸手搖晃毛巾，便壓低聲音告訴我：「一件震撼世界的事件已經發生。前天（一九五四、三、五）一代梟雄史達林去世。自一九二三年即任『蘇共』書記長以來，一直在社會主義陣營執牛耳，照耀全世界無產階級的巨大『太陽』，終於殞落。」

史達林的去世，必然會給東西兩陣營的冷戰，帶一些變化。至少會給一直不大順利的「板門店談判」，帶來一些曙光。對那些將希望寄託在無產階級世界革命的勝利，幻想共產「祖國」在史達林支援下，必將解放台灣的赤色俘虜，也將是一個沈重的打擊。我雖然一直持著隔岸觀火的態度，放封時，卻也不免在大家面前跟著嘆息兩聲。

半個月前我們被調離二區一舍。由於案情的不同（其實是出於自己的爭取），僅我一個人「獲准」調到二次大戰中，遭盟軍飛機轟炸毀壞殆半、幾已成廢墟、僅存幾間獨居房、窗口與三舍相向的二區四舍三房。

二區四舍的監房，都是寬不夠兩手伸張、深僅丈三的斗室獨居房。是日據時代專為收容「思想犯」和死囚特別設計的監房，二次大戰中，因日本憲警羅織的所謂「東港事件」的郭國基、楊金虎，和「羅東事件」的李建興等人，及早期「台共案」於一九三一年間被捕的王萬得、蕭來福、莊守、王溪森、蘇新、林日高、楊克培、楊克煌……等人，也都先後被幽禁在這些獨居房。一九四四年遭盟軍飛機轟炸獄死的台南名律師歐清石，則被囚禁在現已成廢墟、牆壁傾倒、雜草叢生的第九房。

才於兩年前建竣，可以容納兩千人的新店軍人監獄和綠島新生訓導營，現在又告人滿為患。其餘散在各地十數個監所，也無一不擁擠像「擠沙丁魚」般。梅雨季過後氣溫回升，加上數月不曾洗澡，從身上散發出來的汗臭，恐怕連獄卒都會受不了。所以「警總」才又想到再借台北監獄二區一舍，疏散部分監犯，因此，我們這十幾個經司法審判的，便被「乞丐趕廟公」了。

如果還不夠用，何妨再增建幾個大監獄。反正增建監獄，國民黨堪與前朝媲美，是可向內外誇耀的政績之一。無怪乎魯迅也在上海《申報》發表一篇頗富諷刺的文章，「恭維」國民黨說：「一九〇一年簽下『辛丑條約』之後，張之洞即利用『庚子賠款』，派留學生到東洋和西洋研習政經科技。一九〇五年清廷又派五大臣出洋考察憲政。至一九二六年蔣介石任北伐軍總司令，遂於一九二八年開始大興土木：廣建監獄……。」

遭中共趕出大陸、逃來台灣的蔣政權，眞是忝不知恥，至今猶遵行「阿Q遺法」，對外宣稱他尙擁有「六十萬大軍」。其實這個數字，還要靠各監所、職訓隊不斷增加的人犯來充數。可是逮進來的人裡面，卻偏偏有一種「韌命的人」，任你如何拷刑、訊問都無法罩上罪名，依文明國家的慣例，應該立即釋放才對。然而「功勞簿」上已被記上一筆，獎金也領了，新聞也已發佈，更何況「警總」威信絲毫不能受到質疑。

對付這些人，「警總」也有萬全措施。在台北縣土城，另外成立一所掛羊頭賣狗肉的「生產教育所」（一九五四、七、一依懲治叛亂條例第八條成立——簡稱「生教所」）。任何罪名都無法罩上的，即改拿看不到、摸不到、藏在每個人腦海裡、抽象模糊的東西出氣。妄指這些人「思想有問題」，不經審判，不准申訴，便裁定他們三、五年「感訓」。有的甚至不明示「感訓」時間，等於判無期徒刑，漫無標的地在「生教所」虛度一生。

不過到「生教所」坐牢的人，除了標籤不是「受刑人」外，一樣可以享受「六十萬大軍」之一的軍糧和被服。祇是被服顏色有些不同，每天還要接受四個小時的強迫洗腦。如果想早日擺脫苦海，離開這個人間地獄，必須「悔過有據」。本來即屬無辜的人，卻還被要求「悔過」，眞不知道要他們「悔什麼過」？簡直是鬼打鈸。

原來所謂「悔過」，即是對「生教所」的要求，除了必須「百依百順」，還要「立功」。即是在所裡當他們的眼線，替他們打小報告。教你非踐踏自己的人格，出賣自己靈魂，在所裡面當「警總」的抓耙仔，陷害同難，否則任何人都休想「結訓」。尤其對未明示感訓時間的人，他們都常用這一套誘惑。

不過也有特例，這種特例也許不常見，卻相當靈効，如透過管道，大大地「送一包」。又你的女人來接見時，不幸或「有幸」給「盯住」，以後的發展便不難想像。除非她想當「烈女」，堅貞至節，寧死不從，否則很難逃出他們的魔掌。當「紅帽子」變成「綠帽子」時，將是「悔過有據」，特准提前「結訓」的時候。

聽到「收封」的哨聲，正準備回房，躡寇忽從背後喊住我，說有事跟我談，要我跟他到警衛課一趟。

到警衛課甫坐定，躡寇隨即從桌櫃裡搬出三本有點霉味、潮濕厚厚的書放在桌子上面。

我一瞥便知道怎麼一回事。原來他們趁我們出去放封時，進去搜檢監房。如今事情已經發生，證物也都被擺在眼前，想躲也躲不了，想推也無法推脫。躡寇雖未大發雷霆，卻仍板起臉孔，帶著責備口吻，指著那三本書問我：「是否常拿它做墊腳石，爬上窗口跟鄰舍的人講話？與他舍的人『秘密通話』是違規。爬上窗口，亦可視為企圖脫逃。拿蔣總統大作和國父遺教做墊腳石——我們中華民國是『民主國家』，雖然沒有所謂『不敬罪』，但侮辱元首和國父的『思想行為』，另加重你『十年感訓』也不為過。你已經坐過六、七年牢，經歷過那麼多監所，難道還會不知道這些規矩麼？」

躡寇說到這裡略停片刻，又喟然嘆息說，如果他們不同情我的刑期還有那麼長，老邁寡母孑然一身，倚門等我，他們便可以將我送去軍法處。可是他們不忍這麼做，希望我能反省悔過，別再給他們增添麻煩。

這件事情，最後經上級酌定「在原房禁閉一個月」了事。

第五部

警總保安處

提訊

一九五四年四月底，一個春暉斜照的下午，蹓寇手上拿著公事跑來工地命我趕快回房收拾行李，要讓我回家。我聞言愕然，驚訝萬分，木然不知所措。待蹓寇再次催逼，我兩眼仍不勝依依，目不轉睛地眺望著那即將完成的「黃河」河床的加高工事。

不久前，時任法務部長的張知本巡視台北監獄時，目睹獄裡二區中央八卦樓前，約有近千坪土地，戰爭結束將近十載，依然一片荒蕪廢墟，當即面諭典獄長林滋培利用囚工，將這片荒蕪廢墟變成綠地公園，既可美化環境，也可以供作教化園地。

林滋培隨即召來教誨課長「烏車仔線」陳普德，和戒護課長李定堯研討後，認爲一般刑事犯多未受教育，素質參差不等，而且多讓刑事犯生產，可以增加獄庫收入、提高福利——（事實僅爲司法大廈裡和「北監」獄吏們自己的福利）是高等法院的要求。如今爲清理這片廢墟，抽調生產線的受刑人，必然影響生產、減少收入。乃決定由十多名所謂「政治犯」規劃，再由李定堯調撥三十名外役監短期犯，配合負責清理拆除廢牆殘瓦。

我們這些經高等法院以「內亂罪」判刑的所謂「政治犯」中，以我的刑期最長，坐牢閱歷也最豐富，而且被認爲曾經在「娑婆」（指獄外世界）做過一點事情，無形中被冠上「龍頭老大」的稱號。因此整個工程的規劃、指揮便落到我的頭上。幸得「愛國青年會案」的前滿州國建國大學出身，曾任高雄中學教務主任的林慶雲，和同爲「建大」史學系出身的台南黃山水二兄肯相從協助。

我因爲考慮到已經坐了七年牢，健康也大不如前，如果蔣幫一日不倒，即使刑期屆滿，在沒有法治的國府監牢裡，也不見得能如期獲釋。爲了爭取更多放封時間，和更大的活動空間——沒有健康的體魄，便沒有坐牢的本錢。我也鼓勵其餘的「政治犯」參加這份工作。

爲了作業上的方便，和便於處理廢墟中的殘骸廢土，我們曾幾次聚首研討，並得到蹋寇和「烏車仔線」——陳普德的支持，我們決定在約有四百多坪的二區三舍廢墟上，建造一座立體的中國地理模型，讓天天唱著「反攻！反攻！反攻大陸去……」及「一年準備，兩年反攻，三年掃蕩，五年成功」的阿Q的兄弟，和蔣幫的孝子們去憑弔。而二舍廢墟上，則建造一座與「中國」一樣大小，長滿著綠草，雄偉壯麗的福爾摩沙——美麗之島。中央八卦樓正對面，前教誨堂舊址北端則另建球場。

爲此我們透過教誨課，向外面借來兩種日據時代測量繪製的中國掛圖，和前「台灣軍」測量隊繪製的台灣地圖。我們也自掏腰包，請蹋寇到台北城內，買來兩種最新版的地圖。我們幾經聚首研討對照各不同的版本，尤其重視從滿州回來的兩位老師所提供的意見。

由於此時台灣還沒有推土機，一切都須由外役監的輕刑犯，用十字勾和鍬頭挖掘。再用畚箕肩挑搬移，因此工程進行得加倍艱辛，進度也很慢。不過這些由外役監調來的年輕人，卻個個都做得滿起勁。原來他們工作表現好一些的，再打通一些「關節」，每星期便可以被帶到外面看「醫生」一次。這是坐過日本時代監牢的人所無法想像的。他們要看的「醫生」，都是聚居在艋舺附近淡水河邊的「蕃薯市」，和台北市中山北路，現在大同公司後面，以前叫做「牛埔仔」一帶的「密醫」——密淫窟。

經三個多月的努力，我們駕輕就熟，先將雄偉的福爾摩沙島完成。第五個月，唐山走路政客所朝思暮想的中國立體模型，也跟著完成粗略雛型。——萬里長城的山海關與西北的玉門關城樓，則請木工場用小木頭雕製，再用紅磚一塊一塊地堆成「長城」。經曾任日本關東軍陸軍少尉的林慶雲兄提醒，才發現黃河河床做得不對。由於數千年來淤泥沈積，現在的黃河河床，已經變得比平原高出數丈。我們卻忽略這一點，仍將它做成與長江和珠江同樣，比平原低。

躡寇找我時，我剛將河底增高，正欲在河床上再撒佈一層黃沙……。「快呀！快回房收拾行李，你不想回去麼？」躡寇第三次催我，同時將我手上的地圖和計劃單都接過去。

我左思右想，滿心狐疑，怎麼這時候，春暉已斜照，卻要放我回去？事前一點跡象也沒有。雖然有關「二二八」案的人都早在五年前一次「監犯大疏散」時淸監釋放，祇因我的案情特殊又被當成「謝雪紅的親密戰友」，而被「故意疏忽」。反正家裡的人也不希望我這時候出去，白色恐怖正瀰漫全島。李漢堂、李炳崑、林日高出去後，又都被羅織莫須有罪名被逮被殺。我的情形比他們還複雜，還麻煩，他們豈肯輕易放過我？

此刻不禁想起玉扃前次來接見時，曾經提起一位在國府監察院當什麼科長的阿山仔，不知經誰的介紹跑到她娘家，毛遂自荐，說他有辦法讓我保釋出獄。不料卻遭到不希望我這時候出去的她婉拒。兩個星期後這位不識相的阿山仔，竟誤以爲玉扃拿不出錢，所以才不敢領情，又來找她，表示他並不爲錢，一毛錢都不用花，未幾他終於露出狐狸尾巴，要求祇要介紹她在田尾國小教書的妹妹輝美，做他的朋友即可。

眞是癩蛤蟆想吃天鵝肉！鎭上一位去日本學醫回來的青年，曾經暗戀許久，且得不到輝美的青睞，這隻肥豬算老幾？竟也妄想染指！玉扃聞言勃然大怒，肅然回絕他說：「鍾某的案情我們很淸楚，即使你們的院長也無法讓他回來。反正我們也養不起他，他在那裡衣食無慮，我們又何必爲他焦心。至於輝美，她已名花有主，希望你死了這條心罷……」便草草把阿山仔打發走。

躡寇所謂「要讓我回去」，難道與這個阿山仔有關？我沈思良久，覺得不大可能。然而……。

到行政區總務課辦出獄手續，發現不用「辦保」，也沒有人前來領我，使我更覺詫異。我兩手拿著行李走出行政區，朝正門走去，便發現一輛待發軍用吉普車停在大門外。同時瞥見一位軍士從車裡跳下來，跟著一位年輕上尉也從門後走近我，問我是否鍾某，便拿手銬將我兩手銬上，放在地上的行李，則由那個軍士代我搬上吉普車。

這時我反而很沈著，一點也不覺恐慌。上車後我側頭問坐在後座的上尉「到那裡？」上尉卻冷然不作聲。此刻我內心委實有點後悔，死門關都經過，如今他們要把我送到哪裡就由他，又何必多此一問？

吉普車經東門和司法大廈，西門町……。最後終於到達東本願寺「警總」保安處（今西門町獅子林大樓）。這時我平靜的心又開始激盪。我的案早已結案，不可能牽涉任何與中共有關的案件。即使有關二七部隊的成員，最近才被查出、或被逮捕，可是有關「二二八」案的，國府早已宣佈結案，而且被判刑的人，不論被判多重，也都在一九四九年初，一律釋放。大概不會再爲這些案件被借提來這裡罷？我百思莫解。然而，既然被送到這裡，要殺要剮就由他罷！反正他們這些人根本就沒有是非，也沒有法治，我還能怎麼樣？祇是玉扃和阿母來探監看不到我時，不曉得會如何著急？

憲兵隊長李士榮

在東本願寺——「警總」保安處一樓大廳，折騰了半天，被關進牢房時，已是黃昏。榕樹上和屋簷下聚居的麻雀，啁啁啾啾，幾將左鄰女囚房裡傳出來的呼冤啜泣之聲遮斷。牢房是由前東本願寺納骨房改造隔間而成，祇有七坪大小房間，卻擠進近二十個人，加上每個人隨身攜帶的行李，更加擁擠不堪。

一進房即聞到一陣難受的撲鼻汗臭。我本能的舉手摀鼻，但是瞬即將手放下。因爲在這種場合，這種舉動，對同房人簡直是種侮辱，也是最不禮貌的動作。把別人都看成「臭不堪聞的人」，那自己又算老幾？

同房人中幾近半數是阿山仔，而且都具有軍人身份。因抗命、犯上，或貪瀆敲詐財物罪嫌被關了進來。另有兩個在菲律賓經商多年，回鄉探親的商人，事畢欲返僑居地，甫跨出匪區，即給潛伏港澳的國特設法誘騙來台，也被羅織「通匪」罪名關進來。

其餘的阿海——台灣人，有因同學是「匪諜」而被牽連進來的；有爲組宗親會被羅織「搞叛亂組織」的罪名；另一個邱某，在台南縣一處蔬菜市場任會計，因他在縣政府當臨時僱員的女友，遭「人二」單位的主任強暴，憤而前往興師問罪，卻反而被扣上「爲匪宣傳」帽子被關進來。還有一個連自己名字都不會寫，「政治」爲何物都搞不清的小鬼，祇因在白報紙上隨便劃個紅李子，和一片橫切、近似星星的楊桃片，便被視爲畫「匪黨黨徽」，也依「爲匪宣傳」罪被關進來。

在這個年頭，要斷一個人的獄，似乎無需什麼法律或證據，僅憑特務抓耙仔的好惡主觀認定。如果認眞去分析每一件所謂「匪諜」案件，恐怕沒有一個眞正「紅」到那裡去的人。倒是被屈打成招、被羅織、被冤枉的居多。

次日早餐後——也可以算是午餐。因這裡每天祇供兩餐。上午十點左右一餐，到了下午四點前後再供一餐。一位身高約一七〇，肌肉結實，微胖禿頭，聲音尖銳刺耳，原爲「警總」中校，曾任隊長的湖南人，因與上級爭吵抗命被關了進來的難友，獲悉我已被關七年多，便好奇地把眼睛張得大大、一直瞪著我。接著他又問我什麼案件？我回他「二二八」。

他聞言聳聳肩，顧左右問我是否認識一個叫做王添灯的人？我點頭示意。接著又問他現在怎麼樣？我雖然聽說王添灯早已被害，卻故意搖頭表示不知道。他滿臉露出得意微笑，並比手劃腳告訴我：「……我們正派人到處找他，不曉得他躲到哪裡去，苦無線索大傷腦筋時，王添灯自己卻打電話來求援，要我們即刻派人去保護他。眞是『踏破鐵鞋無覓處，得來全不費工夫』。」

根據他的敍述：原來「二二八」時，聚集在中山堂那一夥什麼處理委員會的人，一聞槍聲便做鳥獸散。唯獨王添灯一個人還守在中山堂，他強調他沒有犯法，也沒有做什麼不對的事情，爲什麼要躲起來。實在夠勇敢，令人佩服！上級一接到王的電話，眞是喜出望外，當即派這名中校去逮捕他。中校帶三個人，開著吉甫車到中山堂把王「請」來保安處。

「訊問王添灯時，無論怎麼拷刑，他始終昂頭挺胸，強調他沒有犯法。然而我們哪能相信他的胡言亂語？我們手上掌握很多證據，不怕他不招。……他被拷刑得不成人形，終於癱在地上，動彈不得，似乎祇剩下微弱的呼吸。最後我們將他塞進汽油桶，封蓋子，再加以烘灼。然後乘黑夜用吉甫車將他載到漢口路尾，丟入淡水河……。」

中校的得意表情，有若自述他往年的「武勇傳」，這與我內心的絞痛和憤怒正成強烈對比。我此生永遠不會忘記中校的醜陋嘴臉。

中校姓名依稀記得叫做陳×郁。中間那字，我想了好久，很遺憾卻一直想不出來。

（有關王添灯的家世、生平及戰後至「二二八」的事蹟，請參照李筱峰著《二、二八消失的台灣菁英》五二頁～七四頁，及《辛酸六十年》上冊二七三頁～二七六頁。此處恕不另述。）

一位橫躺在左角落，身材中等，年近四十，滿面憂容，操福州腔調，因貪污罪嫌，由空軍供應司令部移來此處的空軍中校李士棋，一直引起我的注意。他不苟言笑，即使有事找他問話，也都似理不理。想他必定有很多心事。

此人面相也與李士榮酷似，除了比李士榮稍胖一些，年齡大一點，其餘都很相像。難道他們二人是同胞兄弟不成？我情不自禁，也顧不得他是否孤癖，即使問錯人，也不過向他陪個失禮。於是我鼓起勇氣趨前問他：「你弟弟李士榮現在怎樣？」他聞言怔望我許久，也未推說不認識李士榮其人。果然不出所料，的的確確就是他。因此我更小心翼翼，抑制內心興奮，並以更友善口吻告訴他：「我曾和李士榮做過事情。」我又補上一句：「是李士榮當憲兵隊長的時候。」

李士棋似已相信我是他弟弟李士榮的朋友，便坦然相告：李士榮「二二八」以後爲避麻煩，一度離開台灣返回福建，於一九四九年間再來台灣，雖是親兄弟，因各人工作性質不同，平常很少見面，現在身處何處？他也不知道。

我原以爲垂手可得的寶——李士榮的行蹤線索，卻因李士棋最後一句，頓成泡影。

李士榮是國府「憲四團」，派駐嘉義憲兵分隊的中尉分隊長。一九四六年初，即來嘉義接收日據時代的嘉義憲兵隊。他雖祇是一個二十出頭乳臭未乾的中尉排長，在諸羅城（嘉義的舊稱）老百姓心目中，尤其在即將被遣散回國，惘然不知所措的日本僑民眼中，卻是大耍威風予取予求的人。當時，李士榮常將劫收自日人手裡的古董財物，用牛車一輛又一輛，由武裝憲兵押往東石布袋嘴裝船運往福州。

此事雖經當地人民和三青團屢向陳儀反應，卻始終未獲正視，反而造成三青團與嘉義憲兵隊之間對立和仇恨，也使那些挺身檢舉的正義人士，受到李士榮的暗中報復，時而受到騷擾和恫嚇，其至以莫須有的罪名拘捕鞭打。

「二二八」事件發生，當時在台北活躍的「忠義服務隊」（軍統特務林頂立的部屬許德輝任隊長），即派前澳門西南日報社長劉傳能趕回嘉義，悄悄潛入被民軍所圍困的水上要塞，與陳儀軍私下交易，然後回到嘉義慫恿「處理委員會」，下令民軍即刻撤退，回復水電，宰豬羊勞軍，並要求由潘木枝、陳澄波、柯麟、邱鴛鴦等議員和陳復志、林文樹等組織「投降團」，到水上要塞「投降」。

結果，除了邱鴛鴦當場被釋回，林文樹則於幾天後拿一大包鈔票去贖命回來，其餘所謂「和平使」，則當場被用鐵絲綑綁了起來。

陳復志的太太聞變，即連夜趕往台北營救，俟台北方面瞭解陳復志所蒙受委屈，決定將他解往台北偵審，並將公事和私函（陳復志大舅子的私函，他是某軍的軍長）交由陳復志的太太帶回嘉義，奈何陳復志卻在前一天的三月十八日，在李士榮的堅持下被押赴嘉義車站前，現公路汽車站槍決。

李士榮顯然是爲了報復三青團和陳復志「擋他的財路」，三番兩次向他的上級檢舉他。三月廿三日槍斃四名議員和廿五日處刑的十一名，聽說也都是出自李士榮的主意和堅持。

女囚張金爵

爲了夜間能掌握囚房狀況，囚房裡的電燈都比外面光亮。電燈泡大小，雖因牢房的大小而異，但至少也有六十燭光以上，而走廊的光度卻反而灰暗到伸手不見五指，恐怕連五燭光都不到。這種差別，聽說與戒護攸關。每個囚房的狀況動靜，禁子(亦稱獄卒)們都要瞭如指掌。但囚房外的動靜，禁子們都不欲囚房裡的人知道。

因爲禁子大哥有時想和囚房裡的人做點「交易」，比方拿香煙換衣服，或一些値錢東西，替人帶信……等等。然而爲女囚房的妞兒們方便設想，恐怕也是一個主因：每天黃昏過後不久，鄰室女囚房的門都會打開，讓妞兒們自動輪流到洗澡間「洗澡」。

這時是囚房裡的「餓虎」們一天中最緊張，最有精神，也最有生氣的時刻。儘管外面走廊的光線呈灰色，使房裡的「餓虎」們，幾乎無法辨認經過房門前的妞兒臉孔，看不見她們的胸脯和美腿。然而他們還是會憑著敏銳嗅覺，去追尋女人身上散發出來的特殊體臭而「起舞」。也會隨著妞兒們的腳步聲，摒息抓住欄杆，望眼欲穿地注視在走廊微光下，來來去去的女人背影。

「好奇的雌兎」，走到我們囚房前時，有時候也會故意讓手上的褻衣或毛巾滑落地上，在彎腰撿起瞬間，悄悄偷窺充滿「神秘」的男人世界。如果此時無意中撞見「餓虎」們的怪異動作，而情不自禁，抛下嫣然一笑，也必將掀起一陣騷動，使「餓虎」們受寵若驚，心臟猛跳，滿腦激盪，久久無法平息。

這種近乎顛狂，性情浮薄，類似「性騷擾」的熾烈本能反應，對坐過長牢，一直沒有接觸過異性的人尤其強烈。

妞兒們每天都可以洗一次熱水澡，我們男囚卻一個星期才能沖一次五分鐘的冷水浴，實在太不公平。爲此我曾經向禁子大哥提出「嚴重抗議」，我說：「是否妞兒們有『豆腐』給你們吃，所以才優待她們，我們男的沒有『豆腐』，所以沾不到每天的熱水澡？」

對我的抗議，所方的解釋：「女孩子一天不『洗澡』，不僅她本人和她們同房的人會受不了，連鄰房的你們都會受不了。」我還是不懂，以爲他們祇是敷衍兩下，盡說些「天方夜譚」。直至一九六四出獄，開始與妻生活，才恍然領略其所以。

有天晚上，快近就寢時，忽聞鄰室女囚房一陣騷動，有人大聲叫喚「報告」，禁子們聞聲跑來探一下，掉頭又走。房裡越來越吵，正納悶鄰房到底發生何事，忽見朝夕送茶水的外役黃桑跑來問我是否鍾某？我點頭稱是。他接著用日語告訴我：「你的女朋友，心臟病復發，有什麼可治心臟病的備藥？」接著他又補上：「不是萬金油，綠油精之類……。」

我聞言愕然，頗覺駭異。我何其有幸。身陷囹圄，卻從天外飛來艷福！鄰房的妞兒怎會知道我的名字，也知道我被關在她們鄰房。這就更令人納悶。及至第三天放封碰見黃桑時，我便向他問個究竟！那天晚上叫他來找我的妞兒叫什麼名字？長得怎麼樣？什麼案件的？她們怎會知道我的名字？

我這麼一問，卻反而將黃桑弄糊塗。黃桑說：「我原以為在地板上打滾哀叫的妞兒是你的『女朋友』」。

儘管從黃桑的話中多少摸清誤會的原因，然而女囚房裡面認識我的究為何人？經多方打聽，才知道最近從綠島送回來一批女生，而鼎鼎大名的ゴリラ——張金爵便是其中之一。張金爵是「一陽週報」的同仁，也是我們興中書局的股東。她當然認識我。

戰後——一九四五年楊逵在台中的瓦窰寮成立「一陽社」，創刊《一陽週報》。當時在那裡擔任刻版、油印、校正的女孩有四個。即許青鸞(竹塘許秦之女，台中省立醫院藥劑師)、賴瓊煙(洋洋的母親，已被國民黨槍決)、王玲和張金爵。

張金爵，彰化快官人。比我少兩歲，卻老喜歡將我當做「小弟弟」。為人豪爽，屬於女強人型。能言善辯，個性酷似葉陶(楊逵夫人)。戰時曾與許青鸞、陳翠玉(台獨聯盟)、賴瓊煙等被日軍徵往香港、廣東當「從軍看護婦」。返台以後一直跟在楊逵身邊。她雖然躲過「二二八」一劫，卻仍然逃不過「五〇年代白色恐怖」而繫獄十五年。

紅色標籤

來「東本願寺」已經兩個星期，一直未提審，也不知為啥事被押解來此，星期六沒有放封，輪到我們第八房「洗澡」——一次祇限出去三個人，每個人僅五分鐘，一個星期祇有一次，到底能洗個什麼？不過讓你沾沾水沖一沖罷了。這也算是「警總」對待囚犯的「人道照顧」。

我到洗澡間門口，正準備解衣，忽見一名好似剛剃過頭，正在洗頭的青年，低著頭走近我。我深怕被他的肥皂泡沫沾污衣衫，連忙向後退。沒想到這傢伙竟得寸進尺，兩手仍在裝做洗頭，兩眼卻直瞪著我不放。他又朝著我跨進一大步，幾乎撞到我的胸膛。

我惱羞成怒遂出手揪住他的衣襟，低聲有力責問「想幹什麼？」他沒有反抗也沒退縮，反而將腰彎得更低。嘴上喃喃自語，聲音很低幾乎聽不出來，好似怕被站在左角落監視的禁子聽到。我耐心側耳，終於聽出他用日語告訴我「他是周秀青」。我還以為自己聽錯了對方的話，萬沒想到竟然會在這種地方和他碰面，便再一次問他的名字。他顯得很無奈，似乎也很著急，深怕會被禁子催逼回房而失掉機會。他已經顧不得我是否認得出他，便直截了當地將要件攤出來。

他說：「……我們一直都是跟著你，聽你的指揮和調遣。與ババ（隱指謝雪紅）沒有關係，我們都是討厭紅色（共產黨）……一定要這麼說，不然，我們都不能出去……。」

至此我才明瞭自己何以由台北監獄被提解來此。原來「二二八案」並未結案，至少涉及二七部隊的，還是繼續在追緝，在抓人。儘管國府一再宣稱「有關二二八人犯均已於三十九年（一九五〇年）三月以前奉准保釋出獄……」，一九五四年七月，國府軍人監獄獄長楊又凡上校也於「民國四十三年七月二十一日監峭字第四七一〇號呈軍法局」的公事上強調「所有二二八有關人犯均已獲准保釋出獄，在監人犯中並無二二八事件人犯」云云。然而「警總」在

「二二八」發生已經七年多的今天，卻還繼續在抓人。對這種沒有制度、沒有法治觀念的外來政權，台灣人不曉得還要忍受多久？

周秀青是我們二七部隊的一位親密戰友。他與彰化吳崇雄外科醫院的吳崇雄醫師(當時「台大」醫學院學生)，於一九四七年三月十七日傍晚在埔里與我揮淚握別。他與被中共關入集中營勞改，至得病垂死，才被釋回上海的何集淮、古瑞雲，和坐過國民黨黑牢幾達十年的蔡鐸、張省三均是「中商」同期同班。終戰前在滿州人曹玉波父女辦的「北京語私塾」也與吳崇雄、蔡懋棠同學。

依稀記得是碰見周秀青的第二個星期的一個傍晚，到「大廳」領包裹時，又與二七部隊的另兩位親密戰友碰面。鹿港的林大宜和大甲的蔡鐵城。林大宜趁我蹲下打開包裹受檢時，用腳輕撞了我一下，掉頭一看，才發現是他。原來他也進來。

蔡鐵城則雙手捧著受檢過的包裹，準備進房時，故意繞過我面前，放慢腳步悄悄告訴我，他可能會被槍決，快即在這一個月中。我愕然相視，久久不能言語。不知他的案情，不知他說話的眞實性，更不知該安慰他，還是鼓勵他……。我滿腹狐疑，瞪大兩眼，目送他削瘦的背影。

蔡鐵城這次是「二進宮」。一九四七年底，他因「二二八」案，雖被台灣高等法院依「內亂罪」判處四年徒刑，卻於一九四九年三月，依「監犯疏散條例」保釋出獄。不曉得他這次又觸及那一件案子？我祇聽說他出獄後曾經在「十四大哥」的二頭目徐成安排下，到C.C.派的《民聲日報》當外勤記者。後來得到同鄉——台中縣議會議長李晨鐘的賞識，改任議長機要秘書。

有關蔡鐵城和林大宜，請參閱《辛酸六十年》上冊四八三頁。有關「十四大哥」則請參照四八二頁。

既然被移送來這裡的原因已經明朗，我也就能安心坐牢。周秀青顧慮的問題，本來即是那麼一回事，根本沒有什麼可爭議的地方，又何必叮嚀我應如何證言。事到如今，難道我還會糊塗，自掘墳墓，說二七部隊的部隊長或總司令是謝雪紅，我們都是受她指揮。（其實當時編制上並沒有「總司令」。可能是她們亡命中國以後爲提高身價才想出的頭銜。）

敗軍之卒不足輕重，誰當部隊長都是一樣。大家都是爲保衞鄉土而打拚。祇有一小撮「人民協會」派的人，才會斤斤計較什麼「領導權」和「總司令」的問題。

謝雪紅和古瑞雲亡命中國以後，向「毛王朝」大獻殷勤、自我吹噓，說一九四七年「二二八」時，他們曾經如何「領導全民抗暴」。二七部隊是她們組織的，而古瑞雲之擔任部隊長是她任命等等，固情有可原。

亡命中國，寄人籬下，又得處處觀人顏色，實堪同情。如不好好包裝，凸顯自己，將自己塑成「革命英雄」，將「二二八」染成紅色人民革命，來迎合「毛王朝」的胃口，如何能在彼邦擴大生存空間，如何能在「政協」沾一席之地。然而她們不顧史實，居然拿墨筆塗改台灣人民用血寫成的血淋淋「二二八」史，其動機雖不無可憫之處，但手段卻相當可議，晚節更是令人惋惜。

她們在彼邦的各種表態和言論，縱能搏得「毛王朝」一時歡心，然而原本「師出無名」的蔣幫軍隊，卻因而得到她們的「背書」，掃蕩「共匪」遂成爲堂而皇之的內政問題。美國保守派也順勢公然加以支持……。使兩萬多受難者，因而死不瞑目。數千被關進黑牢的人，也由於被貼上「紅色標籤」，在獄中、在社會上都被視爲異端，到處受到歧視和冷落。

如一九五〇年——五一年間，我在台南監獄，被當地某教會關係的教誨師王進丁和楊高橋兩人視爲「異教徒」，受到百般欺凌。連東京「外大」同學，台南高再德醫師的女婿——吳三連先生小舅子李增禮君，時任典獄長，都視我如瘟神蛇鬼，怕得一直不敢接近我，便是一例。

女難友的叮嚀

五月初，一個天氣晴朗的傍午，我終於被帶到前「東本願寺」的「庫裡」（クリ）——從前僧侶辦公起居的地方，現在已改爲「警總」保安處的「處部」。由一名身高約一六五，白皙微胖，不到五十，著西裝，「和顏悅色」的人接待我。此人聽說是這裡的副處長，看起來一點也不像幹這一行的人。

他看到我被帶進來，便起立迎我。先「驗明正身」問我是否鍾某，然後上上下下打量我一番，指著他面前的皮沙發命我坐下。待一名勤務班長端來咖啡放好，他便揮手命班長都出去。他敬烟，我作揖婉謝，他又勸我喝咖啡……。完全不像對待囚犯，使我心裡很不自在。一開始他便問我：「已經坐過多久的牢？身體還好罷？家裡的人常來看麼？」這種客套話，免也罷了，有事情何必拐彎抹角。乾脆直截了當地問好了，問些無關重要的屁話，又沒有做筆錄，根本不像訊問。

我不卑不亢地和他聊了半天，終於觸及「正題」。他扔掉手上的烟蒂，從抽屜拿出一張名單，遞給我，問我是否認識這些人？我瞥了一眼，隨即還給他，並點點頭表示都「認識」。接著他又問我：「這些人現在怎麼樣？」眞是明知故問。明明都被他們抓進來關在牢裡，卻還要裝模作樣，他的職業性格，終於慢慢地暴露出來。

因先有周秀靑的「打招呼」，我早已有幾分心理準備，因此對副處長所問的問題都能從容應答。何況事件發生至今已經七年，國民黨被中共趕出大陸時，散居全國的特務都逃來台灣，難道對「二二八」如何發生，至今還摸不清？還相信「共黨作亂」、「由謝雪紅一個人發動的」那一套？

我被帶回房時，已近黃昏。次晨放封剛回來，即接到轉房的通知。我兩手拿著笨重的行李，在囚房外走廊等候分發房間。趁著禁子沒有注意，便悄悄靠近鄰室女囚房，抬頭從欄杆隙縫窺視房裡女難友，看看張金爵以外，是否還有其他的熟人。

我發現幾張似曾相識的熟臉孔。正納悶，猛然想起一九五一年間在台南監獄醫務課「看病」時，碰過幾次面的，經「警總」軍法處依「叛亂罪」亂判的小女孩。當時因監所人滿爲患，無處收容這些小女孩，才將她們移送台南監獄寄押。

由於牢房裡僅靠一盞六十燭光燈照亮，因此每張臉都顯得肌如白雪。頭戴「西瓜皮」、「清湯掛麵」，和紮著「馬尾巴」的都有，就是沒有燙髮和剃「尼姑頭」的。

她們的穿著都很隨便，沒有寢衣、休閒服之分。有的僅著一條短褲，套一件綠色背心。甚至竟有穿著被逮進來時穿過的已變形，頗不合身的學生服。女大十八變，被逮進來時不過十五、六歲的小女生，現在都已經是豐容盛鬋、亭亭玉立了。

她們的牢可以說並沒有白坐。對任何逆境，現在都已能適應，思想也似乎成熟多了。對蔣幫的猙獰面目，想必已有相當認識。要如何應付那些輕佻妄想「吃豆腐」的禁子獄卒，她們也已磨鍊得「一身輕功」，使這些豬哥不敢越雷池一步。

我蹲在靠近她們囚房口，一邊跟裡面的人聊，一邊裝做收拾行李，等了幾近半個小時，才看到通知我轉房的禁子大哥，從「大廳」那邊走過來。我很無奈地站起來，才走兩步又回頭望她們。她們每一個人含情關愛的眼神，掛在嘴邊友善的微笑，揮舞著纖手，互道「珍重」；叮嚀復叮嚀的感人情景，至今猶縈繞於腦際。

楊逵談黑牢

我被帶到「大廳」準備放下手上的笨重行李歇一歇，卻給禁子示意直接上樓。我心裡一怔，一陣愁霧籠罩心頭。我愕視禁子片刻，很無奈地跟在他後面上樓。

一九四七年五月，經廿一師軍法審判判處死刑的楊逵和葉陶夫婦兩人，雖因某些政治因素和不具軍人身份，被撤銷原判，改移台北「東本願寺」時，也是被關進二樓達一百多天。二樓的囚房每房大小不到一坪，四面用紅磚堆砌，沒有窗口，沒有燈光，排泄也在裡面的獨居房。僅在房門口的地方留一送飯，送茶水的小洞。

因此囚房裡空氣不但不流通，光線也僅靠從小洞口透進來的、連一盞蠟炬都不如的微光。被囚禁在這裡的人沒有放封，也享受不到一星期僅五分鐘的「洗澡」。由於房裡整天處在黑暗中，因此不但伸手不見五指，也無法分辨晝夜。

據楊逵一九五二年七月，在台北監獄時，對當時的回憶，曾經很感慨地說：被關進二樓獨居房那一段日子，囚禁在那麼狹小暗房，想躺下平臥，想翻身都有困難，簡直動彈不得。每天與蝨子、跳蚤爲伍，度日如年，連日人的監獄都沒有這麼殘酷，這麼不人道，眞是生不如死。

楊逵又說：被放出來的人，都幾成瞎子，瞑目摒息，久久不能適應外面光線，個個都骨瘦如柴，肌膚乾枯，被跳蚤、蝨子咬得全身紅斑幾成「紅豆冰」，久久不能復原。

越接近二樓，我的心越跳動得厲害。楊逵那一段身歷其境的慘痛經驗，一直在我的腦海裡盪漾。我已經「平安」度過七年多的牢獄生涯，如今卻還要被關進國民黨文化的大黑牢，餵跳蚤和蝨子。捫心自問，那天被帶到「處部」，我雖然和副處長談了很多事情，天南地北無所不談，還是相當守分寸的，我才不會傻到連「跟鬼都不會說鬼話」。然而他們爲什麼又要把我關進二樓的暗牢？

我左思右想，滿腹疑問，不覺已上了二樓，心臟繼續猛跳，禁子卻仍示意我繼續上去。我被弄得更糊塗，還要上去，到三樓。三樓是「東本願寺的天國」，我何德何能，也配上「東本願寺的天國」。我的心臟雖然已不再砰砰激跳，疑忌卻反而愈來愈深。

上了三樓，發現空間寬敞，僅有十二個牢房，雖然地板、牢房，欄杆都是用木料隔成，但從天窗透進來的光線都能照進每一間牢房的每一角落。尤其難得的，每間牢房約有兩坪大小，卻僅關一個人，而且還有一半的房間是空著的。

牢房是左右各三間對向，中央面西的一排則有六間，而形成凹型。我被關進最中央的第六房。傍晚餐畢，忽見牢房外有兩個人影，我從欄杆的縫隙仔細一探，發現兩個穿著潔白襯衫、配上筆直西裝褲的人，比手劃腳邊聊邊散步。等到他們兩個人走到第六房門前歇步，背我面向禁子坐位，提高嗓子繼續「聊天」時，我即趨前抓緊欄杆注意他們，側耳偷聽他們所談，竟發覺他們正談及「二二八」在埔里發生的事情。我內心甚覺納悶，幾乎不敢相信自己的耳朵。及至從他們的側影確認那個不戴眼鏡，年輕一點的，竟是久違的彰化吳崇雄時，我的心臟又開始砰砰跳動。而另一位戴金框眼鏡的，則爲前民衆黨秘書長，台灣公論報總經理陳其昌。

他們在牢房前走了好幾圈，到了我被關的第六房忽然歇腳，而且故意提高嗓子，述及在埔里的事情……。吳崇雄的用心良苦不難想見。他是在努力與我套口供，要再次提醒我二七部隊與謝雪紅，及「人民協會」之間的關係。這些事情再不釐清，他們的麻煩必將繼續，更難指望「無罪開釋」。

然而他何以能享受這種優待？同時被逮來的周秀青和林大宜等六、七個人都分別被關進一樓擁擠不堪的牢房。

天之驕子

我在「警總」保安處期間，副處長僅提我出去談過一次話，就一直未再提我。其他偵訊員也從未提審過我。如果他們——「警總」眞正有心想瞭解「二二八」中二七部隊與謝雪紅的關係，僅憑我與副處長交談時的供詞與証言，即可認定周秀青，吳崇雄等七、八個人確實不認識謝雪紅，而應被視爲僅涉及單純「二二八」案，未牽涉任何「匪諜組織」。有關「二二八」案，則早經國府宣佈結案，更無繼續被羈押之理。

這一批人，果然在我被調離一樓，到三樓六房不到一個月的一九五四年六月底，未經解送軍法處即被裁定「不起訴並諭知交保」。

他們都是一九五三年五月中的一個上午同時被逮進來的，每一人都已經被關了一年又一個月。沒事，受「不起訴處分」的人，被繼續羈押一年多之後，還要辦什麼煩瑣的「交保手續」，才能眞正獲釋，白色恐怖下的台灣人所遭受的人權蹂躪，由此可見。

三樓除了二位「天之驕子」——吳崇雄和陳其昌，每天可以在吃飯、就寢時間之外，逗留在外面「大廳」散步、泡牛奶或弄一些什麼吃的作消遣。其餘關在四、五、七房的人，聽說都是「警總」自己人，他們沒有放封，也享受不到這兩位「天之驕子」的優待。不過他們的茶水無缺，而且常有穿制服的同事前來探望。

至於我被拋進囚房以後，就一直沒有人理我。連最起碼的每天幾分鐘放封都被「省掉」了。吳崇雄住在第一房，房外門邊放一張老舊茶几，這是處部特地搬來給他堆放罐頭、奶粉和水果等食品的。吳崇雄爲人慷慨，每次自己吃什麼，陳其昌都必有分，就是不曾考慮到被關在第六房的「老戰友」。

他散步經過我的房門口時，我曾幾次向他招手示意，希望他能擲一個梨子進來給我。他都祇管與陳其昌聊天，對我的招手示意視若無睹，將我的話當做耳邊風，始終不理不睬。

面對著吳崇雄的冰冷無義，我確曾暴跳如雷，幾乎想破口大罵，教訓他一頓。然而轉瞬之間，卻又自慚形穢，自覺臉紅可笑。如今人家是「警總」「座上客」，自己又算老幾？還妄想往昔的短暫從屬關係。何況我幫他們作有利證言，也不過給大家盡點做爲台灣人所應盡的義務罷了，還要企望人家「回報」什麼？

儘管我在牢獄裡已經好幾年沒有看過那麼大、那麼新鮮的梨子，而起自人性本能的一時反應，卻也覺得自己太不珍惜自尊，而一直暗自懊悔。

塔裡的女人

右側隔著「大廳」北端的第十二房，好像關著一位小女孩。每天起床後，或晚飯後常聽到來自斜對面第十二房一位小女孩哼曲之聲。這位女孩的音樂素養似乎很高。她不但哼修伯特、唱莫札特和巴哈，有時候也會哼貝多芬、德弗乍克的交響曲，或葛利格的阿拉伯之舞等古典世界名曲。她熟練的唱腔，至今猶迴盪於耳際。

聽她歌聲，這女孩應不超過二十。可是她所哼唱的每一首曲子，卻又不大可能是出自一名二十歲不到的小女孩，因而使我對這位朦朧神祕「塔裡的女人」更抱好奇。

我像一隻被關在獸牢裡的餓狗，緊抓住欄杆，望眼欲穿，憑著敏銳嗅覺，探索獵物奧秘，務必將她的廬山眞面目揭開。

由於她是時下少見的古典樂同好，也同樣是被「省掉」每天僅半個小時放封的人，因而使我對她油然產生一種近似同病相憐之情。

每天總有幾次看到她將一條淡綠色大毛巾掛起來當帷幕遮掩，我猜想得出她此時正在「做什麼」。一個小女孩當然不能像一個大男孩那樣隨便撒野，含蓄嬌羞是女孩所應具備的起碼條件，這也是她們可愛能吸引異性的地方。

她「事畢」拉下大毛巾時，偶爾也會跟我的視線不期相遇，而報以嫣然一笑。她的這一笑，曾使我神魂顛倒半天，久久無法平息。一個人坐牢坐久了，尤其與異性隔絕太久，總難免對異性產生種種幻想。

亞當失掉夏娃時，他不會平靜，夏娃丟掉亞當時，她會哭。

原來這位小女孩是「台南女中」學生王彩蕙。父親是台南長老教會長老，在大正公園附近開業行醫。她在一九五一年三月下旬被捕，初經「警總」軍法處依「九條」判處十年徒刑，旋又以未滿二十歲而被減刑爲五年。

第六部

軍人監獄

軍人監獄

一九五四年九月初，中共向金馬砲擊開始不久，一個火傘高張悶熱的下午，我和第十二房那位「塔裡的女人」揮別，被押解到新店安坑國防部軍人監獄。這次同時被押解「軍監」的還有以前在台北監獄二區一舍的吳坤章、陳浩圳和朴子黃得卿三人。台北監獄大概考慮到那些被判四、五年的輕犯最近將陸續期滿出獄，僅爲這三、四名十年以上的重犯另派專職管理員有困難，所以連同我一起委託軍人監獄代爲執行餘刑。

軍人監獄是一座建在山坡上的「城堡」。四周用紅磚砌成兩丈高的圍牆，圍繞著仁、義、禮、智、信五個監房。是仿照台北監獄二區扇型排列的，祇差監與監的銜接處沒有像台北監獄那種「中央八卦樓」的建築物。

仁、信兩棟較長的舍房排成一直線。每監擁有四坪大小的囚房兩排對向，共二十二間，中間隔著沒有「八卦樓」的三百坪空地。義、禮、智各監則各擁有十二間囚房，挾在仁監左側與信監右側之間排成扇型。仁監和信監都與圍牆平行，舍房與圍牆中間，各騰出約八百坪空地，充做仁、信二監的專用操場。每天兩次放封散步都分別在這兩個地方。

軍人監獄聽說建造於一九五二年底。起初這裡祇收容一般軍事犯，至一九五四年初，始由正鬧人滿爲患的「警總」、軍法局轄下各監所疏散部份「政治犯」來信監。這裡祇有信監一監暫被指定爲專門收容「政治犯」的舍房。信監一房被劃爲女囚房，對面的第二房則「優待」

五十歲以上的老囚犯，以表示他們「也重視人權」。而所謂「優待」也不過多給一點茶水，少擠幾個人罷了。

在各監所正鬧人滿爲患的今天，本來一個囚房只設計關十五個人，現在每個房間多擠進將近一倍的人，像擠「沙丁魚」一般，連轉身的空間都沒有。我被關進第九房，房裡的人幾乎都裸著上身，下身也僅著一件又髒又黑的短內褲，也有幾個僅用一條毛巾遮掩，由此可見房裡非常懊熱。我一進去，即被一陣強烈汗臭襲鼻，這是過去八年未曾經歷過的，幾乎使人窒息絕氣的汗臭，如今不能忍也得忍。

我被指定睡最後面，靠近馬桶的位子。還要忍受汗臭以外從馬桶裡面發散出來的臭味。這是這裡的不成文規矩，凡新進來的人都必須遵守。我兩手提著笨重的行李，惟恐踩到別人，小心翼翼地躡手躡腳往裡面擠。走到被指定的位子，先將手上的行李放下，抬頭望窗口，深深喘一口氣，然後掃視房裡，發現房裡的人都很年輕，除了一位大我十歲左右的張桑，兩、三位與我同年齡的，其餘都是二十出頭，學生模樣的年輕人。

他們待我還算客氣。當他們知道我自「二二八」一直被關到現在——已經八年，無不驚訝萬分！那位年歲稍大一點的「老大」，原來是張慶璋，是一位「迄未謀面的熟人」。一九四六年（戰後第二年）三月，在台中鬧出「壁報事件」那一夥少年團的小朋友，即是他的人。（有關「壁報事件」請參照《辛酸六十年》上冊三一七頁）

張慶璋，彰化埤頭人，早年負笈東瀛學聲樂。一九三七年「中日戰爭」發生，潛返幻想中的「祖國」，棄筆從戎投入山西王閻錫山麾下。至一九四三年到浙江金華，參加李友邦的台灣義勇隊。戰後他頂著「軍事委員會台灣義勇總隊少年團中校總督導」的頭銜，衣錦還鄉。未幾，義勇總隊橫遭陳儀裁撤，他至此才嚐到身爲台灣人的悲哀。

台灣義勇總隊在抗戰中，曾經在閩越敵後出生入死爲國盡瘁。好不容易熬到勝利，却遭如此無情打擊，能不唏噓！中國人簡直視台人爲異族，歧視排斥，甚至循日本殖民統治形態，已明顯可辨，因此更不可能容許台灣人擁有軍隊。

義勇隊被解散後，張慶璋一度南下到高雄找時任高雄縣長的謝東閔，在衛生院補一個課長缺。至大陸變色，國民黨倉皇逃來台灣，起用李友邦任省黨部副主委（主委爲陳誠），他隨即以「黨代表」身份進入合作金庫。他在這裡與蔡懋棠同事，因而涉及蔡的八哥蔡汝鑫，和台北縣北峯區長葉敏新的「匪諜組織」。不過他涉案不深，僅被判三年徒刑。

出獄後張慶璋蟄居台中合作大樓。因宿疾心臟病時而復發，不堪勞累，僅靠他「愛人」林琳女士走單幫，和幾位熱心朋友的資助維生。他閒來無事就聽他的迷你型收音機，每天除了定時收聽北京「中廣」的新聞報導和時事分析，有時候也收聽一些「京戲」或地方戲曲。

由於濃厚的祖國情懷，加上有閒暇能定時有系統的收聽廣播分析，因此張慶璋對「祖國」政治社會動態多能深入瞭解，對「三反」、「五反」，乃至人民公社的推展情形也瞭如指掌。他健談又好客，於是一些爲生活奔波，須上班做生意，卻又對蔣幫口中的「共匪」，對如謎的「祖國」抱著疑懼不安的市儈，或對蔣幫已徹底幻滅，將希望寄託於未謀面的另一個「祖國」的浪漫理想主義者，便常到他位於台中市光復路平等街口，與「澄清外科醫院」斜對角那間三樓公寓請益。

一九六五年季秋，印尼「九三〇政變」失敗，印尼陸軍開始捕殺共黨份子，給老K帶來歡呼，也使島內那些「浪漫紅色祖國派」沮喪。爲此滿臉憂傷如喪考妣的林春成來找我，說要介紹一位「偉大又神秘」的朋友給我。我心裡很納悶，到底這位「神秘朋友」爲何方神聖？

我終於被帶到那位「神秘朋友」公寓。我佇立愕視這「神秘朋友」，我們都心照不宣會心一笑。站在旁邊的林春成當然不會知道我們的「一笑」是代表什麼？他還熱心地惟恐自己的說明不夠詳盡，不能顯現「吾友」的偉大，便不惜私自編造有關「吾友」抗戰中的英勇軼事。林春成的熱心，令人感動，他的善於編造，刻意將「吾友」塑成一尊似鬼非神的偶像，則叫人噁心。

林春成，台南仁德鄉人，生於一九一八年，父親是一位「保正」。歸仁公學校（小學）高等科畢業後，再到漢文私塾讀「四書五經」。曾任戰時的國語（日語）講習所教員一年，因肺疾在台南肺結核療養所療養兩年多，與蔡國榮住同一個病房，並與主治醫師蔡瑞洋結爲莫逆之交。

戰後日人官吏被遣送，政府機關人才欠缺，乃主動修書向高雄縣長謝東閔毛遂自荐，被派任衛生院股長。此時始結識從「祖國」回來的張慶璋——即他所謂的「神秘朋友」，和已投奔中國的黃順興。

「二二八」次年，老K爲對人民加強控制，製發國民身份證，林春成領到的國民身份證，學歷欄赫然「誤載」爲「台南師範學校畢業」。他雖幾次在朋友面前「埋怨」戶籍員「糊塗」，然而戶籍員卻是根據每一個人自塡的資料製發身份證的。

一九五三年間他轉來彰化縣員林，在登記所任職兼家教。此時他教一名長得亭亭玉立，才十五歲陳姓初中女生。孑然一身在異鄉的他，便毫不猶豫地對該女生，先造成「既成事實」，讓「生米煮成熟飯」，然後央請台南瑞洋醫院院長蔡瑞洋和養雞大王蔡仁雄、張慶璋等在社會上稍具名望的朋友，出來襯托他的社會關係，以爭取該女生父母的信心。

奈何兩人年齡懸殊甚大，相差三十多歲。林春成甚至比陳女母親的年齡還多了幾歲。加以陳家在地方上是有頭有臉，父親又是省級單位的技正，而林春成所具備的條件，則相差太多。日後林春成逢人便說：「我太太猶如一朶花，卻插在牛糞上。」也不過是拿這些話自炫他「有本事」，來滿足自己的「征服感」罷了。

經蔡瑞洋和蔡仁雄兩人奔走，幾經斡旋，陳家也眼見女兒的肚子已經大到無法再遮掩，終在無可奈何之下，勉允成婚。唯一條件，即是不得將尚未成年的女兒帶離員林。林春成果守諾言，遂向蔡瑞洋借三十萬元，並運用他在國民黨內的關係，向黨營裕台公司請得員林地區液化煤氣的總經銷權，兼辦中央日報。同時在員林中山路，日據時代的「台灣青果會社」對面，買下一間店舖給陳女，即他的新婚夫人經營。

我一九六四年春出獄，旋即在吳崇雄、周秀靑、林大宜等二七部隊老戰友熱心安排下，到鹿港實驗綠藻培養年餘，實驗結果雖顯示在台灣也能培養生產，惜市場未開，想企業化尙需時日，因而正陷於失業彷徨苦悶之際，一位素昧平生的「紳士」來訪，很誠懇地表示要替我找工作，要我暫時到員林他店裡候時機，這位「紳士」便是林春成。（這些自是後話）

呂赫若

我已經漸能適應軍人監獄的生活。坐牢的人，不能適應也得適應，別無選擇。每天睡在潮濕的地板上，頭腳與隣舖的人相互交叉在不及一台尺寬，擁擠不堪的床舖。起床後還要打包——將自己裝衣服的包裹，一包一包疊在地板中央，打成方型，像塊「大骰子」再用毛毯包裝起來。這種毫無意義的例行「作業」簡直就是要折磨囚犯的身心。如今大家已習以爲常，祇是埋怨在心裡。

早上報紙一來，大家都像餓虎撲羊般搶著看。將報紙攤開，用手按在牆壁上，十幾顆頭交互搖晃擠在一塊，很貪婪地爭著看。有的人邊看邊咒罵，有的人好像發現隱藏在新聞背後的什麼，情不自禁地嘲笑。更有人看到「美帝」又在「安理會」行使「否決權」，阻止中共進入「聯合國」而暴跳如雷，連聲「幹、幹、幹！」。

他們的情緒頗不安定，隨著報紙上的不同報導，喜怒無常。

深牢裡閱報是坐長牢的人的一大享受。儘管它是一份國民黨辦的《中央日報》，卻仍可以讓我們窺探高牆外的世界，也可以讓我們從報導背面去透視時局的展望。

信監的放封規定是上、下午各一次，每次祇有一個小時。即使加上進出監房的時間，每天也不過兩個半小時。較諸仁、義、禮、智四監的一般軍事犯所受的待遇，簡直有天壤之別。

起初，獄方也曾派一名幹過特務的軍事犯，當我們放封時的體操「教官」。後來經幾位案情特殊、關係好的人向獄方交涉爭取，始將體操改爲自由活動。同時也取消「不准與不同監房的人交談」的禁規。

自此以後，在操場上便可以看到勾肩搭背、狀似親暱、邊走邊聊天、或比手劃腳、口沫橫飛，似在爭論些什麼的人。有些精力充沛，靜極思動的年輕人，有時候也會邊走邊模仿某一位看守長，對前來巡視的監獄長楊又凡卑躬屈膝的滑稽動作大尋開心。

放封對死裏逃生被判重刑，出獄遙遙無期，每天擠在汗臭難熬的黑牢裡的人，讓其出來透透空氣，鬆弛筋骨，作運動以維健康，不如當它是「加油站」，可以給微弱、幾將熄滅的生命之燈，加油打氣，重燃希望之火，勿寧更爲恰當。

九房室長廖老師也是「依九條」被判三年的。高高瘦瘦，文質彬彬，眞像個教書匠，是「建中」的數學老師。與呂赫若同事，私交很好。僅僅爲了這一點點關係，即被判刑坐牢。

當他獲悉我也是呂赫若的故交，曾經在台中「三青團」與呂同過事後，有一天放封回來，便找我談談有關呂赫若的事情。記得一九四五年九月底，「三青團」台中分團籌備處成立當天，呂赫若和楊啓東兩人剛踏進分團，舉頭環視左右，發現在場的人幾乎青一色都是受過日本「特高」光顧過的人，便不禁驚嘆：「怎麼！都是紅ㄆㄚˋㄆㄚˋ的人？」

然而曾幾何時，他自己竟也出現在台北的左翼陣營，而且是一位最活躍的人物。到了一九四九年，他甚至隻身潛入汐止、南港二鎮與石碇、坪林二鄉交界處山區，陳本江的「台灣人民武裝保衛隊」。並於次年一九五〇年七月被派往中國，由基隆大武崙乘走私船往返台港兩次，與中共華東局駐港人員接觸。

一位不曾受過馬克斯主義洗禮，也從未參加過任何左翼活動，甚至對楊逵、葉陶和蘇新等人的活動都有微詞異見，毫無色彩，祇是日本殖民統治下一名鄉土情懷濃厚的青年作家，戰後爲響應「祖國」的號召，參加「三青團」的溫和愛國者，在短短不到一年時間，居然變成偏激的革命者，這是什麼因素促成的呢？

如果老K不那麼壞，不那麼殘酷，不壓迫人民，這位連搏雞之力都沒有，文質彬彬的文藝工作者，怎會上「梁山」呢？

一直蹲在廖老師身邊，靜聽我們說話的「朴中」黃老師，也情不自禁地喟然長嘆：「一房那位顏家媳婦，生長在深宅大院養尊處優，又長得那麼文靜嫻雅，宛如貴婦，都會嚮往呂赫若所走的路線，爲他出資辦出版社——被逮進來依『資匪』判了七年徒刑。」

次晨放封時，趁著大家爭先恐後向前推的時候，爲了親睹顏家少奶奶的容貌，我走到一房前面走廊，故意讓右腳的鞋子滑掉，藉著彎腰蹲下撿鞋子的機會，張大眼睛，向房裡掃視一番，瞥見一位個子不高，近五十歲的，另兩位有如盛開的一朵花，三十出頭的中年婦人，和六、七個紮「馬尾」二十左右的小女孩。

那兩位中年婦人，一個坐在前面靠近欄杆側坐凝視，不理會是否有人在窺探她們。另一位靠近裡面牆角的，則不躲避，反而瞪大眼睛，鋒芒如劍般地直視我，使我一時心虛，幾乎招架不住，不得不拿著未穿的一隻鞋子落荒而逃。

原來坐在前面靠近欄杆的，正是李友邦夫人嚴秀峯女士。而坐在裡面角落那位鼻子直挺，眼如秋水，著絲質乳白底紅花漢式背心的，便是顏家少奶奶。

她們不知是否因爲坐牢，很少接觸陽光未被曬黑，皮膚非常白皙細膩。沒有化妝，已令人有驚艷之感，如果讓她們稍加打扮，不知又要給鄰房的「餓虎」們帶來多大的回響和騷動。

反共義士和大陳仔

「入鄉應隨俗，不然你在這裡會不好過。」今天放封時，楊進發很婉轉地提醒我。他接著又告訴我：「你的最大handicap便是案情『特殊』，又是『孤雀插人群』。」

楊進發是日據時代的「唐山人第二代」。他戰前曾因涉嫌「治安維持法」坐過兩年日本人的牢。他和施儒珍、楊錦輝、蔡淑、鄭翩翩、潘欽信、李緞、莊守、王溪森、洪金園、許麗玉、林義成、葉秋木、許錫謙都是我們三青團台灣區團第一期（一九四五年）團幹班同期同學。他這次爲包庇施儒珍，被蔣幫依所謂「懲治叛亂條例」第七條判十年，應算是「二進宮」。

最近我也發現一部分不了解我的案情和過去的人，開始用異樣眼光看待我。尤其那些所謂「流亡學生」，以「反共義士」滲透蔣軍和一江山、大陳島撤退時，「被順手」逮來台灣的「匪諜」。

他們這一夥唐山人的「流亡學生」和「反共義士」，都直覺的認爲「二二八」是受過日本人毒化教育的台灣人，爲排擠「祖國」，毆辱他們的弟兄所引發的事件。而且參與「二二八」的人，多是沒有思想，也沒有理想，僅憑匹夫之勇妄爲亂搞，根本不能與他們這些爲「祖國」、爲「無產階級革命」犧牲的人相提並論。

我剛進信監時被關進第九房。九房的人，除了一兩個，幾乎都是當過中小學老師或在學中的學生。大家都很斯文，待我還算不錯，幾位年齡相近的老師都和我談得很投機，也相處得很愉快。

後來不知何故，我一再被調房，便發覺有人用異樣眼光看我。態度言辭也顯得不大友善，甚至更發現有人存心想排擠我。比如我隨便說一句什麼，便有人跟著學我的口吻，其餘的人則跟著起鬨，大聲喧鬧；又掛毛巾每人都有固定的地方，獨獨我的毛巾，常被偷偷地移到靠近馬桶的地方。

我左思右想，百思莫解其究竟。我根本不認識他們，也未曾得罪過任何人，然而既然同是坐牢人，相煎何太急！

一九五五年端午節過後不久，一個上午放封時，楊進發和陳浩圳前後來找我，告訴我這裡已經有人在懷疑我是「蔣幫的間諜」。這種謠言，比被判死刑還嚴重。被判死刑槍斃了還可以被當成英雄，讓人崇拜紀念。而被看成「蔣幫間諜」，在這種地方則將失掉生存的空間。

爲此他們曾幾次跟大陳仔的楊老二爭辯過，他始終含混其辭，閃避問題。既拿不出具體證據，又不肯放棄他們的堅持。很顯然他們是別有用心衝著我來的，很惡毒地存心將我置於死地。他們兩位告訴我這個消息的時候，我自己並不覺得怎樣，祇置之一笑，把它視做小頑童的無聊惡作劇，倒是他們爲我著急，擔心我以後日子會不好過。

他們儘管不會相信大陳仔楊老二的胡扯誣陷，卻仍不放過我，還想打破砂鍋問到底地，問我是否得罪過他們？是不是跟他們吵過架？或者生活上有什麼顧慮未周的地方，不然他們怎麼會……。我委實聽得有點不耐煩。便反問他們說：「我坐我的牢，我被俘，被關已經夠衰、夠委屈，還要受那些大陳仔的氣，你們說，還要怎麼樣？」

他們看到我大發脾氣，都愕然有如木雞，遂不敢再問。下午放封時楊進發又來陪我散步。他好像還未死心，幾次欲言又止，最後他還是從另外一個角度，試探我在牢房裡與大家相處的情形，並問我家裡的人是否常來探監，包裹多久寄來一次？

我回他說：「因爲路途遙遠，不忍讓家人長途跋涉，自被押解此地，已改爲兩個月來探視一次，包裹則每月寄兩次。送進來的食物，一半分給大家，剩下一半則留下來自己慢慢吃。反正家裡寄來的也沒有什麼好東西。多是些小魚干、魚鬆、肉干、醃菜干、豆豉之類，偶而也會寄些糖球奶糖和花生米。」

我話猶未了，楊進發便迫不及待地插進一句：「對了，原因就在這裡。」他把我弄糊塗，不知他發現什麼？爲什麼竟能斬釘截鐵地說：「原因就在這裡」呢？

然而他又不說話了，好像在腦袋裡思索些什麼似的，他仍繼續陪我散步。我們又走了差不多兩大圈，他終於像將一直哽在喉嚨的刺拔了出來般，將躊躇半天不敢說出來的話說出來。他說：「你應該將家裡寄來的食物『歐陸籠總』交出來給大家共享。你難道沒看到除了少數幾個不長進的房間，差不多都不敢私有，都將自己所有的東西，不論是食物、日用品、如牙膏、肥皂、草紙、甚至內外衣褲……，都『歐陸籠總』交出來讓大家共用共享。」

「那些流亡學生和『反共義士』都說這裡是什麼『小蘇區』、『小瑞金』。在這裡能經得起考驗的人，才夠資格當一個『無產階級革命者』。想在這裡求生存的人，首先必須具備『無產階級意識』，跟祖國的革命看齊。跟大家一起學習——學習唱解放軍的歌，學習毛主席的革命理論，聽聽『李有才板的話』……。」

「蔣幫給我們很多現成的教材，君不見，那些僞國防部，僞總政戰部出版的『批判類』的書便是，他們想拿這種書醜化無產階級革命，醜化共產黨。想洗我們的腦，我們偏偏不看白紙寫的黑字。我們要用自己的無產階級的眼光去看，我們應該從背面去看它，凡是蔣幫認爲最要不得的，便是無產階級革命者應專心去學習的地方，比方瑞金『蘇區的土改』，蔣幫以資派的眼光將它批判得一無是處，反過來由我們用無產階級革命者的眼光去看它時，它便等於我們革命最精華的地方，無怪乎蔣幫僞政戰部要咒、要罵、要哭。」

楊進發剛說到這裡，收封的哨子已經吹起兩響。臨走時，他仍不忘補上一句：「剛才那些話都是那一小撮所謂『反共義士』和大陳仔經常掛在嘴邊說的話。我自己雖不以爲然，但也很無奈。」

蔡輝煌

一九五五年初，一個傍晚，涉案「台灣民主自治同盟」台中地區案，即所謂「大甲案」的廖學銳、郭萬福、羅樹榮爲首十八名被處死刑；四名涉案輕微，被移解到「警總」「生教所」感訓；剩下二十四名，則依罪情輕重，分別被判處十五年、十年、五年不等的徒刑，由「警總」看守所押解來此。

當天晚上這二十四名，分別被關進五個不同監房。被關進十二房的一位中等身材，頭髮灰白微禿，約莫五十，好臉熟的歐吉桑，放封時經大甲林文貴和王明德兩人證實他即是蔡澤父親蔡輝煌老先生。

我當即趨前寒喧，倒是他老人家記性好，我還來不及自我介紹，他一見即認出我，並以很驚訝的口吻問我：「爲什麼還在這裡，有關二二八的不是都已經釋放了麼？」

我隨即將自己所以未被釋放的幾個可能的原因向他說明，蔡輝煌聽後喟然嘆曰：「塞翁失馬焉知非福，不放你出去，結果讓你保存一命。蔡鐵城雖然依什麼疏散條例，疏散保釋出去，但不到兩年又被抓進來判死刑。」我聞言愕然。

幾個月前我們才在「警總」東本願寺大廳領包裹時見過面，那時他好像也告訴我，他可能會被判死刑，我一直未把它當眞，以爲他不過說說而已。如今果成事實，如何能不唏噓！

原來「大甲案」的破案，是緣自一名舊農組「鬪士」許分（嘉義人）的自首。一九五一年五月間嘉義警察局破獲許肇峯等人的恐嚇詐財案，而牽出許分。許分一時心慌，爲求自保便不顧什麼「祖國」「組織」，遂向蔣幫保密局自首交出關係。在許分誠心合作下，蔣幫特務便分頭開始大肆搜捕。在短短三個星期，斬獲頗豐，竟逮獲六十多名所謂涉嫌份子，經緊密疲勞審問，嚴刑逼供，最後仍有四十七名被留下來。

而且被判死刑的十八名中，竟然還包括一名黑道人物廖金和。戰後(一九四五)，他在台中組織維持治安的「民生會」自任會長。一九四七年二二八後，竟然搖身一變成爲蔣幫的捕手。於當年四月二十三日，帶了四十多名便衣憲兵到汐止鎭長家逮捕我的，便是這位俗名叫「阿狗」的廖金和。

蔡輝煌則因資助逃亡中的王三派而獲罪，被判處三年徒刑。幾天後放封時我們又在一塊散步。我便趁機探問他家裡是否發生變故？他聞言心覺駭異，即反問我：「你聽到什麼？沒有呀！家裡都很正常。」

他的兒子蔡澤在台北監獄，一直過著窮困潦倒的生活，不但家裡沒有人來看過他，連包裏也已經很久沒有寄來，他連最起碼的衛生紙和換洗的內衣褲都沒有，他需要一個洗臉盆，也需要一點小菜和奶油……。家裡那麼富有，聽說還是大甲地區數一數二的大富豪，卻任自己的兒子在台北監獄過那種悲慘的生活，眞是令人費解。我因路見不平，才向他探個究竟。

如今，經過證實他家裡並沒有什麼變故，而且每個星期都有人來探視他。何以竟酷待被囚在台北監獄的兒子，更令人困惑。原來蔡澤七歲喪母，現在當家的是後娘，他父親在家時，還看不出什麼，如今父親也因案繫獄，一切便要看後娘的臉色和她高興與否。

蔡輝煌是台灣有名的書法家。早年負笈中國讀「集美」，遊學蘇杭，學得一手好書法，不僅能詩善文，也通曉南管。僅有一姊姊，姊夫爲紙業巨賈「何老二」。由於小舅姊夫間，志趣不同，常以「臭銅錢氣」與「書呆子」互相消遣譏笑。

蔡輝煌生平最得意的傑作，莫過於用臭襪子給臭頭仔——蔣介石「做壽」。一九五五年，臭頭仔將過七十歲壽誕，軍人監獄仁、義、禮、智、信各監都排有節目，忙著爲他們主公做壽，競相邀功，而絞盡腦汁。信監看守長經人指點二房有位名書法家，便叫蔡出來寫一個五個米斗大的壽字。

因一時找不到那麼大的毛筆，時間迫切不容再猶豫。此時蔡瞥見看守長床舖下面一雙臭襪子，便徵得看守長同意，伸手抓起臭襪子，沾一沾墨汁，便往紅綢布上面揮毫寫出一個壽字。弄得不明就裡給他臭襪子的看守長尷尬萬分，也讓站在一旁看的官兵外役目瞪口呆。

事後雖有人注意到丟進垃圾桶那一雙沾有墨汁的臭襪子，然而時間迫切，紅綢布也祇有那一幅，尤其那個字，委實寫得太好、太棒，令人愛不釋手。大家便自我收斂，不再去計較臭襪子和不敬與否的問題。

這件事情，便一直在這裡被傳爲笑話。同時也間接地給那些一直瞧不起台灣人的唐山人重新認識台灣人，書法不是中國人的專利，台灣人也有這麼了不起的書法家。

吳振武的苦肉計

一九五五年，季春初夏之交，梅雨綿綿接連下了二十多天。有一天早晨，一陣風雨過後雲消霧散，操場斑斑水窪給太陽照得成一片銀色草皮。獄方經不起囚房裡的鼓噪要求，終於恢復放封。

我小心翼翼躡腳繞著斑斑水窪，才走了半圈，一位姓施、操著泉州腔、「二二八」中在台中師範將「中槍」負傷的吳振武用擔架送往台中省立醫院的少年，過來找我搭訕。他好像認識我，知道我們由台中師範轉駐干城營區成立二七部隊，及到過嘉義和埔里的事情……。

他略作自我介紹後，接著便問我是否知道吳振武的事情？我搖頭表示不清楚。他便將八年前發生於「中師」的「槍擊事件」內幕一五一十告訴我。對此事我以前亦有所聞，因所傳多未確實，衆說紛紜，莫衷一是。正想求證，便挽著他到牆角樹下向他問個究竟。

依施俊龍的記憶，彷彿是一九四七年三月三日下午，民主保衛隊成立，吳振武雖經廖忠雄（中研院院士廖一久父親）、林朝棨、張星賢等幾位老師的熱烈鼓勵勉強接任隊長，次日即不見踪影。至次日過午始發現吳振武已在「中師」禮堂，另成立一支沒有他校學生和社會青年（包括戰後從海外回來的退伍軍人）參雜其中的純「中師學生隊」。

學生隊成立後吳振武除了嚴禁隊員擅離學校，並指派幾名高年級學生站崗外，始終不給他們任務，這一段時間大家也很少看到吳振武。他好像都往外跑，即使偶爾回來，也多與校長和少數幾名老師聚首密談。

儘管吳振武將他們「半軟禁」在校園裡，還是有不少「中師」學生，分批由本科三年級的呂煥章前輩乘黑帶往參加二七部隊。這一段時間謝雪紅和楊克煌，也曾經來校找過吳振武，而引起部分同學的疑懼。

他們最後見到吳振武時，彷彿是「廿一師」進駐台中的五天前晚上十點左右。吳振武表情凝重，由舍監室走出來，以一反往常的嚴肅，改用輕鬆口吻叮嚀大家：「今晚可能會發生什麼變故，希望同學們到時別驚慌，沈著應變，切勿喧嘩，如果我身上發生什麼，悄悄用擔架將我扛到省立醫院某棟病房，交某某醫師即可……。」

大家聞言，相顧失色，滿腹狐疑。然而到底將發生什麼事情？人心惶惶，緊張萬分。果然十點一刻不到，從鄰室——舍監室裡面傳來碰然巨響。原來吳振武右大腿「中槍」。學生們進去的時候，他已彎著腰雙手掩住傷口。放在茶几上面那一把手槍，卻頗引人注目。

大家被嚇得目瞪口呆，不知所措，還是吳振武提醒才找來擔架，將他扛往省立台中醫院。經手術治療後，當夜又轉送三民路第二市場斜對面佑吉外科醫院……。

當年送吳振武去台中醫院急救的另一名學生，則爲彰化縣二林國小的洪鴻林老師。對吳振武的「中槍」負傷，現已退隱洛杉機的前「中師」總務組長郭德欽，及前體育組長廖忠雄兩人亦曾經證實是爲擺脫困境不得已而作的苦肉計。

然而吳振武有何苦衷，非舉槍自傷大腿不可？實值得我們玩味。「中師」校長洪炎秋，「二二八」中一面出現「處理委員會」，私下卻與「警總」參謀長柯遠芬暗通款曲的事情，洪炎秋自己早已經在台中中央書局出版的「三友集」裡面詳加述及。

由海南島被遣送返台還不到半年，在「二二八」中夾在聽命「警總」柯參謀長的直接長官——洪炎秋校長與紅色人民協會派——謝雪紅等人之間，又有從海南島回來，即面臨失業和飢餓，及腐敗無能的政府。而夾在蠢蠢欲動的老戰友們之間的吳振武，的確承受很沈重的壓力。況且急欲建立「中國新海軍」的桂永清（時任海軍總司令），已透過台灣省體育會總幹事林朝權的管道向他招撫……。

陷入進退維谷，權衡得失與招撫的誘惑下，吳振武亟思擺脫模糊不清的「大義名分」的枷鎖，而採取舉槍自傷的苦肉計，以便接受國府招撫，勿寧是較合情理。

（有關民主保衛隊的成立，和吳振武的詳細，請參照《辛酸六十年》上冊初版四六一頁末段～四六七頁。）

蔡汝鑫

今天傍晚——一九五五年七月初，又新入監六名。是由軍法局看守所解送來的。都是犯案時具軍人身份，才由國防部軍法局判刑的人。除了一名因「頂撞長官」，具中校軍階幹特務的組長，兩名「盜賣軍用器材」被判無期徒刑，和一名「私呑軍糧」被處十二年的軍士。另兩名則爲被亂判所謂「叛亂犯」。

這兩名「叛亂犯」，一爲陳柏青，約莫二十四、五歲，福建人。他十一歲時適逢「國共二度合作」，抗戰軍興，他熱血沸騰，響應投軍抗戰，參加台灣義勇總隊少年團。因曾經聽過「共黨份子」潘華講授的「國父遺敎」，而被認爲「思想有問題」，被裁處「感訓」，卻被解送來這裡接受與一般徒刑囚同等的待遇。

另一位同時被關進信監五房的竟然是我東京外語大學同學，綽號「サル」——猴子即蔡懋棠，他以「叛亂罪」被判十二年，案情更是離奇。

一九四七年「二二八」時他任職中國海軍在左營的第三基地司令部，擔任海軍技術員兵大隊上尉敎官。

「二二八」中被國共雙方面錯愛強捧上「二二八」主謀、「元兇」的謝雪紅和她的愛人同志楊克煌，及其「僞子」古瑞雲三個人離開二七部隊以後，即南下左營投奔蔡懋棠。旋經蔡安排，往福州、左營賺外快的「光明炮艇」載她們「母子」三人往廈門逃難。

至一九四八年「二二八」週年那天，「台灣再解放同盟」在香港成立，謝雪紅和廖文毅等人公開併肩出現時，國府始不得不承認謝等人確已逃離台灣。然而何時、循何管道逃出？雖有各種不確定的推測傳言，和特務們爲交差編造的近乎「天方夜譚」的故事，卻仍是一個謎。

然而如果不是蔡懋棠八哥蔡汝鑫涉及「羅東太平山游擊基地案」，即「葉敏新案」，又任職基隆要塞司令部「高參」時曾經掩護中共潛台人員，和早年參加過「長征」的事情不被偵破，他也許不會想使自己的死刑延緩執行而攪局，將自己么弟六年前安排海軍艦艇、分別讓謝雪紅和何集淮等人去大陸的秘密全盤托出，國府當局也許仍無法偵破謝雪紅等人逃出台灣的管道。

當時被囚禁深牢裡的許多重刑犯或死囚，對時局都有一套「主觀願望的推測」，多認爲中國已經強大到幾可與「美帝」分庭抗禮的地步。

因此「祖國」解放台灣的時間一定很快，也許一陣子空襲過後，天一亮，五星旗已經在我們的天空飄揚……。蔡汝鑫當時想必也是抱著這種幻想，所以不惜舉發自己么弟蔡懋棠的罪狀，以圖延長自己的生命。

因爲此案牽涉頗廣，追究下去，不只蔡懋棠一個人，兩艘艦艇的艦長，參與「公器私用」，偷賺外快的所有官兵，直接長官，乃至基地司令……，恐怕都脫不了關係。況且這件事情是發生於一九四七年四月和八月間，已經是六年前的事情了，人事多有異動，要究辦，事實也有困難。滋事體大，嚴格追究下去，不僅將誅連很多官佐，對政府也是很大的傷害。蔡汝鑫便是著眼這一點，才不惜犧牲自己么弟，存心攪局，挺身「告密」。

保密局和軍法局，果然爲此大傷腦筋，陷入進退維谷。經多方研討，衡量利害，終於決定避重就輕，僅就蔡懋棠曾經在台中聽過謝雪紅的演講部分，做爲起訴重點。至於用海軍艦艇掩護謝雪紅、何集淮等人逃往大陸繼續「叛亂」部份，則予以淡化，一筆帶過。並以蔡犯案時台灣未宣佈戒嚴，「戡亂時期懲治叛亂條例」，尙未宣佈實施，而僅判處十二年徒刑。

蔡汝鑫的死刑執行並未因他的攪局而延緩多久。他夢寐以求，天天盼望的「祖國」並未來「解放」台灣，五星紅旗也始終未見飄揚台灣上空。

他終於被押赴川端町刑場，雖雙手被反綁卻面不改色，依然挺胸昂首。眞不愧爲經歷過兩萬五千里「長征」的老幹。然而他徒然禍及他么弟一家人，內心能無愧疚乎？

猿公（蔡懋棠）和陳柏青

次晨放封時「猿公」和陳柏青都來找我。陳柏青原來也是熟人。他是一九四六年初，台中「壁報事件」（請參照《辛酸六十年》上冊三一七～三二二頁）肇事者之一，是張慶璋的學生。我們眞有緣分。「壁報事件」原由他們少年團肇禍，警察卻找到我頭上來。九年後我們竟然又在國民黨的牢獄裡見面。他驀地見到我雖有點怯場，談及往事，仍然口沫橫飛，狀甚得意。

「猿公」是否在軍法局受偵審時遭到拷刑，或因身體不適，面色肌黃，消瘦許多。不過他還是老樣子，一開始說話，便像決堤般，眉飛色舞滔滔不絕，講個不休。

他從開著大門等我，我卻沒有去，偏偏歐巴桑（謝雪紅）和古瑞雲她們竟會想到他那裡開始……，又說到她們三個人一到香港，國民黨逮不到的地方，便開始「背後罵皇帝」不打緊，還將在香港根本沒有幾個人會看的粗糙宣傳品，像寄炸彈般，一包又一包投寄到左營軍區指名給他。害得他連衣服細軟都來不及帶走，和錦矩兩個人連夜棄職逃離左營，到台北埋名隱姓，躲躲閃閃，過著近似乞丐般悽惶的生活。

後來幸得他六兄一位故交的引介，才進省合作金庫研究室，謀到一份專事翻譯外文資料的工作——生活方有著落。他又說到這次的遭遇，雖然很痛心竟然爲自己的親哥哥所出賣，但冷靜想來，他八哥——蔡汝鑫也是情非得已，想將案情多拖一天，想拿他利用海軍艦艇方便謝雪紅等人偷渡出境的問題來攪局，或可使他的死刑執行能延緩到「解放軍」光臨……。

大概又過了兩個月，一個天朗氣清的早晨放封時，拖著沈重腳步，面帶憤怒和無奈表情的「猿公」，又來找我，告訴我他可能最近幾天會被調離信監五房，到另一個地方去。以後我們恐怕沒有機會再在這裡見面，希望我多保重。

我聞言望他良久，接著問他：「爲什麼？」

他嘆了一口氣，兩眼仍睜睜地瞪著翻騰的遊雲，幾次欲言又止，最後終於壓低聲音回我說：「我爲自己八哥坐牢，結果仍無法挽救他的生命，已經夠衰。如今在這裡還要受同房人的排擠欺負，我實在無法再忍受。我還有十年的牢要坐，加上宿疾復發，一直爲腸胃病所苦。這裡飲食不適，運動不夠，病勢愈來愈不穩。我每餐不能吃得太飽，早晨起床到十點半的早餐（其實早、午餐同時）時間太長很難受，必須先吃點東西。」

「我用自己的錢喝一杯豆漿，吃一塊燒餅當葯塡肚子並不算奢侈，而同房人卻偏偏譏刺我『太講究享受』，甚至竟有人公然放話恫嚇我，揚言將來要清算我。將來如何，我並不在意，祇是眼前天天聽他們那種狂妄冷諷熱罵，委實難受。」

「錦矩在新莊黑松汽水廠當洗瓶工人，勉強維持三個孩子和她自己的生活。如果不是我的身體不爭氣，還需要接受她的接濟麼？我的身體自己照顧，不容別人置喙。他們卻仗著人多勢衆，又搬出似是而非的什麼『無產階級鐵律』強迫別人遵守接受。否則便視爲叛徒，將來一定要清算鬥爭。這裡簡直像『蘇區』的縮影。」

他接著又說：「無論如何我已決定離開這個恐怖的地方。我的朋友也許會安排我到政治部教育組去教日文或英語。」

他所言句句都是實話，沒有誇張。因爲我自己也是過來人，曾經親歷其境備受「大陳仔」和所謂「反共義士」之輩的欺凌。也親睹一小撮自以爲「祖國」的革命是由他們包辦，他們要清算鬥爭誰，便可任意鬥爭誰的人的猙獰面目。

然而當他提到要透過「關係」時，我卻反而緊張起來。我正言厲色反對他的計劃。因爲他是我大學同窗，又是莫逆之交，我豈能置身事外。對他的處境遭遇我雖然抱著同病相憐，然而要透過「關係」，他能透過什麼關係？無非是獄方或是一些「特殊外役」的管道罷了。果眞如此，必將影響他的形象，甚至將給那些所謂「反共義士」更師出有名，振振有詞抹黑他。

這裡是五味雜陳、五方雜處的地方。尤其是收容所謂「叛亂犯」的信、智二監，多是從鄉下來的，圍剿汐止鹿窟山區順手被抓進來邀功圖賞的。才十七、八歲的中學生，祇因聽過有「匪諜」嫌疑的老師的課，被亂判成爲「叛亂犯」的。舟山群島、大陳島「轉進」時被驅離故土，騙來台灣變成「匪諜」的。翻過幾頁「新民主主義」，看過魯迅和巴金的作品，參加過同學會、讀書會被羅織參加「匪諜組織」被判刑的。

他們被抓被判刑，說實在的，連他們自己都覺得莫名其妙。自己犯過什麼？做錯了什麼？

都不知道。即使少數有點意識的，也不過在良知和正義感的驅使下說幾句公道話罷了。因厭棄中國新征服者的囂張嘴臉，追求烏托邦而繫獄的也有幾個。如日本「桐生高工」出身，被奉爲「理論家」的台北林水旺、東京「中大」出身的新竹楊廷謙便是。

然而一九五四年初，「一二三」從韓國釋放出來的一萬四千多名所謂「反共義士」中，被認爲有匪嫌的前「解放軍」，一大批被移解來監後，不久這裡便變成「小蘇區」。類似對岸風行的「聞香隊」、「聽壁隊」……便應運而生。由「反共義士」所主導的「批鬥大會」，讀報、學習、練唱「解放軍」歌便蔚成風氣。

這裡已經沒有「私有」，也沒有什麼「隱私權」。有物共享，連褻衣內褲都可以共用，甚至葯丸補品，如維他命、魚肝油、七厘散，不問各人健康條件如何，需不需要，或已坐過多久的牢，爲分配平均，打破私有觀念的堂皇理由下，每個人都必須自動將自己的東西拿出來「均分」，否則日子便會不好過。

猿公——蔡懋棠的原罪便是在於他的身體太不爭氣，無法跟大家一樣接受「均等生活」。每天早上既要喝一杯豆漿，吃一個燒餅，卻又無法讓每一個同房人同樣享受。

對猿公的所謂「透過管道」，我也一直耿耿於懷。他憑什麼可以到政治部教育組教英語和日文？莫非他……？我眞不敢想像下去。然而他難道不會珍惜他六哥和八哥的犧牲，也不顧自己的前途而想入非非？他頭腦清晰聰明，想必不會糊塗至此。

然而……。

經我緊追不捨地加以詰問，他雖然對我的慌張和不應有的誤解頗表不滿，最後還是將所謂的「管道」攤開。

他說他在合作金庫人緣很好，庫方也頗肯定他的工作能力而近乎「惜才」。故在他案情未明朗，尚未被判刑定罪以前，仍按月如數發薪給他，並准其家族繼續居住台北市南京西路的宿舍。

他太太吳錦矩女士，則眼見兩位哥哥相繼被槍決，加以對自己先生案情心裡有數，委實也不敢指望他能平安活著回來，所以對猿公便有求必應，不論他要求什麼，想吃什麼，祇要能買得到的東西，她都盡量應付，盡量給他滿足。

猿公便將他太太送進來的東西，分給那些在台灣沒親沒戚的同房人。他們多是一九四九～五〇年間從中國撤退來台的中高級軍官。這些人被定罪以後也陸續被移送來軍人監獄當「特殊外役」，有的在一科（總務）二科（戒護），或政治部擔任文書助理人員等外役。

由於這些人的官階都比獄卒爲高，每監的看守長僅由少尉或准尉擔任，每科的科長也只具少校官階，監獄長楊又凡則僅是一名陸軍上校。

因此這些曾經在軍法局看守所與猿公同房，接受過他物質照顧的特殊外役，現在爲他做些順水人情，教育組正需要一名會教英語和日文的人，趁此機會建議調他出來擔任，不過吹灰之力，而猿公也可藉此機會擺脫不利於他健康的惡劣環境，那又何嘗不可？

清算、鬥爭

猿公走了以後，果然在這裡造成很大的震撼。次晨放封時，譏嘲他的耳語遂擴散到整個信監。散步時擦肩而過的一位頗負盛名「猛士」，便故意放慢腳步，提高嗓子說：「那傢伙一進監房，我便斷定他是抓耙仔。因爲他跟那些外役很熟識，如今果不出所料。」

抱這種猜疑心的人，雖然並不多，明知猿公即是「二二八」中安排海軍艦艇，讓他們主子——謝雪紅等人逃往香港，涉案「台灣民主自治同盟」的年輕學生們，也始終無法釋然。甚至知悉猿公案情底細的謝雪紅的愛人同志——林西陸，竟也裝聾作啞，冷面撇清不屑一顧。

然而他是我的同窗契友，我不能袖手旁觀，坐視他的人格受人蹧蹋汚辱。他的六哥蔡堯山和八哥蔡汝鑫兩人，已爲「祖國革命」壯烈捐軀，他自己也冒死幫兩批「祖國」英雄，國民黨「欽犯」安然逃亡中國。反觀這一小撮自認非凡，「夠紅」，很勇猛的人，怎麼沒有去「馬場町」？卻躲在監房裡唱高調——今天要清算這，明天要鬥爭那。我義憤塡膺，便挺身爲他說公道話。

豈料事與願違，我的努力失敗了。我愈爲猿公解釋卻越描越黑。甚至連我自己都被那些曾經在情治單位，和軍法處看守所備嚐臥底抓耙仔騷擾過的人，杯弓蛇影視同一夥。

由於我一直不認同他們那一套「生活方式」，早被當做「反革命份子」，因此我再爲猿公竭盡饒舌，強調他兄弟的捐軀奉獻，也是徒勞無功。

這些涉及所謂「匪諜」案件，聽命「勇者猛士」指揮，與「大陳仔」狼狽爲奸的一小撮人對我杯葛，原非自今始。不過猿公走了以後，我還不遺餘力爲他解釋，公然擁護他，他們對我的挑釁，也就變得愈來愈露骨。

這些挑釁者，幾乎都是一些連什麼是「紅」、什麼是「白」都搞不清，糊里糊塗，莫名其妙被逮進來的，或本來祇是一名很單純的「逃兵」。抓逃兵領不到獎金，特務便給以拷刑、羅織，亂判成「叛亂犯」。（如被判十二年的廖成旺便是）

被亂判押進來的人，在這裡生存空間本來就非常有限。他們沒有前途，也沒有很快就會來「解放台灣」的「祖國」。史達林和毛主席都不是他們的。他們爲了求生存，也希望能在這裡謀一席之地，而亟思有所表現，便自告奮勇當起打手。在監房裡專門找「反革命份子」尋釁，以爲能被列入「同志」的捷徑。

這些一心一意急欲當「同志」的可憐石頭狗，不僅找年輕的「反革命份子」尋釁，對年逾耳順、沒有接受他們那一套生活方式的「老頑固」，如李曉芳、蔡輝煌、蘇安南、顏錦華等人也不放過。動輒祭出「清算」與「鬥爭」相嚇唬。

李曉芳是一九四六年，我任職「三青團」嘉義分團時的同事。一九二〇年俄國革命後不久，即由「南師」轉廈門「集美」。兩年後再進「北大」和「上大」。在中國經歷過大時代波瀾，接觸過新思潮，見過不少左右兩派的大人物。在「老台共」，他屬「上大派」。一九二九年負責「新文協」台南支部。

他對獄中一小撮人的這種狂妄作法，也是很無奈。敢怒而不敢言，大有秀才遇兵有理講不清之慨。

一個斜陽餘暉猶熾烈的下午，我和舊「農組」的顏錦華、前上海「反帝同盟」的王溪森，及他的同案的鄭靖民，躲在操場西端高牆下陰涼的地方聚談聊天的時候，在監房裡受盡廖成旺之輩尋釁欺壓，心有餘悸的李曉芳也走過來。

他張望周遭，壓低聲音，喟然嘆曰：「想到將來要把台灣交託這些人，心就發抖，他們嘲諷講究享受的人是惡霸，將來一定要清算，卻不知道他們所追求的理想是什麼？」

顏錦華聞言頻頻點頭表示同感，也開始說出他的心裡感受。「說實在的，過去坐日本人的牢，獄規雖然很嚴，精神上的壓力好似沒有現在這麼大。祇要遵守他們的規定，比方不挾帶煙蒂或任何違禁品進來，日本人都不會干涉我們的生活。現在卻不同，可以說都是來自己人的壓力，叫人無法承受。」

顏錦華說到這裡，還想繼續說下去，卻被曾經奉「第三國際」之命，由上海潛返台灣「清算」謝雪紅的王溪森截斷，搶先接下去。王說：「這些人也有其可愛的一面，不能完全加以抹黑。他們很猛，很敢衝，這一點我們跟不上。至於食物的問題，反正我的探訪者很少，包裹也兩三個月才寄來一次，沒有什麼困擾。」他遲疑片刻接著又說：「他們大多還很尊敬我。差不多的人都知道我的過去，尤其是被『第三國際』派回來台灣……。」王溪森剛說到這裡，話猶未了，卻被聽得有點不耐煩的顏錦華打岔，冷冷地反譏說：「因為你很會吹，很會推銷自己，讓大家都知道你是有『第三國際』關係的大人物，對不對？」

王溪森聞言，兩顆眼睛登時睜得斗大，氣得血壓直升，連呼吸都幾乎停下來。幸好他的同案，早年在粵軍顧祝同麾下，辦過教育團，抗戰軍興投入郭沫若任廳長的國防部第三廳工作的鄭靖民，及時出來打圓場，始免於一場雙方年歲加起來超過一百的「重量級」醜劇。

鄭靖民這時還不到五十，因爲患有嚴重痔瘡，每天出血很多，臉色蒼白，腰背也無法直挺，看起來很蒼老。他談吐舉止頗穩重，爲人也很謙虛，其見識之廣，歷練之深，更是令人敬佩。

據王溪森私下所透露，鄭的關係很不錯。戰後來台卻在豐原一家原「日產」亞麻公司當總務課長。他是否另有隱情，或帶有什麼「特別使命」，不得而知。不過以他所具備的條件，在戰後初期的台灣，實不應該受這種委屈，而祇當一名小公司的總務課長。

鄭靖民環顧四周，掃視左右，然後也道出他的感受。他說：「你們不用爭執，說的都有理。」他說到這裡輕咳一聲，將視線轉向王溪森說：「老王說得不錯，這一小撮人很猛，很會衝。可是大家都沒有注意到看守長，或保防室那幾個『外役』走過房門口時，他們那種慌張不自在的醜態。我看多了，眞正的（黨員）才不會隨隨便便暴露身份，特別在臥底滿佈的監獄裡。」

「動輒要清算這，鬥爭那，弄得整個監房烏煙瘴氣，眞不知道他們是那一門的『八路』？『中共』過去在瑞金實施『土改』，因爲時空特殊，經驗未成熟，確曾發生一些爭議性的問題。

儘管如此，也不至於像國民黨所刻意醜化和中傷那麼嚴重，那麼鴨霸不通人情……。」

「這些人過去對解放區實情並不了解，也沒有學習機會，如今看到介紹瑞金『蘇區』的刊物，也不問它出自何方，便一股腦兒埋進去，結果在那裡鑽牛角尖。鑽火得冰，猶不自覺。壞的、歪的統統學到，一味咒罵周遭的人都是剝削階級，反革命份子，祇有他們這些從韓國和大陳來的工農兵出身的，階級成分才算足夠，才是革命的先鋒者。」

「眞是狂妄無恥，不過我們實在也不用太在意這一小撮人的狂言。他們不能代表黨，解放軍才不會像他們這樣子。講句不客氣話，他們充其量，也不過是長征行軍時被丟棄路旁的破鞋、拉圾罷了。有朝一日台灣被解放，首當其衝被清算的，也許就是這些人。因爲他們破壞黨的形象，使原已中日人遺毒頗深，恐共的台胞，更加杯弓蛇影，視解放軍與『二二八』殘殺數萬台胞的蔣軍爲一丘之貉。」

蔡×伯

此次颱風（一九五五年），雖沒有帶來預期的災害，祇輕輕橫掃高屏地區，卻也爲台北盆地帶來濛濛細兩，將日來的悶熱驅散，使擁擠不堪的監房，變得涼爽多了。

因爲受颱風影響，接連四天沒有放封，所以下午不僅提早半個小時放封，而且連同「第二組」（由十二房到二十二房）也同時被放出來。使不到八百坪的操場，出現難得一見的熱鬧場面。我也因此見到已半年沒見的楊進發，和月前才由軍法處看守所送來的蔡×伯。

蔡×伯年約三十（一九五五年九月），身高一六五左右，臉上有青春痘。看起來老成持重，但無論談什麼事，又顯得不大自在，一副心神不寧的模樣，好像隨時處在警戒狀態。

他於一九四五年畢業於「中一中」。「二二八」時還是「台大」的學生。曾經帶「大甲隊」到台中投靠「二七部隊」。不過部隊撤入埔里時，他並沒有跟上。

同年四月他遭逮捕，解送干城營區，即整編廿一師的師部，被關進臨時囚房（前二七部隊後面的馬廄隔壁，由調配馬飼料的小屋改造而成）。我五月初由「憲四、三營」移解至此，也被關進同一個房間。

他一眼認出我，登時愁眉苦臉，顯得很沮喪。等獄卒走開，他便走近我身邊，壓低聲音央求我千萬別說認識他（其實此時我根本沒認出他）。因爲聽說「行情有變」，凡未涉及二七部隊，特別是學生身份者，一概既往不究。

我雖被戴上笨重戒具，行動極其不便，情緒也不穩定，還是極力安慰他說：「對我來說，也希望關係人愈少愈好，以便於套口供。而且事到如今，應該由我一個人承擔全部責任。」

不久他果然獲釋。

我們下午的見面，雖然說是第三次。但若不是他自我介紹提起往事，我恐怕認不得他。當年投入「二七部隊」的人太多了。

蔡說他被放出來回到「台大」，始發現學籍已遭開除，經一番抗爭和交涉才改爲「退學」，後來改讀中央警校（二十一期），未畢業便被派往香港。在香港他看到了仰慕許久的謝雪紅和古瑞雲。並經謝的介紹「入黨」。因此才有機會接近幾位亡命港澳的大人物。

尤其最感光榮的，莫過於被派去當宋慶齡與何香凝等人的保鏢。經過那次經歷，他好像忽然長大許多。

蔡×伯在信監沒幾個朋友。散步時幾乎都和「理論家」郭老（明哲）在一起。也許他在香港常與大人物相處，身段已提升，黨齡也比信監的任何人老，所以倍加珍惜身段。九年前他參加「二七部隊」時，不過二十一、二歲。當時局勢動盪，他對整天往外跑的謝雪紅，印象應該不深。如今不但說得具體詳盡，其至連與謝握手的姿勢都描述的神龍活現，讓人不得不相信他所言屬實，絕無虛構。

從此我和蔡×伯成為很好的朋友。祇是必須一再聽他重述謝雪紅如何器重他，和「國母」如何偉大的無聊話題。有時他會透露許多關於中國新希望的「內幕新聞」給我，甚至編一些近乎「天方夜譚」的童話故事，聽得我啼笑皆非。

陳情

記得是一九五七年春夏之交，一個雨過天晴的下午放封時，我和前苗栗縣長梁陰源（他在國共合作期間，唸上海復旦大學時，曾經與左派學生往來，因而遭到覬覦其位的部屬檢舉，依叛亂罪被定十年徒刑）併肩散步的時候，瞥見蔡×伯搖手向我示意，便佇立牆角等候他。

蔡×伯告訴我，他心裡一直有塊疑團很想問我，卻老是忘記，現在想起來，想問個清楚。

他說，一年前，他還在軍法處看守所時，有一天從軍人監獄移送來一批人，其中有兩個關進他們房間，也有幾個與蔡澤同過房。

據說他們是受到軍人監獄保防室設計陷害、誣指他們企圖暴動，由一姓戴的江蘇人以原告出面指控，而證人竟然是我。實在令人不敢相信。這個問題當初大家都感到很震驚，也很納悶。

不過出庭回來以後，卻又聽說因我始終堅持「不認識他們」，強調自己是經司法——台灣高等法院審判，定讞後也一直被關在台北、台中、台南等地方司法監獄，被移送來軍人監獄沒有多久，不可能認識他們。

由於我的答辯理直氣壯，深具說服力，使「警總」軍法處無法據予定案，便連人帶案退回軍人監獄。聽完蔡×伯的敍述後，我說：「當時我只是據實招供，沒必要爲不認識的人，作有利或不利的證言，也不必爲人揹黑鍋。」

軍人監獄保防室那幾個過氣特務，縱然想邀功，想「借刀殺人」，假我之手剷除他們，然後再假他們之手毀滅我這尾「大案子的漏網之魚」，讓我們在監獄裡自相殘殺的陰謀詭計，也因此難以得逞。

這些一九四八年以後才逃亡來台灣的過氣持務，看到我的判決書，都認爲我是「漏網之魚」。一樁錯判的大案件，所以一直想「補救」、加罪，也想尋機邀功。

雖然我初來「軍監」時，曾經在信監與「大陳仔」爲鋪位的事情發生過爭吵；轉到智監以後，也與三名手臂上刺有「効忠蔣總統」花紋的所謂「反共義士」，為了如廁的順序幾乎大打出手，但，最後都強忍下來。為了孤寡老母，和已為我守活寡十年的玉扃，無論如何，我都必須忍耐。即使因此被譏笑為「懦夫」，也在所不惜。

每個監房僅有一個馬桶，近三十個人共用。因此早上起床後便要排隊依序如廁。可是每次等到快輪到我的時候，那刺有紋青的「反共義士」，都故意找碴搶佔馬桶，而且常「佔著茅坑不拉屎」。

所有的不愉快，曾經使我接連好幾個晚上，輾轉不能入眠。我十分納悶，愈想愈覺得事出有因，絕不單純。「二二八」事件在一般中國人的印象中是「台灣人殺中國人，台灣人造反想脫離中國的暴亂事件」。剛好，我是這個事件的「頭目」，他們中國人一定被我們殺掉不少……，別人都早已獲釋出獄，獨我一個人還羈留在這裏，可見我的罪狀極不單純，必然是個殺人不眨眼、罪惡深重的人，所以對我不必客氣。再說，保防室二科和看守長們對我似乎也不怎麼客氣，因此，他們更用不著顧忌那麼多……。

從他們平素談話中、不難看出他們對台灣歷史文化的無知、對「二二八」事件的認識極端偏差，乃至他們的大中國主義思想之如何根深蒂固。尤其那些流亡學生和「反共義士」的談論中，都隱約暴露著他們封建落伍、不科學、幼稚的世界觀，和如何傲然蔑視台灣人……。在這方面，儘管蔣幫是他們的不共戴天之敵，在對付台灣人方面，他們卻與蔣幫是一丘之貉。

我在智監時，故友前嘉義地方法院推事劉發清曾來探監。他對我至今仍被羈留獄中甚覺納悶。他告訴我國府行政院，和省政府已前後宣佈「二、二八案已結案清監」。對我的「被疏忽」，未被釋放，他告訴我可以藉依「假釋條例」來補救。我的刑期十五年，現已被關十年，早已具備假釋條件，他勸我先爭取送回原執行監獄的台北監獄，然後再由家人找有力省議員處理。

爲此，我隨即修書上陳自己案件發生時並未戒嚴，「戡亂時期懲治叛亂條例」尚未公佈實施前，即由司法單位依一般刑法——「內亂罪」判刑。而且純係「二二八案」，未涉任何「匪諜」案件，何況政府業經宣佈結案清監在案，又法律不溯既往，更不應令陳情人在軍人監獄接受一般依「懲治叛亂條例」處刑的人同等待遇，而剝奪法律所賦予的「監獄行刑法」和「假釋條例」有利於陳情人的規定，要求軍人監獄依法將我送回原執行單位——台北監獄，以便爭取假釋。

我寫好報告，即將它挾在監房門框與鐵欄杆之間，等候外役前來收走。不意，這個事情在監房裡卻引起一陣不小「騷動」。特別是那些老將「清算」「鬥爭」掛在嘴邊，喜歡對我找碴的少數幾個人，反應特別激烈。這一小撮人，開始時都顯得很緊張，接著便對我怒目相視。好似我曾經欠過他們幾百萬元未還一般，一會兒又三五成群聚首密議，顯得風雨欲來叫人透不過氣。

不管他們對我有什麼企圖，我仍全神貫注盯著那張報告，直到外役前來取走。這些人很有可能趁我不意注時偷走我的報告，也有可能製造事端讓報告遺失。

老實說，他們根本用不著那麼「作賊心虛」。我爭取假釋，要求送回台北監獄干他們什麼事？難道我還要跪下來求他們諒解？眞是笑話！即使劉發淸沒有來看找，提醒我，我自己也正想要求調離這裡。我已經坐了十年牢，往後，還有漫長的日子要過，我不想老是在這裡，跟那些支那人鬪氣。

我的報告，照理應該被轉到一科(總務科)。但次日晚上我卻被帶到保防室，而向我問話的，竟然是曾任保密局組長的一位過氣特務的外役唐某。他一九四九年撤退來台以前，聽說在中國殺過不少人，辦過不少「匪諜」案件。具備這種特殊經歷的人，想像中一定是個靑面獠牙，兇惡蠻橫的傢伙。然而見了面一看，卻一點也不像。這位唐先生，待人彬彬有禮，簡直就像一個典型的書生。

我甫坐定，他便把視線從桌上移到我的臉上，和顏悅色，略帶關懷和同情的口吻問我：「你這一陣子受到不少委屈，你的報告我已經看過。一定會幫你想辦法向上級爭取，讓你早日回台北監獄。」說到這裡他深吸一口煙，然後意味深長地加上一句：「此後要多多和我們合……。」

「多多和他們合作」，乍聽之下未覺有何特別意義。然而細加玩味，卻令人愈覺話中有話，要我跟他們合作，我能跟他們合作什麼？難道他們還想叫我帶他們去追尋當年散失各地的武器，搜捕尚未落網的謝雪紅餘黨……？大概不會罷。然而……

此後每隔三五天，他們都會帶我去保防室，而且都故意挑在三更半夜，讓開門時的鏗然之聲驚醒左鄰右舍和房裡的人。

擾人清夢已經叫人討厭，三番兩次被帶往保防室，更不免令人側目。在臥底滿佈，互相猜忌，心裡緊張失衡的環境中，我已經變成一名受人爭議的焦點人物。尤其那些心裏有鬼，平素喜唱高調的「反共義士」，更是擺出像要吃人的姿態。

一個風雨交加的晚上，過中夜近破曉時分，外役又出現監房前，輕聲喚我，我一翻身坐在地板上揉著眼睛掃視左右，瞥見房裡所有的人都被吵醒，而且都以光芒似劍的銳利眼光直刺向我。

這一陣子，我實在被保防室這幾個過氣特務整得夠慘。我已被搞得頭昏腦脹身心俱疲。沒事三番兩次找我開心，而且故意專挑在三更半夜，弄得整個智監人心惶惶，也使我對周遭人事物的感情漸漸冷卻，甚至對生存也開始感到淡漠。

如果不是腦海裡老牢記著已過世的三叔，半年前抱病，由四叔攙扶來看我時的遺訓——「這種日子諒不會太久，反正現在任何大風雨都淋不到你，你祇要安心看書，保持健康的身體，將來可以爲被洗劫一空的鍾家討回一口氣」，和在台中藍家當老媽子受盡冷落的寡母，及已爲我犧牲十年寶貴青春，現在還在等我的未婚妻玉扃，我又何必如此忍聲呑氣。說眞的，此時我比誰都勇敢。我可以從容應付周遭的任何挑戰，也可以撕破臉，跟保防室那幾個過氣特務周旋。

然而瞻前顧後，曾經威武不屈，雄糾糾剛猛如虎的我，在這關卡上，卻變成遇事躊躇躕跚，胆怯退縮的小老鼠。

這次在保防室等我的，卻是一位未曾謀面的禿頭小胖子，也是一名過氣特務的外役。這次他不跟我談那些無關痛癢的屁話。他將煙蒂放回煙灰缸，然後裝出一副悲天憫人的嘴臉，對我說：「這一陣子你又受到很大的委屈。」我聞言一怔，望他良久，私自忖度他如何知道我受委屈？除非他們散佈各監房的臥底打小報告告訴他。他接著又說：「你們在監房裡的一舉一動，我們都掌握得一清二楚。不用怕，你坐你的牢，誰也不能代替你，所以你儘管吃你自己的東西，一點也沒有錯。」

這傢伙一口氣說到這裡，讓我感覺他眞像我肚子裡的蛔蟲，對我的心思全盤瞭解，每一句都搔到我的癢處。他說的固然有理，然而他何以這麼熱心，誰曉得他又懷些什麼鬼胎？一味關心我在監房裡的生活，而且還帶著煽動性語氣，鼓勵我勇敢一點……。

最後他也不忘向我推銷「空人情」，對我承諾將成全我想回原執行監獄的願望。但他希望我能勇敢，認淸是非和利害，站穩立場，該當如何，即如何……。

我不知其所云。他們到底在賣什麼關子？老是拐彎抹角，故作神祕，有話卻不直說。這些幹過特務的人，哪會有好心腸？他們對我這麼熱心，又一再表示絕對幫我回台北監獄，如說他們純出同情，恐怕鬼也不會相信。然而他們的目的是什麼？

我不過是一名俘囚，旣沒有錢，也沒有勢，他們對我這麼熱心親切，到底能從我身上撈到什麼？他們的目的究竟是什麼？

幾位故交老友，如王溪森、顏錦華、楊進發等人看到我最近被保防室叫去問話幾次，心生疑慮前來探問究竟。我祗能依實相告。雖然因此能暫解他們的疑惑，但由於人言可畏，這些朋友也有所顧忌，而逐漸和我疏遠。

倒是一位在智監頗受部分年輕人敬重，當過小學教員的江漢津來找我散步。他才陪我走了半環，便迫不及待地直截了當以教訓的口吻責備我說：「到這裡的人都是一樣，沒有什麼『二、二八』不『二、二八』。你老是強調你的案情不同，不應該被關在這裡，也不肯和大家做夥生活，做夥學習。你跟大家有什麼不同，還不是賊黨開的殺人店判你的罪，你簡直痴人說夢，不可理喻……。」我被責備得啞口無言。

我與江漢津素昧平生，沒有跟他同過房。僅僅知道他是豐原人，比我大五、六歲。聽說他早年唸「中師」時，曾經涉獵過一些左傾書刊，因此他在貧血的監房裡，便被奉爲「理論家」。他較諸專在蔣幫政戰部印發的「批判書」上挑跳蚤的人，的確比較成熟。

他的「訓斥」確曾使我不得不正視這些日子來，自己的言行所引發的不良反應。這裏知道我案情的人，幾乎都認爲我「死且無憾」，不該再有所奢求。因爲他們不過講幾句不滿現狀的話、批評一點時政、參加一兩次「讀書會」……即被逮進來判重刑；而我公然組織軍隊與蔣軍對抗，猶能苟且生命，因此我應該感謝上帝，凡事更應該謙和一點。不意，我卻在向來對我甚爲妒忌的人們面前強調「自己如何不一樣」，使他們誤認我公然和他們挑戰，存心跟他過意不去。

他們雖然並未因我三更半夜被帶去保防室，即捕風捉影妄加口舌，不過我自己對申請送回原執行監獄——台北監獄的舉動，竟然惹出這麼大的風波，委實也有點懊悔。正慶幸保防室不會再無故找我，以後可以讓我過點平靜日子，也想努力緩和監房裡的緊張氣氛，消除彼此的敵意……。不料一個晴朗的上午，放封還未開始，看守長便前來通知我打包行李，要送我回去。我聞言喜形於色，忙著和房裡的人道別，並感謝他們長久以來的「照顧」。

他們當中雖然也有幾個很勉強地伸手跟我握手，表情卻還是很冷漠，好像不屑一顧的樣子。走出監房，被帶到操場，始發現這次同時將被送走的還有七、八個。我的期待幾乎幻滅。這七、八個人沒有一個是經司法判刑的，不可能送回台北監獄。

及至被押解青島東路「警總」軍法處看守所，我仍感糊塗，何以竟被押解來此？而且那七、八個人也同時被關進這裡。直至被軍法庭提審，盤問「陰謀暴亂」的問題時，我才恍然大悟，原來是軍監保防室那幾個過氣特務，所搞的花樣。很顯然的，他們想借刀殺人。一方面先毀我的形象，斷送我的生存空間！然後再假我之手，剷除那些「陰謀暴動」份子。這些技倆，眞叫人笑掉大牙。被囚禁鐵牢裡的人還能暴動？這些過氣特務的想像力也未免太豐富，其超越一般常識的妄念，眞是令人驚嘆！

脚鐐

我和其他七、八個所謂「企圖暴動份子」，由軍法處看守所解回軍人監獄，即各被「賞賜」一付三斤重腳鐐，之後立刻被關進信監十三房和十四房。

次晨點名剛畢，早餐未進即全部被驅出操場，在一位中士班長指揮下，由兩名經精挑細選來的兇橫軍事犯外役，再用鐵鍊將我們二個人連鎖一組，帶出監外四五公里處的山坡挖掘石塊。偶爾體力不支，動作稍慢，或停下來透口氣，則被罵藉口偷懶，揮舞鞭條大聲喝斥。

我們大概被折騰了約莫四個禮拜，由於長期坐牢，體力本來即很差，便個個倒地不起。任憑那兩個無恥兇險的軍事犯外役手打腳踢，怒吼唬嚇，也很倔強地面不改色，始終不求饒，不呻吟。

這兩個傢伙，也許心想藉機表現邀功求賞，可是每個人的臉色慘白，躺在地上動彈不得。老實說，我們都是逃出死門關來的人，事情也看過不少，祇要咬緊牙關，忍受短暫皮肉之痛，他們又奈我何？中士目睹此景，也覺得如此僵持下去不是辦法，遂阻止外役的粗暴，下令停工回監。

回到軍監，我們便被改處以禁見和停止放封。經過三個多月，至新年前（一九五七年），禁見和放封雖經解禁，腳鐐還是未被解開，也給一向喁喁私語的操場，增添腳鐐擦地金屬碰石的鏗鏘聲響。

我一出現操場，便有許多熟人朋友，包括一些過去不相往來的人，也過來向我問長問短，甚至戰後（一九四六年間）曾經在台北文山茶行有一面之雅的林水旺也來找我，並就地告訴我說：「對此次的事件，大家並不怪罪你，也從未將你視為敵人。祇是你喜歡強調自己案情不同於其他人，在這裡凡是來歷不明的人，不同意識型態的異類，每個人本能的都會為保護自己而緊張。祇是少數外省人對你好像有點緊張過度罷了。許多疑團現已冰釋，祇是一場誤會。過去的確讓你受到不少委屈，現在大家應該和好如初才是。可是你太倔強，也不太合群，或許是你的生活背景使然。我曾經聽和你同過房的人說，你的『布爾喬娃』意識很濃，對無產階級勝利卻反而很冷淡，這個不好，你一定會吃虧……。」

他接著又說：「美帝才是我們中國人眞正的敵人。你們參加『二二八』的人，祇當蔣幫是我們的敵人，然而如果沒有美帝給蔣幫撐腰，派第七艦隊侵略我國領海，蔣幫還敢這麼囂張，亂捕亂殺我們麼？如果沒有美帝，台灣應該早已解放，我們也早已投入無產階級大革命的隊伍，將第三世界人民從帝國主義桎梏下解放出來……。」

他的諄諄「教誨」令人感動。萬沒想到這位日本「桐生高工」出身的林兄，曾幾何時竟然變成一位能背誦史毛口號的「理論家」。

異端份子群像

不顧周遭，一直關心我，放封散步時也常陪我的「團幹班」一期同學楊進發，今天不曉得又有了什麼新發現，或新新聞，有點迫不及待地跑來告訴我說：「最近終於摸清個中原因，你和蔡懋棠，還有孫裕光和隋宗清都是留日唸過大學的，孫、隋兩人雖然分別出身河北和山東，卻都是留洋的知識份子，不是地主子弟，便是出身富有家庭。因此在這裡便自然會被報以異色眼光。」

「倒是那些不識幾個字，衣衫襤褸，儀態侷促的人，反而被奉爲『無產階級英雄』。天地倒反，價值觀完全倒置。眞是奇觀！這種現象，似乎除了紅色中國，恐怕也祇有這種地方，才看得到。」

收封前楊進發仍不忘叮嚀我：「凡事忍一忍，這裡根本沒有什麼是非、千萬別跟他們鬥，否則會吃虧。」接著他又舉郭錕銘的例子，要我學學他。趁這時候多看點書，不理「大頭仔」那一套。

郭錕銘爲「台灣民主自治同盟，台中地區組織，廖學銳案」已被犧牲的大甲郭萬福老師么弟。大戰結束那年畢業「中師」，被捕前任教「中師附小」。戰時爲躲避空襲和爲三餐奔波而荒廢學業。許多應看的書，應學的東西都沒機會學到。爲此一直耿耿於懷，乃決心利用坐牢時間，看一些物理化學，微積分和外國語文的書，以備將來之用，結果也遭到一位T姓難友和他們一夥人的責難，被譏爲「不務正業」。

依T姓難友們的說法：爲迎接即將來臨的大時代——「祖國解放台灣」，大家應好好接受學習，也學唱些「解放軍歌」……。身爲「革命家庭」親屬的郭某，竟然墮落至此。反而想向美帝資本主義投降，專挑些什麼英語、微積分……等無關乎祖國解放台灣的書籍看，實在令人惋惜。

孫裕光被捕前是高雄左營「中油」子弟學校教師，日本早稻田大學出身。雖被誣陷涉案「匪諜」，卻是一名道道地地自由主義者。對迷信「史毛」專制教條主義的環境，自無法適應。

隋宗清則畢業「一橋」——日本有名的國立東京商科大學。任教「台中高商」，涉案施部生的「台中武裝工作委員會」少數倖存者之一，但仍被判處十年重刑。同案同監人中，雖不乏昔日學生，祗因拒絕參加「學習」，不肯順應「新生活」，所以也被列爲不受歡迎人物之一。

共享主義

今天放封散步時，瞥見難友三五成群躲在牆角樹蔭下交頭接耳，聚首密談，好像發生過什麼事般。及至收封回房才知道信十二房有個丁×福的「同志」，在給他家人的信裡，帶著埋怨和責備口氣，嚴囑他家裡的人，別再寄任何吃的東西來，每月僅寄來五十塊供買書即可。

這封挾在監房鐵欄杆待寄的信，昨天被喜歡拉「四平調」吊嗓子的王群芸（鎮江人），由於「好奇」偷抽出來看時發現內情，使房裡一時譁然。

要求家裡的人不用再寄東西，每月僅寄來五十元供買書看，任何坐長牢的人，都有爲家人節省負擔的權利和自由。那是一樁極平常的事情，根本不值得大驚小怪。

然而這樁看似單純的事情之所以引起軒然大波，主要因爲信十二房現在還維持著「蘇區模式」的共享制度。任何人接見時帶進來的東西，或由外面寄來的包裹，都應自動拿出來讓大家共享。人道上讓那些沒有人來探監，沒有接濟的人也能平均共享，無論如何，總是一樁好事。可是對一些已經坐過十年長牢，曾經遭受過酷刑摧殘，渾身傷痛，宿疾纏身的人，也要求與剛進來不久的「反共義士」之輩一視同仁，甚至連一些補品也要讓房裡的人分享，你一粒我一錠，那就不啻走火入魔了。

不過一些精於算術的人，如丁×福之輩，則會考慮到送食物補品來，讓大家分享，不過三兩下即吃完。如果改寄錢來，託那些過氣特務的「外役」去買書，至少可以從「外役」那裡得到一點點小方便——如故意將剛點過的香煙丟地上讓你去撿，而他卻裝做視而無睹。買進來的書，在房裡大家可以輪流看，也可以借給別房的朋友，最後書還是物歸原主，回到自己手上來。而且因此自己還可以擁有一點「尊嚴」，高興給誰看，或藉故不借給人看的自主權。

很不幸這封未寄出的信，攤出來以後，一向參與共享的「反共義士」則率先反顏相向，開始批鬥丁某，指責他自私自利，百般凌辱，罵他反革命份子，革命垃圾……。幾乎將只有蔣幫康樂隊的「反共戲劇」裡，才看得到的惡言惡態都施展出來。

我相信抱這種想法的人，不止丁某一個人。祇是他平素表現得「很前進」，而私底下卻搞出這種名堂。使「同志們」感到很意外，大有被出賣之慨，所以才被批鬥得這麼厲害。

金谷民

「金谷民」這個名字，對一九五六年～一九五九年間，被關進軍人監獄信、智二監過的人，應該不會太陌生。他是一名「半陰陽」的人，但也有人直稱他爲「肛仔仙」。約莫二十四、五歲，說話帶點娘娘腔，是蔣軍某通信連的一名下士，因冒犯上級，被依「爲匪宣傳」判處十年關進來的。

他身材中等，有點駝背，散步時老是東張西望，好像有點心虛膽怯。但他最引人注意的，還是他的陰陽怪氣作態，和那兩排粗糙的金牙齒。

一有新人進來，他都不會放過機會，主動跑過去跟他們搭訕，並乘機「推銷」、問問對方「需要否？」。因此常弄得對方莫名其妙，不知所措。及至摸清所謂「需要」是指什麼，他便會被摑耳光，以後便很少有人會挨近他。

這個死皮賴臉的傢伙，卻並不因此一摑而稍加收斂。仍然專挑老實人，千方百計想勾引。爲此他也常遭路見不平的「老房客」飽以老拳。一陣哀叫騷動過後，值班看守和外役也會煞有介事地，跑過來查問被毆原因和被誰毆打。

因爲自己心裡有鬼，不敢實告，老是吞吞吐吐，不著邊際，獄卒眼見這般光景，也都懶得深究。自此以後每次舍房裡傳出打架哀叫聲音，而被辨出又是金谷民的哀叫聲時，獄卒和外役們都不屑一顧，僅站在遠處探個頭，聊表關切。

據一位曾經在軍法單位看守所和金谷民同過房，也跟他「相好過，嚐過他的滋味」的四川老鄉莫桂圓說：「金的肛門功夫的確很要得。其妙，祇可體驗，不可言傳，也非任何言語所能形容，更不是普通性交所可比擬。」

「有一次我們兩個人躲在毛毯裡，玩得正熱時，忽然感到一陣不尋常氣體，像擠牙膏般擠壓出來。一時誤以為他要排泄，嚇得連忙將自己的拔掉。事後雖然發現祇是一場虛驚，卻由於金的不滿，發生一陣小爭吵，竟將同房人驚醒。窘態畢露，眞羞得無地自容」。

「自從那一次開始，我和金雖然暫時不得不保持距離，內心卻一直無法忘懷和金相擁那一段日子。更深夜靜，輾轉莫能睡時，還是會興起抱他的強烈慾念。也盼望能有機會轉房到他的房間，睡到他鄰舖，即使僅能聞聞他的體臭，緊靠他的身軀……。」

一個年輕力壯，坐過長牢的人，偶而也會興起強烈性慾望。如果是一位多少具有性經驗的人，那更不用說。趁著放封大家出去散步時，一個人藉故留在房裡自慰的例子，事實並不稀奇。

對同房人，特別對一些才十五、六歲，正發育中的少年犯軀體的某些部分，和發散出來的體臭，都會興起莫名的醉人幻覺：祇要看他，或她，緊閉著雙眼，微開嘴唇，拿衣服或薄被掩蓋著肚臍部位，兩手在被裡蠕動的時候，便是他們或她們已陶醉於幻覺的最高境界的時候。

這種自慰很平常。除非病弱不能男女，幾乎每個人都有這種經驗和需要。尤其是經年沒有異性朋友或親戚來探監，始終看不到，聽不到，也聞不到異性的倩影、嬌聲與體味的人。

不同程度的同性戀，也很普遍，性糾紛也時有所聞。

被發監執行徒刑的人，「飯等」都已提升到一等或二等。憑工作成績，每月每個人還可以領到足夠買十五個至二十個醃蛋或皮蛋的作業獎金。即使完全沒有親朋接濟的人，也都可以得到最起碼的粗飽。因此，對「食」的關心，便逐漸轉變為對「性」的關心。

特別是自己的女人——妻子或女友。甚至親戚朋友的女人前來接見時，也會興起許多莫名性幻想。超乎倫理，近乎禽獸般的性衝動。即使平素絕口不提男女問題，道貌岸然的教書匠、「理論家」之流，也不敢「再假仙」。照樣偷偷地各自做最適合自己體質，最能刺激自己性感帶的自慰動作，直至將數百萬精蟲排射出去為止。

因此儘管幾乎所有的人都唾棄金谷民，對他敬而遠之。卻偏偏仍有許多受到性壓抑的人，聽到老莫的一席經驗談，都會悠然神往。如果將這些人單獨和金谷民同囚於像台北監獄二區四舍那種獨居房時，相信不會有人願坐失良機，不和金「辦事」。

坐過長牢的人，尤其那些刑期遙遙無期的人，對「社會存在」的顧慮，幾乎微乎其微。強烈的性幻想，和近乎獸性的性衝動，往往無法抑制。即使一位智性很強，清醒，循規蹈矩的人，一旦陷入這種境地，恐怕他那被規範、被包裝過的自然人意識，也將反過來支配他。

人飢餓到發狂的時候，不會顧慮到什麼禮義廉恥和形而上學的諸種問題，甚至會飢不擇食。在深牢裡遇到異性也很難不動心。

「隱私權」這個名詞，對這裡的人既陌生也是沒有用的東西。連男人陽物陰莖，和女人的陰物淫辭都可以攤出來隨便談，互相品評。如一九二八年「五三事件」前，到過中國遊學，學得一身武功回來的「白毛仔」林×陸——謝雪紅的愛人同志，在牢房裡閑來無事時，甚至自誇他的陽具勃起時長如「汽水瓶」，堅硬時則可垂吊上斤鉛錘而沾沾自喜。

另一位個子矮小，先天發育不良，即使勃起也不及老鼠陰莖，自稱台中「最高學府」出身的黃隧洞，也時遭揶揄，被推出來尋開心。

日本戰國時代，每個寺院都各自擁兵自衞。由於戒律嚴禁女色，每個寺院都養許多才十一、二歲的「小姓」——コショウ，即「孌僮」，來滿足性慾受壓抑的僧兵和僧侶，讓他們輪流雞姦玩弄這些發育未全、柔弱的少年。

在貴族家武家方面，右手捧刀，正襟危坐主人背後，面貌清秀姣好的美少年，表面上是爲主人捧刀的隨從，同時也是滿足對「女色膩胃」的主人，供其玩弄洩慾的工具。

在中國貴族社會，諸如此類男色雞姦的例子，更是不勝枚舉。

六十年前，台中「火車路間」一位戰後曾經在中部台灣叱咤風雲一時的H醫師，有兩個女兒曾於一九三〇年和一九三三年前後，跑到距自己家不到兩百公尺處的鐵路上伏軌自殺，而轟動遐邇。

據坊間傳說，兩女孩所熱戀的美少年——藥局生竟成爲他父親的孌僮，被自己父親橫奪去當發洩獸慾的對象。

當這兩位姊妹前後撞見父親怪誕行徑，給父親雞姦洩慾玩弄的，竟是自己心上人的時候，如何能不羞憤痛不欲生呢！這兩位少女悲憤之餘，爲求解脫，終於一九三〇年和一九三三年分別選擇伏軌，讓火車巨輪輾轢其身首……。

一九三〇年筆者唸台中村上國民小學二年級，下課路經現場適逢日人檢察官前來驗屍，始有機會目睹屍體。經輾轢過的屍體已成四塊焦黑的木炭塊，聽說血水都給火車巨輪和鐵軌吸乾，眞是慘不忍睹。

這位戰後曾任「歡迎國民政府」籌備會主委的H醫師，擁有嬌妻美妾，對男色卻仍樂此不疲，乃至成爲兩位荳蔻年華　如花似玉女兒的「情敵」。迫使兩位女兒伏軌自殺，也許是他始料未及的。

由此可見HOMO並非深牢裡的產物。古代即有，現代更是屢見不鮮。

孫立人案

一九五七年夏初，一個烏雲密佈的下午，一陣滂沱大雨，像擂鼓般地猛打著屋頂，將囚房裡的悶氣驅散，交織著的雷電，也逐漸遠離，一陣陣涼爽微風從天窗吹進來，正是午睡的好時刻。剛躺下閉上眼睛，忽接通知「將自己的東西收拾好」。由於被通知的祇有我，心裡甚覺納悶，是否又要調房？

我又被調回兩年前住過的信監八房。不過這裡「房客」全是新面孔，留平頭，著質料較好的草綠色野戰裝，除了一位身高約一六五，微胖，皮膚白皙，帶著銀框眼鏡，不到四十的江雲錦等兩、三人，幾乎每人手上都有一本《聖經》和《開明英語》。

他們都是被二蔣父子羅織涉案一九五五「六六事件」而繫獄的。除了曾任孫立人隨從秘書的江雲錦，和前「第八軍」參謀長的王善從上校外，幾乎都是不到三十的青年軍官。

他們氣質都很好，與那些從韓國來，善喊口號的「反共義士」迥然不同。與一九五〇年間跟隨蔣介石逃亡來台的黃埔系，和雜牌軍也都完全不一樣。他們入伍前至少都唸過「高中」，而且在蔣軍裡面唯一接受過嚴格美式訓練，他們的長官孫立人，更是蔣軍將領中最受英美兩國賞識的一位，他出身清華、美國普度大學，和維吉尼亞軍校，是一顆最受期待的明日之星。

江雲錦也是一名留美軍官，而且在美國的時間好像相當久。他是總司令身邊的人物，雖身繫囹圄，大家對他依然敬重如故。每天兩餐飯前他們都跟著江雲錦做祈禱。飯後略作內務整理，洗手後又開始圍繞著江繼續唸《開明英語》。

每個人的英語程度不一，發音也不甚標準，爲此江雲錦都不厭其煩地一一加以糾正。王善從、鄧光中和劉凱英等五、六個人的水準好像很高，所以大家上課時，他們都躲到內務包後面看自己的書。

儘管他們在這裡還算享受「優待」，至少獄卒和外役都不敢對他們粗魯怠慢。在監犯人多爲患，每個囚房都擠進近乎一倍人的時候，這裡僅關進十八個人。

我的忽然出現，已經在他們每個人平靜心田激起一陣小小漣漪。他們都以詫異的眼光怔怔望我。雖不算敵視，也不是表示歡迎。此刻我內心更是充滿著疑惑，何故將我調來這裡？這裡人少，也沒有蠻橫不講理的「反共義士」。睡覺時不會再爲舖位問題與鄰人發生爭執，也不會再聽到獄卒的粗暴狂吼。

然而我內心一直惶惶然，有若「孤軍深入」。一夜輾轉掙扎，我終於想通。在這種環境中，他們用警戒的眼光看待一位來歷不明的陌生人，無寧是很自然現象。

我終於打破沈默主動找睡鄰舖的人聊天，找機會自我介紹自己因「二二八」案已經坐過近十一年的牢。經歷過台北、台中、台南又台北等地方司法監獄，於三年前才經東本願寺——「警總」保安處轉解來此。年前曾幾次要求解回原執行監獄(台北監獄)，一直沒有下文，這次調房或許與此有關……。

當他們聽到我已經坐過十年多長牢，又發現非涉「匪諜」案件時，便自動撤除心防，也開始介紹各自寃情。最後並悵然嘆曰：「如果我們也要像你坐這麼久的牢，不曉得會變成怎麼樣？」

在軍中當過中尉連附，骨瘦如柴，有點駝背，曾經在偵查單位受過慘酷拷刑以致精神分裂，有時語無倫次，有時淸醒的孫光炎，忽從靠近走廊牆角的舖位站起來，以近乎揶揄的口吻大聲喊道：「反攻，反政，反攻大陸去……不是說『一年準備，兩年反攻，三年掃蕩，五年成功麼？』那裡還有十年？呸！呸！呸……」，逗得大家哄堂大笑。

坐在自己舖位，正忙於查《聖經》的江雲錦，此時卻顯得有點不自在，抬頭叫聲「孫光炎」，房裡遂寂然無聲。祇有楊永年一個人還站在孫光炎左側，用手輕拍著孫的肩背，湊近孫的耳邊。像哄小孩般小聲告訴孫說：「要反攻大陸沒有錯，但這是我們的軍事秘密，不能讓敵人知道，不可以說……。」孫光炎被哄得似懂非懂，又乖乖地躺下去。

楊永年是「孫立人案」中，最年輕的軍官，官拜中尉，身材中等，濃眉垂直，兩眼圓睜，處事勤快，爲人剛直。曾任孫光炎連附，怪不得處處維護孫光炎。每當孫宿疾復發，開始語無倫次，亂叫亂嚷的時候，他都緊隨在孫身邊，無微不至地照顧。

放封時「孫案」的人從不跟一般囚犯交談。不是顧慮獄規，而是他們的心理作祟。他們都深信關在信、智二獄的囚犯都是眞正的「匪諜」，都是可咒可殺的傢伙。大陸的變色淪陷，完全給這些人搞掉的。如果他們自己不也是身繫囹圄，恐怕也會揮舞著刀槍將這些人殺光。由是不難看出蔣黨軍中政戰和思想控制的一斑。

散步時他們都跟自己人在一塊，三五成群邊走邊聊天。唯獨身材短小，黝黑結實，嘴邊老掛著微笑的王善從是「獨行俠」。每次都是一個人踏快步穿梭操場，偶爾碰撞前方的人，或踩到別人的腳，他也習慣地把嘴裂開略帶微笑，點點頭向人陪禮。

孫光炎也是「獨行俠」。不過他的步伐沒有王善從那麼快，他邊走邊詛咒，也許在詛咒那些曾經對他用過刑，拷問毆辱過他的特務打手。

監獄裡，因爲欠缺可靠資訊，雖有一份中央日報，對一九五五年「六六事件」的報導，也都語焉不詳。尤其言及孫立人將軍的部分，也一反過去，多是貶抑之辭。不過同房幾位一九五五年八月二十日被逮進來的校級軍官，很憤激地斬釘截鐵說：「六六台南校閱，根本就是子虛烏有。因此孫立人和他們的涉案也是莫須有的。」「即使一九五四年八月二十日的鳳山『第四軍官訓練班同學會事件』也是完全衝著孫立人而來。所謂『欲加之罪，何患無辭』。」

他接著又說：「光是一九五四年八月二十日至二十二日三天，第四軍官訓練班的軍官，即被捕六百多名。『草頭』——隱指二蔣父子，是存心將孫立人羽翼和直系趕盡殺絕。」

「不過他們後來，好像又覺得欲廢掉這位享譽國際、頗受美國賞識、尤其國民黨被中共趕出大陸時，對穩定台灣不遺餘力的名將，似嫌說服力薄弱，竟然又羅織孫立人涉及部屬『郭廷亮匪諜案』……。將一頂『大紅帽子』戴上，企圖以杜悠悠之口。」

十

然而二蔣父子何以狠心至此，非將戰功彪炳、忠心耿耿、一直被看好、被期待的明日之星孫某置於死地不可？樹大招風，才華招忌？難道是這樣的麼？

二蔣所以處心積慮欲除孫立人，原因雖不一而足，以下幾點恐怕是主要原因：孫在軍中深得人心，普受擁戴，卻又不是出身蔣系的黃埔學生，而與「叛臣」吳國楨同屬「親美派」。

蔣介石最狼狽，最需要美國支持時，美國卻反而落井下石，發表「白皮書」打擊他。另方面卻又頻頻召見孫，使二蔣父子懷疑美國陰謀「擁孫廢蔣」。加以二蔣採用格別烏式和蓋世太保式監軍，提高總政戰部職權干涉各級部隊長指揮權，使受過美國軍事教育，爲人剛直，時任陸軍總司令的孫立人，慨然站出來與總政戰部主任蔣太子抗爭，以致彼此交惡。

郭振純

至今隱約猶在每個人腦海中，蕩漾著「台灣共和國臨時政府」去年（一九五六年）在東京成立的震撼。儘管蔣黨中央日報上所刊載的，不過寥寥數語，卻已經給將一輩子希望，寄託在「祖國解放台灣」上面的「毛主義者」和「反共義士」們一陣衝擊。

「台灣的解放」在「美帝」一再阻攔下陷入膠著狀態，已經使他們怒不可遏。如今「美帝」為遂其永久「佔領台灣」野心，又刻意耍出這齣戲，如何不叫他們義憤塡膺？

他們對於廖史豪為首，幾個涉及「台獨案」的人，一向很不友善，尤其對喜歡自炫二廖（隱指廖文毅和廖文奎）在海外所做的許多事情，都是經他「提供點子」，和麥克阿瑟元帥與他如何親密的彼德，更是怒目切齒。

對曾經受過「美帝」垂青，涉案「六六事件」的孫立人部屬，也時加冷譏。如果不是他們在這裡多少受到照顧，被隔離到另外一個囚房，恐怕也逃不出「毛主義者」的魔掌。在「清算」和「鬥爭」的威嚇下，戰戰兢兢如履薄冰。

對一向獨來獨往，對「祖國解放台灣」抱著冷漠態度的KUE也被歸類為「叛徒」。由於他曾經公然諷譏過他們的「學習」，也被列為必須「清算」的對象。

不過他們都知道KUE是因為參加所謂「非法集會」，被羅織參加「匪諜組織」罪名被處「無期」的。又因為他膚色長相都很像原住民，由於「爭取弱小民族」也是「毛主義」的重要教條之一，所以部分「毛主義者」也很想爭取他。

又聽說KUE二次大戰結束時，是「日本陸軍見習士官」。如果他多等幾天，等到部隊解散才退伍，他可以依規定晉升一級，而成爲「菠次坦少尉」。一名「日本陸軍少尉」，即可震懾監裡的人。凡多少知道日本軍隊的，都會以敬畏的心理看待一位具有日本軍官身份的人。

他乍看之下很孤僻，事實則不然。他祇是不屑與「反共義士」和「毛主義」份子親近罷了。放封時，他有時候也會來找我，和一些志同道合的人聊天，交換些新聞。

KUE即是府城人郭振純。一九四五年曾經在台南糖業試驗所任技士。宋炳南的研究助理徐榕聲即爲其五十年前的老同事。據徐榕聲說：「他戰後曾經在所內『教訓』過富田等幾個戰前極端歧視台灣人的日本同事。戰後蔣幫派盧國卿來接管糖業試驗所，不久也發現盧及其所帶來的中國人，都昏昧於被誤列『五強之一』，和毫無實質的『戰勝國』而以更甚於日本人的傲慢歧視對待台灣人。KUE乃將所方豎立的『移風易俗』標語撕下來，換上『入鄉隨俗』四個字。」

「不久，他被所長叫去『訓斥』了一頓。天性倔強的他，豈肯就此罷休!?他自此開始做炸藥和毒氣的實驗。並選在一個下雨天，悄悄將研製成的毒氣瓶，放置於所長專用人力車坐椅下。」

不知自己座車已被放置毒氣的所長，下班時上車一坐，坐椅下的毒氣瓶瓶頸即被壓斷，毒氣四溢，臭氣熏天，他眼睛受不了毒氣襲擊，眼淚流個不停，遂跳下車，落荒而逃……」。

一九五〇年底台南市長首次民選。除了國民黨提名的黃百祿，另有時任台南監獄長，台南聞人高再德的女婿邱鴻恩，和任職鐵路管理委員會專員的吳國信兩位違紀參選者，及無黨籍的葉廷珪。

當時任葉廷珪競選總幹事，爲葉運籌帷幄，使葉廷珪能擊敗國民黨提名的黃百祿而當選台南市長的幕後功臣，便是郭振純。

黃百祿的落選使國民黨面目無光。國民黨惱羞成怒之餘，遂令特務監控，尋機依「匪嫌」加以逮捕。在偵查單位年餘，仍無法定案，乃改以「承認葉廷珪爲台獨分子」爲利誘。因此計依然未得逞，遂被羅織參加「非法組織」被判處無期徒刑。

他總共坐過二十三年蔣黨長牢。出獄後隨即被台北「柏木企業」邀聘爲海外部經理。因爲他通西、英、日、中四種語文，而且與海軍技術員兵大隊出身、因「台獨案」繫獄的張幹男、許昭榮等人在綠島期間結爲莫逆之交，而「柏木企業」董事長正是張幹男。張幹男現任新亞旅行社（股）社長。

一九七八年他又轉任彰化縣北斗一家頗具規模的綠藻公司業務經理，直至一九八二年移民瓜地馬拉……。（這是後話）

廖千掌

一九五八年梅雨連綿的五月中，有一天上午，在信監八房相處近一年的二十名「孫案」

被株連者，全部被叫到看守班走廊，被告知「奉國防部命令，即將他們移解到一個比這裡還寬敞舒適的地方」。

大多數的人聞言都高興得連跑帶跳，跑回去收拾自己行李，準備離開這個已經住得夠令人膩煩的軍人監獄。跟著大家後面姍姍回來的江雲錦和陳良壎、王善從等幾個人，卻心灰意冷，滿臉愁容，進房後不急於收拾行李，呆若木雞，老站著兩眼正望窗外。

好似無限心思湧上心頭，百感交集，半生戎馬祇爲國，一心一意忠領袖，到頭蒙冤繫獄，徒喚奈何！困惑又迷亂！這個國家，這個社會還有公道麼？憑他們對近十年來「中美關係」的瞭解，孫立人將軍在國內外的聲望，尤其美國幾個關心亞洲和台灣事務的將領，對他的賞識，如今孫先生和他的部屬突遭無妄之災，難道連一點點關心都沒有？眞是令人困惑。

他們一直抱著一絲希望的曙光，滿以爲一旦撥雲見日，或在美國關心之下，也許會藉「特赦補救」，將他們釋放。然而剛才獄方人員，已經很淸楚地告訴他們，是要「將他們移解到另一個地方」。那個地方，不消說是另一個更漫長的牢獄生涯在等著他們。

信監八房是我被移解來軍人監獄四年間，可以說最平靜，始終未遭攪擾的一年。至少在這裡聽不到什麼「清算」、「鬥爭」一類的狂言，也看不到所謂的「學習」和類似「小蘇區」的生活模式。這裡的空氣暢流無阻，呼吸不曾受到窒礙。

尤其那幾個不知天高地厚，天眞無邪的「少年軍官」，每個人都有講不完、說不盡的行伍趣聞逸事。吃飽了沒事，光聽他們吹，可以讓你暫時忘卻身處何地，一眨眼又是一天。

他們被調走以後剩下我一個人，好像被拋棄似的，不免有落寞感。我趴在鐵欄杆左張右望，兩眼炯炯注意著看守班動靜，想知道會調那些人進來而憂惶不已時，一名外役走過來通知「將自己東西收拾好」。

原來自己也是要被調離。然而到底會被調到什麼地方，或那一個囚房？希望不要再調回「小蘇區」與那些「反共義士」和「大陳仔」同房。

我並不怯懦，祇是希望別再遭受蔣幫所加之於我以外的任何精神折磨。我不喜歡跟人抬槓，更不想再和那些妄想狂、左傾幼稚病、教條主義者鬥。我祇希望能平靜熬過所剩三年多刑期。

也許這一次他們多少會考慮我的「案情特殊性」，接受我家人的陳情，將我解回原執行監獄——台北監獄。

我抱著一絲希望，揹上用毛毯捆包好的行李，步履維艱跟在外役後面走出信監。站在靠近保防室外面走廊張望，他們既未讓我辦離監手續，也未發還保管中的書籍和手錶、現金等「貴重物品」給我。附近也沒有任何接人的車輛，心裡正為此納悶，忽見由仁監看守班走出來一名著制服的牢頭禁子和一名外役，簡單打量我一下，便將我領到仁監八房。

仁監從什麼時候開始，也被改為專門收容「政治囚」的舍房!?據新近由各地監所移解來的人說：他們所經過的每一個監所，包括地方憲警單位的拘留所都告「人滿為患」。

每個囚房都像「擠沙丁魚」般，擠進定額一倍以上的人。因此囚房裡時常為睡覺舖位和如厠的順序問題爭吵。這種不人道的待遇再不改善，到了夏天一定會悶死人。

依稀記得一九三〇年左右，魯迅曾經在上海某大報發表一篇冷嘲熱諷國民黨取得政權以後，大興監獄的文章。他列舉清末民前，政權每有「轉移」，即有「新政動作」：如派五大臣下南洋，利用「庚賠」興學等等……。唯獨國民黨取得政權以後「以牢治國」，採取高壓政策，人民稍有異議，即加以打殺投獄，所以必須擴建監獄。

眞不愧爲一個由幫會和流氓加特務組成的政權。他們竟無恥到拿抓人和殺人的成績表，及增建監獄來威嚇人民，誇耀世界。民前已然，三十年後在台灣尤烈。國土淪喪，逃亡來台，暴政依然，抓人、殺人未見稍加收斂，反而變本加厲。

可憐的台灣人，我們不知還要忍受這個野蠻不義的政權蹧蹋多久？

被關進仁監八房的人，好像都經「精挑細選」過的，而且人數也比一般囚房少。我一進房，已經兩年多沒有見面的老同學蔡懋棠即走過來幫我提行李。梁陰源、李曉芳、廖史豪、林詩濱、鄭靖民諸兄也過來向我問長問短，幫我整理行李。使我有若遠嫁新娘初回娘家般，感慨萬千。

靠近鐵欄杆的地方，另有一小撮人也圍繞著一位高瘦約四十，著一件老舊西裝上衣，道貌岸然的人在交頭接耳談論些什麼。後來才知道這位高瘦，雖身處囚房，仍以老舊西裝襯托身份的，就是出身校本部在東京神田三崎町，專門部醫科設在板橋，一九四〇年前後在台灣「非常有名」的大學的廖千掌醫師。

這幾位圍繞著千掌仙的年輕朋友，是虔誠的「毛主義」信徒，都堅信「祖國」必將成爲世界最強大國家，資本主義終將崩潰、「美帝」也將夾著他們的狐狸尾巴逃回美國，「台灣的解放」已經是時間問題。

這裡所有的人，幾乎都是受過良好教育的社會精英份子。除了千掌仙，出身日本「在台灣非常有名」的大學醫科；年紀最大，已近六十歲的李曉芳先生是「北大」；曾任東京都政府囑託的楊廷謙是日本中央大學；廖史豪是東京「立教大學」，胖子吳水燈「淡大」；陳天明北京「師大」；梁陰源上海「復旦」；涂炳郎台灣「師大」；黃紀男「日大」；許劍雄「成大」；林詩濱「集美」；整天躺著看書、下巴稍尖的陳明忠，和綽號「最高學府」的洪瑞棠都是台中農學院；而「民本電台」創辦人朱擁泉則爲「上海商專」畢業的。

此外鄭靖民唸過陳濟棠辦的「國際電信」，前月眉糖廠總工程師劉姓老廣是西德波昂大學工學博士。我和蔡懋棠則爲東京外大」，另三位不久被調去參加籃球隊的少年，好像都是「高雄高工」的學生，祇有華北抗日游擊司令王鳳崗的學歷不詳。

由於大家多少唸過書，在社會上做過一點事情，也稍有見識，除了旗幟特別鮮明的千掌仙等少數幾個人，大致上都能融合，有關意識形態，大家很含蓄，不願隨便表露，儘管如此，從日常談話中，或看過中央日報以後的言論表態，還是隱約可以窺探每一個人的意識形態和教養程度。

比方對四月初（一九五八年）一則「美聯社」報導，云「蘇聯最高蘇維埃決定片面停止核子試爆，並要求美國採取同等行動」的聲明，於同年四月八日「遭到美國拒絕」的反應，在囚房裡卻出現兩種截然不同的聲音。

千掌仙所代表的一夥人的看法是：「誰是帝國主義，誰是戰爭販子，已經很明顯。蘇聯爲追求世界和平片面主動停止試爆，『美帝』卻不顧人類要求和平的呼聲，爲遂其稱霸世界野心，置人類幸福於不顧，繼續蠻幹試爆……。」

我和廖史豪、李曉芳三人對千掌仙的說法並不以爲然。我們指出一九五七年十月，蘇聯發射世界第一顆人造衛星「史普尼克一號」成功以後，受到莫大鼓勵，一直繼續試爆。如今看到美國已經迎頭趕上，幾將凌駕蘇聯，內心感受威脅，遂假藉爲世界和平，大家應該停止試爆。實在如意算盤打得太好，美國又不是三歲孩童，豈肯俯身傾聽那種陳腔濫調？

王鳳崗

王鳳崗這個名字，對中日戰爭期間在華北住過的人，可以說是耳熟能詳的人物。他是中日戰中，在華北地區神出鬼沒，搗擾敵軍後方，困挫日本「皇軍」，使日本「完全控制北支兩年計劃」無法得逞的游擊名將。

戰爭中期（一九四〇年左右），當蔣系報紙發掘這支非「黃埔系」，也不受「中央」支援的人民爲抗日救國自動成立的游擊隊伍，和他們的輝煌戰果以後，便開始在報端介紹他們：如何出生入死，如何出奇制勝，搗敵人後方，使其顧此失彼，疲於奔命重挫銳氣……。

他戰後一度兼任河北省保安司令，並授勳晉階陸軍中將。國府還都南京以後，蔣介石還當著文武百官面前，特地給予表揚嘉勉……。

然而曾幾何時，這位在黃河北岸大草原叱咤風雲，爲國屢建殊勳，受到蔣介石特別表揚的游擊英雄，一九四九年底跟隨蔣軍撤退來台以後，蔣不但未予妥善安置，竟然棄如敝履，置那些爲抗戰出生入死，爲國盡瘁的游擊隊袍澤生死於不顧。

王鳳崗雖曾幾次透過有力管道求見蔣介石均未果，迫得他走投無路，不得不暗令兩位舊屬悄悄往香港轉廣東，試探葉劍英能否容納他們，給他們一條生路。

詎料葉劍英的回答，竟然不准他們回中國，要他們繼續留在台灣打游擊。嗟夫！他們生爲世界人口最多的中國人，竟無一人能容納他們。國土雖廣竟無寸地可以容納他們，眞是怪事！

那兩位舊屬從香港回來不到一個星期的一個黃昏，一輛嶄新的小旅行車忽然停在他家門口。從裡面走出來三個著便衣的彪形大漢，很禮貌地騙他說：「委員長要請你去問話。」對三位不速之客，他內心雖覺不妙，但此刻身不由己，已經被挾持。他倒想見識見識，看看他們會對他怎麼樣？

王鳳崗被帶到一棟位於山坡上的日式別墅，外面有荷槍實彈的哨兵，內室也有著制服和便衣的人在交頭接耳。至此，他始恍然大悟——自己已經被捕。

然而爲何被捕？他沒有犯法，也沒有做過任何對不起國家的事情。來台灣以後他一心一意，祇想早日安置那些曾經和他在河北大草原出生入死，為國盡瘁的袍澤。即使派人到廣東，也是完全為這個問題去試探的。

為何把他抓進來？他百思莫解。直至三個月後，被送去軍法局接到判決書，才知道自己是依叛亂罪「通匪」被亂判成案的。他的部下也同時分別「被安置到外島去」。

這位曾經在河北叱咤風雲，使日本「北支派遣軍」頗為頭痛，佔領計劃無法得逞的遊擊英雄，到底是個什麼樣的人物？

他是河北人，說話時慣用京腔捲舌音，上下唇合起來時倒像女孩子的「櫻桃嘴」。身高約一百六十，瘦瘦白白，有點駝背，如果不看他幾已禿頭的前額和下巴幾根羊鬚，乍看他的背影，每一個人都會誤以為他是位「中年女子」。

他足著包鞋，走起路來雖未至「步步蓮花」，也不大像是一位遊擊司令的步伐。王鳳崗就是這樣子的長相。無怪乎被日本鬼子抓去四次，而四次都平安無事地被釋放回來。

由於他是一位頗有來頭的人物，也根本算不上什麼「匪諜」，監方也特別允准他帶胡琴進來。每天放封回來沒事，就搬出愛琴來拉他最喜歡拉「四平調」。有時候一高興也會連拉帶唱，維妙維肖地唱出尖銳刺耳的青衣。

廖史豪是西螺望族廖承丕之後。父親廖溫仁一九三〇年代，曾任日本京都帝國大學東洋史教授。母親蔡綉鸞則為台中清水望族蔡年芳之姪女，京都同志社大學出身。廖史豪幼名叫

「太郎」，一九二二年生於京都左京區，因此小學、中學，及至大學都在日本接受。

無怪乎他的台灣話，和北京話都講得很糟。如果沒有耐心傾耳細聽，恐怕很少人聽得懂他在說什麼。

他一九四五年立教大學畢業、但大學在學中即以「學徒兵入伍」被強迫徵召，進「千葉陸軍高射炮學校」，與後來的台灣總統李登輝同學。戰爭結束遂以「波茨坦少尉」退伍。他是「白臉書生型」的青年，說實在，不大配當一名「皇軍少尉」。

二次大戰一開始，日本精銳部隊傾巢盡出，除了滿州中國大陸，還有更遼闊的太平洋戰區需派軍駐防。到了一九四三年日本已是強弩之末，預備役（後備隊）補充兵徵集之後，仍感兵源不足，於是便改訂「兵役法」，一面令才十四、五歲的學生，以「特別志願兵」形式，強迫入伍充任「特攻隊」成員；另方面則提高徵兵年齡至四十五歲的社會中堅份子。

這些人中有很多是公司行號的高級經營者，總經理、董事長，和大學教授、中小學校長、法院推檢人員，乃至販夫走卒、神官、僧侶、牧師……，不問社會上的身份階級，祇要符合徵兵年齡，一律強迫入伍。

這些「老年兵」入伍以後，頂多祇能當一名「一等兵」或「上等兵」。即使學歷、兵歷稍好一點的，也祇能當一名「伍長」——等於下士班長。想當官（指尉官以上）恐怕要等下一輩子。因此廖史豪的「陸軍少尉」是拜東條首相的狂妄，不自量力擴大佔領區，招致兵源極端欠缺之賜，才有機會指揮那些剛入伍的父執、老師輩社會中堅份子的老兵去挖掘戰壕、搬運糧秣彈藥。

廖史豪在仁監八房是一位相當特殊的人物。因爲他的三叔廖文毅是東京的台灣流亡政府—「台灣共和國」的「大統領」，他涉及他三叔的「台獨案」。一九五〇至一九六〇年間，軍人監獄總共收容近二千名經亂判的所謂「叛亂囚」，這些人大多都是「紅色的」，或僅染到邊緣的「粉紅色」乃至紅白不分的「灰色」。不過有相當數量是被「屈打成招」，被羅織成案的。而所謂「台獨案」的，這時候連五名都不到，根本不成比例。所以如果他們幾個人不是被關進「仁八」，而被關進「反共義士」、大陳仔、和狂妄「毛主義」信徒所盤踞的囚房，一定會過得很悽慘。

老台共

林詩濱，不待他自我介紹，我一見便知道他是「老台共」，前台灣省政府委員林日高的弟兄。他的長相面貌，動作聲音都酷似日高。祇是十二年前（一九四七年）在台北監獄病舍看到的林日高，比現在的林詩濱憔悴許多。

那時的林日高，對自己過去在省參議會時，如何鍥而不捨地質詢，「修理」陳儀之輩，「二二八」中又做過多少事情，一直耿耿於懷。

又聽到故友王添灯已遭火刑，宋文瑞（斐如）被活埋，及許許多多熟人朋友，忽然失蹤，隔一兩天又發現屍體被丟棄在南港，汐止間的鐵路墜道口坑溝裡的許許多多消息。他雖然早已準備從容就義，卻也不免爲求學中的女兒前途憂慮。

林詩濱是日高因「偷竊」省政府「密碼」，被依「匪諜」處刑後，才被依「九條，知情不報」起訴處刑五年的。

胖子吳水燈，高雄岡山人，出身「淡大」英語科。在仁監八房，他的個子最高大，年紀卻最小。他爲人頗有趣，也很會逗笑。他對什麼都小：頭面小、眼睛小……連「小雞雞」都小得令人不敢相信的「最高學府」，似乎情有所鍾特別喜歡逗弄他。而常把他逗得哭笑不得，也引得哄堂大笑。

楊廷謙對「最高學府」的興趣並不亞於胖子。吃飽飯沒事，他也會找「最高學府」開心。不過每次找「最高學府」聊天的時候，楊都會裝出正襟危坐、道貌岸然、及一副悲天憫人的臉孔，先表示同房人老逗弄「最高學府」不應該，他是如何地同情「最高學府」，然後才慢慢勾起「最高學府」的記憶，和心裡的委屈，而頻頻「爲他抱屈」。

爲人率直，不知有詐的「最高學府」便一五一十將家世道出，將如何追求女友，好容易得到手，滿以爲從此可以高枕無憂，豈料，連起碼的動作都還未開始，即被甩掉的狼狽悲慘失戀史；乃至「興大」同學，王敏宗被捕後，甚覺恐懼，乃自動向保密局自首的事也一一說出。後來「最高學府」又說自己看到舟山群島和海南島蔣軍相繼撤退來台，又誤以爲「祖國」即將攻台，遂又暗中找人「回復組織關係」。這件事不久也因別人的自首，反被「交代出來」，致被判處十二年。

聽說「最高學府」爲了討好楊廷謙，也曾經向楊「密告」過我的案情。他告訴楊說：我「二二八」中做過不少事，連三月一日晚到過他們的學寮撒發傳單，帶人到公舘前「日本海軍航空基地」修飛機，到過嘉義，乃至退入埔里以後的事情，都加油添醋地攤出來，以示他也是「走過二二八」的人。

最後聽說他很氣憤地訴苦：像鍾某做過這麼多事情的人僅僅被判十五年，而他什麼都沒有做過，卻被判十二年重刑，實在太寃枉。

我和楊廷謙雖然是初次見面，卻很快就變成知己朋友。由於我們差不多同一時期在東京求學，都親身經驗過戰時極端缺乏物資的貧苦生活，對日本政治文化，乃至對敗戰的近遠因見解，也頗爲接近。尤其當我知道他是風城人，而自動向他提及與蔡淑小姐那段未了的羅曼史以後，兩個人的關係更急遽直升。

原來他和蔡淑赴日留學的時間，差不多同一個時期，大概是一九三八年中日戰爭發生不久以後，當時他對這位剛考上「東京女大」英文系的名媛，並不是沒有傾心，祇是自己太不爭氣，而且對她垂涎三尺，蠢蠢欲動的，又不只他一個人。後來發現她好像受到層層保護，即使想接近她也頗感阻隔重重。

當時他實在有點怯陣，在進與退之間徘徊掙扎許久，最後終於決定暫採觀望，讓她如花似玉的倩影，能繼續夢縈心裡。

一九四八年回台以後，爲溫舊夢，他即開始到處打聽她的下落。當他獲知她的不幸下場

——被台中一位「薄情郎」拋棄以後，他的希望之燈忽然大亮，也爲她的遭遇大抱不平。如今曾經拋棄心上人的我竟然出現他面前，他此刻眞不知道該責備我，還是應該爲自己慶幸，感謝我還留給他一席空間和一絲希望的曙光。（請參照《辛酸六十年》上冊三〇六頁至三一一頁，及三三七頁至三四〇頁）。

楊廷謙東京「中大」畢業後，曾任東京都政府囑託——等於專員一職。戰後他在東京台灣留日學生界相當活躍，他身材魁梧，皮膚黝黑，下巴有點凸出，又喜雄辯，自命非凡，常拿日本名政治家中野正剛比喻自己。

他戰後曾爲向日本外交部領取「台灣人救濟金」問題，與「早大」出身、台中黃朝清的女婿高玉樹發生過激烈衝突，但這次衝突，並未影響他被公推爲「台灣人歸國委員會」的委員長，反而更加穩固他對八千留日學生的領導地位。

「二二八」發生時，他還在東京。他是涉案「新生台灣建設研究會」一名主要成員——李中志訂閱日本共產黨機關報「紅旗」雜誌而被捕。因此案同時被株連的，還有「東京帝大」出身的朱昭陽，「棒球教祖」謝國城，糧食局副局長朱華陽，林廼敏及「台大」化工系教授陳成慶等人。

石朝錤　巫金聲

仁監八房又多了兩個「病夫」——調出兩個高雄工業的學生去參加籃球隊，又換來兩個一年到頭抱著被褥，「老是裝死裝活」，奇招盡展的「老病夫」。一個是我幼年時代的老鄰居，石興伯的么孫，綽號「長腿」的石朝錤。另一個則爲台北後車站建成町一家貨運公司小開巫金聲。

他們兩位和陳明忠三人都是軍人監獄「登記有案」的「名病夫」。然而他們三個人果眞病得那麼嚴重嗎？大家都心照不宣，不屑一顧。也從未有人眞爲他們「嚴重病情」著急。不過有時候替「病夫」們權充「傳聲筒」，向看守班長大聲「呼救」的人卻是有的。

說穿了，他們三個人，事實上什麼「屁病」都沒有。他們因爲看不慣那些牢頭禁子的頤指氣使，坐牢就坐牢，還要接受他們的「一個口號，一個動作」，又不是要「反攻大陸」，他們就偏偏不聽他們那一套，乾脆裝病，躺下來看書。放封時也不出去，留在囚房裡吃些喜歡吃的東西。醫官給他們的藥片，也可以趁著大家不在的時候，悄悄搗碎丟進馬桶……。

他們這一招，不能說不高明，而且也需要相當的覺悟和勇氣。並不是每一個人都做得到的。他們放封時不出去，仍可以在房裡自我調適，做一些自己喜歡的活動。至少，不用跟大家搶報紙。一個人悠然自得在報紙上「找蝨子」，每一則新聞都翻過來看、從背面、從側面，再從倒面挖出它的背景……，那眞是不亦樂乎。

石朝錤進房後將行李放下，抬頭掃視每一張面孔。當他認出我，便迫不及待地大聲么喝：「喂！你怎麼人氣這麼好，特別在女孩子之間。」我被他突如其來的一喝，不禁啞然。

後來才知道他是台中市若松町——現在的中華路、中山路交叉口附近的老鄰居。他祖父石興伯一九二〇年間，曾爲日本「台灣軍」步兵第三大隊登記有案的「承辦商人」。他已過世的父親，則爲「北師」出身的公學校訓導。他母親與先母也過從甚密。

他指的女孩，便是盧伯毅（請參閱《辛酸六十年》上冊六五三頁）的二妹麗玉和三妹雪如。這兩位少女知道她們大哥與我的親密關係，也多少知道他涉及「二七部隊」。盧伯毅雖很僥倖地逃出台灣，我卻不幸被捕生死未卜。後來又因我三叔鍾添登也在「十四大哥」（請參閱《辛酸六十年》二九二頁）引導下被捕，被抄家，四叔則聞風潛逃外地，先母因而生活頓失依靠，徘徊街頭，狀似乞婆。此情此景，令人心酸。

兩位女孩回去後，隨即將這些事情告訴父親盧炎生。是日適遇伯毅故交賴部生（又名施部生）亦在座。施部生回去不久便看到麗玉和雪如兩姐妹在台中市西北區，今成功路一段附近，中華路、中正路一帶，兩手捧著簽名簿求人簽名，想藉多數人的同情和簽名、陳情蔣軍釋放我。

這種近乎「與虎謀皮」的作法，令人啼笑皆非。她們的天真無邪和勇往直前的精神，更是令人感動。至於麗玉和雪如姐妹之出現街頭，是否受到其父盧炎生先生和賴部生君的慫恿鼓勵，則不得而知。

「最高學府」是陳明忠唯一同學（中興大學），他們照理應該情同手足，互相照顧。但事實「最高學府」對陳明忠有若「綿羊遇猛虎」，畏首畏尾，始終不敢接近他。而陳明忠對「最高學府」也始終抱著不屑一顧的態度。他極端瞧不起「最高學府」的爲人，對他的涉案，到處誇耀自己的學歷，乃至他的一些小動作，和他的長相也都令他厭惡。

陳明忠與千掌仙好像特別親善。每天千掌仙收封回來，陳明忠都會自動湊近他耳邊，將「找碴子」的豐富成果奉獻給他。他與岡山同鄉──胖子吳水灯以及楊廷謙的關係也很不錯。在日本留學生界做慣「老大」的楊廷謙，在這裡雖然仍改不掉做「老大」的習氣，卻仍然是一位可親可敬的長者。

雖然他在這裡年齡不算最大，比李曉芳、林詩濱和鄭靖民等人還差一大截，但由於他很會包容，也很會招呼後輩，說話又幽默，談笑風生，不分壁壘，也沒有鮮明的旗色……，所以吃飽飯沒事，便有各路不同來歷人馬，圍繞他身邊。

陳明忠的包容性雖然沒有楊廷謙那麼大，與不同意識型態的人卻尚能相處無碍。他雖然也走過「二二八」的黑暗歷史，而且跟二七部隊退入埔里，在烏牛欄橋南端，還給來自中國的土匪兵打了一槍，差點連命都沒了，不過那一槍，並沒有將他和他們那一夥兒人打醒。

同坐一條船

梁陰源和老廣日常交談，都習慣講廣東話。對他們的談話，我勉強可以聽懂兩三成，不過還要借助他們的表情和手勢。由於老廣的個子小，有點像「小妮子」，年齡也比老梁少五、六歲，所以都是老梁主動找他下棋或「玩角力」。

他們兩個人的鋪位鄰接，每次就寢時，一鑽進被窩裡，就聽到老廣近似抗議的哀求聲，或被搔得發癢受不了，欲躲開時碰撞鄰舖的人，而頻頻向人陪罪的聲音。他們兩個人不分白天晚上，都玩得樂而忘憂。同房人也常被他們逗得捧腹大笑。他們的年齡，合起來不下八十，精神卻還是那麼飽滿，像一對小頑童般樂此不疲。

他們兩位和游擊司令王鳳崗，都很少有人來看他們，也沒見過他們出去領包裹。他們很知趣，房裡不論任何人會晤或領包裹回來，都躲得遠遠的，甚至有時候還故意將視線轉到別處，從未像冒牌貨廖清旺和那些滿口「清算」「鬥爭」的「大陳仔」之輩，故意祭出「毛幫」口號，暗諷有探視者的人，刻意製造緊張氣氛「施壓」，等待別人的「進貢」。

因此，他們反而受到房裡所有人的尊敬與同情，甚至連被公認「吝嗇鬼」的「最高學府」先生，有東西時也會自動分一點吃的、用的給他們。偶爾身體有什麼不舒服時，同房人也都會自動關照他們。

我時常想，人類社會——人與人之間，夫妻之間、父母子女之間，乃至朋友和團體與團體之間都應該「相互扶助」，僅靠「適者生存」一套堂而皇之的理論，還是不夠周到。被囚在同一個監牢的人，彼此之間事實上已經形成一個「命運共同體」。不論來自何方，案情如何，或「統」或「獨」，都不可否認彼此的命運和利害，已被緊緊扣在一起。至少在敵人面前，對付獄方的時候，我們的利害和命運應該都是一致的，也可比喻成大家「同坐一條船」。

過去在信、智二監，曾經有幾個被「半吊子」和冒牌貨所控制的牢房，妄引蔣幫宣傳口號，錯解運動規則，妄稱今天要清算這個，明天要鬥爭那個……，恣意製造矛盾擴大內部分裂。而遭受打擊的另一方，雖一直忍氣吞聲，然而他們的內心，又豈能永遠平衡？這種對立矛盾，正好給敵人乘機分化的機會。

而部份人實在也太不夠成熟，面對蔣幫特務，始終畏首畏尾，大氣也不敢吭一下。一來到軍人監獄，即逞餘勇，將受自特務的所有悶氣，對著同房人，仿若蔣幫扭曲下的「反共道具」，胡亂發洩整人。

親人被囚，妻兒父母前來探監，順便送些菜肴，乃是人之常情。不過是一點醃菜干，小魚炒豆豉，加幾根香蕉，事實也算不上享受。即使在日本人統治下，再窮愁潦倒的台灣人，也是吃得起這些的，絕不會有人因此眼紅，隨便罵人「惡霸」，視這些菜肴爲「剝削人民的不正當東西」。但對這批心理不平衡的人而言，這些都是「罪惡」，都要嚴厲批判！

顏大樹　蔡×伯

蔡×伯、顏大樹、張雪筠等幾個人，也從信監調來我們對面的優待房——「仁七」。顏大樹是嘉義縣朴子人。他原爲台中師範學生，「二二八」後投筆從戎，改考中央軍校成都分校。直到大陸變色，才隨軍回台灣。

像他這種背景的忠黨愛國份子，不知怎的，竟然也被扣上「紅帽子」，令許多「中師」同學聞悉不勝驚訝。他好像是頭一批到綠島，由綠島解回來軍監的。他過去在信監，起居、飲食乃至「學習」各方面都表現得相當突出，人緣也非常好。他到過「祖國」，也見過動亂中的中國。尤其他們的部隊，被「新祖國」軍隊追殺的「精彩經過」他都親歷其境，所以談到「祖國」，他更不乏話題。

他與韓國來的「反共義士」，意氣頗爲相投，與大陳仔，舟山仔也相處得很不錯。尤其在與幻想中的「祖國」尙未謀面，卻非常熱心嚮往的，所謂「在台灣的中國人」之間的地位，也令人側目。

然而這位每次放封，都受到「前呼後擁」的顏大樹，最近卻忽與軍人監獄政治部頻頻接觸，而且有時三更半夜也被帶出去。他被調來「仁七」以後，有時候也還被帶去政治部和保防室。每次接見，也異乎常規，談話時間幾無限制宛如特權者。他的行動神秘，高深莫測。他本人不透露，別人根本摸不清他在搞什麼？不過他絕不是去接受任何「處罰」，這一點是可以肯定的。

他現在已經沒有從前那麼風光，也沒有人會像以前那麼熱心擁護他。雖然還有一、兩個「信徒」還在爲他做一些無法令人心服的解釋。然而他已經逐漸被孤立，除了他一名同鄉，台大學生張雪筠還跟他接近，其他的人好像都遠遠地走避他。

蔡×伯的情形則更特殊。每次來開房門帶他出去，和送他回來的，都是同一個人，是智監的看守長。此人身高不到一六〇，微有駝背，年約四十，喜歡穿包鞋，走路八字開的一名陸軍准尉侯雲亭。他跟王鳳崗一樣，很會拉琴，也常來一段「青衣」。

蔡×伯每次被帶出房的時間，差不多都是白天開始接見的時候，他每天出去接見，都要到晚上十點左右才回房，而且回房時大家都已就寢，所以有部分人是被關門的聲音驚醒，但另有些睜著眼睛，一直等他回來的人，卻好像是抱著好奇和懷疑的心理，想探個究竟的。我每次發現他回來，就故意坐起來，睜開兩眼毫不放鬆地直瞪著他，想用自己眼色和動作警告他「別亂搞」，期望他能適可而止。

蔡×伯的問題，的確在這裡造成很大震撼。他何方神聖？怎麼能夠享受這種優待，而且都是由看守長侯雲亨親自帶出帶入。一般來說，開囚房門、帶接見的、檢查書刊、放封時維持操場秩序、乃至處理一些囚房裡的「思想問題」……，一向都是由那些過氣特務的軍事犯外役代勞。而蔡×伯竟然由一名陸軍准尉的看守長來做他的「勤務兵」，那就超乎一般想像。

顏大樹逢人就辯解政治部主任「是他從前的長官」，他們在成都分校時兩個人的關係非常親密。對顏某的辯解，大家都覺得爲什麼過去這位長官沒有照顧他，何以現在忽然想起要照顧他？這便是一直無法釋人的地方。

蔡×伯所受的優待，絕非囚牢裡的人所能想像，聽說連雷震、劉明都無法和他比擬。我爲什麼要多管人家的閒事，「獨鍾」於他呢？別人頂多躺著用耳朵偷聽他與侯臨別前的「竊竊私語」。我卻明目張膽，故意坐起來瞪著眼睛，鍥而不捨地想追究到底。

因爲一九四七年五月初，我由「憲四團」解押二十一師軍法處，兩脚帶著笨重的脚鐐，步履維艱，走進前調配馬飼料的房子改造的臨時牢房時，頭一個走過來向我自我介紹他也參加過二七部隊的，便是蔡×伯。

三年前我們在信監又再次碰面，他對我被送軍法處那一樁事非常關心，也曾爲我「解圍」，爲我抱不平。一九四八年他潛往香港與歐巴桑（謝雪紅）見面，並經她老人家推荐「逕自入黨（共產黨）」的秘密，也毫無隱瞞地透露給我……。自此以後，我便將他視爲自己親人般。如今竟然發生這種易受人誤解的事情，我怎麼可以不關心呢？

陳俊堂的謎

一九五九年農曆過年剛過不久的一個黃昏，外役忽來通知我：「將行李準備好」，隔了約莫十分鐘，又大聲催逼，因態度與口氣都有點不對，使我很驚訝，雖想暫時賴著不動，等問明原因以後再說，然而身繫囹圄，凡事身不由己，又能如何？

王鳳崗、老梁，外號「儂姑」的石朝錤和李曉芳等幾位老朋友，雖然對我的突然被調房甚覺納悶，也都主動幫我收拾整理行李。我依依不捨地跟相處八個月的同房難友，和來軍監近五年間最平靜，也最愉快的日子揮手告別。

我肩上背負一大包行李，兩手端著放滿茶壺、漱口杯、毛巾和幾本破爛舊書的臉盆，步履維艱地來到看守班，放下行李抬頭一望，不意竟發現每晚送蔡×伯回房的侯看守長，兩手插腰，橫眉豎眼，緊瞪著我。

我驀地意識到大難臨頭，此後將沒有好日子過。同時也懊悔自己這些日子來，太「雞婆」，太愛管閒事。蔡×伯每天晚上回房時，所以躡脚躡手，無非是怕人知道他的「秘密」，而我卻毫不留情地偏偏要拆穿他，故意坐起來監視他，給他莫大心理壓力。

一切都是事前安排好的，一付三斤重脚鐐和一付小手銬已經在那裡冷冷地等著侍候。一名外役也早已蹲在那裡等我。

我的脚和手被帶上戒具，然後被關進智監八房。我又回到八個月前住過的智監八房。不過現在「智八」裡面的人，都是我和「孫案」的人被調出來以後同時調進來的。因爲行動不便，行李便由外役代勞搬到房門口，再像丟「廢棄物」般，向房裡擲進去。結果包衣物的毛毯結口鬆開，衣物分散滿地，雖經孫裕光和隋宗清幫忙收拾，但站在一旁怒目逼視的陳俊堂，卻故意用脚將散落地上的衣物踩得更亂，房裡的人都看得目瞪口呆。隋宗清更看不過去，便挺身爲我仗義執言，數落他。

陳俊堂不理隋宗清，反而顯得更蠻橫，兩手插腰，走過來惡狠狠地問我：「敢不敢『假仙』？」我被弄糊塗，不懂他的「假仙」含義，更不曉得他想要怎麼樣？便想站起來問個清楚。因爲脚鐐擦傷後脚踝，疼得難熬，勉強站起來，猶未站穩，驀地一個巴掌打過來。

幸好，我眼明手快，僅僅被他的手擦過右額角。我愕然望著他，這一巴掌來得眞是莫名其妙。陳俊堂憑什麼打我？而且選在我最狼狽難堪的時候！我從未與他同過房，彼此之間，應無瓜葛，更無什麼深仇大恨。

然而他這舉動，到底意味著什麼？難道是侯雲亨慫恿他「修理我」？似無可能。要替蔡×伯出氣？更無可能。因爲蔡一向自命非凡，又稱自己是一名「老黨員」，所以根本就瞧不起陳俊堂這一夥兒「半吊子」、「冒牌貨」。而且過去放封時，也從未見過蔡×伯與他們在一塊，不然的話，是否想「秀」給某些特定的人看？這倒有點可能。

陳俊堂也是從綠島送回來的。他是一名「毛主義」的狂熱信徒，其「學習」精神，並不比顏大樹遜色。過去也是一名被「前呼後擁」的小「理論家」。然而曾幾何時這位曾經紅透頂的「同志」，竟也變成人人喊打的過街老鼠。有關他的各種傳言，也許可視做某些有心人刻意製造出來的「謠言」，但卻已經瀰漫信、智二監。而且一些對他的「新的發現」，也陸陸續續地被挖出來。

聽說他也曾經努力作過各種解釋，想討回他的清白，回復他以前的風光地位，卻始終未爲他們的「同志」所接受，今天他對我的一切挑釁，不消說是因爲他發現一向對「祖國」革命冷漠，不肯「學習」，被歸類「小資產階級」的我，冒犯看守長，被帶上腳鐐手銬，這番被關進他們房間，便被他認爲大可「秀」一下的好機會。「形勢」對他們絕對有利，他可以藉此機會「教訓」我這個「反革命份子」，也可以「秀」給那些不再把他當做「自己同志」的人看。

有關陳俊堂的謎，我一直到一九六四年四月出獄到三重市看蔡懋棠時，才稍有了解。當時適逢因涉及「大甲案」被判十五年，一直在軍監政治部繪壁報的孫家驥也在座，三個人便一起到附近長春街口點心攤喝酒聊天，不知從什麼地方談起，一直談到陳俊堂在軍監時的一些「鮮爲人知的行徑」時，孫家驥竟拍桌破口大罵「陳某人連蔡×伯都不如……。」

到底「那一方面不如」，「不如什麼？」老孫都沒有繼續說下去。那時我因爲剛剛出獄，顧慮很多，不敢隨便多問。結果，祇解開半個謎，殊爲可惜。

不過有一點，大家可以相信的，孫是北平人，會說一口標準的京腔，待人接物彬彬有禮，油繪、壁報也繪得很好，因此深得獄方器重，可以在政治部自由走動，因此偶爾也可以看到被列爲「機密」，或內幕的資料。

如一九六八年讓蔡懋棠「三進宮」的直接原因，即因孫在泰源監獄時，曾經偷錄「尚在監政治犯」名冊，出獄以後交給當時在「台大」七號館「史丹福大學東方語文班」當教師的蔡懋棠，再由蔡將該名冊透過他美籍學生的管道傳出海外，給喜歡在盟國和「國際特赦組織」吹噓自己是如何重視自由民主，台灣沒有「政治犯」的蔣介石滿臉豆花便是。（這是後話。請參閱《辛酸六十年》上冊二〇五頁至二〇七頁。）

李曉芳

這十一年多的牢，我並沒有白坐。我已經被磨練得幾乎可以適應任何惡劣環境，也經得起任何風吹雨打。對蔣幫的任何鬼魅技倆，也大多能應付過去，對少數「毛主義」狂妄份子的任何誘惑與脅迫，也能淡然處之。

唯對蔡×伯那種「超乎常理的關照」，則頗覺內疚。至於陳俊堂對付我的卑鄙技倆，也一直無法釋懷。

蔡×伯即使有通天本領，能爲自己爭到更多的利益，更多自由空間，那是他的本領，干我什麼事？我怎麼可以憑一己「直覺」，胡亂猜想別人「可能與獄方如何，如何」。再說我算老幾，有多少能耐，怎麼可以要求對方務必遵循自己的軌跡？我在「仁八」過得很平靜，卻作繭自縛，落得狼狽不堪。這是咎由自取，於今悔之，已是噬臍莫及。

我被調來「智八」已經半個多月，還是固定睡在靠近馬桶的地方。因爲手脚都被帶上戒具行動不便，也爲了不影響別人，我自動選這個位子的，可是一想到房裡有二十七、八個人，日夜大小解，每人平均四次，計有一百十二人次，必須經過我的舖位上，從我的身上，頭上跨來跺去，甚至看到有人方便完畢脚心沾汚，順便在毛毯上擦脚時，也祇有忍氣呑聲，裝作沒有看到。

我在這裡並不孤獨，也不絕望。房裡有兩位同是留日，也是堅持不參加「學習」的孫裕光和隋宗清，他倆有時候也會主動找我，陪我聊天。

開水來時，或要開飯的時候，也都由他們兩位幫我拿茶壺，或飯碗到門口裝好，再端進來給我，他們兩位對我的幫忙，可以說無微不至。

每天兩次放封時間，是我一天中最自由的時刻。我可以趁著大家不在的時候，找些舊報紙翻一翻；想擦擦身體，這時候不必跟別人爭用水，擠來擠去；可以隨心所欲躺下來補補晚上給如廁的人「不小心」撞醒時的睡眠。我閉著兩眼，讓過去八個月在「仁八」時的回憶佔滿腦際，幫我暫時忘卻內心傷痕。

我過去和「仁八」的人都很談得來。除了平素喜歡裝模作樣，老是神秘兮兮，板起嚴肅臉孔的廖千掌外，和其他的人都相處得很愉快。胖子吳水灯是這裡難得一見的小提琴手，他所拉的每一首曲，都是我耳熟能詳的西方古典名曲。因此我們能透過對「西曲的同好」，暫時擱下意識形態成爲朋友。

鄭靖民雖然出身福州，每當他想到那些半吊子冒牌貨的怪誕行徑時，都比我們台灣人更痛心疾首，躭心將來台灣一旦「解放」，台灣民心，必爲這些人「二次傷害」，而憂心忡忡。

他有時候也會在大家面前炫耀他夫人參加長老教會，社會服務的成績。原來彰化基督教醫院那位熱心公益的潘碧雲歐巴桑，就是他的夫人。依我們的瞭解，他應該是一名道地的「無神論者」。可是每次看到他這麼關心長老教會社會服務工作，及他夫人的熱心參與時，我心裡都會感到納悶。難道他已經受到耶蘇的感召，放棄「無神論」，而改信基督教？

我認識李曉芳是一九四六年三月，剛到三青團嘉義分團接任組訓股長時，那時李曉芳、王甘棠、許世賢都是分團幹事會幹事，而盧炳欽則爲幹事兼書記。當時這些幹事都是兼職人員，個個都有自己的事業。連不應該兼職的盧書記，都反而兼職最多。除了自營民生齒科醫院，市參議員、嘉義女中教員外，還兼三四個××委員會委員。因此他的書記，成爲「空頭銜」，實際任務，便落到我頭上，幹事長陳復志也不得不爲他分擔些責任。

李曉芳在所有幹事中最熱心團務，也非常關心組訓。如果我們知道他一九一八年（民七）即已負笈京滬，曾經親睹「五、四」和「五、卅」，我們便不難瞭解李曉芳何以這麼關心青年運動和組訓工作。

我們兩個人好像很有緣份，十一年後又在黑牢裡被同囚一室。他已年近六十，每天仍不懈看書閱報。每月還訂閱《拾穗》和「台銀」出的《台灣研究》，無怪乎一些戰後僅受過國民黨教育的年輕人，如涂炳郎等對他學識的廣博嘆服不已。

他不但學養好，對健康也非常注意，尤其對每天飲食從不馬虎。他雖然僅被判五年徒刑，但年歲已近耳順，不能與年輕人比。這便是他所以對任何威脅、辱罵無動於衷，而堅持照顧好自己身體的原因。

羅慶秀

我在智監八房兩個多月，又被調到十二房。這次的異動，智監八房僅調出我一個人。十二房裡面，連一個熟人都沒有。雖然有幾個很面熟，卻又不知道他們的名字，都是放封時在操場見過面的。

這裡有三位表現慾很強，卻又恨「生不逢時」的活躍人物，曾經分別找過我。其中有一個態度高傲，完全以「考學生」的不禮貌口氣，指著當天報紙上一則有關聯合國安全理事會，再次否決「中國進入聯合國案」的問題，試探我的反應。

等我用他們平素喜歡用的名詞和形容詞，再稍加潤色，指出都是「美帝居間作梗」後，他及跟在他身旁，一直注意我的幾個人，雖然對我的回答點頭表示「還差強人意」，卻仍不肯放過我，而接二連三地你一句，他一句競相提出問題，大有非難倒我不甘休之概。

這些對我特別有「興趣」的人之一是孫振山。他曾經帶頭批鬥「台大」學生陳光仁，和涉及「大甲案」的郭錕銘等四、五名。責備他們埋首勤解「微積分」等高等數學，看些有關自然科學的英日文原書，而拒絕參加他們的「學習」，爲「不務正業」。

孫譏笑他們忘記今夕爲何夕，還「研究自然科學這種工匠事務」，這不是一個負有神聖歷史使命的政治犯所應爲的事，要求他們多學習「毛主義」……。

其實這些「毛主義」信徒，都喜歡將自己稱做「政治犯」，而排拒蔣幫的「叛亂犯」稱呼。自己既然容忍「犯」字，即是無意識中已經默認自己「犯」過什麼。如今再爭執不是「叛亂犯」而是「政治犯」，不過百步五十步之爭，事實無甚意義。

另一個「志兄」是曾經在台北當過警察的羅慶秀。此人不過祇因好奇看過一本「中國一週」的中共刊物，知道「新民主主義青年團」這個名稱，及對「毛主義」的一點點皮毛概念，便回屏東，以「先覺者」自居，在幾個年輕同鄉面前推銷他的所謂「新知識」。

好奇的林琨隆等幾個年輕人，僅僅因爲聽過他兩次自吹自擂，便被逮捕，被羅織「參加新民主主義青年團」，結果羅慶秀本人則被判處無期，林琨隆等幾個「聽衆」，也莫名其妙地分別被判處十五年、七年、五年不等的徒刑。

所有因此案被牽連的人，都對羅恨之入骨。因此羅在軍監這幾年，不但很孤單，事實也過得很苦。同案的人對他不諒解，周遭又對他冷言冷語……。他經過一陣子考慮，好像「想通」了一點：他們根本就沒有什麼「組織」，「參加」云云更是荒謬，沒有組織還能「參加」

什麼？

如今被判重刑，還要受同難間的側目排擠，那麼他就乾脆把心一橫來玩眞的。反正再怎麼樣，也是坐牢，而且他的刑期遙遙無期。他必須脫胎換骨，洗心革面，積極參加所有的「學習」，既可廣結善緣，也可拓展生存的空間，一舉可以兩得，何樂不爲！

然而他份量不足，由於他的案情根本扯不上與「祖國」的任何組織有關係，而且即使認同他們的生活方式，他是光棍一條，也沒有人來看他，或送東西來過，所以他充其量也不過當一名打手，找機會秀一秀，表現一下，以博取「同志」們的好感。

我出現在智監十二房，便給羅許多作秀、表現的機會。他每天放封回來，即來找我。他的「試題」非常豐富，每每使我無法招架。我知道這些「試題」都是放封時別人提供給他的。他們應該多少知道我的來歷和底細，卻故意想爲難我，迫得我有時候不得不隨便亂吹一些言不由衷之語，以迎合他們的胃口。

侯雲亨還未解開我的脚鐐，我在十二房「舉目無親」，我不能畫地爲牢，自我封閉。我行動不便，舉足難行，我需要一點生存空間，我也不願意再給人可乘機會，更不願意再碰到第二個陳俊堂。

然而此時的我竟變得這麼懦弱，遇事瞻前顧後，猶豫不決，我已經沒有以前那種軒然傲氣了。我不敢相信這就是現在的我。然而清醒時理智卻告訴我，想幹掉陳俊堂雖非難事，事後我又豈能不面對後果？而且像陳俊堂這種鼠輩也不值得我親自動手。

黃得卿

一九五四年九月，由東本願寺——「警總」保安處和我同時被移解新店軍人監獄的三個人，是一九四八年涉及「搶劫」，卻因在一涉案者家中，搜出一本「匪共」書刊《新民主主義》，而被台灣高等法院依「內亂罪」起訴判刑的陳浩圳、黃得卿、吳坤章等人。

他們由於「得天獨厚」，很快就能適應信、智二監的生活。因爲一九四八年他們曾經地方治安單位認定持有「匪共」書刊，顯已觸犯「叛亂罪」，案情較之一般搶案爲嚴重，便將他們一干人犯解往「警總」。

後來，因爲被發現他們犯案時地未實施戒嚴，加以他們又未具軍人身份，故又將他們改移司法——台灣高等法院。因此他們在「警總」看守所時，即已與現在信、智二監部分人同過房，彼此早已認識。而且他們同案的人中，有四名台中師範學生，直接間接，或多或少曾經受過呂煥章(請參閱《辛酸六十年》上冊二五八頁)的影響。

在案情方面，他們雖然未被發現與呂煥章之間有任何直接牽連，但涉及施部生、呂煥章指揮下的「台灣人民解放軍」中部支部「竹仔坑」、「白毛山」基地案被處徒刑的幾個人，都是他們的舊識，也可以說是某些方面的「同志」。他們三個人便在這些人的引導下，很快即能與大家融和。

搶劫民雄電台的黃得卿自來軍人監獄，被關進信、智二監就顯得頗不自在。這裡當然不同於台北監獄。此處人多嘈雜，又是淸一色的所謂「政治犯」，管理方式自然不一樣。他雖然也參加「學習」和「共享」生活，卻又背著「同志」們偷偷跟一些過氣特務的軍事犯外役接觸，並與他們做起香煙的走私生意。

大概經過半年，黃得卿終於在軍事犯外役安排下，被調出來當一名向來祇限特務出身的軍事犯，才允許當的智監外役。這件事，的確在智監引起很大震撼。雖然有些人欽佩他不簡單，眞有一套。但另有更多的人，則氣急敗壞地立即與他絕交。他們都認爲他能得到那種「外役」信任，一定付出「代價」。然而他到底能付出什麼「代價」？大家當然心知肚明，無需多作猜測，更恥於說出口。

他現在可以自由穿梭在智監看守班與舍房之間，跟每一個囚房裡的人接觸，也可以藉送開水，送飯的機會挾帶些香煙給「同志」們，或替他們傳遞紙條以搏取大家的寬恕。

黃得卿爲此次出來當外役的問題，曾經向他幾位親密「同志」如此訴苦：由於每次煙癮發作時，如果沒有香煙止癮，他一定會「發狂」。在台北監獄時，他曾經想辦法「買通」每天前來倒馬桶的外役。每天等外役將馬桶裡糞便倒畢，將馬桶推回茅坑時，他們會伺機將事前準備好的小紙包，從茅坑底盤下的小洞口投擲進來。

他即將小紙包拆開，將裡面的「煙屁股」倒在牛皮紙上面，先確定是否乾淨。因爲這些東西，都是外役掃地時，或從垃圾桶裡面撿出來的。然後才將事前用日光烤乾過的茶粕和花生米的皮膜加進去混合攪和，再細心捲成一條條的「老鼠尾」。

爲了增加數量，讓其他的難友們也能分享，添加這些「佐料」是必需，也是不得已的。經過這樣子加工過的「老鼠尾」，味道雖然有點怪，抽起來還是可以止癮的。

那個時候房裡的人都很感激他。現在已經沒有這種機會，所以才不得不另想辦法，向那些喜歡貪小便宜的外役下工夫。經過差不多兩年，斷斷續續接觸和活動，到最近才得到回應。儘管他如此用心良苦，爲自己也爲其他的癮君子「服務」，卻反而遭到無情的「圍剿」，實在令人欲哭無淚。

對於室友的種種責難，他很氣憤地反唇相譏說：這些人一天到晚光會喊口號，坐享別人供給他的「老鼠尾」。他不在乎別人在背後如何毀謗他，反正他從未出賣過任何人。他們——保防室外役確曾幾次以帶他出去「看牙醫」——去逛窰子爲餌，想籠絡他，要求他跟他們「合作」，想從他那裡得到一些囚房裡的情報，和幾個特定人物的言行資料，都經他很技巧地加以婉拒。

話是說得眞夠氣魄！但是周遭並未因此給他一點好臉色看，祇稍爲收斂對他的戒心和鄙視而已。

祖國夢碎

我什麼時候可以出獄？端賴世局如何而定啦！中國人沒有法治的觀念，在他們的字典裡，根本找不到「人權」兩個字。要和這些落伍閉塞的中國人談法治爭人權，猶如與虎謀皮。

不過台灣高等法院的「判決書」和「執行指揮書」，既然指明我的刑期是「自一九四七年四月二十三日至一九六二年四月二十二日」，目前我就姑妄信之。

儘管「二二八」一槍，早已徹底將我的浪漫「祖國夢」打碎。也使我在十一年牢獄生涯，尤其被送來軍人監獄這四年多，更加認清中國人的本質，也深深瞭解台灣人要與中國人相處是一樁多麼痛苦的事情。然而我卻仍然妄想它們也許會基於某些考量，「秀」一下給老美看，而如期釋放我。

果眞我能如期獲釋，我的餘刑，可以說所剩無幾——僅剩下五分之一不到，因此我得爲出獄後的生活與事業，尤其是要如何收拾整頓殘破的家，和如何安頓已經三年沒看過的寡母的問題，預作一些準備，爲此我更加需要扃能常來看我。即使不爲此事，事實上我也很想念她，日夜渴望她，希望她能三、五天即來看我一次。

然而理智淸醒的時候，我卻又堅持不讓她來探監，僅僅爲了十五分鐘(軍人監獄的規定時間)的見面，讓她一個人兩手提著笨重的菜肴和水果，跋山涉水，從遙遠的鄉下趕坐五、六個小時的夜車，中途換車三次，到了新店改步行過吊橋，走過半個多小時幾無人煙的山徑，沿途，還要冒著被擦肩而過的中國兵汚言穢語消遣的風險。

到了軍監還要依序登記等候，如果碰到當天探監的人多，經常要等上一、兩個小時，祇爲了十五分鐘的相會，好容易輪到自己，到接見處，站在爲高牆所阻隔，僅留下約一・五台尺直徑的圓型窗口前怔怔相望，雖努力強顏歡笑，仍悲從中來……。才談不上幾句，那些特務出身的「外役」卻已再次大聲喝令「時間到」。即使想賴著不走，好言央求，也不過多給三、五分鐘，便被擠離窗口。此時彼此的惆悵悲傷？實令人久久難以平復。

學校寒假一開始，玉扃即迫不及待地來看我。臨走時還說「過了年要請母親一道來」。我心裡很高興。我已經兩年多沒有看過母親，非常盼望能早日見到她老人家。不知她的身體和生活，最近是否好一些？

自從三叔和四叔兩家前後遭到蔣幫特務抄家搜括，人也被抓去……等變故，他們兩家人都已經變成驚弓之鳥。三叔和四叔本人倒還深明大義，依舊關心母親生活，他們的家屬則不同，每看到母親出現他們的家，便是冷言冷語，甚至縱容小孩子們，藉故找碴，使母親知趣，視到兩家爲畏途。

然而，過了年沒幾天，我即遭到一連串厄運：我被調離仁監八房，被帶上脚鐐和手銬，然後被關進專收「頑劣份子」的智監八房。在那裡還遇到素不相識的狂妄份子陳俊堂的偷襲。這時候我的情緒非常不穩定。手脚被帶上戒具，行動不方便。加以脚踝被脚鐐擦傷，腫脹發炎，疼痛難熬。此刻我是多麼需要玉扃和母親來看我，來幫我療傷，給我送幾雙襪子和消炎劑來。

然而我能把現在的狼狽相毫不掩飾地暴露在她們面前麼？我平素對家裡的人盡說些好聽的，安慰她們，甚至還讓她們感覺到我的坐牢，像出國遊學般……。

我爲這問題焦慮萬分，考慮再三，終於想出一計：假裝放封時不慎「跌倒」，脚筋「嚴重扭傷」不能走路，即使她們來探監，我也無法靠雙手爬到接見室。所以希望她們暫時不要來探監，等我「扭傷」稍好些，能走動的時候，再通知她們。

大約經過一個多禮拜，家裡寄來一件包裹，拆開一看，果然是些專治跌傷的草藥，藥粉和吊膏。草藥是要用爐火熬煎服用的，她們大概一急，竟忘記我現在身處何地。

面對著這麼大包傷藥，令人啼笑皆非。現在玉扃和母親一定爲我的「跌傷」非常焦急，也一定陷入兩難，恨不得馬上就跑來看我的傷勢，我卻偏偏在信裡堅決反對她們探監。

這些傷藥棄之可惜，要留下來，在擁擠狹小的囚房裡，反而成爲累贅。說實在的，如果我沒有被帶上脚鐐，我健步如飛，永遠也用不到那些藥。最後我還是將它交給外役帶出去處理。

處理這些傷藥時，我內心有過激烈的掙扎——當玉扃和母親接到我「跌傷」消息，一定很著急，跑去問醫生找接骨師，花了不少錢調配這些傷藥來。如今我卻將它糟蹋掉，眞是罪過！

我眞悔不當初，如果我「不多管人家閒事」，安分坐自己的牢，也不致落到今天這種狼狽地步。玉扃和母親要來探視，本來是一件高高興興的事，現在聽到她們要來，卻反而心慌意亂，不得不編造假話加以掩飾。

錦矩探訪

一個春暉和暖的下午，因房裡的人都出去放封，我一個人留在房裡，正脫下衣服準備擦身的時候，外役忽來開門，大聲喊叫我的名字，聞聲一愣，隨即抬頭問：「何事？」當外役回我「探視」時，我下意識地直以爲玉扃和母親來探監，頓然氣急敗壞，血壓直升。

及至弄清楚來探監的人不是玉扃，而是錦矩——蔡懋棠夫人，始放下心頭一塊石。然而錦矩今天怎麼會來看我？心裡雖然有點納悶，我還是連忙穿好內衣，披上夾克，步履維艱，讓脚鐐在水泥地上磨擦，發出擊金之聲，叮噹叮噹地到接見室。

在接見室小洞口那一端探頭的，果然是錦矩。她綻開朱唇略帶微笑迎我，等我靠近小洞口，她便從竹籃裡拿出一包衛生紙，幾個桔子和一大包豆豉炒小魚干，等「特務外役」查驗了再交給我。我雙手接下這些東西，然後正想爲自己被帶上脚鐐和一身狼狽相做解釋，卻被她阻止，她說她都知道。我如何蒙受委屈，阿棠早已經告訴過她。她今天來，主要是想知道我現在有什麼需要她幫忙的？

我聞言，一時過於激動，竟哽咽不能言語。錦矩看到這般光景，也情不自禁陪我滴下眼淚，但隨即拿手帕拭去眼淚又綻開朱唇，強作微笑說：「你目前的遭遇，阿棠說等你出去，一切自會明朗。別老把它積在心頭，放開心胸照顧身體才是正經。」接著她又再次問我：「需要我爲你做些什麼？」

我聞言遲疑片刻，隨即告訴她：「我的脚踝外皮，被脚鐐擦破感染細菌，腫脹化膿，疼痛難熬，急需一些消炎劑和幾雙襪子。這些事情因爲不能讓玉扃知道，還是請妳下次給阿棠探監時順便送來即可。」

隔天下午錦矩果然爲我送來兩支盤尼西林軟膏，一瓶紅藥水和消炎劑及五雙用棉紗編織的粗襪子。她很瞭解我現在急需這些藥品和襪子。我雖然告訴她下次來看阿棠時順便送來即可，她卻比我還急，馬上就給我送來。眞是令人感激。其實我又何嘗不急，祇是不好意思太麻煩她罷了。

因爲她現在的處境不同：阿棠被判刑以後，她和三個孩子一直居住台北市南京西路四十八號二樓的合作金庫宿舍，每月仍繼續領取懋棠的薪俸生活的事情，兩年前在信監遭到一名來自江蘇的「流亡學生」舉發，因此每月領取的薪俸即遭停發。也爲宿舍問題，被台北地院民庭傳訊數次。一家生活因此頓失依靠。她現在每日要到新莊「黑松汽水」廠做洗空瓶的臨時工養三個孩子。

其實省合作金庫早就知道蔡懋棠已經被判刑。祇因軍法局宣判蔡懋棠罪刑後，並未正式備函通知省合作金庫，而同情蔡懋棠案情的合作金庫則故意裝聾作啞，也樂得給她們做個順水人情。

調監

一九五九年六月（二十八日？）一個天氣晴朗的早晨，剛點過名，我即被帶到看守班解開被帶上幾近半年，使我脚踝受傷舉步難行，任人欺辱的勞什子——脚鐐。這付六公斤重的勞什子，我已經帶上一八二天，一時被拿掉有點不習慣，全身頓覺飄飄然，好像變成「空中飛人」。

剛回到牢房，即聽到外役又開始作第二次點名，並命令被點到名字的人，收拾行李準備調房。好像所有房間都有人被叫到名字，而且都是還有三年以上刑期的人。像這種大規模調動還是第一次。

大家都在推測：有的認爲這是調監，不是一般的調房。另有一些比較敏感的人，則斬釘截鐵斷言是要被移送綠島。約莫一刻鐘，果然一名上士出現走廊中央，吹哨子叫房裡的人注意：「如有自己無法攜帶的，或暫時用不到的冬天衣物，統統妥爲包紮，交看守班代爲投郵寄回家」。

至此一切都已經很明朗，是要移送綠島「新生訓導處」。過去去過綠島，後來又被送回來的人，和頭一次要被移送的人，都無不心花怒放，雀躍不已。到綠島至少活動空間大，空氣好，伙食也比軍人監獄好。而且都可以洗澡，甚至還可以在「鯨鰻溝」的游泳池游泳。

然而儘管綠島是大家嚮往許久的地方，卻仍不免使一部分人心懸兩地，躭心一旦離開台灣，親人要來探監恐怕就沒有那麼容易。到綠島不但路途遙遠，還要跋山越嶺，坐船過海。

那座孤懸太平洋的小島嶼又是強烈熱帶低氣壓和颱風必經的地方。每年夏秋兩季尤其頻繁。

颱風季過了以後，近海便開始刮起強烈東北季風，海面波濤洶湧，黑天暗地，直到次年二、三月，波浪始漸平息。到這時候才看得到出海作業的小漁船。往返成功、綠島間的小汽船，也要等到這時候才復航。而家住西部台灣的人，即使不受氣候影響，一切順利，往返綠島一趟，也得花上一個星期時間。因此在新店經常有人來探監的人，便顯得很消沈。

被點到名字的人，大約有五、六百個人，分別被關進仁監三房至二十二房。經過兩次反覆點名，並與名冊對照確認無誤以後，一科一位負責保管金錢貴重物品的上尉科員，帶著兩名外役，由三房開始給每一個有保管品的人，點返保管中的金錢和物品。

到傍晚，保防室一名過氣特務的外役，也將保管中的「禁書」發還。這些書如果是經「警總」列爲「禁書」的，則早已被移送軍法偵辦。這些所謂「禁書」，說穿了也不過是些愛情小說，人文科學方面，和介紹外國地理風俗之類的書。因爲保防室的外役握有准否大權，如有自己想看的，便隨時可以假藉「禁書」之名，把書扣留下來。

我被關進十一房。同時被關進十一房的，有以前同在八房的鄭靖民，三年前在信監同過房的謝田、賴世逢、阮天良理和外號「愛奴」的僑仔，及一名蒙古流亡學生劉成斌。其餘都是陌生人。

謝田是大甲外埔鄉六份仔的人。是一名篤實農民，卻能寫出一手秀麗的鋼筆字。聽說他年輕時也當過西服店學徒，因此略習針線工夫。一些不識字不會寫信的人，或需要寫陳情書狀紙的人常來找他代書，讓他忙得不亦樂乎。

有時候看到別人衣服鈕扣掉落，不分親疏，他都會自動幫人釘好。他是一位被公認喜歡幫助別人的大好人。

賴世逢別號「縣長」，另擁有「三叔公」雅號。他是大甲外埔的客家人。他僅擁有「公學士」學位——日據時代的小學畢業生，卻能考取「小學代教」資格，在外埔鄉六份仔國民小學當老師。由此不難看出他是一位不平凡的人。

他很健談，說話很幽默。而且話匣一打開便滔滔不絕，讓人捧腹大笑，忘卻身置何地，而他卻始終一本正經，竟連一點破綻也找不出來。

他的「縣長」頭銜是牢房裡的難友們贈給他的雅號。一九五六年間，有一天蔣黨中央日報刊載一則「水利工程弊案」的記事。賴世逢對這一則記事頗不以爲然。頻頻搖頭喟然嘆曰：「這椿事很簡單，如果由我來處理，絕不會讓它鬧到這種丟人現眼的下場。吃力不討好，還要吃官司，眞是的……。」

他接著故作神秘，降低聲音並引大家到稍微隱避的「內務包」後面，攤開他的點子說：「對中國官得用中國膏藥治療。就是要對症下藥以毒攻毒。中國人的老祖宗一脈相傳的紅包文化形成他們中國人特有的價值觀，有紅包萬事暢通無阻。有罪可以變無罪。『黑』的，也可以變『白』的。無則反之。」

『投其所好』也是他們的『法寶』之一。我們何不也來個『投其所好』，自己既免於纏訟連年吃官司，也可以讓工程順利進行。一舉兩得豈不皆大歡喜？」

接著他又說：「這種做法雖然嚴重違背我們的原則，然而爲地方造福，解決農民疾苦，早日完成他們盼望多年的灌溉問題，自己犧牲一點又何妨。而且這種『以毒攻毒』的作法，正可以加速蔣幫腐化，讓他們更加腐爛，更加失去民心……。」

大家聽完他的「大道理」，頻頻點頭表示同感，當即誓約「解放」以後，要選他當「大甲縣縣長」。然而儘管中共「解放」台灣的夢，也許要等到「黃河的水清」那一天，而大甲也似無可能在我們可以預見的將來成爲一個縣，大家還是稱呼他「縣長」。

「愛奴」年約五十，身高一七〇左右，頭髮灰白留平頭，方面大耳。他是六年前（一九五三年間）受到「投匪」僑領陳家庚慫恿回廣東看看「解放」後的故鄉，並給當地政府捐獻一筆錢，爲蔣幫特務查獲。三年前他再次回去，事畢經香港欲返僑居地馬尼拉，竟在香港啓德機場爲蔣幫特務所挾持，移解「警總」依「資匪罪」判刑十二年。

他在牢房裡很少跟別人打交道。即使在房裡，偶爾和鄰人擦肩碰撞，也僅僅稍微張開嘴角，點點頭表示歉意。放封散步時，也都是一個人，從未見跟任何人搭肩散步。

他一回到牢房，便一個人躲在角落，輕舉兩脚原地踏步，左右擺動上身，兩手卻放在胸前，用大拇指和食指輕揉胸部。當初我們對他這種動作並不覺得怪異，以爲是一種習慣。也許他胸部有什麼毛病必須用手不斷輕揉才會舒服。

直到一九六二年間，在綠島偷看一本破爛沾污的「春宮圖」才恍然大悟。原來「愛奴」

天天用手撫摩揉弄奶頭，竟是一種自慰。

這個傢伙不知什麼時候開始被稱呼「愛奴」？他滿身都長出三四公分長的體毛，酷似日本的原住民「愛奴人」，所以大家才開始叫他「愛奴」吧？

阮天良理與謝田、賴世逢，林文貴等四個人都是涉及所謂「大甲案」被判刑的。這四個古意人，連什麼叫做「叛亂罪」都不懂。他們衹是容納逃亡中的親戚朋友在自己家裡住幾天，或知道他的行踪，沒有「打小報告」叫警察去抓人罷了。

如林文貴，他是大甲無人不曉的古意人。衹因爲知道在國小任敎的舅舅王三派的藏匿處，沒有自動向警察「打小報告」抓人，便被依「知情不報」起訴判刑。

阮天良理是「大甲案」被捕者中，年齡僅次於蔡輝煌的。他被捕時已經四十三歲，是一位極重義氣的人，他雖然不懂什麼叫做「政治」，什麼叫做「叛亂」，卻知道要做一個有尊嚴的台灣人。

他雖然祇有小學畢業的學歷，卻比受過十年中國教育的人毫不遜色。他知道人想在江湖混日子，首應重義氣。因此當他的故友，數年前曾經爲他排解過糾紛的「阿狗」，即廖金和涉案被追捕，走投無路萬分危急的時候來找他，他不但慨然答允他住下來，並將自己位於「猫仔坑」的果園改造成隱避的「小堡」讓「阿狗」能安心藏匿起來。

後來，由於一名舊「農組」幹部，台共蔡孝乾親密戰友許汾的自首、出賣才使整個組織，和「阿狗」在猫仔坑的最隱密藏匿處也曝光。「阿狗」隨即被捕被處刑。阮天良理也因而被依

「包庇匪諜罪嫌」被判刑十年。

阮天良理對自己所做的事情一點也不懊悔。反而能爲亡命中走投無路的故友做點事、盡點力，掩護他使他不再受驚駭，而感到欣慰。雖短暫幾個月，對他而言，仍不失爲做一樁好事。

而且因而有機會與那些爲追求理想繫獄的少年囝仔爲伍，增加不少新的人生歷練和見識。尤其在「警總」軍法處目睹雙手被反綁，被押赴刑場的人那種昂首挺胸，威武不屈，正氣凜然神態，更是很深刻地烙印他的心頭。

不過他也在軍人監獄看過一些駭人聽聞，對台灣前途至堪憂慮的荒誕不經的事情：一小撮曾經信誓旦旦要「効忠領袖」要「殺朱拔毛」的「反共義士」，卻在這裡公然推銷「毛主義」主導反蔣，才十五六歲，乳臭未乾的什麼少年團出身的小鬼，竟然在牢房裡頭指氣使幾可當他老爸的歐吉桑，又是「學習」，又是「口號」，又是「共享」，又是「清算」，又是「鬥爭」……。

令人嘔心！眞夠煩死人。想到「阿狗」的犧牲是爲了追尋這種世界的時候，他不禁爲「阿狗」的犧牲惋惜，也爲台灣的前途憂慮。

國防部四十三年七月廿四日(43)清源字第872號令

一、貴分院四十三年七月廿三日(43)清字第4224號代電以查台省二二八事件被捕人犯現尚在監執行者若干名判刑罪名及判處刑期如何希即查明詳報憑核等因

二、查二二八事件在押人犯前經清查有案茲奉前因經再由該監查明現有在押人犯中有無二二八事件之人犯如有在押者將姓名年籍判刑罪名刑期分別列冊(一式二份)報部核辦

三、希遵照辦理。

兼法律處處長
法規組組長 林 [illegible] 清

四十年七月廿日監補字第4110號呈件悉

一、前據總局本年七月廿日40法監字第872號令飭等因

二、迭查本監原有台省「二二八」事件擬判人犯均已於卅九年三月以前先後奉法院等釋出獄，現有在監人犯中並無「二二八」事件之人犯

三、謹覆察核

監獄長 楊文凡

■涉「台灣共和國案」曾經被判處死刑的廖史豪暨其女兒。

■(左一）吳約明暨夫人，彩葉夫人（右），後排爲其女兒及女婿。

■林文貴（右二），蔡仲伯（右一），(左一）爲作者一九九三年十月攝於花蓮鶴岡。

■涉案一九五九年「六六事件」孫立人案的楊永年（右）。

■美軍訓服的林朝權（左），一九九一年回台灣的林朝權（右三），林朝權四弟林朝業（右四）

■林輝美一九六一年於北斗，「監察院」唐山人科長程榮要求內子玉扃讓她妹妹輝美給她做「朋友」始考慮「保釋作者」。

■何瑞雄（右），張慶璋（中），作者（左一）攝於關仔嶺「笠園」。

■「猿公」蔡懋棠（左一），與作者內子玉扃（左二），及作者（右二），長男爲群（右一），一九六八年秋攝於北斗。

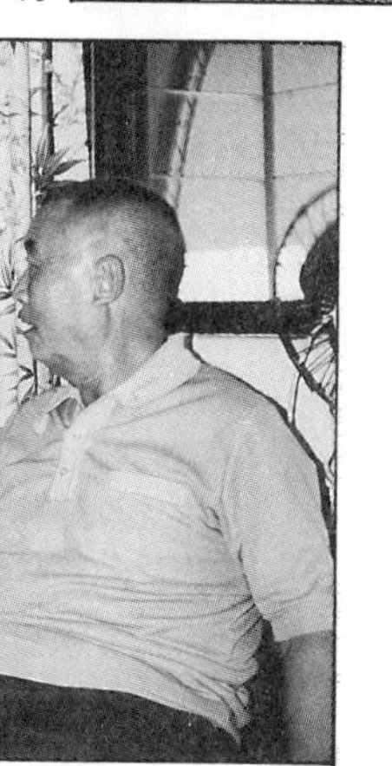

■患肝癌手術後的楊進發（右）與黃代相（左），攝於一九八〇年。

■一九六七年泰源監獄時的ＫＵＥ，即郭振純。

■一九五五年十月用臭襪子寫一個五個斗大「壽」字爲蔣介石「做壽」的幽默書法家蔡輝煌（中）與張信義女婿陳茂霖（右）及作者（左）。

■張文環（中）與蔡瑞洋（右二）正向明治大學教授岩本浩明（左二），中村（左一），廣暨小濱成二（右一）介紹二、二八慘案眞象。

■一九五七年間在軍人監獄遭到廖清旺等半吊子、冒牌貨的「統 仔」，恐赫將來要清算鬥爭的李曉芳與夫人。

■蔡懋棠夫人吳錦矩女士（左），與作者內子玉扃（右）。

■遊北美時的潘碧雲。

■鄭靖民與夫人潘碧雲及長子鄭双十，攝於台大校園

■一九七八年 4 月，張文環「七、七追思會」，右一張良澤，右三張陳群，右四張芙美，右五蔡瑞洋，左五陳秀喜。

第七部

綠島

開往綠島

次晨（一九五九年六月廿九日）早餐比往常提早了兩個小時。每人一個饅頭一碗豆漿。約半個小時後，一名上士和一名外役開始逐房點名，並命令半個小時內，帶著自己行李自動到操場集合。

大概爲了方便控制人數，今天仁監不開鐵柵門，祇開小偏門。我提著行李彎腰低頭，穿過窄小偏門，一抬頭便望見，約有十一、二輛塗迷彩色軍用交通車，停靠近正門兩旁。也發現約有一排憲兵，和二十名看似本單位派出來的警衛連士兵，像臨大敵般，兩手端著自動步槍，在遠處監視我們。

隨著哨音，一位憲兵命令我們「排兩行縱隊慢步前進」。然後拿出手銬，將我們左右兩個人銬在一起。沒有扣手銬的另一隻手，則方便我們提行李。

這時候我們好像已經交由憲兵指揮。等到全部到齊，經兩次「報數」確認人數無誤，手銬都已帶上，腰間也各被綑綁，並用粗繩索穿貫每個人腰間繩結，每十個人串成一縱隊，然後指示每隊的車號。

等到大家都上車，行李也搬上來，引擎便開始發動。最後一次「報數」，再次確認人數無誤，車隊才慢慢地穿過正門。

過新店溪吊橋，隨即轉西北向。走到「台大」正門前，右轉沿著舊「堀川」北行。一直到盡頭左側，隱約可以看見聳入雲霄的大煙囪，彷彿是酒廠，繞過右側的「台北工專」，便是已被改名爲「中正路」的縱貫公路。

車隊疾走縱貫公路，經松山、南港和社仔，快到汐止的時候我已經有些心神不寧。因十二年前，一九四七年四月廿三日，我在汐止鎭長李朝芳醫師中正路古厝被捕（請參閱《辛酸六十年》上冊，六〇七頁至六一四頁）。

李朝芳先生和李舜卿父子，當年並不是不知道我涉案「二二八」，也知道我是一名重要「通緝犯」，卻還是讓我藏匿他們家裡，眞是令人感佩。

我被捕那一天，他老人家也因藏匿我，同時被關進「憲四團」第八連部（即現在台北市西門町圓環邊「今日百貨」現址）。他老人家儘管受我牽累，遭受無妄之災，卻沒有絲毫怨言。反而處處關心我的問題。甚至「買通」外役，傳紙條殷殷致意，勸我務必爭取時間，努力保存生命。他還提醒我說：「錢再賺即有，生命祇有一條，千萬不可耽誤。」

太令人感動。他老人家當時也是囹圄之身，卻置自己問題於不顧，反而熱切關心我的問題。他的大恩大德，我將刻骨銘心，終生難忘。

說實在的，自從我被捕那一刻開始，我的心就死了。已經放棄任何挽救生命的努力。自己做過多少事情，自己心裡有數。放眼望去，台北、基隆、高雄、嘉義，死在中國兵亂槍下、被抓去槍斃、被拋擲愛河和淡水河的就有那麼多人，如今我還能奢望什麼？

這些日子，我倒過得很平靜，心裡竟連一點掙扎和留戀都沒有。如果說我還有什麼盼望，也不過希望被押赴刑場以前，能見玉扃一面。

李朝芳先生的關愛，使我不禁淚沾衣襟。他在我幾已枯竭的心田，激發一陣漣漪，一直使我無法平息。雖說「有錢萬事通」、「有錢能使鬼推磨」，然而我的房子已爲蔣軍所佔，三叔和四叔兩個家庭，人被捕、家被抄，大家都已經變成驚弓之鳥，還有誰願意再管我的事情？而且我的案情，又牽涉到被國共雙方「抬舉」刻意塑造出來的「二二八」「英雄」謝雪紅，因而益使問題複雜。

車隊漸漸接近汐止鎮，由於往來人車紊亂，車速變得緩慢，正好讓我有幾分鐘「重遊舊地」的機會。車隊經過汐止國中和「神社」前，快到火車站時，我即爬近窗口，隔著玻璃，望眼欲穿地注意看火車站前，那棟用紅磚砌成，中西合璧三合院式洋樓。這棟洋樓爲汐止濟仁綜合醫院李世傑院長的外公蘇水先生所有，也是李舜卿元配蘇玉環女士娘家。

李朝芳先生古厝則在火車站前那條街一直進去的地方。從車子裡面遠眺，這條舊街和十二年前都沒有什麼改變，祇是往來的人增加了許多，是否受到一九四九～五〇年間「大逃亡」湧進來的難民潮影響？

隨著中國難民潮挾帶進來的「海派」、「港派」，是否也已經侵蝕到這個樸素城鎮？也許因爲太接近蔣幫首邑的緣故？女人的穿著打扮有很大的改變。大家好像都變得大膽暴露，也很捨得花錢。

許多女孩子都喜歡著狹窄束腰、露出雪白手臂、沒有袖子的花紋旗袍。而且並不害羞讓胸部和臀部刻意突出。鞋子也不再是那些平穩的平底鞋，而刻意穿上有三寸高後跟，走起路來搖擺不穩的高跟鞋。

我是抱著「懷古」和「重遊舊地」的心情，欣賞汐止的人與物。沒有想到擠在窗口那幾十顆眼睛，也在「大吃冰淇淋」。說也難怪，除了我已經坐過十二年牢，其餘的，也都在十七、八歲時開始，即過著與異性完全隔絕的生活，幾達十年。

過去在監獄雖然也有女性家屬來探監，也祇能看到她們的臉部和頭髮。而且這些人多是自己的親人，面會時間僅限一、二十分鐘，談正經事猶嫌不夠，那裡還有想入非非的閒情。難怪個個都像剛從獸籠裡放出來的餓虎般，競相爬近窗口，目不轉睛地欣賞那些街上往來的妞兒們。

我們到達基隆碼頭時已經是下午了。儘管我們的手都被帶上手銬，腰間也被綑綁，大家還是很有秩序地下車，先關照自己行李，然後向岸邊眺望，發現很多遠近洋漁船和十數艘三、四千噸級貨輪在裝卸貨物。

右側岸邊聚集二、三十艘破爛的中國難民船。船上人影晃盪，進出船篷的人有男有女，也有著軍服的阿兵哥。那些妞兒們都操著近似浙江沿海、舟山大陳一帶的土腔，說些不堪入耳的淫辭與男的嬉笑怒罵。有的妞兒與阿兵哥擠眉弄眼，拉拉扯扯，將阿兵哥的帽子搶下來，硬要將阿兵哥推進篷裡……。

正當大家看得目眩神暈的時候，忽然聽到有人說：「有一艘大型登陸艇，正放下艙頭門在等我們。」

這種登陸艇原爲美軍敵前登陸時，供裝載戰車、或裝甲車輛用的。艙裡既骯髒，又沒有床鋪和茅厠。想到我們即將被趕進這艘滿地油污的底艙，不禁憂心如焚。

雖沒有床鋪，不過一個晚上席地而睡，還可以忍受。可是大小解是生理現象，要如何忍呢？我們都被扣上手銬，又被串成一個縱隊，想爬上甲板向海上撒尿都有困難。

我們在碼頭休息了約莫兩個小時，每個人都領到一份乾糧，大小解也解決了，便開始一個縱隊接一個縱隊魚貫進艙。等大家都已進艙，艙頭門隨即被拉上。一剎那艙裡竟變成一片漆黑，大家都有被趕進地獄的感覺。不到五分鐘，我們的視力，又逐漸能適應艙內的微光。四盞五燭光的燈泡，照射出來的微弱光線，勉強可以讓我們辨識方向和鄰人的臉孔，地板上的點點油污也隱約可見。

當我們發現艙裡每個角落都放置兩個小木桶時，一直籠罩每個人心頭的憂慮，立即消散。幸虧他們想得周到，否則大家一定很淒慘。

新生

我們被擠「沙丁魚」般，趕進一間等於「全密閉」倉庫的底艙，僅賴船底下螺旋推船時發出的引擎聲，和波浪襲擊船殼時的震動，搖擺不穩的感覺，來摸索狀況。

由於昨天晚上大家都沒有睡好，又折騰了一天，非常勞累，忽聽說到綠島必須接受「洗腦」，大家更像被澆了冷水般，對綠島的嚮往一下冷卻了。不久，在微弱燈光下發現大家東倒西歪躺著，好像都熟睡了。

從甲板與底艙間唯一的間隔鐵門隙縫中，透出來的微光，使我們發現天已經亮了，同時也發現船底下的螺旋槳和發動機都已經停止運轉，祇剩下波浪有節奏的拍擊聲。

原來我們已到達綠島一個沒有碼頭，叫做「中寮」的小漁港。我們身上所有戒具——手銬和繩索，都被解開，然後命令我們各自攜帶行李，等舢板來接過淺灘。由於舢板祇有三艘，一次僅能載十個人，因此耽擱了不少時間。

等我們全部到齊，作最後一次「報數」確認人數無誤，交接清楚，所有憲兵又坐舢板回原船。這時我們才發現這艘登陸艇，除了載運我們，也在頂艙裝上塩、米、黃豆和麵粉等補給品。

「新生訓導處」派來兩部老舊卡車，幫我們搬運行李，然後再搬運剛從船上卸下來的補給品回營部。

四位少校，十二名「三根扁擔」，和一位補給官，早在海灘迎接我們。他們手上各有一本名冊，原來我們每個人的資料，早已被移交「新生訓導處」，所以他們能預先依此分類編隊。

我被編入第三大隊，第十中隊，第三分隊，第三班，中隊長是一位會寫字畫，兼通中醫的張賜文少校，分隊長則爲從「徐蚌大戰」突圍出來，輾轉來台灣的一位打共匪不行，整「新生」最內行，喜歡挑「新生」小毛病的姜姓「三根扁擔」。而班長潘狂華則是陸軍出身的「新生」。

即日起我們「已經不是犯人」。我們被嚴禁不得以「犯人」互相稱呼，因爲我們現在統統都是「新生」。就是要在這裡天天被新生，一直到「結訓」——出獄爲止。

我們被編隊後，即由分隊長各自領隊，步行約一個半小時，才到營區。中寮與營區，正常步行，不過半個小時，但因大家都坐過長牢（最少也坐過七、八年以上），幾乎都已變成「軟脚蝦」，加上兩天來的勞頓，邊走邊休息，才躭擱那麼多時間。

第三大隊是位於「新生訓導處」西北端，背山面海，與處部和第二大隊之間，還隔著中山堂、福利社和千餘坪球場兼操場的空地，再過一條雨天才看得到水流的小坑溝的地方。自從必須再「洗腦」的「反共義士」被送走了以後，第三大隊的營房便一直任其荒廢。現在我們便得多費一點時間，把它重整起來。

到「新生訓導處」開始的一個月，都是在整理環境。不是到營區操場割草、修路、清掃水溝、修復猪圈雞舍，便是上山開墾菜圃、割茅草、砍樹木回來蓋克難房、鋪葺猪舍……。

山上的菜圃粗墾後，即交由生產組深耕播種。不到三個星期，我們便可以吃到自己生產的小白菜和空心菜。猪舍和雞舍修復後，生產幹事便陪負責採購的伙食委員，到外隊物色種猪和二十隻剛斷奶的小猪。

負責管理猪舍的人，經幹事和指導員「精挑細選」，結果決定派阮天良理去飼養。阮天良理被看上的因素很多，第一他在第十中隊年紀最大，又「不會說」北京話。再則他刻意將自己裝成一個「土頭土腦」的「草地人」。他又強調自己出身農家，農家的活他都會做，對於飼猪尤其內行，就是「不識字」，不愛看書，即使讓他上課，他也「聽嘸」。

然而不久，阮天良理居然變成十中隊的「天之驕子」，實讓隊裡「同學」所料未及。大家都爲他羨慕不已。幾個行伍出身，軍人監獄的「記錄」也很不錯，一到綠島即被派任班長的趙驎、潘狂華兩個人卻大發牢騷說自己「忠心耿耿」，與隊上「合作無間」，卻未被青睞。無論那一方面，他們都自信不輸阮天良理。至少他們來自「內地」，又參加過剿匪戰爭……。

他們不僅嫉妒，也感到自尊心受損，一直無法釋然。阮天良理一個人要飼養三、四十頭猪，一天二十四小時都必須守在臭氣熏天的猪舍，關心每隻猪的健康和生長，注意牠們的交配時間。有時母猪早已發情，公猪太肥胖，始終無法配合時，他也要使出「牽猪哥」的「招數」，讓牠們順利完成「任務」。遇到母猪快臨盆時，還要權充「產婆」爲牠們接生，實在不簡單。這種繁重的工作，豈是一般人所能勝任的。

生產組單靠「飼猪」，每年即爲隊上賺進十幾萬的淨利（一九六五年間）。也就是給「新生訓導處」的「長頭毛」——官兵，增加一筆可觀的福利金。如果沒有阮天良理肯忍受臭猪糞味，盡責照顧，那裡來這些成就。

他有時在猪舍買隻雞「燉補」，或煮一鍋綠豆湯、蕃薯湯，請幾個朋友作陪，喝點酒沖淡臭猪糞味。他不上課，不參加任何集會，甚至連「點名」和處部的紀念週他都不參加。那是隊上爲考量那筆巨額福利金而默許的。

那些當班長的，不但不因此感謝阮天良理，反而滿腹牢騷，眞是怪事。再說他們那種曾經引發「二二八」慘案的不正確心態，也相當可議。來自「內地」、參加過剿匪戰爭，又如何？生長中國，能說中國話，也不過像「猴子長毛」般，有什麼稀奇？

在軍人監獄時我們這些囚牢裡的人，竟然也被編入蔣幫所謂的「六十萬大軍」之列。儘管我們在軍人監獄時，早已被編入「六十萬要參加反攻大陸聖戰的大軍」之列，但我們實際享受的，卻祇有一套「聯勤」已報廢的破爛軍服，及每天兩個饅頭，和美援黃豆加些佐料的伙食，其餘的被服、糧秣和補給，則被巧立名目，悉數遭到扣刻。

綠島的情形則有很大的不同。大隊剛成立時，從每個人每月十五元副食費撥出部分錢，買種猪、買火雞蛋、買農具和種子。這些自己養殖出來的猪羊、火雞和生產組菜圃供應的蔬菜，不但可供隊上需要還可以外售增加收益。

每天三餐吃得滿好的，每個月還有「慶生會」、「紀念日」、「長頭毛」的「迎送會」、長官婚喪喜慶，甚至母猪順利生下幾隻小猪、克難房、新猪圈「落成」，都要藉題打牙祭。每六個人一桌，加兩瓶米酒，大家放鬆狂飲，祇要不鬧事，「長頭毛」都不干預。

新店軍人監獄與綠島「新生營」的不同待遇，是個強烈對比。不覺令人聯想軍人監獄作法，有點像戰後來台灣劫收的中國官員，他們趕盡殺絕，簡直像「殺雞取卵」，根本不顧台灣住民的生活。

而綠島「新生營」，則有些類似日本治台初、中期的殖民作法，日本人爲將台灣建成一座

「南進基地」，以備將來侵略南太平區列強殖民地，不惜對台灣巨額投資衛生、交通、教育、建設，並將「明治維新」三十年代的新潮流、新文化也部分移殖台灣。

伙食委員由全隊(中隊)「新生」選出。每個月改選一次，每次選三名：即管賬、採購和主廚。管賬的必須詳記「聯勤」補給品——米、塩、黃豆、麵粉等糧秣的出入，連生產組供應的蔬菜、猪、羊、雞、鴨，和從外面買進來的魚貨、雜貨，或拿「剩米」交換魚貨等事，也要一一記入。

當採購雖是一份令人羨慕的差事，每天都可以到公館、中寮和南寮一帶與漁民接觸，欣賞在田裡作活的村姑。但卻並不是任何人都能勝任。至少必須是個八面玲瓏、在「同學」間「言行」受肯定、懂得如何應付「長頭毛」、被認爲「很懂事」的人。否則即使全體「新生」一致選出，「長頭毛」不點頭首肯，也很難過關。

當主廚的人如果沒有能幹的採購配合，也難做無米之炊。要給大家吃什麼？端賴採購。隊長、指導員肚子裡在想些什麼，當採購的也要能察言觀色。每天能給大家吃得好，加菜次數也多，到了月底還剩下不少「結存」，這種採購，最受隊上賞識。

因此，即使每個月都選出同一個人當採購，隊上也不干涉，因爲這種「結存」既不必向大隊部報繳，也無須向處部報備。無怪乎隊長、指導員都那麼重視它，常爲此笑顏逐開。

主廚是一個人，每天另由「雜務班」派四個人來幫廚，不過遇大加菜時，還可以加派兩、三個，分別擔任挑水、磨豆腐、做饅頭、殺雞、殺魚、洗米、洗菜、司灶、搬煤炭等工作。

蓋克難房需要搬大石、茅草的人，修補道路、甚至演戲「跑龍套」的，也都是從這個沒有固定工作的雜務班派出去的。我來綠島最初一年，也是被編入雜務班做些拉拉雜雜的工作。

島上住民都說他們是從小琉球來的。其實在他們移來這島嶼以前，島上先住民爲阿美、雅美兩族。小琉球來的少數「新移民」，在島上定居以後與先住民通婚，代代承傳下來的，便是現在的「綠島人」。

一般說來，他們對我們「新生」印象都很好。日據時代，台灣島上的「流氓」都被流放到這裡。她們常緊閉門戶，不敢接近。戰後火燒島被中國人改稱綠島。「新生訓導處」剛成立時，她們更視「新生」如「瘟神蛇鬼」般，避得遠遠的。

因爲蔣幫做賊心虛，深怕我們這些「新生」的所謂「犯罪」眞相，一旦曝光，所有對我們的醜化謊言、對住民的恐嚇陰謀被拆穿，他們一定會大爲狼狽，至少他們想再向住民「老王賣瓜」，企圖勾引婦女，勢必更難得逞。

當初島上住民，對「新生營」的刻意醜化恐嚇技倆，都抱著姑妄聽之的態度。因爲他們發現「長頭毛」的嘴臉，做人處事，並不比被醜化的「新生」好到那裡去。

而且常傳聞看到滿載地瓜或砂石的牛車，上坡被卡住、動彈不得時，被派出來搬運補給品、或出來修路的「新生」，都會自動跑過去幫忙。有時遇到西北雨，也會跑來幫忙搶收晒穀場，或路旁的花生雜穀。

及至從那些來探監的「新生」家屬那裡，深入了解這些被刻意醜化、被形容爲「萬惡不赦的壞人」，原來都是有良心、具有高尚人格的大學教授、中小學教師、醫生、學生……，素質都很好的知識份子。祇因理想不容於當道，才被逮進來判罪時，島上住民反而同情「新生」，也更感謝「新生」對他們的幫助與友善。

劉成斌的忍術夢

我們被移送到綠島才三個月，已經遇到兩次颱風。幸好昨天（一九五九年十月二日）侵襲的，是中度颱風，沒有上次那麼驚濤駭浪，也沒有造成大災害。因爲這裡的營房教室，都是事先依綠島特殊的地理環境所設計，一律蓋平房低屋，屋頂都是貼油紙、塗柏油的。

不過，克難房和豬舍的茅草屋頂，被上次的颱風吹落，才剛修好，這次又被吹翻了。爲了搶修被吹落的屋頂，早上點名時，值星官命令八點集合，準備上山割茅草、砍茅根。除了伙食委員、幫廚、及飼養牲畜的人之外，全部出動。

晨點時，即已發現少了一人。經再次點檢，始發現少了第二班的劉成斌。班長曾步雲發現自己班上的人不見，心一慌，連忙跑進營房、寢室、上下床鋪、厠所、克難房……凡劉成斌可能去的地方都去查過，還是沒有他的蹤影。

這時，忽然有人舉手向值星官報告：昨天夜裡如厠，經過更衣室時，曾經看到劉成斌不知在更衣室附近，找些什麼……。一班班長趙驎和四班班長黃代相聞言，立刻跑到更衣室和寢室，再詳細查看一遍。

一向表現慾很強、喜邀功、善巴結的趙驎，不曉得有什麼新發現，惟恐被黃代相搶去，竟跑到教室門口，趕在黃之前，慌慌張張的向值星官大聲報告：「……更衣室、厠所、寢室都沒有異狀，門窗完整。只是所有水壺被人搜括一空，不曉得那一個缺德鬼惡作劇，把水壺藏起來，要讓大家上山時沒有水喝……」他說到這裡，本欲繼續往下說，卻被站在一旁，聽得不耐煩的指導員攔住。

因爲趙驎不著邊際的冗長報告，始終未觸及問題的關鍵，又發現一起過去的黃代相，幾次欲舉手報告，都因趙驎的喋喋不休，幾無插嘴餘地。指導員遂命黃代相發言。黃從劉成斌的生活起居、平素言行、乃至工作表現，作重點分析。他說：「劉成斌平常和同學相處很好，雖然體力稍差，一般工作都能參加，從不投機取巧。只是他讀過日本書，也交過不少日本朋友，聽說他最崇拜一位苦練過『忍術』——隱身術的老者，而且受他影響很大。劉成斌曾私下向隊上的台灣同學透露，希望有一天能親身體驗『忍術』，突然從這裡消失，讓大家看不到他，一定很好玩……。」

「當時大家只當他說儍話，並未認眞當一回事。因此，會不會眞的爲了入山練『忍術』，必須多準備茶水，才將別人的水壺也一起帶去……。」

聽完黃代相的報告，大家都覺得滿有道理、頗合邏輯的。但「新生」的逃亡失踪案件，對「新生營」畢竟是件大事，搞不好，連大隊長都會受到牽連，我們以後的日子，也一定不好過。

果然接近中午，處部監察官、政戰官、大隊指導員紛紛湧進十隊教室，開始對每位「新生」作個別調查。尤其平時和劉成斌較接近、常用日語彼此私談的「同學」，都被詢問的頭暈腦脹。

下午四點左右，我們斷斷續續從九隊和十一隊的「同學」中耳聞得知，警衛連一早即已開始搜山，每家民宅農舍、工寮、菜圃的克難房，乃至觀音洞、草叢、雜木林，都被搜查。中午以後，每個中隊除了值星官及兩名幹事負責留守外，其餘的官兵都被派去參加大緝捕。公館、中寮、南寮，凡有島嶼漁民居住的地方，都派人前往查看，連牛頭山的燕子洞，及屹立於怒濤中、營區前的三峰岩也不放過。

這一天我們都悶在寢室，不敢隨便走動，也不敢大聲喧嘩。有的人手上拿著書報，兩眼卻對著窗外發呆；也有兩三個人圍著棋盤，卻又枯坐嘆息，一點也不像在下棋；更有人忙於寫家書，卻又將才寫上幾個字的信箋撕碎，扔進紙屑桶……。

大家情緒都很壞，顯得心煩氣躁。這時每個人心頭，都有不同的沈悶。那幾個當班長的，對於沒將同學們管教好，未能立即向上級反映劉成斌的怪異言行，感到懊悔不已。尤其趙驎、潘狂華兩人毫不隱諱的狂態，更是令人側目。

兩天後我們還是依原計劃上山，割茅草、砍茅根。我扛著一大綑茅根，沿著山徑，走到一座可以眺望太平洋的山峰時，遇到心腸如佛的謝田、詼諧「縣長」賴世逢和他們的同案郭錕銘三人。他們將茅根放在路旁，邊擦汗、邊眺望海上看似片片魚鱗，反射夕陽餘暉而閃閃發光的海景。

這時，我又想起與劉成斌爭論「忍術」的那些日子。我們兩個人，常爲「忍術」的神秘和非科學性爭論不已，僵持不下。當時我直覺劉成斌幾已走火入魔，任何言語已經無法糾正他的迷失。

我問謝田：「你看海那麼久，是否看到劉成斌？」他轉身一笑，說他正在爲劉祈禱，希望成斌能被經過近海的船隻救起。說到這裡，竟因一時激動，淚眼汪汪，哽咽不已。站在一旁的賴世逢，似有所感，便以他獨特的幽默口吻說：「據『路邊社』消息，蘇聯潛水艇常在附近海域出沒，窺探綠島動靜，劉成斌說不定早已被蘇聯潛水艇救去。」

在赫魯雪夫與中國開始交惡之際，「縣長」這種矛盾不合時宜的「新聞」令人啼笑皆非。聽到「縣長」荒唐無稽的「新聞」，郭錕銘也不禁抿嘴一笑。我因爲不想破壞氣氛，什麼都不表示，但仍不忘祈求主賜給劉成斌力量，指引他，讓他能平安脫險。

一場緊張，才過了幾天，就好像什麼事都沒有發生一般，一切都回歸沈寂。「長頭毛」之間絕口不提劉成斌的事，隊上所有官兵也故意裝聾作啞，一副若無其事的樣子。因爲這種轉變太不尋常，「長頭毛」愈想一手遮天、掩蓋事實，同學間的疑慮便愈深。於是謠言四起，各種猜疑接踵而至。

如果劉成斌被找回，新生訓導處應該公開審判，這是他們給新生的最好教材。至少可以藉此收「殺雞儆猴」之效。就算找回的是一具屍體，基於人道立場也應該讓我們知道。然而，

「長頭毛」故意不提此事，也沒有前兩天的慌張追捕，由此不難推測，劉成斌已被當場擊斃，而後草草掩埋，絲毫不留痕跡。

這位生長於熱河省，不諳水性的蒙古人，僅憑幾十個空水壺當浮囊，就想飄離綠島，實在也太天眞了。然而劉成斌內心的悲痛，豈是吾等有家有室的本地人所能體會？他在台灣舉目無親，不但要承受蔣幫妄加的「叛亂罪」，還要接受即使刑期屆滿，也因無人作保，仍然無法獲釋的無情命運。

就這樣，「忍術」成爲他幾已絕望時，尋求解脫的唯一生路。可憐的劉成斌，已經到了「飢不擇食」的地步。這時忍術是否具有科學性，早已不重要了。他也沒有再探索、再選擇的餘地。如果不想坐以待斃，也祇有勇往直前，去追求那座可能只是虛幻的海市蜃樓……。

註：「路邊社」即路邊消息。仿德國「路透社」Reuters通訊社之音字。

「三條龍」——吼沖現

「三條龍」再次伸手向我借錢。前一次是來綠島後不久，到山上菜圃幫生產組採收蕃薯藤時。他是生產組負責飼養火雞的，那時他剛好趕著火雞群到菜圃附近。而上一回則在一次週會解散，回寢室換工作服時。

前兩次，一見面便伸手對我說：「借點錢怎麼樣？」我當然不會理這種說話不正經、走路「三角六顚」(台語發音)、全身刺滿龍蛇、裸體女人花紋、到處敲竹槓的人。他見我以不屑眼光瞪著他，也知難而退。

然而這次，他卻說的很確定，也很執拗，一開口便要借二十塊錢，我毫不猶豫當面加以拒絕。他目的未得逞，我又不給他好臉色，加上福利社前面廣場，祇有零星兩三個人在散步，他便壯起膽子，大聲指責我說：「你算什麼政治犯？說向你『借』，還算對你客氣、給你面子。一個禮拜前你家裡不是才寄錢來嗎？」

我愕然注視他，隨即反唇相譏：「你三番兩次向我伸手要錢，什麼意思？又罵我算什麼政治犯！我當然不是。假使我也跟你們一樣是所謂的政治犯，有錢也不一定要給你。別太囂張，軍監那一套在這裡恐怕行不通，奉勸你還是收斂一點吧！」

我疾言厲色峻拒他的勒索，並準備接受他進一步的挑戰，不意收監號角忽然響起。

點名後進寢室，瞥見「三條龍」正與鄰舖的廖清旺和楊老三交頭接耳，並不斷斜眼窺視位於對面排，靠近教室上鋪的我。我一見便知怎麼回事。對他們鬼鬼祟祟的動作，雖然故意視若無睹，卻仍不忘心存戒心。因爲他們的花招很多，我早在軍監時就已領教過。

這裡環境雖然不同，我的朋友很多，認識我、知道我的人也不少，然而對這些一派流氓相的人，還是不能掉以輕心。

「三條龍」即是吼沖現的外號。因惟恐別人不知他背上刺有一半蹲沐浴裸女、左右上膊各紋一條似蛇非龍怪獸、胸前肚臍頂有一條巨龍，所以逢人便自我介紹他就是「三條龍」。無形中，「三條龍」竟掩蓋了他的本名。吼沖現三個字，便成爲只限於早晚點名時才用的名字。

吼沖現，彰化縣人。出身「基督教」家庭，畢業於日據時代的彰化商業專修學校（三年制初商）。他很在意因身高不足，而沒有當上「皇軍」。但最後仍被征召去中國當軍伕。至大戰結束次年，始被遣回台灣。

沒有人知道吼沖現的案情，他好像也沒有同案的，自己更絕口不提任何關於案情的事。不知有什麼不可告人的「苦衷」？不過在軍監時，他曾在我面前自稱是屬於「二二八」案的。當時我直覺納悶：所有涉及「二二八」的人，早經開釋，不論刑期多重，案情多複雜，都已於一九四九年間，依「戡亂時期臨時疏散條例」獲准保釋。爲何他仍留在獄中？

我雖曾幾次試圖探其究竟，但他不是閃爍其詞，便是虛晃一招，絲毫不肯透露實情。他似乎希望因身上的刺青，而能被人視爲「龍頭老大」；或「一尾」讓人望而生畏的大流氓。他說話的口氣和「三角六顚」的走路方式，令人不禁聯想起一九六六年間橫掃全中國，手拿「毛語錄」，滿口「造反有理」、「清算鬪爭」的紅衛兵。

總之，從他身上的紋青和口氣動作看來，他應該是一個紅不到那裡去的半吊子、冒牌貨一類層次的灰色人物。

「三條龍」出獄後，攀政治受難家屬吳彩葉女士的關係，在台北市中山北路一家歷史悠久、頗具規模的教會紀念醫院，謀得一份「修繕工」職務。初時表現還馬馬虎虎，環境一熟便原形畢露。

吼沖現不但在醫院裡拆爛汚，也在同事和許多「綠島族」的親戚朋友間惹事生非。尤以金錢方面的糾紛爲甚。如他將一筆巨額會款標去，卻留給綠島「新生營」同隊的同學、曾任該醫院廚房炊事員、已有腸癌徵兆的王清輝去替他「擦屁股」，爲清償會款，到處張羅。又，涉及「前鋒青年協會」案，現任「政治受難者互助會」會長的林麗鋒及其幾位親戚，都被「三條龍」害得很慘。

林麗鋒的一位表親因故死亡，遺族剛領到一筆「死亡救濟金」，和另一位親戚兒子的「註冊費」，也前後被他的三寸不爛之舌騙去。

糾纏不清的男女關係，也使介紹他到這家醫院工作，一向說：「綠島回來的人，都是有良心、有理想、富正義感，應該與自己先生同樣，值得尊敬。」的吳彩葉老師在同事間抬不起頭。

吳彩葉即是「綠島大學」三中隊，因涉及「台中地區工委員會張伯哲」案，被判無期徒刑的吳約明之夫人。她日據時代即任台中州衛生課保健員。戰後的衛生課改制爲台中衛生院，吳女士遂被派任該院股長。

此時吳女士也跟許青鸞、王玲、施梅卿、張金爵、賴瓊煙（即洋洋母親）、吳蔡麵、張彩雲等人，參加「新生活促進隊」的遊行。在台中街上高舉掃把，沿路高呼：「我們手上這支掃把，不但要幫大家清掃街道，還要幫大家掃除殘留在各位腦袋裡的『奴隸根性』。」——（請參閱《辛酸六十年》上冊二八二頁至二八七頁。）

吳約明定讞後，吳女士經主內兄姊安排，到台北一所教會紀念醫院任營養部主任，並且在羅東的一間護專兼任教師。現已退休與吳約明移民北美，協助其獨生女的事業。

中共潛台份子的企圖

自從一九五六年七月重回北監，在二區一舍與楊逵話別以來，已過了六年。這期間，我無時不刻盼望，能有機會再與他見面。因爲楊逵帶走很多祕密，他本身也是一位相當神秘的人物。

在一九四七年三月一日深夜（也許應該說是三月二日凌晨），我到楊逵座落於「中商」對面小巷內，台電公司的宿舍時，瞥見一位藏在窗外陰暗處，操著近似客家話，又像「阿山仔」口音的人，隔著半掩的木板套窗，與室內的楊逵，急急忙忙爭論不休……。

當時，躲在窗外的「阿山仔」，似乎提出許多問題和建議，幾乎都遭到楊逵的反對。那時的楊逵，彷佛完全變成另一個人，非常勇敢，也很堅持；甚至連說話的口氣，都變得盛氣凌人、銳不可當。

「阿山仔」臨走時，不曉得又說了什麼，惹得楊逵十分不悅，便以近似上級對待部屬的語氣，對「阿山仔」說：「叫你做的，你去做就好。其他的不必過問。台灣的情形不同，不必想那麼多。」說畢，楊逵關好木板套窗，回到內室，坐在素俄（楊逵長女）讓給他的木椅上，邊抽煙、邊喝茶，似乎不打算將剛才與「阿山仔」爭論之事告訴我。此時我委實也有點睏了，便告辭回家。

十二年來，我在獄中接觸過很多人，也聽過不少根本什麼事都沒有，或僅僅涉及一些芝麻小事，就被判處重刑的例子。因此重量級如楊逵，在蔣幫「戡亂時期懲治叛亂條例」公佈實施後，尙能躱過劫數，死裡逃生，無寧是奇蹟。我們除了爲他慶幸，還希望他別節外生枝。

對「台中三、二」那一幕，我雖然耿耿於懷，卻仍不敢冒然要求一直守口如瓶的楊逵，透露眞相。然而我卻很意外的從他長子楊資崩那裡，得到一些蛛絲馬跡。當資崩告訴我那位「阿山仔」，即是鼎鼎大名的洪幼樵時，我心中深藏的疑團，終於解開。

中共潛台份子在「二二八」中，確曾蠢蠢欲動，意圖染指台灣。奈何羽毛未豐、力不從心。故改找楊逵和謝雪紅，想透過他們的關係，加深台灣人「反阿山仔」感情、擴大官民、省籍、乃至階級矛盾，加速蔣幫崩潰，以利中共「解放」台灣。

由於二位「土產」人士皆非省油之燈，不但擁有自己的群衆和組織，也有自己的政治企圖。對如何應付事態發展、及欲將「三、二市民大會」推展到什麼局面，都早已胸有成竹。豈容洪幼樵、蔡孝乾之輩揷嘴？事實上，楊、謝二人根本沒將他們放在眼裡。

不過，據側面瞭解（根據王溪森與張信義的一次對談），蔡孝乾一夥人在兩位「土產」人士面前表露身份後，便迫不及待意圖以「前輩」，或以「中共中央代表」身份，指揮從未隸屬中共、自認條件不輸中共領導者的楊、謝二人，因而引起他們的不滿。

至於挑撥省籍感情、擴大階級矛盾，二位「土產」也頗不以爲然。看到省籍問題愈來愈嚴重的楊逵，還曾爲此到台中圖書館找莊垂聖、及省立「二中」找樓憲，共謀解決之策。謝雪紅則更用心良苦，努力移轉目標，將所有近遠因都推給陳儀。從失業問題、農工問題、到治安惡化、教育未上軌道……都一律歸咎代表浙江財團的陳儀政府。她強調蔣幫企圖不善、腐化無能，蒙受其害的豈止台灣人！外省人中拒絕與陳儀政府同流合污的、沒有身份、地位卑微的，也跟台灣人一樣，過著悽苦不公平的生活。

綠島的模範生

每天做完工——不論上山割茅草、下海扛大石，或往中寮漁港搬運補給品回來後，帶著小面盆、換洗衣服，跑去鯨鰻溝的游泳池游泳、洗澡，是每位「新生」的最大享受。

我們第三大隊的人，要去鯨鰻溝，得從中山堂後面與發電室前面的巷道，及一二大隊營房前經過，約半公里遠的路程。在往返途中，有時候也會碰見老隊的熟人朋友，雖然祇是擦肩而過，禮貌上大家還是會點頭打招呼。

洗過澡，到緊靠泳池南端、一棟十四、五坪大的克難房，找老友楊逵喝一杯熱茶，聽聽他對時事的分析，跟他討論些十四年前的往事，已成爲我每日的功課。

這棟以礁石疊成、茅草蓋頂的克難房，原爲二中隊的儲藏倉庫，兼生產組放置工具的場所。除了下午五點左右或下雨天，生產組的人馬會湧到這裡外，這間克難房已儼然成爲楊逵的「小王國」。

隊上每一個班，都訂有《中央日報》和《青年戰士報》(這裡僅限訂這兩種報紙)，大家看過這些報紙後，便由楊逵收集，帶到這棟克難房保管。因此楊逵在隊上的職稱，便成爲「報紙管理人」。這些在「娑婆世界」（牢裡的人習慣稱監獄外的世界爲娑婆）根本沒人看的爛報紙，還要派專人加以保管？乍聽之下，大家也許感到訝異。

其實，這是隊上「長頭毛」爲了「慰勉」楊逵的「合作」，並考慮他年事頗高，才煞費苦心，特別安排的差事。當時楊逵五十五歲，在二中隊是否年紀最大？不得而知。不過在其他隊上，與他差不多年齡、或比他稍長的老「同學」如九隊舊「農組」的顏錦華、七隊前「赤色後援會」的張信義、十一隊舊「民衆黨」的陳其倉和前員林鎮長江火社等，就沒有楊逵的造化。每天還是被派去磨豆腐、參加清潔班的工作。

也許「新生營」對這位有來頭的人物，尙有所期許，故示優待。如此，既可炫耀他們「重視人權」，知道如何照顧老人，也可以進一步籠絡楊逵及其家族。

一九五八年底，楊逵曾一度被蔣幫安排，「赴日工作」。另因涉嫌所謂「資匪」案而被判刑的礦業鉅子劉明，也在他二兄（「中日戰爭」中即已參加「重慶政權」——即蔣幫地下組織）劉傳能的極力推荐下，一齊赴日。爲此，楊逵離開綠島幾個月，回復自由身。在台北新生北路一家「俱樂部」接受訓練，並獲准與其家人一起生活。

因爲一九五六年一月卅一日，廖文毅博士的「台灣共和國臨時政府」於東京成立。這消息彷彿在台灣投下一顆「炸彈」，造成很大的震撼，也給蔣幫帶來不少困擾和隱憂。

爲此，蔣幫情報單位遂擬定應付對策，其中一項便是要派人滲透「台灣共和國」，企圖顚覆內部。這幾件事後來因蔣幫內部有異議而作罷。楊逵和劉明便分別被送回綠島與軍人監獄。被送去台北又回來的楊逵，立刻受到「同學」們的異樣眼光。無中生有、捕風捉影的耳語也不斷傳來。那些不認識楊逵，連他長什麼樣都摸不清的人，竟然對他惡毒中傷，眞是令人匪夷所思。

然而對這一切，當事者楊逵不僅處之泰然，也不屑加以解釋。倒是身爲朋友的我，忍耐不住，挺身質問造謠者，爲楊逵打抱不平。楊逵一個人在鯨鰻溝的克難房，表面上好像過得很悠閒，煞是令人羨慕。但事實上，並非如外人所想的那般輕鬆。他每個月得寫那些「反共八股」、「歌功頌德」、「無病呻吟」的文章給「政戰部」，每次「小組討論」還要說些「違心之語」……。這都不是他願意的，他心裡的掙扎痛苦，又豈是那些喜歡說無聊話的人所能懂得？

我到綠島後不久，即受到老隊「少年囝仔」的善意警告。一次是在一九五九年中秋節前，剛與楊逵在廣場握別後，另一次則在往鯨鰻溝途中，被擦肩而過的「少年囝仔」攔住說：「少跟二隊那個老頭(指楊逵)接近。他是問題人物，我們都被他害慘了……」，還來不及問明情節，年輕人即匆匆離去。因爲事關楊逵名節，我覺得必須徹底查明眞相。

楊逵之所以受到質疑，我推測原因有二：一是他曾被送去台北「受訓」，二則因他的文章老是出現在壁報和《新生月刊》上面。除了以上二點，實在找不出其他易受質疑之處。然而陌生人那種憤恨表情，及警告的語氣，就如身受其害的控訴者一般，讓我始終無法釋懷。

我便利用到醫務所看病的機會，悄悄向與楊逵同隊的呂水閣求證。呂水閣初有難色，經我說明：「此事關係楊先生名節，做爲朋友不得不關心。」之後，始將楊逵受質疑、被誤會的可能原因透露給我：

身繫囹圄，罪刑已定，便應面對現實。在這裡做任何抗爭、任何消極抵抗，都無濟於事。何況那些「長頭毛」都是因爲不得志、在台灣沒有靠山、沒有背景，才會被流放到這裡來。抓我們進來、定我們罪的，又不是他們。因此何必與其爲敵，爲難他們？

抵制、怠工、抗爭，猶如以卵擊石，徒增彼此的仇恨，迫使對方惱羞成怒，限制我們的自由空間。如此一來，漫長歲月將如何挨下去？所以凡事與其斤斤計較、消極抵制，不如姑且與其合作，爭取更大的空間，既可充實生活內容，又可鍛鍊身體，將來出獄後才能適應「娑婆」生活……。這就是楊逵的生活哲學。

因此凡有運動會，或賽跑活動，一般的「同學」都抱著避之惟恐不及的態度，但平素不參加任何勞動的楊逵，卻連「二千公尺長跑」都自動報名參加。每次自由式泳賽，他也從不缺席。賽跑時他總是遙遙落後，卻反而沾沾自喜，逢人便自誇他也能跑「二千公尺」。而且他的投入，無疑給新生訓導處，增添一個可以向外炫耀的資料。祗是他這種表態，卻留下了無可彌補的「後遺症」。

呂水閣雖是楊逵在二中隊少數的知己之一，兩人也是「台南二中」的老同學。可是當他說到這裡，仍難掩惋惜和激動……。他說，被送來的人，沒有一個不是用刀槍強押就範的，因此不論上「洗腦課」、參加「小組討論」、或上山 柴、下海扛石，都是心不甘情不願的，全抱著姑且應付的心理。偶爾碰到一些比較笨重的工作，如果有人竟敢表示異議，以體力不支爲由，或想怠工，「長頭毛」便會搬出楊逵的例子，整這些人說：「二隊的楊老頭，那麼大年紀『三千公尺長跑』都參加，再冷的天氣，也每天到鯨鰻溝游泳，你們應見賢思齊，不要一天到晚想偷懶。」

楊逵何嘗想到他一時的逞強，竟被「長頭毛」所利用，使那些不了解楊逵的小夥子，恨他入骨。加上曾被調去台北「受訓」，使一向對楊逵不諒解的人，更加振振有詞。所以楊逵受到質疑，都是事出有因。

說到這裡，呂水閣喟然歎曰：「楊逵一生爲台灣打拚，卻在綠島受到「同學」們的誤會、冷嘲熱諷，如果換成別人，可能早就精神崩潰了……。」

楊逵的祖國情懷

我每天往鯨鰻溝跑，並不是只爲了游泳，有時連洗澡也祇擦重點部位，只希望能騰出更多時間，與楊逵討論問題，聽他對時事的分析。楊逵已經知道，我每天大概什麼時候會去看他，有時也會爲我留下一點吃的，如綠豆湯、愛玉子、蕃薯湯，薑絲水蛙湯等。

這些日子（一九六〇年——一九六一年），我們談話的內容，大多盤旋在「中蘇交惡」的背景分析上，以及一九六〇年七月十五日，蘇聯正式通知中共，將於一個月內撤走一千三百名派去中國的蘇俄科技人員；並廢除兩國間所有契約；甚至連一些生產核子武器的重要零件、設計圖，都準備要全部搬走等話題。

這些問題，對一向視蘇俄爲「社會主義祖國」、將列寧、史達林奉爲「老祖宗」、「教主」、並把自己前途、理想都寄託在兩國緊密合作上的「毛主義」份子而言，不啻是當頭棒喝，也幾乎將他們的前途斷送掉。

在中蘇交惡之際，兩份分別代表蔣幫黨、軍的御用報紙，顯得特別活潑。舉凡學者、評論家、戰略思想家、匪俄思想專家等，全部被動員。他們所寫的「背景報導」和「展望分析」，尤其刻意強調中蘇交惡，將如何有利於「反攻大陸」。另外，只要是觸及中蘇交惡的報導，標題都不惜用「特號鉛字」標示，而且排在最醒目的版位。

朝會時，處長、政戰部主任的演講內容，「小組討論」的主題，也都與二份御用報紙相同，如出一轍。就連上課時，那些不得志、被流放到這裡當教官的，也被要求把握機會，灌輸「反攻大陸有望論」，讓所有新生恢復信心：

「反共大陸號角一響，所有『新生』都要共赴前線，拯救陷於水深火熱的同胞。一旦『反攻大業』完成，神州光復，每一位『新生』都可以當上中學、大學的教師。行伍出身的，則依以前的資歷，敍加官職，如當保安司令，或公安局長。」

「總之，中國土地遼闊，需要很多人才。你們的學養好、水準也高。有教授、醫生、工程師、還有留過洋的，聽說當老師的就有上百個。光是新生訓導處就有這麼多人才，還怕反攻大陸不成功嗎?」扯得口沫橫飛,煞有其事。眞是痴人說夢,令人啼笑皆非。

不久,兩報的報導,又逐漸改爲蘇共與中共的對罵記事、短評等應景文章。蘇共罵中共爲「僵而不化的教條主義」,中共則回敬蘇共爲「數典忘祖的修正主義」,甚至還出現毛澤東與赫魯雪夫兩人出拳的精彩漫畫。

更諷刺的是,「美蘇」兩巨頭還在這時候,爲「裁軍問題」頻頻接觸,使那些「毛主義」份子,憂憤不已。

儘管報上的記事,祇是專供機關部隊做宣傳洗腦的「政治教材」,處理新聞的立場也不客觀,但楊逵還是充分利用時間,耐心的在報上探索,以他敏銳的觸角及精密的思維,不但透視出隱藏在報導後的問題,對時事的分析,更有其精闢獨到之處。

楊逵留日期間,即看過日本「山川主義」與「福本主義」二派爭鬥的醜劇。不料從日歸來後(一九二八年),卻發現「台版」的「山川」、「福本」之爭,正如火如荼的在「文協」內部展開:深受「福本主義」影響,以王敏川爲首的「上大派」,正在淸算屬「山川」路線的連溫卿。

對喜好鬥爭的「福本主義」極端厭惡的楊逵,隨即投入論戰,支持孤軍奮鬥的連溫卿。也因此被歸類爲「山川派」,從此與「上大派」爲主的台共絕交。

「二二八」一槍,並未將楊逵打醒。他始終認爲整個事件,導因於蔣幫的腐化無能,台灣人不應將「二二八」的發生,歸咎於省籍問題之上。

楊逵畢竟是受過「馬克斯主義」洗禮的人。他的思想體系和思維模式，全遵循「唯物史觀」而行。有一次，當我們論及中共政權本質的問題時，他曾說，中共匯聚工、農、兵，成立「中華人民共和國」，使中國人在國際上揚眉吐氣，掃除自清末以來所受的恥辱，令他感到非常興奮。他並強調：「這才是台灣人希望所在！」

楊逵是一位歷經反日、反帝、反資、反地主、反殖民地的無產階級主義者，因此不難理解，他的「祖國情懷」，是從日據時代延續下來的。所以中蘇交惡以後，他一直堅守「毛主義」陣營，始終不曾改變。故而他的「時事分析」，有時不免流於鄉愿、偏離客觀。爲此，我倆常因見解不同，而爭得面紅耳赤，惹人側目。

我的「關節炎」

我們十隊又開始「大興土木」。自從阮天良理被派去飼豬後，每隻豬都被養得肥肥的，豬隻繁殖力又快，原來的豬圈已經容納不下。最近剛生的十多隻小豬，也因目前行情不佳，一時無法脫手，暫時得留下來飼養。

爲此必須擴建豬舍。每天晨點後、早餐前，我們要先到海邊，抬五個礁石回來。早餐後則各帶鐮刀上山割茅草。晚飯後，還得再抬五次大石，抬畢個個滿身大汗，但晚點名時刻已近，根本沒有多餘的時間，再去航鰻溝沖洗身上的汗臭。

儘管大家已經累得疲憊不堪，卻還要集合，唱二十分鐘的反共軍歌。這是每位「同學」

最討厭的「課目」。除了行伍出身當班長的，以及少數幾個「反共義士」，想藉機表現外，其餘的人，大多裝做「倒嗓」般，以無聲抵抗。每個人雖然拚命張動嘴巴，但唱出來的聲音，往往連蚊子叫都不如。

姜姓值星官目睹此景，雖然怒不可遏，卻始終因抓不到「怠唱」的人，而頗感無奈。我最近運氣很差，老走霉運。今天「唱歌」時，不慎被繞過身後監聽的幹事，逮個正著，使滿腹怒氣，正苦於無處發洩的分隊長，大發雷霆，氣勢洶洶命令我「立正站好」。我雖自認理虧，兩腿自動併攏，努力做好立正姿勢，姓姜的還是吹毛求疵，硬說我兩個腳踝沒有緊緊靠攏，竟用自己右腳踢我左腳踝。

很顯然的，他是存心找碴，要將「怠唱」的所有責任，歸咎於我。我被他踢了一腳，便將所有不滿——玉扃被葉陶母女拋棄高雄，不能前來綠島、晚飯後被帶去海邊加班抬大石，卻不給洗澡時間……等，當著姜分隊長面前一併發作，大聲抗議說：「我已經坐過十四年長牢，渾身是病，尤其患有『嚴重』關節炎，連走路都覺困難，到底還想把我怎樣？」同時故意將腳踝張得更開，更不像立正姿勢。

姜分隊長看到我一反常態，甚爲驚愕。此刻他大可抓住機會，好好「教訓」我，卻又按兵不動，圖睜兩眼牢牢瞪著我。也許他顧慮到我的發作，不過緣於「沒有大聲唱歌」的芝麻小事，加上我又當著全隊官生面前，近乎歇斯底里般咆哮「……身體有病……」。

他們對我所謂的「關節炎」，雖然尚未診斷，無法辨識眞僞，但由於我在衆官兵面前「悲憾哀訴」，如果他當衆對一名「病人」動粗施暴，那麼將對日昨朝會時，自炫「如何重視人道、如何將新生視同自己子女……」的唐湯銘（新生訓導處處長），怎樣交待？而蔣幫向國內外標榜，成立「新生訓導處」的「神聖」宗旨，也恐將因此招架不住。

晚點名畢，進寢室時，我讓大家先走，自己則跟在後面，一拐一拐地拖著「跛腳」進房。從此我便成了一名「跛腳」。不管人前人後、下海扛大石、上山割茅草、集合點名，我都拖著「跛腳」，一直到一九六二年七月二十九日被解往小琉球。

到海邊搬礁石，我雖照常參加，可是不好意思找人搭夥。事實上，也沒有人願意和一個「跛腳」的搭夥抬石。因此我便一個人到海灘上，隨便找些小一點的，用肩扛得動的礁石，回去交差。

這些日子，姓姜的當然不會給我好臉色看，但也好像不再過問我的事情。我也頗識相，儘量避開他的視線。凡隊上規定要做，或交代下來的工作，我也拖著「跛腳」，小心翼翼一一完成。雖然表面上很平靜，但我猜想姓姜的，早已在他們的「考績簿」上面，給我記下一筆「紅字」。

說實在的，一開始坐牢，我就不在乎監獄方面的什麼「考績」、「假釋條例」、或「行刑累進法」。因爲我早有自知之明，即使在這裡表現得再好，爭取到「一百萬分」的成績，蔣幫也不會讓我提早出獄。說不定刑期屆滿，還要看政治環境如何，才能決定是否讓我出獄。

一九四九年至一九五二年間，行政院、東南軍政長官公署、和台灣省政府，曾經接連發出的幾道命令，及處理有關「二二八」在監人犯的條例和辦法，對我全不適用。所有涉案「二二八」的人，都分別被釋放出獄，祇有我和安排艦艇讓謝雪紅逃離台灣的蔡懋堂兩人，一直被留下來。

我的「跛腳」事件，不到兩天即傳遍整個營區。很多老隊朋友懷著半信半疑的心態來看我。他們說，幾天前看到我時，還好端端的，怎麼一下子竟變成這樣？我對任何關心此事的朋友，都不敢據實相告，但也不刻意強調「病勢」如何。

隊上一半以上的人，對我的「跛腳」心知肚明，根本瞞不了他們。對我此舉，有的人暗中讚揚我「眞夠勇敢」，有的人驚歎我的決心和實踐力。另有部分朋友則頻頻為我惋惜，認為我付出的代價太大，實在划不來。

當然要付出代價。不但要犧牲每天的游泳，連晨跑、打球都不能參加。拖著「跛腳」一拐一拐走路也很不雅觀。然而事到如今，考慮這些都是多餘的。我能貫徹意志，以自己獨特的方式，應付「長頭毛」任何刁難，這就夠了，還要奢求什麼？

鞭打「葯罐頭」的林×根

十中隊有兩位粗獷強壯的「同學」，常在操場表演倒立行走（閹雞行），以炫示臂力。一位是四十多歲的柯其戰，他個子矮肥、濃眉大眼、皮膚黝黑，給人的印象頗似日本古代的「愛奴人」，聽說是高雄黑社會出身的。另一位是年輕一點，屬「熱血沸騰」型的林×鋒。他畢業於高工建築科，是「關帝爺」和「毛主義」的虔誠信徒。

當他們表演「閹雞行」時，常吸引很多人圍觀。此二人同時也是很出色的木匠，舉凡隊上需木工部分，都由他們負責完成。

在一個烏雲密佈、悶熱異常的晚上，我拐著腳與王溪森、顏錦華兩位前輩在操場散步時，忽然被暗處晃動的黑影喝住，側頭一看，發現是柯其戰和林×鋒二人。林招手命我蹲下，我甫蹲下，便見柯其戰在調整腳勢、手捲衣袖，然後壓低聲音向我挑戰說：「聽說你很猛，有興趣來比比看怎樣？」林×鋒也附和說：「是呀！你很會假仙，來試試看呀！」

受到莫名挑戰的我，一時愕然，但仍強持冷靜，狠狠瞪了他們一眼，便自行離去。

晚點名後回到寢室，我反覆檢討，是否曾得罪過他們，卻始終找不出一點蛛絲馬跡。過去在軍人監獄時，根本沒跟他們同過房，連碰面的機會都沒有。到綠島以後，雖被編入同一個中隊，但由於工作性質不同，所以從未在同一個地方工作過。因此我們之間，不可能發生任何瓜葛。

自從這件事發生後，我便密切注意他們的言行。俗語說：「害人之心不可有，防人之心不可無」，我不但開始提防，也開始有「可能會被關入碉堡」的心理準備。爲了保護自己，我將朋友提供的「防身武器」（某種葯粉加上貝殼粉和玻璃碎片，以毛邊紙包成小包，可供投擲），隨時帶在身上。萬一他們來找碴，我打算採取「絕地求生」的計策，不計後果讓兩個「愛奴人」嚐嚐滋味，給他們一點教訓。

儘管如此，我還是儘量避免和他們碰面，以減少磨擦的機會。另方面也要求老隊的「特定」朋友，晚餐後常來看我，這可以讓兩位「打手」知所節制。

就這樣戰戰兢兢直到我被移解「小琉球」，都沒看到對方有任何挑釁的行動。

我雖然於一九六四年結束十七年被俘生涯，離開小琉球回到北斗，但事實上，不過是由一座有形的小監獄，換到另一座無形的大監獄罷了。在綠島、小琉球，行動雖受限，可是「同學」間聚首交談，並不受干涉。而在無形的監獄裡，表面上看似已回復自由身，實際上卻時刻受到監視，每天提心吊胆，過著「特務就在身邊」的日子，連對親朋好友都不敢隨便說話。「同學」

「白色恐怖」還是牢牢籠罩著台灣每個角落，「同學」間變得很疏遠，不但儘量避免碰面，

間變得很疏遠，不但儘量避免碰面，也不敢通電話或寫信。直到蔣幫威權受到自由民主巨浪衝擊，漸顯凋落，「同學」們始敢藉婚喪喜慶聚會。

我也是一九八五年在郭錕銘大女兒歸寧的宴席上，才與暌違二十年的林×鋒及其他「同學」見面。以後在不同場合和林碰過幾次面，也曾互相拜訪，但彼此始終未提及往事。

在一次與吳坤章（曾涉案「黃得卿搶奪案」被處刑，出獄後到我們公司求職，担任「司爐」工作）閒談中，我才知道，原來林×鋒即是日據時代，嘉義仕紳林×根的兒子。想必林是怪罪我，當年不該在報端披露其父鞭打「臭頭莉罐」（蔣介石）假像一事，使他父親無妄受災，所以才在獄中找我麻煩吧！

林×根是日本領台初期，少數畢業於「台北國語學校」的台灣仕紳之一。那個時代能讀

「國語學校」的台灣人寥寥無幾，畢業後都成爲台灣社會中堅，對地方政治頗具舉足輕重的地位。

因此戰後嘉義市第一屆「市參議會」成立，林×根便被推選爲副議長，而議長則由甫自中國回來的「半山」鍾家成擔任。

然而天有不測風雲，才就任不到半年的林×根，突爲覬覦其位的「半山」派，向中國駐嘉義憲兵單位舉發，該單位遂以「日據時代從事『漢奸』罪嫌」，加以逮捕，解送台北「警總」，後因「法源不足」予以釋回。

蔣軍進駐台灣以後，被依類似理由逮捕的台灣人，不僅只林×根一人，爲此人人自危，輿論嘩然。

「台灣省參議會」抗議之聲甚囂塵上，指出台灣以前是日本領土，居住日本領土上的人，不論日本（內地）人或土生土長的台灣人，統統都是日本國民。因此忠於日本帝國，遵守日本法律，接受日本政府指揮，乃是日本國民的義務。台灣人既非中國國民，何來「漢奸」？

有些報紙甚至翻開歷史，指責當年（一八九五年四月十七日）中國擅將這塊所謂「花不香、鳥不語、男無情、女無義」的荒蕪島嶼，割讓給日本時，台灣人民不但憤怒淸廷的越權，也紛紛揭竿起義，抗日幾達二十年。絕非中國駐軍動輒指責台灣人——自動投懷日本，甘願做日本奴隸。

林×根雖在法源不足和輿論壓力下被釋放，中國憲兵單位卻仍不放過他，將一份林×根顯有公然侮辱「領袖」之嫌的新聞稿，分發給各報：民國二十六年，首都南京淪陷，日本當局發動全國，舉辦夜間提燈籠遊行時，林×根揮舞著鞭條，毆打裝扮「葯罐頭」(蔣介石)與「臭婆娘」(宋美齡)假像一事……。

我們「和平日報」也收到一份。當時我陪前來視察「三青團」團務的李友邦、張信義二人，前往外地所屬區隊，所以沒看到這份新聞稿。分社採訪主任蔡鐵城接稿後略加整理，隨即將它轉寄總社。次日此則新聞以「嘉義訊」躍然紙上。

嘉義市民看到這則新聞一時嘩然，接近林×根的人更是感到莫名其妙，人都被釋放回來了，憲兵單位又何必多此一舉？當事人見報，更是氣急敗壞，跑去找「新生報」特派員蘇憲章和記者黃嬰，再由老蘇陪他來找我「興師問罪」。

當時我曾很婉轉地加以說明：第一、此稿是根據憲兵單位送來的資料，改寫而成。第二、採訪主任蔡鐵城處理此稿時，我人不在報社，正陪長官視察外地團務。第三、此則新聞不能以「來函照登」處理，因爲內容並非憑空揑造。不過將「漢奸」罪名，強加給曾是日本國民的台灣人，顯然不合邏輯，這點倒是可以找機會補救。

林×根聽完我的說明後，依然怏然不樂，一再要求我務必還他淸白，眞是令人爲難。南京淪陷後，他並不否認確曾演那齣修理「臭葯罐」的戲，如今怎能推翻此一事實？

兩個星期後(大概是「新營事件」發生後第三、四天)的一個黃昏，蘇憲章偕同林×根前來邀約，七點半到嘉賓閣聚餐，由蘇老大作東(事後才知是林先生請的)，當晚另有鍾家成、朱榮貴和上智醫院的黃文陶三人作陪。

那晚林×根好像變成另一個人，不僅盡釋前嫌，還頻頻向我陪不是，也談了許多關於嘉義的人與事。我則趁機鼓勵他，好好利用他對中國和中國人的認識，深入研究「布袋事件」及「新營事件」所造成的影響。

我又對他說，八年前揮棒打「葯罐頭」一事，若以現今的眼光來看，反而彌足珍貴，值得喝采。後來老蘇突然抓住林的右手，要他再做一次打「臭葯罐」的樣子，惹得大家捧腹大笑。一場誤會，便在衆人笑聲中，圓滿收場。

中隊長的藥方

在我「關節炎」發作，開始拖著「跛腳」走路三個多月後的一個晚上，剛進寢室正忙著準備舖蓋時，忽聽到值星官朱寶昌分隊長，站在寢室門口喚我的名字，命我穿好衣服出來。

一跨出寢室，朱分隊長便告訴我：「中隊長要跟你聊一聊」，我聞言怔怔望他，心裡很納悶，這麼晚隊長找我做什麼？中隊長張賜文少校，個子高大，似是皖北魯南一帶的人。他一個月中，約有三分之一的時間在台灣，是否台灣有家，或其他原因，不得而知。他是一名職業軍人，同時也是一名書法家，能寫一手別具風格的毛筆字，並略通漢醫藥理。

進了中隊長室後，朱分隊長隨即將門關好離去。張少校指著辦公桌前的藤椅，命我坐下，並抽出一支香煙給我，經我婉謝後，他一邊泡茶，一邊問我「關節炎」發作前後的各種症狀，接著便將坐椅移近辦公桌，拿起毛筆在信箋上爲我開處方。

放下毛筆，他又從頭看一遍，並用鋼筆加註份量，然後遞給我說：「這帖藥，過去曾在部隊治好很多袍澤，對你也應該有效。」後來他又說明服用方法：「不要用煎的，每帖泡兩瓶米酒，一星期後早晚各喝一小杯。喝完了可以再泡一次米酒。這種藥不貴，可以通知家人多寄幾帖來。即使短期內無法完全復原，至少也可疏鬆筋骨，先試試看。」

我臨走時，他又叫住我說：「你這樣子跟大家上山下海很不好，也不雅觀。改天我找指導員和生產幹事研究看看，能不能找一個適合你的工作，至少不要讓你天天跟著大家，一拐一拐地到處跑。」

他剛爲我的關節炎親自開處方，現在又說要找一個不讓我拖著跛腳到處跑的工作，雖令人感動，然而我內心還是一團疑惑。

回到寢室，一上舖位即發現鄰舖的郭錕銘、陳堆金、吳竹性都用不安的眼光看著我。睡在對面床舖的謝田和「縣長」賴世逢，也跑來問長問短。原來値星官叫我出去後，大家一直在談論我的事。很多人猜想這下我一定會很慘，姓姜的絕對不會輕易放過我⋯⋯。

當他們看到我平安歸來，手上還拿著隊長親自開的處方時，不禁啞然。睡在右側的郭錕銘，卻笑嘻嘻地湊近我耳邊說：「眞有你的！如果換成別人，早就不行了。」老郭的意思，大概是說我裝得維妙維肖，煞有其事，不但絲毫不露破綻，反而得到隊長的關心和「同情」。其實與其說是「同情」，不如說是「讓一個跛子在營區裡跑有礙觀瞻」來的恰當，甚至也會給參觀者留下不好的印象——行動不方便的人還要讓他工作——。

夜闌人靜時，我也常自我反省，原祇爲爭一口氣，萬沒想到竟將這齣戲鬧得這麼大。由於「跛腳」，有些工作我無法參加，增加了其他「同學」的工作量。也讓許多朋友爲我擔心，爲此我深覺內疚。然而事到如今，已經騎虎難下，欲罷不能，祇有硬著頭皮，繼續跛下去，直到離開綠島這個傷心地爲止。

我寫好家書，並將隊長開的處方附在信封裡。我一再叮嚀玉扃，務必找可靠的中醫師，問明此處方專治何病？且要求她不要讓母親知道此事。我告訴她我的身體很好，祇是膝蓋有點酸痛，並不妨礙行動。

儘管隊長親自開處方，又那麼誠懇地安慰我，然而防人之心不可無，畢竟彼此身份不同，還是處於敵對的位置，我不得不小心求證，提防這會不會是一帖慢性毒藥。

我並非杞人憂天，觀諸過去，曾有好多次機會，可以讓我們這類案件的人保釋出獄，但每次我總被「有意遺漏」，所以我才會要求玉扃，務必求證處方的安全性。

不到三個星期，玉扃的信和依隊長處方調配的草藥，同時寄達。來信略云：處方確爲專治關節筋骨，雖不具即效性，但長期服用必有效應。又調配的中藥舖爲她弟媳的姊夫所經營，絕對可靠。她最後又說，先寄來六帖，下月再續寄六帖，我不禁歎息，爲了一齣假戲，竟然驚動這麼多人，自己也虛驚一場，不覺啞然失笑。

次晨向指導員要一張「購酒證明」，到福利社買兩瓶米酒回來，將藥草浸在鋁質的飯盒裡。

儘管隊長言明須浸泡一星期後服用始見藥效，但久未聞酒香的我，卻迫不及待，不到三天即開始一點點地喝。連睡在鄰舖的吳竹性、陳堆金、和嗜酒如命的郭錕銘，也以「筋骨酸痛」爲由，競相服用。因此第一帖不到四天便被喝光了。後來我又拿著「證明」，再買兩瓶米酒，不換藥草就浸泡。當晚四個「酒鬼」，聞香而來，結果不到三天，又被喝得精光。

與其說藥效如何，還不如說米酒的效力更勝一籌。「同學」們本來都是滴酒不沾的「古意人」。來綠島以後，夏天上山下海，常會遇到驟雨，每個人都會被淋得像落湯雞，甚至因氣溫遽降，而令人全身發抖。

這時候指導員會指示「伙委」，準備一大桶熱薑湯，或四人一瓶「三塊六」(太白酒)，給大家解勞取暖。「同學」們久而久之，慢慢中毒，染上「酒癮」。

陳堆金，員林人。日制台中商業學校畢業後，即考入日本著名大商社，「三井物產會社」上海支店。終戰次年，被遣回台灣，自己經商。因不習慣中國封建落伍文化，誤蹈法網，被牽連「參加共匪組織」，判刑十二年。

他與鼎鼎大名的賴部生(即施部生)「中商」同期同班。對賴部生不正常身世頗爲同情。他與吳竹性、郭錕銘、趙清淵同班。他的床位與我緊鄰，因而被我「傳染」上「嚴重關節炎」，每晚同享張賜文開給我的草葯酒。

吳竹性，新竹人，一九一八年生。日制新竹中學畢業，隨即考上「日本鐵道省，中央教習所」，即以後的「日本鐵道大學」。戰後被推選爲「全國鐵路工會」理事長。不久被蔣幫收攬，派往「革命實踐研究院」受訓。後來吳竹性涉案，被「警總」逮捕，當時的「警總」副司令，竟是他受訓期間的同班同學。

一九五七年曾任台灣鐵路局彰化機務段段長。由於不習慣中國官場作風，不肯同流合污，得罪了一名需索無度的黨棍，因此被冠上「參加匪偽組織」的罪名，處刑十二年。

他與我雖不同班，因床位緊鄰，每晚睡覺前，都天南地北，聊個不停。他學養很好，也是個「古意人」。

世外桃源

記得在一九六一年一月底（農曆過年前），有一天參加「週會」回來，還來不及進寢室換下制服，即被生產幹事帶到指導員室。原來指導員有事找我。指導員看到我拖著「跛腳」，一拐一拐地進門，便示意我坐在他左側的凳子上，然後指著我的膝蓋，以「憐憫」的口吻問我：「服過隊長開的藥是否好一點？」對他的關心，我很有禮貌的道了謝，並一再稱讚隊長的醫術高明。

指導員聽完我的報告，頻頻點頭表示欣慰，他說：「症狀有進步，一定會好。藥必須繼續服用，不可間斷……。」深吸一口煙後，又接著說：「幾天前隊長交代，要找一個適合的工作給你，不要讓你到處跑。這個問題，經與生產幹事和兩位分隊長研究後，發現九隊與中山堂間的廣場後面，有座二十公尺高的山坡，上面有一塊約三百坪的『農場』，已荒蕪多年。你一個人到那裡耕作，種植些蔬果如何？」

我聞言心一慌，本欲以「沒有耕作經驗」加以婉拒，忽想到能獨自在那裡自由「耕讀」，不也很理想？反正種什麼、生產多少蔬果，隊上也沒有硬性規定。又有賴世逢、謝田等兩位現成「軍師」，還怕種不出東西？遂欣然接下這份工作。

走出指導員室，爲探實地究竟，便急急忙忙拖著跛腳，逕往山崗走去，到了「農場」，才發現問題不少：籬笆東倒西歪，茅舍屋頂祇剩「竹樑」一支，連覆蓋其上的茅根、茅草，也被強颱豪雨刮得慘不忍睹。

不過我立刻想到，若能將茅舍修復，一定會有不少用途：只要在屋內用茅根搭張小床，我便可以過著日出而「息」，日入而「做」的生活——日照不強的時候多做一點工作，太陽高懸普照時，則躺在牀上看書、休息。這裡視野很好，即使在牀上，也可從窗口鳥瞰處部、福利社與中山堂前廣場的一切動靜，還能遠眺聳峙太平洋怒濤中的「三峰岩」。此處距大隊部約三百公尺，到十隊營房也不過一百多公尺，可以很清晰的聽到隊上的集合哨音。

牀底下可做「儲藏室」，存放一些冬瓜、南瓜和生木瓜等不易腐爛的瓜果，以備颱風季節，山上生產組青黃不接之際，搬出來供應隊上所需。屋內角落放兩塊磚頭，就可做一個簡單的小灶，燒一點自己喜歡吃的東西。禮拜天或下雨天不上課時，也可以約三五好友聚一聚，天南地北的，交換時事心得。

如果將籬笆修復，從裡面加鎖，再養一頭看門狗，祇要聽到狗叫聲，準是「長頭毛」或班長來，我便可以從容不迫採取「應付措施」……。

除了籬笆、茅舍，水源也是個大問題。蔬菜必須早晚澆水，瓜果類至少兩三天也得澆一次。幸好，距這裡一百多公尺外，有座小瀑布，祇要用空心竹管一支接一支，沿著峭壁接到小瀑布水口，便可以引水進來。這項工程雖然浩大艱鉅，祇要隊上肯派人員協助，想必很快就能解決。

還不到一個星期，生產幹事便派人來幫忙修復茅舍屋頂和引水管道。上次擴建豬舍所剩茅根，則搬來圍建籬笆。我準備爲雜草叢生的菜圃，翻土除草，而後讓它曬曬太陽，以改良土質，再利用空檔時間，重新整修。

又過了幾天，我在謝田的建議下，將已翻起的土塊，用鋤頭打碎，重新翻過。並將曬乾的雜草枯葉，和拆除下來的舊柵欄集中起來，點火燒成「鉀肥」，混入泥土裡。又利用姓姜的回台灣度假，大家正在午睡的時刻，悄悄繞到營房後面的糞坑，挑了幾擔水肥，潑在爛草堆中，讓它醱酵做堆肥。

趁著連續三天陰雨，我趕工先移植韮菜頭、芹菜苗。這兩種蔬菜無須常翻土，不慮蟲害，也易於管理。「太和種」蕃茄和大蒜、小蔥則各種兩畦。另外長得快，卻易受蟲害，每收成一次便得翻一次土的小白菜，也爲顧及時效，勉強播種三畦。

爲了避免生產組的人在背後嘲笑我「被調來這麼久，還搞不出什麼名堂」，所以種些可以快點採收的菜來應付，爲此任何麻煩也得忍受。

大約過了四十天，我種的小白菜開始供應。由於入春以來，氣候漸趨穩定，蔬菜瓜果也逐漸開花結果。雖然平均每星期僅能供應一、兩次，卻已是我能力的極限。辛苦有了代價，使我難掩內心的喜悅和成就感，對今後生活的安排，也更有信心。

在小山崗，表面上好像祇有我一個人在負責這塊「農場」，事實上至少有半打朋友，在背後幫忙。他們或提供寶貴的經驗，或將自己的菜苗分送給我。如謝田、賴世逢、阮天良理、黃天宙，還有二隊的周珪珍、三隊的蔡漢清和五隊的林達三。如果不是他們，肯犧牲休息時間自動來幫忙，從未拿過鋤頭的我，怎會知道「太和種」蕃茄長得又快又好、「蘇魯種」木瓜經濟效益最大。

我雖因此學到不少知識，儼然成爲一名「專業果農」，然而我主要的目的，並不在於產量，更不是爲了「考績」。這一切，僅是我的「障眼法」。追求自由的實現，才是我的目標。那時如果我繼續留在班上，天天跟著大家上山下海、打水挑飯，做些拉拉雜雜的工作，不但無法分配自己的時間，也沒有一個完全屬於自己的空間。現在這塊廢棄的「農場」，已變成「世外桃源」，我在此自由自在，絲毫不受干擾。

新生訓導處的「人道照顧」

中國有句「塞翁失馬，焉知非福」的古諺，台灣也有「拍斷手骨，反倒勇」的俗語。拿這些古諺、俗語來自我調侃，似乎有點自矜。不過，如非前年被姜分隊長踢了一腳，開始在營區內外拖著「跛腳」行動，引起中隊長張賜文少校重視，我今天怎能獨自一個人在山崗上，過著自由自在，不受干擾的生活？

我「抵制」唱反共軍歌被抓到時，正處於情緒的最低潮。我被移解綠島兩年來，一直不肯讓玉扃一個人，橫渡怒濤洶湧的太平洋，遠途跋涉來這個傳聞：曾有駐軍溜進南寮「國民旅社」，伸出魔爪，騷擾前來探監婦女的地方。但在聽說葉陶母女要來綠島看楊逵後，我又改變了主意，希望玉扃也能趁此機會，跟這位慓悍的「流氓婆」歐巴桑一道來。於是寫信拜託葉陶，務必將玉扃帶來。不久從楊逵那裡得悉玉扃與葉陶已經取得連絡，並約定在高雄某地點會合。

然而葉陶母女來時，卻不見玉扃倩影，我心涼了半截，一陣莫名惆悵湧上心頭，整個人像洩了氣的皮球般，癱瘓在竹椅上。葉陶雖再三解釋，但我的情緒極端低落，什麼也聽不進去。

當我內心充滿疑忌之時，葉陶母女在歡迎晚會（唐湯銘處長特爲她們舉辦）上的宏亮歌聲和讚頌「德政」的詼諧謝辭，卻一陣一陣掠過我的耳際，使我想到假使玉扃一道來，一定也會被邀請上台，表演歌唱，甚至要求她像葉陶那樣，說些歌頌德政之類的話，她一定會不顧一切加以峻拒。這等於投下一顆炸彈，必定引起軒然大波，也會使我十分尷尬。

幸好這次她沒有來，使我免於爲這些令人厭煩的事情傷腦筋，在「長頭毛」之間左右爲難。

葉陶將玉扃「放鴿子」，不論動機如何，倒是幫我們一次大忙，使我和玉扃免受任何困擾和壓力，也使我免於面臨被趕出「世外桃源」的危機。不過話又說回來，我內心還是渴望她能夠來，我已經兩年多沒看到她了。

每天朝會時，常會看到一位小姐，牽著一頭大水牛，緩步經過營區前。她的身材幾乎與玉扃一模一樣，頭戴尖頂斗笠，著無袖白底水點連身衣裙，露出雪白四肢，打著赤腳，背向東昇旭陽走去……她的倩影，總使我聯想起當年，也戴著斗笠，著深藍嗶嘰水兵式「高等女學校」制服的伊人。

通常來這裡探監的人，晚上都必須到南寮「國民旅社」投宿。次晨早餐前，再回到自己親人所屬中隊，和大家一起喝豆漿吃饅頭，然後跟著生產班的人上山。如果被探視者正是生產班的人，到了山上菜圃，他可以不參加工作，逕自到克難房，或者找一個樹蔭隱避的地方，整天陪著家人。這些來探監的人，大多是妻子、或父母親屬。

這時依規定，生產幹事必須在場監視。不過看到夫妻「獨處一室」時，生產幹事都很知趣，自動藉故出去走一圈。如果回來時，發現他們「衣衫不整」，也會佯裝不知，視若無睹。

這便是「新生訓導處」對「新生」所做的「唯一人道照顧」。不過這種「人道照顧」，也僅澤惠少數有家室的人，讓其他更多沒有家室，從沒有人探視的新生，在克難房外面胡思亂想，聊資一懽罷了。

他們這種「美德」也產生一些後遺症。我們十中隊生產班就有一位L「同學」，新婚才十八天，即因牽涉所謂「匪諜」案，被逮進來判十年徒刑。他的新婚妻子許久沒來探監，卻在他被移送綠島第三年，單獨一個人翩然渡海，前來綠島看L君。她初來綠島便遇颱風，結果讓她在島上多待了十幾天，天天陪著L君跟生產班人馬上山「度蜜月」。

她回台灣不久後來信報喜，告訴L君說「她有了」。L君聞訊眞是喜不自勝。但是他卻又開始憂慮：他人尙繫牢中，妻在外竟能懷孕？這種駭人聽聞的事情一旦傳出去，成何體統？他當然知道孩子是自己的，卻很難對外人解釋。

L君出獄後回頭份鄉下，竟發現其妻早已琵琶別抱，經多方打聽，才發現連她所生的孩子，父親是誰，也頗有可疑之處。因爲她前年從綠島回來，不到七個月即生產，而且不是早產，是正常足月的生產。

他終於恍然大悟，原來他的妻子未去綠島以前，即已懷孕，卻企圖魚目混珠，想給肚子裡的孩子有個「合法地位」，也要讓L君負起做父親的責任。運用這個障眼法，她相信祇要L君點個頭，承認她到綠島看他時，兩人曾做過愛，所有中傷和謠言便會自然消失。

L君回家以後，他妻子與特務間的曖昧關係，依然持續，糾纏不淸。這些年來這位特務時常假藉「查戶口」出入他們家。他出獄後，不但沒有稍加收斂，反而變本加厲，藉口要多瞭解出獄後的言行和交友狀況，走得更勤，甚至爲此還常三更半夜將他妻子帶出去「問話」，直到天亮才將她送回來。

L君冷眼旁觀一陣子，發現妻子的舉動並非完全被迫，有些事情，還是她主動迎合那個特務，而她最堂皇的理由，便是「他是一名特務」，甚至不諱言他們的曖昧關係，並將所有責任推給L君，強調自己才是眞正的受害者。

她與L君離婚後，曾經向服務某衛生所的一位閨友哭訴說：結婚才十八天，他就「拋棄」她「去做匪諜」。十年間唯一給她的，便是用「妻子」的名位把她緊緊拴住，剝奪她的自由，使她動彈不得，祇爲他守活寡。「獨守空閨」的日子，豈是人過的。她每天除了吃喝，身爲女人應有的，卻什麼也沒有得到。如果不是常來「查戶口」的男友，同情她、安慰她，她早就憔悴枯死了。

因政治案件坐長牢的人，遭到類似L君這種情形的，時有所聞。妻兒因懾於特務和警察淫威，被騷擾、被汚辱的也不少。蔣幫是否爲了慰勞爲其政權賣命的特務和警察，故意放這些獵物出來噬人？尚待史家究明。

綠島美人——富子(トミコ)

火燒島在一般人的印象中，是一座孤懸太平洋的荒島，也是以前日本人放逐流氓的地方。戰後國府雖將此島改名爲「綠」島，但每年夏、秋二季，這裡是強烈颱風必經之地，入冬以後，又颳起含有鹹分的東北季風，直到次年二、三月。除了小峽谷、山澗附近，因未受颱風直接侵襲，尙可看到棕櫚、山蕉和寥寥可數的樹木，其他地方幾乎看不到茂盛的樹林。因此稱它爲「綠」島，總覺得名不符實。

說到「綠島美人」，很多人一定會感到驚訝，更難以相信連樹木都長不大的地方，會出現美人？然而此乃千眞萬確，一點也不誇張。

自從女生隊（八中隊）的小妞們被送回台北土城「生教所」，及兩位俏麗的少尉女幹事出事後——先是其中一位女幹事與康樂官之間的曖昧關係被上級發覺，後來又傳出另一位俏少尉與一名「新生」，躲進海邊山洞，正當難分難解之際，被抓個正著……。結果「新生」被關進碉堡餵了一個月的蚊子，兩位少尉也從此消失——我們這裡，再也看不到女人。

偶爾被派去中寮公館修路、搬運補給品時，看到的每一位村姑，或在往菜圃的山徑上，擦肩而過的每一位女孩，在飢渴的「新生」眼裡，都顯得特別美麗可愛。

不知是刻意安排，抑或巧合？每當我們參加朝會，對「長頭毛」的冗長訓詞聽得不耐煩的時候，著無袖連身衣裙的富子，便會如行雲流水般的經過營區前面，她的倩影，實在令人迷亂。有些「餓虎」，甚至被迷得目瞪口呆，朝會結束，卻還站在原地，目送牽著大水牛的佳人離去。

儘管有那麼多「同學」對富子抱著各種夢想，幾個「長頭毛」也想盡辦法親近她，對她大獻殷勤，可惜她早已名花有主，未婚夫是當地的小學老師。富子僅具國小畢業學歷，對能嫁給一名老師，彌覺珍惜。

島上白天幾乎看不到男人，每個男人都下海打漁去了。中寮的富子家也不例外，家裡往往祇剩下她和母親及幼弟三人。母親在家燒飯洗衣，看顧院子裡曬的蕃薯籤、雜穀花生。因此山上菜園、地瓜圃的耕作，便得由富子一肩挑起。

因爲富子家的菜園距二大隊的地瓜圃很近，所以午睡時刻，常有「有心人」避開生產幹事的耳目，悄悄跑去找富子聊天，或帶著鋤頭自動幫她翻土。由於富子氣度恢宏，對「新生」們的背景也略有所聞，因此對這些不速之客，並不驚疑，也沒讓他們吃閉門羹。

她與「新生營」的「同學」們接觸漸多，潛移默化之下，對台灣也有了粗略的概念，知道那裡有繁華城市、高樓大廈，疾行於鐵軌的火車、穿梭街道巷口的汽車和摩托車、琳琅滿目的華麗衣飾……尤其對好學、急求上進的她，聽到已逾學齡的人，仍有機會唸國中夜校時，更令她興奮不已。

她愈來愈熱衷於「研究」台灣，也愈來愈嚮往本島的生活，並常主動向找她聊天的「新生」們，不厭其煩的問長問短。

一九六四年年末的一個黃昏，我在台中市議會前的公車候車亭，遇到一位手提書包、頭頂「西瓜皮」、夜校女生模樣，約莫二十出頭的少女。她睁著兩眼，一直凝視著我。由於剛出獄，對周遭發生的任何事情都很謹慎，不敢隨便造次，更不致冒失到跟毫不相干的女人搭訕。對這位女孩，有種似曾相識之感，一時又想不起在什麼地方看過她。

等她上了巴士離去後，才猛然想起，她不就是以前「新生」心目中的綠島美人——富子。但瞬間我又搞糊塗了，富子怎會出現在台中？她應已與其未婚夫結婚，不可能跑到這兒來……？不久後，我從幾位綠島回來的老「同學」那裡，聽到富子確被廖添欽從綠島帶出來的消息。

廖添欽是非常活躍的行動派，也是一位「毛主義」信徒。現任統派刊物《遠望》月刊社長，同時也是台灣民主進步黨黨員。台中西大屯人，戰後畢業於「中商」，被捕前在「CC系」代表陳果夫言論，在由「十四大哥」老二徐成任社長的台中民聲日報當外勤記者。他曾於一九五〇年二月底，蔣介石復職前兩天，偕蔡鐵城到台中監獄向我報訊。（有關十四大哥、徐成和蔡鐵城，請參照《辛酸六十年》上冊二九一、二九二頁、四八三頁）

一九五五年間，我們又在新店軍人監獄智監碰面。到綠島後他似被編入二大隊六中隊生產組的菜圃工作。因六隊菜圃與富子家的蕃薯田緊鄰，不過五十公尺距離。廖添欽爲一睹佳人風貌，每天都得先做完自己的工作，然後趁生產幹事在小茅屋睡午睡的時刻，悄悄跑去找富子。因爲勤於走動，耐心追求，終於得到伊人青睞。

自此以後一切順利，直到一九六三年七月十七日刑期屆滿，預先約好富子和她父母，及自己父兄到台東某旅社等候，如此這般，一切談妥後，便將富子迎回台中。

好學的富子，在廖君鼓勵下，逐次完成夜校國中、高中學業，聽說如果沒有孩子和家庭的牽絆，還想唸大學以圓她生平之夢。

廖添欽的勝利與光榮，應歸功於「綠島大學」全體「同學」。如果不是同學們幫島上住民孩子補習功課、爲難產的婦女助產、給他們醫病、幫助他們開路修路，甚至每年中秋節，還做月餅給從未嚐過月餅滋味的島民吃……如何能扭轉蔣幫的抹黑醜化，建立良好形象？

「長頭毛」追不到的人，讓廖君得到，我們除了祝福他的成功，更欽佩富子小姐的勇敢。不過具有這麼多優點的廖君，如能多瞭解台灣歷史，探究絕大多數台灣人的眞正希望，並顧慮我們子孫未來的幸福，相信更能受到台灣人的愛戴。

小組討論

很多「同學」都視參加「小組討論」爲畏途，寧願多割兩捆茅草，多抬幾塊礁石，也不願圍坐在教室的燈光下，忍受飛蛾、蚊子的襲擊。

只要在「新生訓導處」待過三年以上的「新生」，都不難發現，同一個題目被討論的次數，不下十餘次。至於具有十年以上資歷的「老生」，就算閉著眼睛，蹲坐茅坑，也能背誦得比那些「賣膏藥」的政戰官更精彩。而對我這個二十年前，即已看過日文版周佛海編著的三民主義，戰後又參加「三青團」負責地方分團組訓工作，「正式掛牌」推銷三民主義的人來講，更是不費吹灰之力，便可很輕鬆地應付過去。

通常討論的題目，不外乎從《國父遺教》，或蔣介石的《蘇俄在中國》、《俄國侵華史》裡面找出來的，也有一些配合節日的應景題目，像是開國紀念日、青年節、光復節等。

因爲我已經有兩次沒有參加討論的記錄，儘管每次請假的理由都很堂皇，但也不能老是缺席。萬一被反映到指導員那裡，難保不會引來不必要的麻煩，甚至被趕出「世外桃源」。所以，今天我還是規規矩矩的參加，卻又心存僥倖，希望能不引起幹事的注意，就偷偷將自己的小凳子，移到郭錕銘、吳竹性兩位高個子的坐位後面。今天討論的題目是「台灣光復與台灣的進步」，憑這幾個字便不難看出蔣幫又在耍什麼花樣！還不是又要我們爲他們的惡政粉飾、歌功頌德一番。

萬沒想到吳殿魁才將討論稿照本宣科唸完，猶未坐穩，幹事便迫不及待指名我發言。我一怔，雖然有點洩氣，仍然從容不迫站到前面，也不用討論稿，兩眼直視幹事背後的黑板，發表自己的看法。

開始時，我有點激動，也很情緒化，以帶著抗議的語氣說：「台灣光復十五年，我坐牢十四年，這其間有什麼進步，我完全不知道。」略停片刻，本欲繼續往下說，卻看到所有人都驚愕的瞪著我。也許有人會認爲我大可不必這麼激動，用平常心輕輕鬆鬆照隊上提供的資料，隨便交待一下即可，我這麼做不但有害無益，幹事也一定會在考核薄上記下一筆。

然而我豈是一頭任人宰割的羊！我有血有淚，有是非觀念，不能凡事仰人鼻息，沒有主張，活像行屍走肉。我之所以還被羈留在此，除了案情特殊之外，還不是因爲我有這麼一顆像人的心。

抑制內心激動，我改以溫和口吻說：「這十四年間，我經歷過十數個監所，耳聞、目睹的，幾乎都是悲慘的一面。十三年前在台北監獄，看到每兩、三天，便有一具被餓死的屍體，從北監小南門抬出去的慘景。」

「八年後，在新店軍人監獄卻看到一名軍事犯，因與同房人打賭，一口氣吃下二十個大饅頭，喝水後脹破肚皮而亡，成爲『飽死鬼』。再看看我們這裡，不論衣著、三餐，都比島上住民好。由此看來，台灣的進步、生活的富裕，應該可以想像。」

說畢便發現，大家已經沒有那麼緊張，幹事臉上突起的「青筋」，也漸漸消失。他接著即席爲我的報告下評語說：「鍾同學的發言雖然激動一點，但能瞭解其心境。台灣『光復』不久，他即失自由，沒有機會見識台灣的安定繁榮。但他在監所裡，仍能看到台灣確實有進步的具體例子，這些資料，實在彌足珍貴。」

最後他說：「從剛才幾位『同學』的報告看來，光復後的台灣，如果沒有偉大領袖，英明總統的領導，恐怕就沒有今天安和樂利的生活。這一切都是有目共睹，連失去自由十四年的鍾同學，都在獄中深深體會到……」

這算什麼結論？根本嚴重歪曲了我的本意！

回到寢室，「縣長」賴世逢說他差點被我嚇壞，爲我捏了一把冷汗。郭錕銘和趙清淵兩人，則略帶揶揄口吻說：「眞是要得！做了別人既不能也不敢做的事。」

其實，我早已下定決心，雖身繫囹圄，行動失去自由，也要保有一顆自主的心，決不隨波逐流，做個毫無立場的違心者。

教官的成績單

這裡原則上一星期勞動三天，上課三天，小組討論一次。上課時間雖然規定從上午八時到十一時，但中間有兩次各十五分鐘的休息時間，所以實際上，祇有二個半小時的上課時間。加上處部到教室有些距離，又讓本就不太情願的教官，有個漫步磨時間的機會。進了教室擦個臉、喝口茶，又磨上幾分鐘，眞正講課的時間已所剩無幾。

「同學」們對上課，並不像參加「小組討論」那麼畏首畏尾。除了三、五位年老病衰的「同學」，久坐硬板凳會感到屁股痛、兩腳麻痺，而常要求出去「小解」外，其他「同學」看起來還算安分。

上課日不必上山下海受風雨吹打，還可以跟教官討價還價，決定要不要照課程表講課，或者從善如流，接受同學們的建議，講些抗戰剿匪的親身經驗，不要重述那些了無新意的勞什子。

平常敢對教官提出建議的，除了一、兩位蕃薯老囚外，其餘都是行伍出身的「新生」班長。如趙驎、曾步雲、黃代相和潘狂華等人。他們甚至公然在太歲頭上動土，耍寶開教官玩笑，讓教官哭笑不得。

每兩個月會舉行一次考試，考前每位教官都將考題範圍，半公開的告訴大家。考試時，雖然規定不得翻閱任何參考書，或偷看別人的答案，事實上卻沒有一個人不是抄書交卷。而且教官不在教室監考，反而跑到外面替同學們把風。因爲同學們的成績，也代表了教官的教學成效。

「新生訓導處」的編制，處長一職是由少將級擔任，政戰部主任也不過是個上校。有部份教官，曾出生入死，爲蔣家效命，祇因不是黃埔嫡系出身，便受排擠，甚至打壓，以至求見無門、求職無路，不得已上書陳情，結果從「一顆星」降爲「三顆梅花」，而被放逐到綠島來。這些教官雖與政戰主任同樣領上校薪，卻一點實權也沒有，連想回台灣度假，或申請調職，都遭到相應不理的命運。

因此這些教官常發牢騷說，他們被放逐綠島，簡直連叛亂犯的「新生」都不如。「新生」有一定的刑期，期滿便可回家，他們卻回鄉無期，不知何時能離開綠島……。如果想不開，採取強硬抗爭，觸怒當局，「紅帽子」馬上就拋到頭上，要做重蹈——華北游擊司令王鳳崗——覆轍的心理準備。到時候教官當不成，反變「新生」，還是會被送回來唱「小夜曲」的。

「台中一號巨無霸」——張信義

張信義，台中縣后里屯仔腳人。是名作家張彥勳的父親 。一九五四年因涉嫌「慫恿次子張彥哲逃亡中國」，而被判刑十五年。其實，即使沒有他老二彥哲的事情，蔣幫還是會找他的。因爲當時，蔣幫正在全台清除李友邦羽翼，而張信義是李友邦旗下大將，自是難逃劫數。

他於一九五九年才由青島東路軍法處看守所，移送到綠島，被編入第二大隊、第七中隊。在七隊，除了少數幾位曾在「警總」看守所，和他同過房的難友外，其餘的人，好像都對他不太瞭解。「中一中」肄業的學生，涉案遭判刑，在這裡「被新生」的雖然不少，但因年齡和在學年代懸殊甚大，也多不知他過去的輝煌歷史。

張信義是被台中市民封爲「台中一號」的「巨無霸」，動作笨拙，不但不能跟大家一樣動作，反而碍手碍腳，有時候還要別人「服侍」他，睡覺時得佔兩個人舖位，食量也異常驚人。有些知道他過去的人，抱著期待和熱忱，請教他對「蘇修」指責「中共」爲「食古不化的教條主義」有何看法時，往往人家還談不到兩句，他就已呼呼入睡，夢周公去了。無怪乎一些年輕人，和他逐漸疏遠。而平常在他身邊的幾位「老先生」，又都是被蔣幫特務從汐止石碇山區抓回來充數邀功的不識字老農民，這些人豈是「巨無霸」談心對象。

因此他便成爲「世外桃源」的常客，因爲在這裡，他可以找到「三青團」時代的老部屬王溪森和我，及三十年前一起參加抗日運動的老同志，也唯有在這裡，他才能發揮他的辯才、受到恰如其分的尊敬。

打不開的心結——談張信義與楊逵

張信義與楊逵是「東京日本大學」同學，兩人中學、大學都沒畢業，也曾熱衷於「馬克斯」主義，卻都沒有加入「共產黨」。不過楊逵是窮人子弟，嚮往社會主義、投身農民運動，乃是順理成章。張信義卻是屯仔腳的大地主，他與朴子地主張榮宗，同時義無反顧的投入左派陣營，籌組「赤色後援會」，聲援救助一九三一年六月遭受日本官憲逮捕的人 ，實屬難得。

當時台灣共產黨的鬥爭目標，主要爲擺脫日本殖民統治，成立台灣人自己的國家、爲工農群衆謀福利、解決不合理剝削制度。因此一些受到人道主義啓發的地主與知識份子，能對台灣民族意識有所覺醒，更顯可貴。

楊逵和張信義雖然有許多類似之處，也曾站在反日運動的第一線，然而一山難容二虎，兩人常有齟齬。

一九四五年大戰結束後的九月，張士德由上海回台灣籌備三民主義青年團。等楊逵摸清張士德即爲前「農組」本部工友張克敏時，張士德已經委託他的小同鄉張信義，擔任中部地區推廣團務的負責人。

當楊逵獲悉此消息後，儘管張士德與張信義想盡辦法禮聘楊逵，希望他能參加「三青團」，共爲建設台灣打拚，楊逵還是表示他沒興趣，始終拒不接受。然而不久後，楊逵和葉陶，卻找我幫忙接收一棟日本人的「信用組合」建築（現在的台中「三信」總社），以做國民黨台中市黨部籌備處。

至此我才知道，楊逵盼任「三青團」中區負責人不成，心中已非常不快，還要他在「大個子信義」麾下做事，更使他無法忍受。於是他便自動加入朱炎（東勢人「半山」）正在台中招兵買馬，卻乏人問津的中國國民黨台中籌備處，擔任執委，葉陶則任台中市黨部婦運會副主委。

在此之前，謝雪紅和林兌、楊克煌等人，也曾幾次拜訪楊逵夫妻，希望他們參加「人民協會」，但都遭到拒絕。爲此雙方鬧的很不愉快，幾乎反目。

到綠島後，楊逵與張信義又成「同學」，然而談起往事或敏感問題時，彼此仍尖刻相對，劍拔弩張。我冷眼旁觀，發現他們只是意氣之爭，也想嘗試做他們的「和事佬」，但他們對對方，都有著深深的不滿，很難打開彼此的心結。

楊逵並不否認日據時代（一九三〇年代）「大個子信義」，確曾對台灣人有過貢獻。卻仍用尖酸字眼咒罵張信義說：「大個子、好看頭、沒路用，卻愛說大話。遇事畏首畏尾，甚至臨陣脫逃。」

張信義對楊逵做事的魄力、任勞任怨的精神，並不刻意加以扭曲，他甚至肯定楊的文學成就和在「二二八」中的表現。不過他也不忘批評楊逵，說楊在同道、同儕之間欠缺親和力，路愈走愈窄，愈走愈小，很容易失去生存的空間。

我常想，他們若能除去「瑜亮情結」，攜手合作，一定能造福更多人群。可惜他二人難容異己，未能著眼於大局，實在叫人感慨。

阿逵姊

無聊不甘寂莫的「大個信義」，常尋老戰友楊逵開心；不是當衆直呼他「阿逵姊」；便是叫他「鴉片仙」。奇怪的是，楊逵非但不理不睬，竟然還能保持風度、談笑風生，這種修養功夫，眞是令人肅然起敬。

對楊逵的坦然，我除了佩服，內心仍不免疑惑，便專程到魧鰻溝的「別墅」，探詢「大個信義」對他戲謔的感受。

萬萬沒想到，他不但不怪「大個信義」，還說「大個信義」所言屬實。原來楊逵認爲，他思考、寫作，都無法離開煙斗，因此被人叫「鴉片仙」也沒什麼不對。至於叫他「阿達姊」，「大個信義」又不是第一個，何況此稱呼，全拜其老婆所賜，並非因他自己有什麼陰陽怪氣之處，才遭人戲謔，所以何必在乎呢？

楊逵的老婆葉陶，好強、多話，比男人還能幹，動作打扮也不像個淑女，又當家掌權，所以同儕間都戲稱她「葉陶先生」，而楊逵便「淪落」爲「阿達姊」了。

「慶生會」的好處

隊上每個月，至少舉辦兩次「慶生會」，而「長頭毛」調任時的「迎送會」，每個月也要辦個一兩次。因此，一旦「慶生會」或「迎送會」的日子確定，「伙委」便得殺雞宰豬，忙的不亦樂乎。一夥幫廚跟著團團轉不說，連生產班的人也要提早收工、換好制服，恭候處部大隊部「長頭毛」的光臨。

與其說「慶生會」是爲同月誕生的人做壽，無寧說是給「長頭毛」製造互相請客的機會。「新生營」一共有三個大隊，除了第八中隊（女生隊）已被移送至土城「生教所」，其餘的十一個中隊，幾乎每兩天半，便有一個中隊要「打牙祭」，處部大隊部乃至其他中隊，除了值星官外，所有「長頭毛」都會受到邀請。

平常我們的早餐是豆漿、饅頭加油條，午餐和晚餐都是三菜一湯。但每逢「慶生會」，或節慶加菜時，就必須增加兩道精緻可口的大餐「爲隊爭光」。因爲「長頭毛」一天到晚沒事做，光想吃喝、裹腹之餘，還要假藉品評之名，滿足其口慾。為此，隊長、指導員要爭面子，「伙委」也想撈點油水，結果將幫廚的人累得上氣不接下氣，只能在一旁流口水。

天天辦「慶生會」我也不反對，更希望別隊「打牙祭」時，隊上「長頭毛」統統去赴宴，如此一來，他們「桌」上的菜沒人吃（平時吃飯規定，「新生」每六個人一桌，「長頭毛」每四個人一桌。然而所謂「桌」也，不過是每個人帶著自己的小板凳，圍坐在草坪上已經擺好飯菜的地方。），我就可以帶著大飯盒，去裝自己喜歡吃的東西，帶回「世外桃源」。

遇到星期日或不必上課、做工時，我便邀請五、六位老友到「世外桃源」餐聚，海濶天空、無所不談，並以「長頭毛」沒有吃的魚肉為「菜母」（主菜），加上菜園摘來的翠綠蔬菜，做成「什錦火鍋」。

二隊的楊逵是自「世外桃源」「開張」以來，從未缺席過的好貴客。因為他的「別墅」——鯍鰻溝邊的克難房，生產組的人馬每逢星期假日常湧進這裡，年輕人精力充沛，喜歡高談闊論、大聲唱歌，楊逵不得不「讓位」，跑到「世外桃源」清靜一下。他生性好靜，喜歡獨自思考創作。偏偏他的「流氓婆」葉陶，卻像「破雞笼」般，一天到晚喋喋不休。在家已不得清靜的楊逵，遠到綠島仍不得安寧，難怪他大嘆無奈。

楊逵喜歡喝酒，酒量卻不大。他平素說話頗知分寸，不隨便信口開河，也頗能察言觀色，進退得體。可是三杯黃湯下肚後，他就開始語無倫次，頻頻失態，將其神祕的內心世界，一表無遺。因此，二隊幾位特別親近楊逵的朋友，如陳水泉、何茂松、呂水閣等仁兄，都曾提醒我，要特別注意楊逵喝酒的狀況，別讓他因此得罪別人或鬧出笑話。

他每次到「世外桃源」，必帶一瓶米酒和一大包花生米。而大胖子張信義，也會帶著最愛的烏梅酒，在七隊教室前，等候楊逵，然後一胖一瘦齊赴「世外桃源」。烏梅酒加米酒，可以沖淡多餘的糖分，增加醇味。在綠島，能喝到這種醇酒，還算不錯。比起隊上給大家禦寒時喝的「三塊六」（太白酒），好上幾十倍。

十一隊的王溪森和九隊的顏錦華、蘇紅松，也是「世外桃源」的常客。王溪森的夫人在台中衛生所當保健員，對養生保健有專門知識，所以特別重視老王的營養問題。老王坐過日本人長牢，在綠島還要坐十二年「祖國」的黑牢，若營養不足則健康不保，連坐牢的本錢都沒有。因此王夫人每次寄來的東西，幾乎都是維他命丸或營養食品一類。

老王每次上山赴宴，也會帶他的營養食品與衆人分享。祇有顏錦華和蘇紅松兩個人祇帶「空手道」，而且往往大家還未開動，他倆便迫不及待舉箸下鍋，看得在坐的人目瞪口呆。更令人無法忍受的是餐畢筷子一放，拍拍屁股就想走，也不幫忙收拾一下，對這種厚顏的人，實在也沒辦法。

話雖如此，我們還是很同情蘇紅松的。他是日據時代的「老台共」，又因牽連「台盟」案一度被判死刑，幸好他兒子是中國空軍的優秀軍官，始免一死，改判無期徒刑。但因受到特務拷刑，傷及腦神經，有時語無倫次，行動遲鈍怪異。

除了這幾位常客，「世外桃源」還有「警長」巡邏。「警長」原名「總統」，因我不忍見牠滿身齷齪、發抖躲在屋簷下，而將牠收留。牠雖是一隻全身毛色紫黑，獨頭蓋頂有一撮白毛的醜八怪，卻滿機警盡忠。「世外桃源」有了牠，就像裝了安全措施，大家聊天時也比較安心。

聊天記事(一)

1. 間諜

日前我們又在「世外桃源」餐聚時，「大個信義」忽問「阿逵姊」，幾年前蔣幫派他到日本做間諜，去破壞廖文毅一夥人的「台灣共和國臨時政府」時，他是否有把握？難道眞要爲蔣幫賣命？

楊逵聞言從容拿起酒杯，自酌自飲後，聳聳肩說：接到消息時，他的確很傷腦筋，心神不寧不知如何是好。後來想到台灣的「解放」暫時無望，蔣幫既然要派他去日本，他便能離開綠島和台灣，也等於掙脫枷鎖回復自由身。他在日本朋友很多，祇要讓朋友們知道他已到了東京，再透過關係給北京方面知道，相信他們一定會派人跟他聯繫，安排他前往。

他又顧慮到，如果至東京後突然「失踪」，甚至被發現已經逃入「解放區」，難保蔣幫不找葉陶算帳。爲了不願累及家屬，他在台北時一再要求特務，讓葉陶也能一道去。因爲單獨一人發揮不了作用，若葉陶能同行，彼此配合，必能事半功倍，爲「國家」做更多事。

特務對他的要求，也認爲有理，都很支持他的主張。可是當報告輾轉至情報局，不但被批駁「免議」，連他也不必去了，又被押回牢中。功敗垂成，實在令人氣餒……。

「大個信義」這次不再跟楊逵抬槓，由衷爲他惋惜，其他的人也都附和「大個子」祇有顏錦華頓足嘆息說：「如果讓『羊仔』跑成功，他一定會將綠島的情形、甚至你我還被囚禁此地的消息，透露給『中南海』(中共領導聚居處)，讓毛主席能多關心我們……。」

我很懷疑顏錦華到底爲「革命」奉獻多少？流過多少血汗？竟將自己身價抬得那麼高；也夢想毛主席能關心他在綠島的事情。不過在一九五〇年至一九六〇年代，確有不少人抱著這樣的夢想。難怪過去監獄裡的一些「毛主義」份子，開口閉口不離「清算」，好像中國的「革命」和「解放」，全由他們少數幾個人包辦似的。

2.中國官場活現記——談張文成

大夥由「間諜」聊到「教條主義」與「修正主義」後，又不覺將話鋒轉到「二二八」時，任花蓮縣參議會議長，張七郎父子三人慘遭殺害的問題上面。

論起這個問題，顏錦華最起勁。因爲他在逃亡期間，曾跑到東台灣避難，在郭德欽(前廣東「台灣革命青年團」創立人之一，戰後任「中師」總務主任；「二二八」後轉任羅東、花蓮山林管理所所長)那裡，聽過不少張七郎父子遇害經過的內幕資料。

張信義在「警總」看守所五年間，也聽過一些來自「後山」的難友，提及這方面的消息；楊逵、王溪森和呂水閣三人，亦略有所聞。

有關這個不幸消息，坊間已有若干報導性文章，李筱峰先生在其《二、二八中消失的台灣精英》一書，也有詳盡介紹，故此不再贅敘。謹就陷害張七郎父子的兇手張文成，在「二二八」前後，任花蓮縣長時的惡行惡狀，略予介紹：

張文成，福建龍巖人，一九四五年十月廿三日，隨陳儀、葛敦恩(行政長官公署秘書長)等人來台灣。隨著十月廿五日在台北公會堂(今中山堂)的隆重招降儀式，各地暫依日據時代的「州」、「廳」行政區域，成立「接管委員會」。

張文成於是年十一月九日，在花蓮成立「花蓮廳接管委員會」，自任主任委員。十一月十五日，張文成派王冬波、楊仲鯨二委員，分別接管前花蓮市役所、和花蓮郡役所。十七日派黃海青、李守堅二位專員，分別接管鳳林郡和玉里郡。

至次年(一九四六年)一月，各地接管工作暫告一段落，花蓮縣政府便正式成立，各地日據時代的郡役所，也改制爲「區署」；「接管委員會」主任委員則改爲「區長」。

一九四六年一月十一日，張文成就任花蓮縣長，縣參議會於同年四月十五日成立，張七郎被選爲議長。

張七郎議長任內，曾因審查預算問題，與張文成發生衝突。因爲張文成提出來的預算案多浮靡不按條理。個性剛直、不習「中國功夫」的張七郎，認爲「替人民看緊腰包」，乃議會職責所在，對浮濫的預算案皆予拒審退回，故得罪了張文成。

「鳳林初中」前身，即日據時代「三年制鳳林農業專修學校」，二次大戰中，校舍年久失修，搖搖欲墜；教材、軟體設備，亦付之闕如。戰後國府來接收前，張七郎醫師為顧慮學生安全、教職員安定，自掏腰包投下巨資，修復校舍、充實教材、興建教職員宿舍，並接受地方人士敦聘，兼任該校之校長。

豈料張文成就任縣長後，屢欲安排親信接替張校長職位，卻遭到為該校出錢出力的張七郎及地方人士拒絕。張文成眼見計不得逞，懷恨在心，每思報復之策。

及至「二二八」民變，花蓮地方各界，推舉張七郎為縣長候選人，張文成便藉機向剛調來花蓮駐防的整編二十一師一個獨立團團長何軍章上校舉發，誣指張七郎即為「二二八罪魁禍首」。

張七郎父子三人，遂於同年四月一日深夜，分別被該獨立團派兵帶走，當晚即遭殺害，棄屍鳳林鎮郊公墓。次晨張妻聞訊奔往認屍，發現三具屍體身上，僅剩下沾血污的褻衣褲，西裝、皮鞋、手錶、金錢……均被剝奪一空，其狀慘不忍睹。

張文成陷害張七郎一家陰謀得逞，從此他浮濫的預算案，再也無人敢異議。他的貪婪「歪哥」，也更變本加厲：四十七年一月，竟由財政科科長黃某出面，利用四艘大汽船走私，不料太過明目張膽，有三艘汽船分別在高雄、日本、花蓮遭到扣留，另有一艘開到上海，失去下落。案發後，輿情譁然，要求將縣長張文成撤職送審，但張不但未被撤職，反而官運當紅。據聞僅將財政科長撤職了事。後來張文成竟然與不肖商人勾結，盜伐從日人手中接收的國有林（原屬「東台灣木材株式會社」，一九一九年改組為「花蓮港木材（株）會社」）。

此事經「三青團」花蓮分團舉發，乃於一九四八年一月十二日，被花蓮地方法院依貪污瀆職罪起訴。由於被盜伐的國有林地佔數萬公頃，手段可謂相當惡劣。此案件爲剛被派來台灣替陳儀「擦屁股」、收拾「二二八」爛攤子、極欲收攬民心的主席魏道明所悉，並在輿論壓力下，遂於同年一月二十六日，將張文成撤職。

然而張文成這個典型的中國官僚，不知是否因背景雄厚，抑或神通廣大，一九五一年五、六月間，又出現台南，任台南市自來水廠廠長。更令人納悶的是，當時的市長爲非國民黨籍的葉廷珪。

台南人爲什麼唾棄國民黨提名的黃百祿律師，而選出葉廷珪？老實說，那時葉廷珪的形象，並不比被迫退選的邱鴻恩（高再德四女婿）好到那裡去。而黃百祿，也沒什麼可讓人挑剔之處，祇因他「強搭賊船」，參加中國國民黨，正義的府城人才「起毛敗」唾棄他。

葉廷珪唯一可愛的地方，就在他懂得大是大非，不參加國民黨。有骨氣的府城人，並不在意他跟一名中國戲子顧某之間的桃色糾紛，仍然投他的票，讓他順利當上台南市首任民選市長。

可是，葉廷珪卻任用遭花蓮人掃地出門的大「歪哥仙」爲廠長，眞是令人匪夷所思。

張文成廠長任內，賊性難改，再次僞造帳冊，抽取巨額工程回扣，被台南地院檢察處依貪污罪起訴。葉廷珪迫於參議會壓力，未及定讞，即先將張文成撤職，並派前台南監獄典獄長李增禮接任。

李增禮爲府城高俊明牧師的六姊夫，前「自立晚報」發行人吳樹民的舅舅。一九四〇年畢業於日本「東京外國語學校」支那語科特修班。

張文成雖又在台南遭到撤職，也被依貪汚罪起訴，但偵審中，卻反而被省政府建設廳調升爲省營高雄「澄清湖工業用水廠」廠長。

如果我們能注意「二二八」時，下令軍警殘殺兩、三萬台灣菁英的罪魁禍首——陳儀和彭孟緝，事後不但未受任何譴謫，反而個個升官：一個調回國內，到蔣介石故鄉、大台灣數倍的浙江省當主席，另一個則由一名上校銜的炮兵中校、高雄要塞司令，一躍連升二級，調升少將，任台灣省中將銜保安司令……。

由他二人的例子看來，對張文成雖被撤職、被起訴，卻仍能逍遙法外，且官愈做愈大的際遇，也就不覺驚訝了。這便是腐爛的中國官場「現形記」。

聊天記事(二)

1.山上的怪獸

一日，賴世逢、謝田、蕭成金和十一隊的楊進發，到「世外桃源」看我。他們對蔬菜的成長良好、瓜果的結實纍纍，感到既訝異又佩服。

正在一旁吃蕃茄的楊進發，忽然心血來潮，指著木瓜樹問我：「那幾個大木瓜怎麼都不見了？不是還沒成熟嗎？」原來他也常來「關心」這些木瓜。也難怪，一顆顆碩大的木瓜，實在誘人。一定有很多人到此流連覬覦，卻又無奈於門禁森嚴，不易闖入。

我待大夥坐定後，才緩緩的說：「照理，木瓜熟透時摘下，是最好吃的，不過在這裡並不適合。此處不但有松鼠出沒，還有一種比松鼠更大的『怪獸』埋伏，有時連青綠的木瓜都被掃空。」

四位「同學」聽得莫名其妙，紛紛猜測「怪獸」所指何物？我拿出「北斗酥糖」招待大家，並問他們是否曾聽老隊「同學」說過這則「奇聞」：

在一個月色皎潔的夜晚，豬圈裡的豬忽然騷動狂嘯，負責飼豬的「同學」以為蟒蛇出現，便帶著鋤頭上山。當他跑近豬圈，躲在一株大椰子樹後面一窺究竟時，竟發現有一「白影」在母豬背上晃動，他躡足走近一看，嚇然見一身著白褻衣、裸露下體的人，正在跟母豬「作那個」！

雖然不是蟒蛇，使他暫且放心，但轉念一想，萬一因此將母豬下體弄傷，從此不孕，或生下人豬不像的怪獸，那怎麼辦？想到這裡心一急，立即抓起一把泥土，猛力丟擲過去。被泥土擊中的豬隻，在豬圈裡狂跑，母豬也暴跳著急欲掙脫那個在背上緊抱牠的人。那「白影」大吃一驚，慌忙站起來環視四周，忐忑不安的提著褲子，踉蹌逃離。待那人跑至椰子樹前，在月光的照耀下，「同學」才看清楚，原來竟是鄰隊的伙伕班長……。

「長頭毛」連這樣荒唐的事都做得出來，偷些木瓜吃，又算得了什麼？因此即使將偷竊的事向生產幹事報告，他們也只是隨便敷衍兩下，不想插手這等芝麻小事。

然而對我而言，實在心有不甘。想到自己一手辛勤栽種的成果，被「長頭毛」不勞而獲，實在很難釋懷。於是便將九分熟的木瓜，提前摘下來保存，藏在「秘密儲藏庫」。

由於我覺得這四位「同學」值得信賴，因此不怕秘密洩露，當面從竹床下，取出一個笨重麻布袋，挑了一個略呈金黃色的木瓜，請他們品嚐。大夥邊吃邊誇獎我的變通之策，也替我深表不平。

2.正牌共產黨員

後來我們的話題，聊到了軍人監獄的侯雲亨。一九五八年間，我在「軍監」被侯雲亨大整一番，腳鐐手銬一戴好幾個月不說，還一兩個星期就調房一次，害我心神不寧，坐牢都不能安心。

提到侯，謝田忽然說：「你知道嗎？蔡×伯是他的大甲同鄉。聽老郭說，蔡是相當不簡單的人物，自稱是正牌共產黨員，軍人監獄一位周姓中校參謀官又是蔡的姻親(蔡介紹一位親戚的女兒給周做太太)，所以他在『軍監』才能享受超級優待。雖然有人眼紅，說他跟蔣幫『很合作』，但不過是捕風捉影，毫無實證，你這樣隨便寃枉人很不好。」

謝田之所以如此說，是因爲我曾因蔡×伯自稱參加過「二七部隊」，而處處關心他。後來他與侯看守長、周參謀官頻頻接觸，受到別人批評，我竟也沈不住氣，跟著瞎起鬨，妄斷他確有問題，一味想「挽救」他……。

賴世逢也開口了：「你還是離蔡×伯遠一點吧！他跟任何人說話都神秘兮兮的，有人認爲他是受過專業訓練的黨幹，小心一點好。」

最後楊進發也不甘寂寞，語重心長地對我說：「你簡直以卵擊石。爲什麼要多管閒事？就算他眞的跟蔣幫合作，你又能對他怎樣？你年紀也不小了，張開眼睛看清環境，自求多福吧！」

楊的話猶如當頭棒喝，我的確太愛管閒事了。「同學」們的勸告，使我愈想愈懊悔自己的幼稚。當時我已三十六歲，換了那麼多所監獄，也接觸過三教九流的人物，人生的歷練不能說不夠，卻是還不夠成熟，妄自尊大，眞是慚愧。

披著婚紗的苦旦

一九六二年三月十二日植樹節紀念會，散會後回寢室換下制服，隨即到「世外桃源」，給剛長出幼苗的小白菜覆蓋薄草，並給開始成熟的木瓜套上紙袋，然後在籬笆前做鬆腰輕操、深呼吸。抬頭遠眺海面水平線，隱約可見一塊略帶青灰色有別於藍天也不同於波影之處，似是陸地。

那一定是台灣，是生我、育我的母親！越過那駝背般的山峯，便是台中盆地，戰後我曾經在那裡做過事情，在那裡起義抗暴，而且差點就消失在台中東郊的「旱溪埔」刑場。

春天是綠島最宜人的季節，海上已經看不到洶湧澎湃的怒濤，空氣中也不再充滿鹹澀的風霧，是探監、出海捕魚的最好季節。

忽然「警長」狂吠，探頭一看，發現謝田和賴世逢兩人在籬笆外招手示意，邀我到中山堂看「娶新娘」，並說是一位康樂官娶親，新娘是公館村的「阿幼仔」。

我聞言心一急，掉頭進入屋裡披上外衣，便跟他們一起到中山堂，想看看新娘子是否眞爲傳言的「阿幼仔」？依我瞭解，似乎不大可能。因爲她曾告訴我，她是如何討厭「阿山仔」，她家裡的人，對「新生營」裡的「阿山仔」也不抱好感。而且聽說她和二大隊的呂達山已有一段「情」，祇要達山回復自由身，她準備隨時跟他到台灣。

遠處傳來霹靂啪啦的鞭炮聲，越來越近，也越來越密集，迎親車隊似乎已漸漸接近營區，樂隊也開始演奏，及至那輛結彩帶的吉甫花車出現，看熱鬧的「同學」們便一窩蜂湧上去，把那輛權充迎親花車的吉甫，團團圍住。

很多「同學」都抱著好奇和睥睨的態度，想看看不怎麼受歡迎的「長頭毛」能娶到什麼樣的老婆？少數幾位認識「阿幼仔」，甚至風聞她與呂達山有一段「情」的「同學」，則抱持不敢相信、惋惜、嫉妒的心理，欲一探究竟。

等緊跟在「花車」後面，那部供搬運補給品的破舊軍用卡車上面，由「新生」組成的樂隊奏完了「英雄進行曲」，這對新人便在一位著軍禮服的年輕上尉引導下，新郎牽著新娘慢慢下車，隨著樂隊演奏，一步一步踏上紅毯，進入禮堂（中山堂）。

這時候，忽從人群中聽到此起彼落，令人不堪入耳、卑俗粗話的咒罵聲，低著頭被女儐相左右攙扶，如履薄冰的「阿幼仔」，竟受不了「同學」們冷嘲熱諷，開始低聲啜泣，她蘋果般的臉頰，因此增添了幾道「細流」，使她成爲披著婚紗的「苦旦」。

結婚儀式在唐湯銘（處長）證婚下完成。抱著懷疑心態前去的「同學」，既經證實新娘確是「阿幼仔」後，也就沒什麼値得流連，各自怏然離去。

晚餐時每個餐「桌」，都多了一大碗「紅湯丸」，大部分「同學」都吃得津津有味，祇有少數幾個對她垂涎、暗戀，或與她有交情的人，滿臉惱怒，在湯圓上面頻吐口水，以示「報復」。

「阿幼仔」正名似爲李幼葉，因爲她們村裡的人都叫她「阿幼仔」，我們也就跟著如是稱呼。她是「新生營」往中寮途中，距「新生營」四公里遠的公館村人。她父親擁有一艘漁船，每次出海，往往得三、五天後才回家，因爲必須將捕獲的魚貨運到台東、東港或高雄去賣。因此家裡常祇剩下她母親和姊妹四人。她雖是大姊，但母親不忍讓她到山上工作，故所有的粗活便由母親承擔，「阿幼仔」則留下來看家，照顧還未上學的么妹。

所以「新生營」裡的人，便藉出來修路、搬運補給、採買的機會，親近她、一睹她的倩影。「同學」間幾乎都知道公館村有這麼一位人見人愛的俏姑娘。我是在一次颱風後被派去修路時，利用休息時間，跑進一條小巷找方便的地方，無意中撞見這位俏姑娘的。

她家就在巷內盡頭，一棟朝北、土塊造的四合院。她看到我這位陌生人，不僅沒有躲避，也沒有絲毫羞怯，反而略帶微笑，很有禮貌地請我進去喝茶。她對我一見如故，待人接物尤其親切有味，眞使我受寵若驚。

待我從她家後面的茅厠出來，正想步出院子，卻被她嬌嗔阻止；原來我辜負了她的美意，沒把茶几上那碗地瓜湯吃完就想走。既然她一片好意，我就壯起膽子，回去邊喝地瓜湯，邊與她聊天，發現她對「新生」頗有好感，對「長頭毛」非常討厭。

因爲「新生」待人客氣，也很規矩；有時還會講些故事，和生活上的趣聞，給她們開開眼界、增加知識。而「長頭毛」祇想戲弄、吃豆腐，甚至動作粗魯，追、跟她們。因此只要看到「阿山仔」來，她們都很討厭，避之唯恐不及。

然而曾當著我面前痛咒「阿山仔」的俏佳人，今天卻披上婚紗，與「阿山仔」攜手走過紅毯的那一端。難道綠島的女孩也像這裡的天氣，善變無常？我不相信，我還是覺得她們很純樸善良，對「新生」的好感，和對「長頭毛」的厭惡，都是自然的眞情流露，沒有絲毫做作和勉強。

康樂官和「阿幼仔」婚後不久（二個多月後），即被調離綠島。因爲當事人已離開，幾位不能忘懷「阿幼仔」的「同學」，便開始肆無忌憚地評論「阿幼仔」的「感情生活」問題，或自吹自擂地炫耀曾受到「阿幼仔」青睞，只恨自己尙非自由身，辜負了她的情意……。

眞是自做多情，這些煞有其事的謊言，如果能使「同學」們長久受壓抑的身心得到一點舒解，是無可厚非。祇是「阿幼仔」現已爲人妻，且她的娘家就在「新生營」附近，萬一這些等於自慰的「爽話」傳入公館村民耳中，豈不是將對「阿幼仔」及其娘家造成嚴重傷害？對「同學」們長久以來在綠島，好不容易建立起的良好形象，恐也將造成不利的影響；爲了少數人逞一時口舌之快，卻給全體「新生」帶來得不償失的後果，絕非大家所樂見。

呂達山是台中市舊「後壠仔埔」附近的人。一九一九年生，早年跟大湖仔「雞母獅」習拳術，是吳金燦、王慶一的師弟。戰時被日本海軍征調海南島，擔任「義勇勞動奉公隊」分隊附。一九四六年初，由海南島遣回台中，一度在「樂舞台」前、柳川溝邊擺地攤，賣日僑遺留下來的古衣傢俱。

「二二八」時，他參加二七部隊，在吳金燦指揮下，負責搜索「東二路」（土牛、石崗、東勢）一帶，前日軍「誠師團」所埋藏的武器。「二二八」後，雖躲過「烽火頭」和「清鄉」一劫，但一九五〇年間，仍被羅織「參加叛亂組織，意圖顛覆政府」罪名，判處無期徒刑。

移送至綠島後，由於他曾擺過地攤，稍具買賣經驗，便爲「同學」們所器重，常被選爲「伙委」採買。因此得有機會走動公館，接近「阿幼仔」。甚至常趁著帶他出來的伙伕班長沈湎於擲骰子之際，假藉到村裡多找些生雞蛋爲由，悄悄跑去看「阿幼仔」。兩人日久生情私定終身。在母親上山，父親出海，四下無人的狀況下，終於情不自禁……。有了開始，便有第二次、第三次……。不久，「阿幼仔」發覺生理有異，月信停止，便將此情告訴達山，萬沒想到他竟要她想辦法拿掉「小生命」。

這簡直像晴天霹靂，「阿幼仔」聞言嚇得花容失色。天眞浪漫的她，原以爲達山聽到這個

「喜訊」，一定會非常高興，並想辦法向「新生營」申請出外居住，每日仍按時「上班」、上課，或者准予提早「結訓」……。

然而事與願違，達山的慌張失措、無情反應、殘酷提議，太出人意料，使她氣急攻心，幾乎暈倒。悵然若失、悲傷憤怒的她，終於將實情告訴父母，並求助於姑媽。姑媽無奈之餘，祇好在幾位始終未獲青睞的追求者中，揀選了年齡差距不大、情性溫厚的少校康樂官，和一位上尉政戰官供「阿幼仔」選擇。

可憐的「阿幼仔」，眼見腹肚一日日隆起，達山又不肯負起責任，萬般絕望的情況下，只好下嫁給即將被調離綠島的康樂官。面對沒有愛情的婚姻、茫茫不知的未來，加上衆人不知情的咒罵，難怪「阿幼仔」在大喜的日子，悲傷落淚……。

其實達山又何嘗不是心痛如絞，他難道願意自己的所愛他嫁、骨肉生離？但他是囹圄之身啊！無期徒刑的殘酷事實擺在眼前，他怎能誤她一生？於是他選擇了沈默，在心中不只千萬次地祝福著「阿幼仔」。

告別綠島

剛被捕時，我對「死」已無所懼，也不在乎何時被押赴刑場。祇是滿腦子都在想，槍斃前，一定會被押去遊街示衆，那時定有很多好奇看熱鬧和扼腕嘆息的人，擠在馬路兩旁，爭睹即將被處刑的我。在那關鍵性的一刻，我要留下最後一句話，以激勵、告別我的同胞。

但是一天捱過一天，始終不見「劊子手」來帶我出去。及至一九四七年十二月二十三日，經台灣高等法院判處十五年定讞，始大鬆一口氣，如獲重生，並開始估量動盪中的政局，覺得天怒民怨的蔣幫，斷難持久。

溫厚的台灣人，不是將爲「二二八」一槍所驚醒，結合數以萬計慘遭殺害者遺族的力量，趕走蔣幫，自己當家作主；便是任由聯合國將台灣暫交國際託管；或由中共派軍渡海前來「解放」，因此，我夢寐以求的「無條件釋放」之日，定會來臨。

然而一九五〇年六月二十五日爆發的韓戰，卻很殘酷的粉碎了我的夢。因爲美國保守勢力藉機抬頭，恢復對蔣介石的支持，並派第七艦隊巡防台灣海峽，蔣幫仗勢，更變本加厲露出猙獰面目，將大陸淪陷的怒氣，發洩在台灣人身上，大事搜捕反暴政愛國青年，使馬場町和川端町刑場，終年槍響不絕，也使數萬衛士愛國志士，變成新店溪畔的冤魂。

到了一九五一年九月，「舊金山對日和平會議」召開，但代表「北京中國」和「台北中國」雙方，均被摒拒「和會」門外，對台灣未來歸屬問題，也刻意模糊，在「和約條文」上不作具體表示。這豈不是有意留著讓台灣島上的住民去自決？我的希望之燈又重新燃起，相信「無條件釋放」之日，必將來臨，而且愈來愈近。

由於這個希望的支撐，我在軍人監獄四年，儘管蔣幫過氣特務爲了搶功爭績，在獄裡刻意製造恐怖；也受到一些所謂「反共義士」、冒牌、半吊子的共產黨徒，與之起鬨共舞，不時以「清算」、「鬪爭」威脅，但我還是忍辱負重，咬緊牙根苦熬過來。

如今已經被俘五千五百六十天，早超過了十五年刑期，但他們旣未遵照「執行指揮書」所昭示日期釋放，也未經再審判、或任何手續，卻莫名其妙地仍將我羈留在綠島。

對蔣幫所標榜的「法治」，我自初即抱懷疑，也未加理會。然而在一九六二年四月一日以前，到期的人都還如期釋放。但四月一日以後期滿的，則因忽遭「警總」發動的所謂「自淸運動」，而搞得人心惶惶，整個台灣又籠罩在恐怖陰霾下，弄得誰也不敢相信誰，甚至夫妻、兄弟之間都充滿著猜忌。所以期滿「依法」應釋放的人，因沒有人敢「負責」、「保證」，竟繼續遭受羈留。

到了一九六二年七月二十八日，我們幾個早已期滿的人，始被告知「收拾行李，明天一早移送本島」。至於將移解何處，卻不肯言明。

我隨即託人通知老隊故友到「世外桃源」，九隊和十一隊幾位好友，也聞聲跑來關心。我除了感謝他們幾年來的照顧，並將珍藏多年的奇石貝殼、幾棵小榕樹、草蘭花和書籍留給他們；另外長久以來相依爲命的「警長」，則託付呂達山，請他代爲照顧。

次晨，我辭別十中隊的「同學」，被帶到處部前面廣場，始發現一、二大隊也有六名，連同我一共七名，將被移送「本島」。不久隊上沒有差事的幾位朋友也來送行。雖然此去吉兇未卜，不過「同學」們都以「一定送回台北，就近辦手續」來安慰我們，並希望我們出去後，一定要給他們寫信。

大夥都是坐過十幾年長牢的人，隨身什物不少，因此處部便臨時調派那輛爛卡車，載我們到中寮漁港。港內一艘三、四百噸級的小漁船，已經發動等客，我們七個人擠進狹窄有強烈腥味的船艙，猶未坐定，兩名押差即拿出手銬，將我們每兩個拷在一起。被拷上的同時，我們的「新生」身份也告喪失；又回到原來的俘囚、犯人身份。至此，大家僅有的一點點希望，已完全消失，每個人面面相覷，顯得非常無奈。

船到成功，我們像鴨子般被趕上一輛灰色小旅行車，送到台東警察局的「遊民收容所」。我們七個人，除了我已坐滿十五年牢，其他六個人，也都有十二年的「資歷」，而且都是經歷過閻羅殿般的「保密局」、「內調局」和「刑警大隊」等偵查單位，備嘗酷刑、苛虐的滋味，因此對被關進「遊民收容所」，並不覺驚惶，祇是心中不免有點疑問：已經在綠島「新生」過十數年的人，到頭還當成「遊民」，關進「遊民收容所」，難道是對「新生營」的「洗腦」沒有自信，才想將最後的「責任」讓其他單位承擔？

再說，這六個人都是堪稱「考績優良」的「新生」。有一位在第一大隊當過班長；有兩位直到兩天前還任班長；還有一位「台大」醫學院學生在處部「上班」；另兩名則在康樂隊吹打、拉小提琴。至於我，雖然「跛脚」，每天還是跟大家一樣工作、種植瓜果蔬菜供給伙食班，「考績」也應該不會太差。

論案情，除了我之外，其他的人好像都很單純。有兩位僅涉及一九四九年春，「師大」學生與警察發生摩擦的「四六事件」；另兩位則因參加過兩次「讀書會」，便被羅織「參加叛亂組織」而判刑。這幾個有家、有固定職業、也比任何人更愛自己故土的人，今天竟也被當成

「遊民」，豈不令人唏噓！

這家「遊民收容所」是一棟嶄新寬敞鐵樑磚造的長方型建築物；高有四米多，寬五米左右，長二十米。日照通風都還可以，沒有一般監牢的小，也沒有鐵欄，祇有兼防蚊蟲粗重的密密的鋼絲網。

兩

從正門進去，左側天窗下面，並排二十二張單人用木床，床鋪與床鋪之間，放一張粗糙茶几，房子兩端各有一間盥洗室。這裡每天祇供應兩餐，伙食當然不能與綠島相比，但比一九四七年至一九五〇年間的台北、台中兩個監獄的伙食稍好一點。因爲這裡的空心菜還留有一點葉子；湯雖然近似白開水，卻有點鹹味；飯量沒有限制，在屋子裡可以自由走動，算是此處的「德政」。

這裡沒有放封，也沒有點名。第三天天剛亮，我們七個人即被一名警員叫醒，並告知一小時後，要將我們移送另一個地方，要我們各自收拾行李。還是故賣關子，不肯明告移送何處。

一個小時很快就過了，我們七個人早已帶著行李，擠到門口等開門。不久，隨著外面開鐵門的軋轢聲音，三個荷槍實彈的丘八出現在我們面前。等警員將內側牢門打開，一個上士隨即拿出手銬，將我們兩人一組拷在一起，又用槍桿將我們趕上一輛大型軍用卡車。

山路崎嶇，搖擺不穩，好像僅保持平均五十公里的車速。午後，我們終於被送到東港碼頭，在這裡略作休息、吃午餐、等渡船。

渡船離岸不久，一位坐在我們前面的歐吉桑，大概由於好奇心驅使，用半台灣話夾雜日本話問我們說：「你們看起來不大像『流氓營』的『流氓』，怎麼也要被送去小琉球？」聽到歐吉桑的話，才知道我們已被當成「流氓」，將送去小琉球。難得這位歐吉桑「慧眼識英雄」，不過若讓他知道我們是從綠島來的，恐怕他會嚇得心臟麻痺。

就這樣，我告別綠島、台灣，走向另一個未知……。

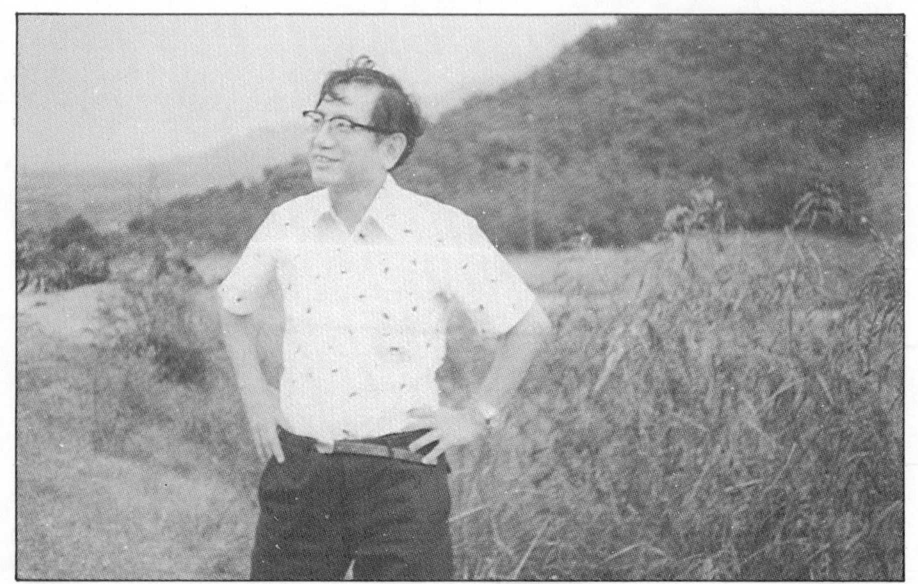

■蔡瑞洋一九七六年 9 月 19 日，於阿公店水庫。

■暗戀陳秀喜的楊逵，一九七八年八月，攝於關仔嶺「笠園」。

■郭錕銘（左一），林麗鋒（左二）暨夫人，作者（右二），（右一）爲「縣長」賴世逹。

■郭明哲（右）阮天良理（右二），作者（左二），郭錕銘（左一），一九八七年二月於后里「猫仔坑農場」。

■一九五六年在新店軍人監獄時的作者。

■一九六〇年在綠島新生訓導處第三大隊第十隊時的作者。

■作者（前排右二）與母親張權（前排右一），作者義母詹菊（前排左二），義母次子陳慶煌（前排左一），義母之子陳慶川（前排依偎義母者）。於一九二五年底台中石頭攤，時作者四歲。

■三峰岩（綠島）：三峰岩峙於怒濤，為火燒島最具特色之景觀。

第八部

小琉球

第三職訓總隊

告別綠島，我也揮別了三年多來，一直籠罩心中──萬一盲腸發炎時怎麼辦？的驚惶和憂懼。綠島沒有外科醫生，所以「長頭毛」們若偶發急症，如盲腸炎，都會派飛機送往本島三軍醫院醫治，但「新生」身份的我們，可就沒有這種造化了。

彰化蘇安南的小舅子──牽涉「李漢堂、小林案」的黃文欽就是一例；同樣患急性盲腸炎，卻因爲他是一名「新生」，便狠心任其哀嚎打滾，直至力竭氣絕，一命嗚乎哀哉。

才一上船，我的「跛脚」立即恢復正常。回想兩年前，爲了與姜某鬪智，不得已詐疾，幸未露出破綻，不禁鬆了一口氣。

小琉球與東港間不過七海浬，天朗氣清時，站在東港岸壁眺望，隱約可見島嶼上古老的建築物和稀疏樹木，雖然近在咫尺，卻仍需兩個小時航程。

渡船靠近碼頭，先讓一般乘客下船，最後才輪到我們這七個戴有戒具的人上岸，這裡沒有車子，也沒有人幫忙搬運行李，我們祇得用未被扣上手銬的另一隻手，緊抓住扛在肩上的行李，步履維艱地踏著石階上去。

「第三職訓總隊」位於小琉球嶼頂尖端的小崗上，距離漁港約四公里遠；總隊部在環島公路右側的高崗上，是一棟坐西望東的房子；兩側各有三棟長方型營房。總隊部正對面橫越過公路的小山坡上，另有兩棟橫排並列的營房，便是第七中隊和第八中隊。

我們被帶到小山坡右側的第七中隊。這是一個很特殊的中隊，既不見「青面獠牙」的黑道老大和地方角頭；也沒有一些「惡性重大」尚未執行徒刑，即被令接受「勞役」的鼠竊狗盜之輩，與想像中的景況略有出入。

七中隊的成員可粗略分爲三類：一是所謂有「輕微思想問題」，經裁定「感訓」已期滿、或刑期屆滿，卻無人作保者；次是像我們這幾個一樣，受到「自清運動」影響，連刑期已屆滿，應該依法釋放，都因沒人敢負責，而繼續遭到羈留者；另外有一些不肯與蔣幫「合作」，卻又戴不上「紅帽子」，便被隨便以一頂「黑頂子」冠上，當成流氓拘捕進來「勞改」的。

這裡隊規甚嚴，紀律也多如牛毛。我們被嚴禁與一般「流氓隊」的人接觸；即使在野外同一個勞動處所，與別隊的人擦肩而過，彼此打個招呼，都會遭到拳打脚踢。但另方面卻又任令「流氓隊」幫會出身的黑道老大開賭場，甚至軟硬兼施，誘迫一些「新鳥」寫信回家要錢賭博。賭贏休想抽脚；被詐賭輸得精光者更不能吭氣，否則將受到嚴厲制裁。

鄰隊第八中隊後面的相思樹林裡，常在深夜傳來令人心驚的哀嚎慘叫。據一位因不屑與地方「民衆服務社」「合作」，而被當成流氓送來第八中隊管訓的C君告訴我說：他糊里糊塗被送來這裡，不懂「孝敬」龍頭老大，也不知跟分隊長「合作」，分隊長便縱容老大誘迫他入殼賭博，他手上的一點錢，轉眼便輸得精光，頗不甘心。

有一天他趁四下無人，悄悄將此事報告分隊長，想討回點公道，不料反而被訓斥了一頓。當夜睡夢中，寢室電燈忽被關掉，瞬間，幾道刺眼的手電筒光，直射眼睛，他來不及閃避，雙手又被人猛力扭住，不分清紅皂白的，一個粗麻袋已經從頭上套下來……。

混亂之中，他覺得好像被幾個力氣粗大的大漢，拖到隊部後面的樹林裡，接著一陣亂棍棒打，他已經力盡聲竭，遍體鱗傷……。被澆了冷水清醒過來的他，發現麻袋口已被解開，定神揉揉眼睛想看看周圍，認出毆打他的人，麻袋口忽又被緊緊紮起，亂棒再次齊下，他被打得動彈不得，整個人癱在麻袋裡。

第二次甦醒是次晨天亮時，同房人都已出去工作。他遍體是傷，頭殼、手腕和掌背浮腫處，都充血呈紫黑色，衫褲也沾滿了血污，奄奄一息攤在房裡……。

原來分隊長是賭局的幕後主持人，他祇要睜一眼閉一眼，便有大把大把的鈔票進來，那些過去在「娑婆」開賭場的黑道老大，爲了擴大自己的生活空間，都會自動爲分隊長開拓「錢路」。

C君不知是計，參與賭博已犯規在先，輸了錢竟還敢出面檢舉：這一檢舉，首先犯了幕後操控者大忌，再則主持賭場的老大，又豈肯罷休？

這種慘無人道的勾當，令人不覺聯想到二次大戰中，納粹德國對待被征服的猶太人和斯拉夫人，如對草莽般恣意毆打、施虐驅使。儘管大戰後，聯合國大會曾通過「人權宣言」，嚴禁這種暴戾的野蠻行爲，然而號稱「自由民主陣營」一份子，要拿「自由、民主、法治」對抗「中共匪幫」的蔣介石，卻縱容他的部下，公然挑戰聯合國「人權宣言」。

更諷刺的是，被全世界嘲諷爲「台灣選出」的美國參議員諾蘭，每三個月即來台灣「渡假」，但期間他只找宋美齡與「何媽媽」，治療他的「疑難雜症」，對嚴重違背美國政治號召—尊重人權的情形，卻故意加以忽略。這豈不令滿口人道主義，以「自由民主陣營」龍頭老大自居的美國人氣結！

「職訓總隊」與綠島「新生訓導處」的最大區別，在於「新生營」是一所為了誇耀內外而精心設計過的「德政櫥窗」、「文化監獄」。連美國駐台大使藍欽和「世界反共聯盟」的人，都曾被安排參觀；也容許「救國團」的男女學生進入「新生營」，在營區露營與「新生」接觸，一起用餐……。

而「職訓總隊」則為堪與中共「勞改營」媲美的人間地獄。儘管這裡禁止參觀，施虐處所更不可能讓探監的親人看到，但，祇要看看蔣幫政戰部的反共刊物，是如何痛批「匪共不人道—勞改營內幕」的文章，則思過半矣。國共雖對立，但其嘴臉做法，幾乎如出一轍，因為他們皆師承「列寧主義」，就像正、副影本般，眞僞難辨。

生活點滴

初次看到中隊長劉×傑上尉時，我一時錯愕，幾乎以為中日戰爭中的華北游擊英雄王鳳崗將軍，竟淪落至此—蔣介石祇給他當個「職訓總隊」上尉隊長？旋經仔細觀察，始發現他的身材、面貌、穿著、乃至說話時的臉部表情，與王鳳崗酷似，祇是王的年齡稍大，說話時北方人特有的捲舌鼻音多了一點。

劉×傑上尉是一位不苟言笑、威風十足的隊長，「規定」特別多，乍聽之下令人不免開始憂懼以後的日子，不過相處久了，倒不覺得他是位很難侍候的長官。

「賣膏藥」（指導員）的名字古怪難記，禿頭是他的特徵，也是他的標誌。他走起路來，好像沒有旋緊的螺絲釘，搖頭擺尾的；說起話來唾沫橫飛，滿口「嚴重處罰」。打人是他最大的「嗜好」，打起人來既兇又狠，凡是被「禿頭」打過的人，無不皮開肉綻，腫痛難熬，至少一個星期無法平躺著睡。

分隊長則爲一名才三十出頭，身材中等，上齒有點暴牙的陸軍准尉。他說話乾脆，不賣關子，給人的印象並不兇惡，也未看過他動手打人。他對我們的要求很簡單，祇要我們遵守上級規定，不要爲難他，他也不會找麻煩或增加我們的工作量。

他好像知道每個人的來歷身世，也知道我們被送來這裡的原因。他說他很同情我們，卻愛莫能助，希望我們自求多福。他又說我們不是流氓渣子、社會廢物，國家將來還是需要我們，而且在這裡的時間也不會太久；六個月一期想「結訓」也許有困難；兩、三期「結訓」可能比較有希望，祇要遵守隊規應無問題。

這裡的伙食當然不能與綠島相比，因爲隊部並不飼養牲畜，祇種點蔬菜，不過比本島任何一所監獄還是好得多。因爲我們每天的勞動量比在綠島時多出兩、三倍，因此消耗的精力也相當多，需多補給熱量，雖然這裡也是六個人一「桌」，但那幾樣菜怎夠我們六個人吃？於是我和同「桌」的顏世紅、林榮飛共商一計：「桌」上的菜，儘量讓其餘三個人吃，我們則祇端碗不下箸，兩眼直盯著「長頭毛」「桌」上的菜。

「長頭毛」桌上也是三菜一湯，質量和我們差不多，祇是每「桌」僅三、四個人，有時甚至連一個人都沒有。加以他們不從事重勞動，或有時乘興到街上小館聚餐小酌，因此他們不吃的、剩下的菜餚，便成爲我們的「獵物」。每次看到「長頭毛」快要離席，我們就開始坐立不安，這時班長林榮飛便會示意我們「行動」。

「搶」回來的菜對我們不無小補，至少可以使大夥吃飽一點。由於我們三個人都坐過長牢，備嘗人生艱辛，經歷過社會最黑暗的一面，所以比較會體諒別人，儘量讓別人揀菜去吃，剩下來的肉汁菜湯則留給自己拌飯。

我們每天的主要工作，除了少數幾個稍具種菜經驗的，被挑出來種菜，和被派到山脚仔去「打水」的人之外，其餘受「管訓」者，全都被動員從事機場的建造。爲了剷平土屯、塡補窪地，我們不是揮動十字勾挖土；便是用鐵鍬剷土，然後盛入畚箕給一般隊的人挑去塡平跑道。

一般受「管訓」者，都比我們年輕力壯；受「管訓」的時間，也不過兩、三年，而且依規定，他們每天得挑滿一百二十擔，才可以休息。因此這些小夥子工作滿起勁，每每擠到我們身邊，催迫我們盛土，幾乎不讓我們稍有休息的機會，我們被搞得頭昏腦脹、筋疲力竭，手掌都磨出了水泡，疼痛不堪。

收工時，大家已經累得半死，還強迫我們步伐整齊、沿路高唱反共軍歌。回到營區，還要在原地踏步，讓歌聲響徹雲霄，唱給對面山崗上的總隊部「打分數」。

放下工具，便排隊等「洗澡」。其實我在「三職訓練」一年六個多月，從未洗過一次眞正的澡。每天都在土堆裡打滾，滿身汗臭、又沾滿泥土，是多麼需要洗澡啊！

然而琉球嶼卻是終年不下雨的地方。小琉球爲一珊瑚礁型島嶼，其最高處，也不過二十多公尺，加上島上樹木本來就稀少，幾十年來給島嶼住民砍去造屋、做船；「三職總隊」成立以後，更爲了建營房、蓋克難房而就地取材，終使島嶼變成一座僅次於沙漠的「禿頭嶼」。在沒有高山，地面又乾燥的地理環境下，溼氣無法接觸通過高空的冷空氣，因此每年春夏之交、梅雨之季，本島上空一片黑壓壓的烏雲雷電交織、傾盆大雨，而這裡卻依然雷大雨小。即使遇到颱風，也祇見島嶼上空如萬馬奔騰般的卷積雲，隨著颳起的狂風，一陣陣朝著本島奔去，並沒有爲此地帶來幾滴雨水。

故而兩萬多人口的飲水，便僅靠山脚下的幾口深水井。這幾口井的水源，當然是由本島地下水脈延伸過來的。取水不便、水源匱乏，難怪島上住民怨聲載道。

每個中隊爲了避免與住民爭水而發生糾紛，便規定每天午夜以後，才派出一輛兩人拖、三人在後面推的大型運水車，去山脚下打水回來。因此每人每天祇能分配到一個臉盆的水，在這麼窘困的情況下，又怎能奢望好好洗一次澡？

這裡的用水問題，雖然沒有賽珍珠的《農民》、《大地》裡面所介紹的中國西北地方農民，一生祇洗兩次澡那麼嚴重，但對過慣文明生活的我們、對在綠島鱿鰻溝游過水的人而言，的確很難適應，也使我們更懂得珍惜水的寶貴。

小琉球有三多—蒼蠅、廟宇、寡婦

晚餐是我們一天中最大的「享受」。每次我們還未就席，「桌」上已經「坐滿」了黑豆般大小、不請自來的蒼蠅群。初見這些揮之不去的蒼蠅時，實在倒足了胃口，然而每天從事重勞動，體力消耗殆盡，肚子也餓得嘰哩咕嚕響，別無選擇餘地，祇好咬緊牙關，專挑碗裡底層未被蒼蠅舔過的部分吃。由於菜量本就不多，我再在碗裡揀剔，對同「桌」的人不但失禮，自己也覺得很不好意思。

後來看到大家都在吃，連「長頭毛」亦不例外，我也就飢不擇食，有什麼吃什麼。如是一個星期，發現大家並沒有拉肚子，便不再與那些死皮賴臉的傢伙—蒼蠅計較。

原來蒼蠅是小琉球的「三多」之一—島上住民皆從事遠洋漁業，捕到的魚貨都直接運往高雄魚市場拍賣，賣不出去的劣魚，則帶回剖腹加工後，攤在路旁的草皮上，任其風吹日曬，等乾了之後，研磨成粉，賤賣給飼料場，做爲雞飼料添加物。因此蒼蠅聞腥而來，數量之多，令人無可奈何，久而久之，也就習以爲常了。

另外，這裡廟宇之多，絕不下「一府、二鹿、三艋舺」。漁民出海捕魚，在驚濤駭浪中，過著枯躁無味的生活；回到島嶼，除了短暫時間與妻兒相處，日子依然空虛單調。因此廟會、拜拜、請客、看野台戲，便成爲調劑身心、尋求刺激的唯一方式。

加上「討海人」認爲人的命運，完全掌控在「神」的手中，萬一在海上遭到不測，也祇有倚靠蒼天。由於他們對「神」的威力，深信不移，所以祇要有人提議建廟、添香火，他們都會毫不吝惜地捐錢出力，求個心安。

漁民生活儉樸，又有大海中取之不竭的資源，扣除其他雜支，他們仍可積下一點錢。因此「戒嚴令」未實施前，他們便到彼岸中國，重金禮聘一流的師傅，爲他們建造即使在府城也難得一見的華麗廟宇。

等廟宇建成，他們也不忘將自己的名字和捐獻錢數，刻在龍柱及神殿兩旁的告示榜；內心更爲完成一件重大心願而喜不自勝。他們企求從此出海平安，漁撈順利。

然而天有不測風雲，大自然的無情，往往殘酷地踐踏他們的虔誠，任由海浪吞沒他們的幸福；漠視行船人的妻兒望穿秋水、倚門佇候……。

是的，琉球嶼的第三多，就是寡婦。在「討海人」的部落，寡婦並不稀奇，而且因海難造成的寡婦仍與日俱增。她們所供奉膜拜的神，畢竟敵不過「海龍王」的召喚；給祂們建造再華麗的寺廟、燒再多的冥幣，又能如何？哭腫的雙眼、午夜的惡夢，再喚也喚不回昔日情景；再等也等不到心繫那人……有的祇是孤苦無依，祇是思念回憶……。

凡陷入這種悲慘處境的女人，娘家都會特別關心；同儕間也會鼓勵她們面對現實、考慮將來，追求第二春。

一些從本島來這裡的「老芋仔」和「職訓總隊」的「長頭毛」，從不輕易放過這種機會。

特別是孑然一身的「老芋仔」，對他們而言，與寡婦結婚，等於有了現成的家、現成的孩子，這總比一個人孤單老死要好的多；另一方面，寡婦有了「老芋仔」做伴，生活上也有個照應，比較容易走出亡夫的傷痛，重新振作起來。因此寡婦的結局，幾乎都以入贅方式，迎進「老芋仔」共度餘生，結束寡婦悲情。

探監訴幽愁

一九六三年初，自從我被移送綠島以來，近五年沒有來探監的玉扃和她父親——我的準泰山大人，學校一開始放假，便來探監。我從工地被帶回來，脫掉骯髒工作服，換上乾淨一點的囚衣，爬上陡峻階梯，到總隊部會客室時，玉扃和她父親已經在那裡等我近兩個小時。我一見到他們，便忙向遠路而來，爲我苦候多時的兩位，表示萬分歉意，解釋遲來的原因。但準泰山大人卻更急著想知道我獄中生活，和刑期早已屆滿，爲什麼還未被釋放？等我將他的疑惑解釋清楚，並道出因不想再增添他們的擔心，而經刻意「包裝」過的獄中生活點滴以後，我便迫不及待地向玉扃問起母親的近況。

玉扃說：母親自從九年前，離開讓她一輩子也忘不了的傷心地——藍某家後，就到杜律師家當女管家，一直都過得很好。原來杜律師孑然一身在台灣，平素受委辦的案件也不多，沒有另外雇用助理人員，也沒有其他佣人，因此母親在杜家的地位，便等於是「校長兼敲鐘」什麼都得做。不過因祇服侍一人，工作倒也輕鬆。

玉扃每月至少會去看她一、兩次，三叔的孩子世稀、世評、世武、世勇和梅鶯兄妹，也曾經分別去看過她老人家。母親看著他們長大，當他們沒有名份的可憐媽媽，遭到不公平待遇、受排擠時，唯一挺身爲他們主持正義、講公道話、安慰鼓勵他們的，便是今天淪落異鄉、爲人幫傭、當管家的大伯母。

難得他們母子沒有忘記這位淒涼孤單的老人，母親畢竟沒有白疼他們。在鍾家差不多將這位輩份最高、年歲最大、最需要大家關心的大伯母遺忘之際，杏姨子女還肯來探望她老人家，眞是彌足可貴。

玉扃在溪州國小也一直過得很好。在陳添財校長特別照顧下，十幾年來，始終未曾受到任何追求者的直接騷擾。陳校長爲使她能排遣思念之苦、塡補她孤單的生活和空虛的心靈，遂指派她擔任五、六年級升學班的導師。

歷經殘酷戰爭的農民，戰後已經漸漸體認到，唯有讓子女升學，才有希望出人頭地、謀到較好的出路。否則還得代代留在莊家，一輩子在田野間荷鋤流汗，向土地討生活。於是要求學校給孩子們補習的呼聲，也由城市漸傳到農村。

玉扃經不起家長們的誠懇要求，並在校方慫恿下，終於「甘冒大不韙」，開始爲學生們做所謂的「惡性補習」：每天下課後，令學生們留校，給他們再作兩個小時的重點輔導。在她的教導下，這十幾年來，已有不少學生考進縣內、外縣市最好的公、私立學校。

這些學生離開學校後，從事各行各業，成爲社會的中堅份子。當他們帶著感恩的心回來探視她時，她猶如看到自己親手播種的花草，開花結果般，高興得幾乎流出眼淚。

這種補習，之所以受到一些有錢人和蔣幫教育行政當局深惡痛絕，不惜用刻薄字眼誇張渲染，指責為「摧殘國家幼苗」、「凌虐兒童健康」的「惡性補習」，說穿了，也不過是那些官爺們和有錢人的一種障眼法罷了。

他們可以請家教為子女補習，但每年升學考試時，卻仍不免面對許多僅接受過學校裡所謂「惡補」的強勢競爭者威脅，使那些官爺們和有錢人的子弟，心生畏懼。他們便透過媒體，製造似是而非的假輿論，誣指每天下課後，仍將學生留在學校，接受重點輔導為「惡性補習」，以「危害學生健康」為由，要求嚴加禁止。事實上不過希望以此手段，使其子女能順利達到升學目的。

這些惡毒誣陷，確曾使她精神上受到很大壓力。她很傷心，為此也曾幾次申請調校，卻在校長和家長會一再挽留下，繼續留校任教。

很多老師都視教高年級學生為畏途。她卻覺得高年級學生大多很懂事，說一便知二，也會考慮自己的前途，知道多讀幾年書必有相對效益，不論將來求職、做事都有好處。因此他們都十分自動、也很聽話。

因為這個緣故，她到溪州一教便是十六年。為那些可愛的學生們，付出她的青春和愛心。如果沒有這些活潑可愛的學生們，每天跟她在一塊，使她能暫時忘卻淒涼寂寞的生活，她眞不敢想像這十幾年漫長歲月，要怎麼捱過來？

她愈來愈覺得這些孩子們，好似是她的「鴉片」。每當因思念我而不能自已時，她總會將自己置身在孩子的世界裡，以求暫時的解放。她所以未患相思病，應該歸功於這些學生。

她又說，雖然每天給這些升學班的孩子補習，卻分文不取。不過學期末或逢年過節，有些家長仍會自動送禮來。正因如此，在世風日下、人情薄如紙、甚至普遍地將受教恩師棄如敝履的今天，卻還有許多畢業生結伴來看她，眞是令人喜出望外，也聊可安慰她當年的苦心。

玉扃說到這裡，她父親接著也想問我些什麼，卻遭在場的方上士舉手攔阻，並說已經超過規定時間，有話留著回去再說，反正很快我就可回去……。

步下階梯，回到中隊部，我回頭眺望他們正互相攙扶、一步一步踏著險峻階梯下去的背影，腦裡忽然興起一陣近乎幻想的念頭：剛才在會客室，我應該趁方上士進福利社時，把握機會，張開兩臂緊緊摟抱她。當時我們近在咫尺，我卻還是那麼拘謹，如果我能鼓起勇氣，放輕鬆一點，將她抱進懷裡狂吻，她父親和方班長也許會一時錯愕，諒必也不至於對我如何。然而我卻讓此千載難逢的絕好機會白白溜走……於今悔之自責，搥胸頓足又有何用！

開釋

一九六二年至六三年初，前後分批由綠島移送小琉球「第三職訓總隊」的二十多名「新生」身上，似乎已經看不到一九五〇年初期，隨著中共吹笛起舞那種銳不可當的鬪志。

在緊密監控、每天被強迫從事九個小時開闢機場的重勞動——挖土塡窪地、造跑道，大家都累得筋疲力竭，那裡還有閒情逸緻，去關心第三國際如何？去想幻想中的「祖國」？連獄中對外界的唯一門窗、囚人的精神糧食——報紙，也變得祇挑大字標題看，再也看不到在報紙上抓蝨子的人。

是否大家已經「悟道」，或已「看破世情」，與其老抱著企盼幻想中的「祖國」來解放台灣，倒不如回到現實，較爲實際一些。

相信大家的親人自從我們被判刑那一刻開始，即一直扳著手指，盼望著刑期屆滿那一天的來臨。好容易盼到這個日子，結果不但未被依法釋放，反而從「新生」的地位，被「踢落」到移送「職訓總隊」當「流氓」。

面對這種沒有法治文化、恣意蹂躪人權的殘忍行徑，親人精神上所蒙受的打擊，實不難想見。我們對他們內心的慌張惆悵，又豈能無動於衷？

我們這一夥首批由綠島移送來的「新生」，都非常認命。除了參加一般工作，還自動找事情做。如第二班班長林禮臣，每天從工地回來，已經疲累不堪，卻還自動清掃寢室及被權充餐廳和教室的中亭。

台大學生顏世紅則利用晚餐前的兩個小時空檔，往隊長宿舍爲其兩位唸國中的子女補習英數。牽連「四六事件」案的師大學生林榮飛更是難得，自掏腰包叫家人買來一大包菜種子，和「蘇魯種」木瓜種子，在營房左側、公厠前的小坡上，拓開一塊百多坪地，移植六十多棵魯種」木瓜。

因爲種在乾燥的小山坡上，每天從工地回來，即忙著到六十公尺外的廢水集中池，挑數十担水上來澆灌；另外每隔十天還得在距每棵木瓜三、五台尺處，挖個小坑灌水肥。

在玉扃還未來探監以前，每天從工地回來到晚餐時間，還有差不多兩個小時漫長時間，都不知道如何排遣。這裡沒有綠島魭鰻溝那種地方，可以走動的空間也非常小，室內光線又不佳，心神老是恍惚不定，書報也懶得去看。

然而玉扃回去以後，一種無法擺脫的責任感，油然浮現腦海：安頓母親的生活、給玉扃正當的名份，是我所不能逃避、也是刻不容緩的問題。她在鍾家一直沒有名份，卻已經爲我苦守十六年，我沒有理由再猶豫！我一天不出去，這些問題便永無解決之日。

幸好現已露曙光。一期（半年）即想結訓，也許有困難；想兩期結訓，得找門路、打開關節。如果找錯了門路，反而欲速不達，甚至招惹反作用……。我經一番掙扎、審情度勢、現實與理想熟爲先？最後終於不惜借用蔣幫敗退台灣以後，所慣用的戰略——欺騙自己，姑且與現實妥協。並要求林榮飛讓我參加他的木瓜園工作。

我告訴林榮飛在綠島時，也種過很多木瓜，成績卓然、名聞遐邇。又告訴他在這種乾枯的土地上，除非每天早晚分別澆兩次水，否則必影響果實大小和產量。如果肯讓我參加，我們每天可以多澆一次水；施肥時間，也可以縮短爲每星期一次。

林榮飛果然相信我所言確爲經驗之談，當即答應我參加。其實他自己又何嘗不知道應該多澆一些水，奈何體力、時間都不夠，如今有我的參加，一定可以提高木瓜的品質和產量。

我每天從工地回來，一放下工具，便去挑水澆灌木瓜的事情，終於引起「賣膏藥」——指導員的注意。

有一天晚上「賣膏藥」的叫我去問話，在他僅有四坪大小、寢室兼辦公室的小房間裡他坐在床鋪上面，旁邊有小凳子也不讓我坐。他左手不斷在頭蓋頂按摩他的禿頭，另一隻手則在挖鼻孔。看他那種德性，一點也不像一個上尉指導員，我也許把他估量得太高了。

他讓我等了半天，才停止挖鼻孔，但左手指還是不斷在頭蓋頂揑來揑去。他用斜眼瞥了我一眼，然後問我說：「你怎麼會種木瓜？那裡學來的？你每天從工地回來，也沒有休息，就跟林榮飛去挑水澆灌木瓜，不覺得很累嗎？日前家裡的人來時談些什麼……？」

他一下子像連珠炮般，問我這麼多事情，讓我差一點無法應付。他的話還未說完，我早已在肚子裡編好一套準備讓他高興的話。「禿頭」聽完了我編造的報告，眼睛雖仍一直斜視我，嘴巴卻一直「好、好、好……」地輕叫個不停。

他放下揑頭蓋的手，站起來伸個懶腰，然後才補充一句像個人說的話：「其實你們這幾個人，都很不錯，也有學問，不曉得爲什麼會把你們送到這裡來？」說畢，隨即輕揮著手，示意我出去。

被送來這裡快一年，被叫去問話，可以說是第一次。這是否爲好的預兆？不得而知。不過至一九六三年十月底一個上午，我們這一夥首批被送來的七個人都被留下來，忍受「禿頭」的冗長饒舌，並發下「保單」給我們，始證實當天的聽訓，確與上一次被叫去問話有關。

「保單」共有八聯，除了「警總」轄下相關單位各留一份、地方警察局、末端憲警單位各一份外，另外兩份聽說是要給「秘密單位」。反正蔣幫的特務單位多如牛毛，是世界無與倫比的。

這八聯的「保單」，是每位即將由「有圍牆」的小監獄，被移交給「沒有圍牆」，卻擁有甚於中共「聽壁隊」、「聞香隊」、特務無孔不入的「大監獄」的人，所必須辦的第一道手續。一九六三年底，我們這七個人的「保」辦得差不多，卻還要透過地方警察單位去一一「對保」。

這幾個月來，隊上「長頭毛」，特別是「禿頭」，顯得有點不尋常，不但未讓我們稍爲輕鬆，反而處處用言語威脅我們說：「別以爲拿到『保單』便可高枕無憂，即使總司令批准，我們還是有權取消你們的『保釋』，繼續將你們留下來。」

「禿頭」所言，果然不是戲言，他是玩眞的。一九六四年春節前，一月卅一日中午，顏世紅、林榮飛、林禮臣等六個人，都被通知打包行李，隔天一早回東港。卻獨獨漏掉我。

因爲我們是同一批被送來這裡，又是同一天領到「保單」，「保」也是同一個時期辦妥，卻獨我一人「被漏掉」。事態頗不尋常，便向劉隊長請示原因，隊長的回答是「應該不會錯」。不過他命我再問問指導員，我隨即改向指導員請教，卻遭到「禿頭」一頓莫名其妙的怒斥，我被弄得更糊塗。難道「禿頭」在演戲？或者在向我暗示些什麼？

事必有蹊蹺，我自被移送來這裡，起居飲食、工作……都很正常，跟大家一樣。「保」早已辦妥，如果說我與其餘六個人有什麼不同，充其量也不過是案情性質不同，刑期比別人長幾年罷了。但這些異點應不致成爲被留下來的理由。

我百思莫解，也不想再求任何人解釋。反正那麼長的歲月都忍受過了，現在我倒想看看他們能把我怎樣？直到二月五日下午晚餐前，也就是林榮飛他們被開釋後的第五天，才被通知次日（二月六日）讓我回去。

我瞥見放在「禿頭」桌上的「開釋證明書」，明明記載開釋日期爲「民國53年二月一日」，卻故意延到二月六日才釋放我。

我強忍滿腹憤怒，不向「禿頭」敬禮，掉頭走回寢室，整理行李。然後一個人在暗霞微光下，到小山坡上看看七、八個月來，每天給它澆水、每星期施肥，已經果花盛開，結滿嬰頭般大小果實的木瓜樹。明天一早我就要離開這個傷心地，卻不知誰會來照顧它們？希望能夠找到一位像林榮飛這種負責盡職的青年……？臨走我仍不勝依依。

次晨一起床，我便忙向還未領到「保單」的隊友，一一告辭握別，並將一些帶不走的東西、幾本舊書留給他們。因爲太興奮，勉強喝完一碗豆漿，把饅頭放回籠裡，提著行李，在方班長陪同下步行到漁港。

停靠碼頭的渡船已經坐滿了往東港趕早市的乘客。等最後一名乘客——我跨過渡船，方班長遂將裝有「開釋證明書」的牛皮紙袋交給我，並告訴我：「東港碼頭有人會去接你，你家裡的人。」又叮嚀我四天內一定要向當地警察局報到！

對被多留五天，我本來就有滿肚子牢騷，現在聽到方班長提及四天內要去報到，我便指著「開釋證明書」上面所記的日期，問方班長「四天內」已經過去，要怎麼報到？明明「開釋狀」上面是書明「二月一日」釋放，怎麼又延到六號才放人？

方班長被我這麼一詰問，很無奈地帶著苦笑告訴我，有人說我「不夠意思」，詳情他也不知道。我聞言恍然大悟。在「禿頭」叫我去問話以後，我就該「表示一點意思」。豈知還未被中國「紅包文化」汚染的我卻「笨頭笨腦」，竟「不通人情」至此！

隨著汽笛嗚嗚兩響，發動機加速馬力，開始慢慢離岸。我一直站在甲板上讓海風拂面，揮手向方班長告別，也向一年半來讓我流下不少汗的小琉球嶼揮別。

船行約兩個小時，東港已經近在咫尺，岸壁碼頭有黑壓壓的人影在晃動，有趕早市拍賣魚貨的、也有水果菜攤……等船往小琉球的人也不少。

我開始在人群中找尋來接我的人。忽然發現一位身材修長、著白乳色連衣裙的美麗小姐在向我揮手。定神一看，竟然是玉扃！我高興的幾乎掉下眼淚。在她身旁一位帶著金框眼鏡瀟灑的青年，竟是她的二弟林仲祐。

「劉姥姥」進大觀園

渡船猶未完全靠岸，錨索也還未綁緊，我已經迫不及待、不顧船務員的大聲喝阻，一躍身跳上碼頭，撲向玉扃，緊緊將她擁在懷裡。

被我閃電般的動作嚇了一跳、心神甫定的她臉上，早已淚流成河。十七年的漫長等待、無盡相思，不就是爲了這一天的到來！

她二弟仲祐，也被我嚇得目瞪口呆，又看到被我摟在懷裡的姊姊已成淚人，在往來人多、髒亂擁擠的碼頭，實在引人側目；加以已經答應參加她堂兄林仲葆爲我設宴的午餐會，仲祐便小聲提醒正在我懷裡享受十七年來，難得一次短暫溫存的姊姊。

玉扃如夢初醒，連忙抽身，用手帕擦乾眼淚、拉拉袖口，挽著我的胳臂，步行到往高雄的公車站。

踏上東港，頭一個使我吃驚的，便是擺在水果攤上的進口蘋果、梨子和碩大的葡萄。那麼大的日本蘋果及令人垂涎欲滴的二十世紀梨子，我戰前在日本也曾吃過，價格非常昂貴，如非收入好的家庭，很少有人敢問津。但現在在台灣，尤其像東港這種小漁港，竟也賣起這麼昂貴的水果！而且爲數不少，計有五攤，難道東港的住民這麼有錢？

走入狹窄的老街，看到加裝馬達的大型脚踏車穿梭巷道，不覺讓我想起十八年前（一九四六年）南京國防部新聞局派易聲伯中將蒞嘉視察報務時，爲迎接這位大員，派藩鴻泉君向阿里山林場尹仲容借來一部前「台拓會社」遺留下來，幾可送進「歷史博物館」、破爛不堪的大型馬達車。

那部馬達車的右側，安裝了一個可坐兩人、並有可收放篷頂的舟型車廂它啓動時，發出震耳欲聾的噪音，令人非常難受。

但現在眼前穿梭而過的，好像是普通脚踏車加裝一個小馬達，不但體積小，也沒有那麼大的噪音。若非親眼目睹，很難相信在東港這種小漁村竟有那麼多進步的馬達車！

在街道兩旁，新蓋的磚造三層樓房，也佔有三分之一！十七年前，三層式的建築物，在嘉義根本看不到。即使在台中，也祇有日人經營的「廠士尼亞」食品批發公司（自由路與中正路角，前「行政紀念館」——現在遠東百貨、台中戲院正對面）、「末廣」（スエヒロ）餅店（繼光街中山路角）、和「平野」（ヒラノ）洋雜貨店等寥寥可數幾間商店。

難道東港人都這麼富有？不然怎麼住得起磚造三層樓房？這一切都令我有隔世之感，也使我懷疑自己是否已經變成日本童話中，剛離開龍宮，回到數百年未見故土的「浦島太郎」（ウラシマタロウ）。

幫我提行李，走在前面的仲祐，不斷回頭提醒她姊姊，要趕路，也要小心來往的車子。緊挽著我胳臂的玉扃，也開始「嘮叨」，命我看路要緊，別老是東張西望，給人家當做「草地人」看待。我聞言故意裝做「不服氣」，噘著嘴巴回玉扃說：「妳忘記了，我是劉姥姥，剛剛走進大觀園呢！」逗得她露出甜美的笑容。

巴士到高雄，改乘計程車，在一家頗具規模的工廠門口下車。這家工廠是員林客運總經理林仲葆，集股買下來的「唐榮油漆廠」。一進客廳，我便被客廳裡的裝潢、擺設所吸引，看得眼花撩亂。

當時雖然隱約聽到幾個從未謀面的親戚正在對我品頭論足；也禮貌性的與仲祐介紹的

親戚和公司經理級人員握手寒暄，但另一方面，我卻目不轉睛地，欣賞壁上一幅可能價值連城的「裸女」油畫。

稍後，我們被帶到一家令人有若置身皇宮的高級餐廳。從晶瑩剔透的美術燈、溫暖柔軟的地毯、到餐桌上閃爍著銀色光芒的精緻餐具，都使我目炫神迷，不能自已。及至身著無袖開衩旗袍、隱約露出雪白兩腿的服務生，將芬馥悅目的菜肴裝到每個人的碟子時，我已經陷入心猿意馬的狀態。

我垂涎著每一道色香味俱全的佳餚，卻又擔心自己承受不起這樣的招待。面對久未謀面的玉扃，及刻意露出雪白玉腿的服務生，我強烈地克制自己偷窺的欲望，以顧及禮貌及衆人的顏面，也許我因此顯得有點坐立不安，但是十七年來，我一直過著與異性隔絕、深受性壓抑的生活啊！

因爲急欲到台南看一九五〇年間，在台南監獄時特別照顧我的蔡濟民，離開餐廳後，我們便趕路到台南市天地里保安南找濟民。當時他在台南市政府當辛文炳市長的事務股長，見到我他非常高興，說了許多有關他在「興南客運」當「採辦」時所發生的一些鮮爲人知的黑暗內幕，由於他不肯跟當權派同流合污，故而掛冠求去。辛市長因爲欣賞他的勇氣和剛直，所以任他爲事務股長。

我也有滿肚子的話想告訴他，然而千言萬語也不能表達我對他的感激之情。這一段特別的友誼，是我永生無法遺忘的。

放眼未來

告別蔡濟民後，由於我的家早已被蔣幫所毀，不得已跟著玉扃到北斗，暫時住在她家。一到「林厝」，我的準丈母娘即搬出許多民間的習俗，要為我「去霉改運」。雖然他們是出自一片善意，但我以為，當年有那麼多人什麼也沒做，卻平白喪失了寶貴的生命，而我組織民軍抵抗暴政、保鄉衛土，竟還能保存一命回來，無寧是福大命大，值得慶幸。

大廳上擠滿了好奇的族人，每個人都想看看被關了十七年的我，成了什麼模樣？當他們發現我不但沒有卑躬屈膝、死氣沉沉，反而昂首濶步、爽朗大方，還不時高唱義大利民謠時，無不嘖嘖稱奇，面面相覷。

回到北斗十幾天，照理應該沒有什麼精神壓力，但我與玉扃，卻一直無法行夫妻之禮。這個問題，著實困擾著我們，雖然玉扃百般溫柔、極力安慰我，但我對自己的生理狀況，依然耿耿於懷、大惑不解。

一日，我到彰化警察局報到途中，經過一家外科醫院，赫然看到招牌上寫著「吳崇雄外科醫院」，經我一探究竟，始發現這位吳崇雄就是當年的「瘦蛙」。吳夫人蔡麵小姐，在省立台中醫院服務時，曾經參加過「新生活促進隊」，怪不得覺得眼熟。

老友相逢喜不自勝。自從一九四七年三月十六日在埔里，前「武德殿」和他及周秀青、林大宜等人揮淚握別、及一九五四年六月在「警總」保安處（東本願寺）見面至今，我們已有十年未見。彼此外表雖有改變，但關懷之情卻絲毫不減。我本想藉機請問「瘦蛙」關於生理方面的問題，但礙於吳夫人在場，遲遲開不了口。

我們第二次見面時，「瘦蛙」命阿麵先給我一萬元，還說以後會繼續給我零用錢。秀青也來北斗看我，並悄悄塞了五千元在我的枕頭下。一回來就受到二七部隊舊戰友這種無微不至的關心，令我感激涕零、銘諸肺腑。

先母過世以前，也曾在「瘦蛙」那裡住院數月，後來移送台中靜和醫院時，也是「瘦蛙」瞞著他家族，偷偷爲母親作保，並仍不斷給我零用錢。

我特別要感謝「瘦蛙」夫人阿麵女士。先母在「瘦蛙」醫院那段期間，都是由阿麵親自照顧。這雖然是因爲「瘦蛙」的關係，但阿麵本人如無愛心和同情心，她大可命令護士服侍病人，又何必以院長夫人之尊，親自爲一名「刑餘之徒」的母親做那麼多事情呢？

我的「疑難雜症」終於在汐止李舜卿那裡「治癒」。恢復正常生活的我，在玉扃的鼓勵及朋友的照顧下，著手爲將來的生活做準備，同時也在心中暗暗立誓：走過那段血淚編織的歲月，我要活得更有尊嚴！爲了這塊飽受踐踏的苦難故土，我要以生命留下見證！十七年的牢獄生涯，關走了我的青春，卻阻擋不了我對台灣的熱愛及奉獻的決心！在我有生之年，都將以「身爲台灣人」的神聖使命，爲這個美麗之島耕耘播種，直至開花結果。

台灣警備總司令部職業訓導三總隊開釋證明書

姓名	鍾逸人
性別	男
年齡	42
籍貫	台灣 台中市
裁判或送執行機關	台灣高等法院 〔illegible〕特字008
罪名	內叛亂
行狀及悛悔情形	工作努力、生活正常，熱心公益，思想已改正
刑名	
刑期	十五年
開釋後報到機關及地點	彰化縣警察局
報到期限	四天
開釋後住所	彰化縣北斗鎮新政里203號
執行起迄日期	自38年4月4日起 迄53年2月1日止

右給 鍾逸人 收執

中華民國 伍拾叁年 貳月 壹日

■一九六五年二月六日出獄週年紀念，作者與妻林玉扃。

■一九六四年二月六日與內子玉扃到東港碼頭接作者的林仲祜（右）。

■蔡濟民（後中）暨夫人宋麗子（前左），作者內子玉扃（前右）。

高：
來信已經看過了。我是多麼不願意叫妳們失望呀！
可是我又不能拿虛實的話來欺騙妳們。如果我這樣做，
縱然能騙妳們一時，又如何能永遠瞞妳們呢？妳們問我什麼時候，
可以獲釋出獄？在未確實領到條單以前，我除了只用也
許、和能來安慰妳們以外，還能說些什麼呢？不過，
盡量我至少可以告訴對妳們作更具体、更肯定的答覆，我
的話，事也將全無根據。第一，我到這裡已經一年(密期)了，
因為密期結訓是這裡的一般行情。其次，我一直很守法。
也絕無違章、利用金錢企圖不軌的事件。再次，我每天
除了參加一般工作外，還單獨利用自己的休息時間，自動給
約有一分地的辣椒和木瓜施肥澆水。這，最初純是

由於自己的興趣，但，現在給那些作品成全我們個人，減少了不少麻煩。關於這一點，容日後有機會時詳述。最後，也是最重要的，就是跟上級長官非常公正。處理事情，也都要能夠顧到情、理、法三方面。比方我的要件，純為公正、合理要件，政府早於若干年、四十二年曾經明令清理有案，他們很重視這個問題。自國府遷臺十八年，我已整守十七年，他們也已注意及此。可是他們也都很同情婉惜的懷憐心境，對於我的苦守十七年的婚姻，更是讚嘆不已。總司令部方面，也說也已注意到我的事情了。……凡此，都是有利於我的結訓的必須條件。我能否獲准結訓，都要看總司令部和國防部的批示如何了。再五十天，大概我會有消息。如果獲准結訓，似乎也是要到那時候，才能發給我們的。

去台北領錢又也好。不过千万要留心扒手。上下車时尤应当心。包裹一件，已經收到了。謝謝。蘿蔔干一包甚價，如果在廿元以下，下次請再買兩包黃梅干一併寄来。秋節月餅，候接到信息——候准結訓，才寄来。再寄来。否則，就不必寄来。

手錶已告壽，如有錢不太緊，請再寄一只較好来。暑假中，所賺了去日本旅錢次。

最近工作仍然很忙，但精神却很愉快。祗是最新的时的錢多全無。不过，隨時於最近候准結訓，回去後，錢就不是甚么大問題的。最後，

祝姊姊愉快！ 順請 叔父 母安好。

姊的愛人 婦珍

63.8.3.

評鍾著《辛酸六十年》的史料價值

——以光復初期歷史爲中心

黃秀政

一、引言

近年來，由於政治的開放與社會的多元化，有關臺灣光復初期的史料大量出現，特別是時代見證者的回憶錄也陸續出版，對關心臺灣本土歷史發展的研究者來說，實爲額手稱慶的一件大事。鍾逸人《辛酸六十年》（以下簡稱本書）的出版，就是其中之一。

鍾逸人，臺灣臺中人，一九二一年生。八歲進入臺中公學校就讀，公學校畢業後考入中部地區唯一的夜間中學臺中中學，肄業二年。十七歲，隻身到日本留學，插班考入東京的豐島商業學校，商校畢業後，考上東京外語學校法語科，就讀期間因日本政府羅織鍾氏搞臺灣獨立，企圖暗殺殖民地統治者而加以逮捕，使鍾氏飽受牢獄之災。民國三十六年「二二八事件」之後，鍾氏復因事件期間擔任民軍「二七部隊」部隊長，而被判刑十五年坐牢十七年，至民國五十三年獲釋出獄。綜觀鍾氏的前半生，誠如他在本書自序所說的「走著顛簸崎嶇，又荆棘滿途的道路」，一生頗不平坦。

本書是鍾氏自傳的前傳，共六五二頁，民國七十七年由自由時代出版社發行。全書共分四部：一、往事依稀；二、亂世混芒；三、風雨飄搖；四、臺灣長恨。第一部除敘述作者幼年的殖民地教育經驗與到日本留學的種種遭遇外，並以極大篇幅敘述鍾家的經濟與生活苦況，這是日據時期臺灣一般人家生活的眞實寫照。第二部除敘述作者自日本返臺所見所聞、工作環境及交友情形外，對日據末期臺灣的統制經濟、皇民化運動及戰備情形等也著墨不少。此二部敘述的主題均發生於臺灣光復以前，所以本文僅就第三部「風雨飄搖」與第四部「臺灣長恨」的敘述，選取民國三十四年八月至三十六年八月之間的若干片段與事例，以說明其史料價值。

二、反映政府接收臺灣前後的若干事例

㈠臺灣住民熱烈迎接祖國

民國三十四年八月，日本宣佈無條件投降，第二次世界大戰結束，臺灣歸還中國。這是臺灣住民與日本殖民地當局奮鬥了五十年，歷經無數次的挫敗所爭取的終極目標。當時臺灣住民聽到此一重大消息，莫不歡欣鼓舞，各式各樣的歡迎、慶祝活動，隨處可見。本書對此

一情景，有深刻感人的描述，茲舉數例加以說明：

其一、文山茶行掛出孫、蔣肖像：文山茶行主人王添灯是一位反日意識很強的人，爲人豪爽廣交，該茶行是日據末期臺北附近的文化人、作家、社會運動家平常聚集的場所之一，其常駐客有連溫卿、王萬得、林日高、周井田、蘇新、蕭來福等多少傾向社會主義的人爲多。當作者獲知日本敗戰消息之後，連夜趕到臺北文山茶行，其經過如下：「到裡面未過深井，就先聽到樓上已有很多人聚集在那裡高聲闊論，而且電燈也點得滿室通亮，這是自我開始出入文山茶行以來所未曾有的現象，尤其使我驚奇的是牆壁上的蔣介石和孫文先生的肖像，他們不知從什麼地方弄來這兩張肖像，如果早兩天給日本官憲看到了，那定要『殺頭』的。」（頁二七三—七四）從這一段敘述中，可知當時臺灣住民多麼熱切盼望回歸祖國，他們寄望祖國的強大，能夠協助臺灣住民早日擺脫日本的殖民地統治。而代表祖國的，一是中華民國創立者孫文，另一則是繼承孫先生遺志，領導全國同胞抗日的蔣中正。（註一）

其二、葉榮鐘等介紹祖國文化：日據末期，由於臺灣總督府企圖消滅中國文化，推行所謂「皇民化運動」，因此不少在當時才開始唸中學、進大學的青年，祇會講日語，不會講自己的語言，對祖國完全空白。臺灣既已光復，葉榮鐘、謝雪紅、莊遂性、楊逵與作者等人認爲「應動員我們所有的文化資源，多介紹祖國文化，誘導他們，感化他們。」（頁二七六）因此，「葉榮鐘利用歡迎國民政府籌備會開講『中國歷史與中國文化』，給學生聯盟的學生灌輸『祖國文化』。謝雪紅則透過『人民協會』的組織，下鄉作街頭演講，教育農工群衆。莊遂性也每星期

三、六下午四時半在臺中圖書館召集一些關心『時事與臺灣前途』的知識分子開座談會。楊逵則將首陽農園改爲『一陽農園』，並開始發行『一陽週報』。」（頁二九四）他們的做法，可謂對症下藥，充分顯示臺灣住民熱烈迎接祖國之一斑。

其三、作者高價買回青天白日旗：日據時期，由於日本殖民統治當局施行同化政策，乃至皇民化運動，臺灣住民不易接觸到中國的文物，遑論青天白日滿地紅國旗。臺灣光復之初，作者路過臺北市北門附近，在一家福州人經營的鐘錶店門口發現一面中國國旗插在外面飄揚。由於中國國旗是作者渴望已久，在內心深處隱藏許久的祖國之標誌，於是作者乃向該鐘錶店老闆請求讓售。老闆見作者急切之情，同意以十元出售，作者卻以五十元買回，懸掛在自家門口，任其飄揚。作者家人及鄰居善意勸告別操之過急，但作者仍堅持懸掛國旗，任其在空中飄揚。（頁二七七—八〇）

(二)臺灣進入無政府狀態

日據時期，臺灣住民在日本殖民統治，警察控制之下，過著不自由，卻也安定、有秩序的生活。日本投降之後，警察不再出來維持治安與社會秩序，盜竊事件日有所聞，警察都裝聾作啞，視若無睹。人行道被攤販所佔，馬路上垃圾堆積如山。一夜之間，臺灣社會遽然變成無政府狀態。對此情形，本書有深入的叙述：「於是一向被規定應在市場內設攤營業的，此時都爲了『爭取生意』，竟把攤位移到市場外，人行道上和馬路旁。因爲市場的門口都被攤位堵住，顧客不能進出，生意受到影響的肉販、魚販和菜販，也都老羞成怒競相遷出馬路旁，把自己攤位乾脆排在人行道上的攤位的更前面，故意把欲進入人行道上攤位的顧客擋住，不讓他們進去。這時候沒有『是非』，祇看誰的拳頭大，誰便有理了。爲此糾紛迭起，每日都發生聚衆打鬥的事件。另方面，街道的髒亂日甚一日，攤販們隨地任意傾倒垃圾。自家門口給攤販所堵，以致垃圾車無法靠近的……一帶的住民，也不得不將家裡的垃圾任意傾倒在馬路中央。……這種丟人現眼、毫無公德心的事實，實在令人痛心。那些道路被阻而影響到出入的人，甚至忿而說：『不光復還好，一光復了，竟然是這種景象。』這當然是一時氣話，但卻也顯出了這件事的嚴重性。」（頁二八三）目睹此一情況，作者及臺中「首陽農園」主人楊逵都憂心如焚，楊逵夫人葉陶也搖頭嘆息說：「臺灣人難道眞非由日本人用『水油抽』（按指警察）來強迫不可嗎？自己不能做主人，自己不能昂首直腰。」（頁二八三—八四）於是在楊逵的主持下，爭取地方士紳如「歡迎國民政府籌備會」的主任委員黃朝清等人的支持，在臺中市成立了「新生活促進隊」，由作者擔任隊長，負責處理這些垃圾。

作者在本書特別指出，這次「新生活促進隊」的行動，就表面來看，不過是清潔工作而已。但楊逵在事前擬好的兩項立場與原則，是具有深遠意義的：「一、『新生活促進隊』要清掃的，不只是路上的垃圾，而是想更進一步掃除臺灣人腦袋裡的奴隸劣根性，要臺灣人覺醒，不要因爲沒有日本統治者的壓制而無法自覺，無法自理，以致公德敗壞，社會日益混亂。二、『新生活促進隊』的隊員，絕不可以收受分文報酬，才不致使這個有意義的『新生活促進隊』

變質，淪爲一般的『清潔隊』。」（頁二八六—八七）其寓意可說是相當深遠。

另一方面，由於當時臺灣已成無政府狀態，因此臺中市以「阿狗」（廖金和）爲首的道上人物，乃在「阿狗」的組織下，成立了「民生會」，並接管錦町派出所作爲「民生會」的本部，接替日本警察維持臺中市的治安，替全大墩街服務。「一時宵小遁跡，市場通道暢通，人行道也可以走了，米穀的非法走私也暫時收斂了許多。」（頁二九〇）惟因「民生會」有些會員藉機公報私仇，或用「民生會」做掩護，公然開賭場，欺負鄉人，耀武揚威。這種流弊在東南區老大吳煌出現，強以橫貫臺中市南北的鐵道爲界，將東南區劃爲自己「地盤」，企圖「分治」臺中時，益形嚴重。在其他縣市，也都有類似團體成立，但也都傳出類似的流弊。附近的彰化市，更傳出以「阿銅仔」與「紅毛宋」二人爲頭目的「彰化自警團」，好像是「自治警察」的縮寫，以「打擊漢奸」爲詞，「勒索商人」爲實的事。本書對光復之初臺灣各地無政府狀態，黑道代替警察維持治安功過的評述，可說相當深刻；字裡行間，則流露出多少辛酸與無奈。

㈢政府接收臺灣的弊端

關於臺灣光復之初，政府的接收臺灣，楊肇嘉指出其缺失云：「陳儀到臺灣接收，只注意接收機構和物質，而根本忘記了接收臺灣人的人心。」（註二）陳三井則認爲：「光復後的接收，能夠在半年內順利完成，除了『人地相宜』原則的充分發揮外，事前各項復臺準備的周詳，接收時的群策群力，合作無間，亦功不可沒。」（註三）正負面的評價甚爲分歧。本書作者對政府接收臺灣，並未直接給予評價，僅在行文中表達其所見所聞，舉例說明接收的種種弊端。茲根據書中相關文字，歸納爲兩點如下：

其一、文化的隔閡：臺灣歷經日本五十年的統治，光復之初在文化上已相當程度的日本化，各項建設亦遠比中國大陸進步，因此接收人員「來到臺灣，目所睹、耳所聞，一切的一切都很新鮮，都很使他們眼花撩亂。看到臺灣的火車，認爲臺灣的房子會移動，沒有人推拖，卻自己會動、會跑。……接收大員在移交清册上面，赫然發現『金槌』兩字，大有喜從天降，隨即叫來日僑走後奉命代管人員，伸手要『金槌』，然而代管人員從工具倉庫裡面拿出來的『金槌』，竟是牛生鏽的鐵槌。接收大員暴跳如雷，明明移交清册上書明『金槌』，怎麼拿生鏽的鐵槌來？如不把『金槌』找來，一定辦人。弄得代管人員啼笑皆非，儘管找人說明：『日人對凡是五金類習慣上都冠以『金』字，但『金』字並不一定代表金子，而多是指金屬類。……因此受到無妄之災，被抓去拷打過的人，也不在少數。」（頁三一三）此種文化的隔閡與差距，不但造成政府接收臺灣的各種問題，論者認爲也是「二二八事件」的原因之一。（註四）

其二、接收變成劫收：光復之初，關於日本產業與機關的接收，是臺灣住民所深爲詬病的問題。本書對於當時接收的弊端，也有深入的描述，例如：「每一家工廠一經『祖國』接收，便告停工。如『嘉義農林』斜對面那家相當規模的前日本海軍燃料廠，經『國府』資源委員會派人前來接收，即宣告無限期停工。」（頁三一四）「又工廠或農場一經他們接收，即告停工關閉。工人則被趕出工廠和農場，廠內的機械儀器隨即被當做廢鐵量斤賣掉，農場原多爲農民所私有，於大戰中爲日本政府所租借，或徵用的，如今租借或徵用條件既已消失，理應歸還所有者，他們不僅沒有這麼做，所有者—農民如在自己的土地上種些蔬菜、穀類，反而以「侵佔罪」被移送法辦。地方機關學校一經接收，薪水即告停發。許多在原機關服務達一、二十年之久的老幹部，莫名其妙的也遭到免職，或被派到偏遠地方，迫使他們自動離職。」（頁三六二）因此，「接收」在部分臺灣住民眼中，便如同「劫收」，這是識者所引以爲憾之事。

三、「三青團」在臺灣發展的見證

民國二十七年七月，抗戰軍興，國民政府爲了動員青年力量對抗日本的侵略，也爲了吸收各階層領導菁英，擴大社會基礎，並整合黨內各派系的力量，而於江西省南昌市成立「三民主義青年團」（以下簡稱「三青團」），由軍事委員會委員長、中國國民黨總裁蔣中正先生兼任團長。（註五）

「三青團」成立後，隨即在各省及直轄市設立支團部、直屬區團部、直屬分團部，以推動團務工作。臺灣光復後，「三青團」也立即在臺北市設立中央直屬臺灣區團部，由前軍事委員會臺灣義勇隊總隊長李友邦將軍擔任幹事長，主持臺灣省的團務。由於本書作者鍾逸人先生曾任臺中分團總務股股員、嘉義分團組訓股股長，實際參與「三青團」的工作，對於各地團務發展知之甚詳，對臺灣區團部與各分團的人事與活動情形、「三青團」與新聞媒體的結合，以及團務推動的日益困難等，均多處提及，留下珍貴的史料。

本書作者文字運用甚爲高明，因此本書有關「三青團」臺灣區團部的人事與活動情形之記載，並非流水式的敘述，而是巧妙地穿插在相關的小節裡。書中對區團部本部幹事長李友邦的奮鬥歷程（頁三〇二、三六五—六六）、幹事會成員李清波、張信義、洪石柱的兼職（頁三六〇）、幹事張士德的出身（頁二九七）、臺北分團主任王添灯及幹事林日高的動態（頁二九六—九七）、嘉義分團主任陳復志及分團幹事李曉芳等人的出身（頁三三五、三六〇）、臺南分團主任莊孟侯的人際關係（頁三二三—二四）、高雄分團主任王清佐及書記簡吉的動態（頁三二二—二三）、嘉義分團朴子區隊長張榮宗的出身與活動（頁三六〇—六一）等，均有生動的敘述。至於臺中分團，由於作者係臺中人，對臺中的人與事最爲熟悉，因此其敘述也最詳細，舉凡分團主任張信義、幹事林碧梧、石錫勳、書記林培英（後爲王文輝、陳建文）、各股股長及股員等人的出身、職業及社會運動資歷（頁二九九—三〇〇）、臺中分團的所屬區隊及直屬分隊負責人及其職業（頁三〇二）等，均有詳細的介紹。另外，臺灣區團部本部所舉辦的幹部講習會，書中亦有詳細的追述（頁三〇六—一一），並附有珍貴的圖片（頁二九八），備供對照。

因本書是鍾氏的自傳，所以有關「三青團」與新聞媒體的結合，僅以作者主持和平日報嘉義分社期間，作局部的交代。民國三十五年五月，作者剛調任嘉義分團組訓股股長，和平日報爲拓展雲嘉地區的業務，及委請作者主持該報嘉義分社。作者談到他決定接辦的考慮云：「想到嘉義分團的組訓工作必須重新做起，如各區分隊能兼辦和平日報豈不是可相輔相成？

在打擊各地貪官汚吏、土豪劣紳，肅淸日據時代的三腳仔走狗的工作上，也可以多一個『利器』，對團務、對報紙的組訓與推廣，必將相得益彰。」(頁三五六—五七)作者接收委任後，首先擇定分社地點，隨即「在新營、朴子、北港、虎尾、斗六、竹山等地設分局，並於『三青團』分隊所在地設通訊處或分銷處，分局長多由各地三民主義青年團區隊長兼任，通訊處與分銷處則由各地分隊長兼任。」(頁三五七)於是，「三青團」嘉義分團乃透過和平日報，報導「三青團」團員所反映的軍隊無紀律、官員貪汚無能情形(頁三五八—五九)；揭發虎尾區陳幸西的玩法弄權，橫行霸道(頁三八二—八四)；報導布袋居民被傳染黑死病與霍亂病例的眞相(頁三八五—八八)；報導員林事件的經過，並發表社論，強烈聲討臺中縣警察局(設於縣治員林)目無法紀，摧殘人權，射殺執行公務之司法人員(頁三九五—九八)等。使嘉義分團扮演了相當程度的地方政府監督者角色。惟作者則因得罪當道，莫名其妙地遭到嘉義法院地檢處偵訊(頁四〇一—〇七)，並被嘉義憲兵隊以「別件逮捕」方式誘捕，輾轉押送臺北的憲兵第四團拘留數日。(頁四一二—一二)

作者「三青團」的幹部，作者對「三青團」團務推動的日益困難，感受特別深，因此書中著墨不少。作者利用民國三十五年一月一日的新年慶祝大會，係由「三青團」主辦，以說明光復之初「三青團」實居主導地位。該次大會「是勝利後的首次新年慶祝大會，也是經日本殖民統治五十年，重返祖國後的頭一個慶祝大會，是一次具有雙重歷史意義的慶祝大會。…參加大會的人非常踴躍，除了黨政軍團、各級學校、機關團體，乃至各人民團體與各鄰里自動前來參加的隊伍外，尚有軍樂隊、獅陣、南北管、踩高蹺等，……人數之多，大會之盛大，隊伍之整齊，乃至唱歌與呼口號之響亮，可以說空前未有。」(頁三一五)主席團除臺中分團主任張信義外，計有：臺中縣長兼臺中市長劉存忠、整編七〇軍軍長陳孔達、國民黨臺中市黨部主任委員、「三青團」臺中分團幹事林碧梧、「歡迎國民政府籌備會」主任委員黃朝清、臺中女中校長余麗華、臺中師範校長洪炎秋等人，由臺中分團主任張信義擔任大會主席，司儀則由臺中分團書記王文輝擔任，連遊行隊伍亦由作者作先鋒帶路，可見當時「三青團」在社會各界人士心目中的份量。惟在臺中，自此以後再也看不到如此盛況的慶祝大會，而「三青團」的地位也每下愈況。

當時各地「三青團」的領導人，由於多係地方上的菁英分子，其成員也多是過去參加社會運動和抗日運動的人(頁三六六)，對政治頗爲關心，因此「三青團」各區、分隊經常將省政的弊端及社會問題，諸如接收的各種糾紛、米荒的嚴重、官員貪污、軍隊紀律差、治安欠佳、走私盛行等反映上去。區團部對這些反映，除知會有關單位確實辦理外，有時幹事長李友邦也親往長官公署直接向有關方面當面交涉，但效果有限。馴至團員多萌生「無力感」，使得「組訓工作倍感辛苦，有些地方分隊的組織瀕於瓦解，還有些地方的區隊，實際上僅剩下區隊長和區隊附，根本無法指揮分隊。」(頁三五九)，團務的推展因而觸礁難行。「二二八事件」發生後，因各地「三青團」成員涉案者頗多，陳儀乃藉口「各地暴動是由各地三青團發難」，李友邦既爲臺灣區幹事長，則應不無牽連。隨即藉口要開會，騙他到警備總部，把他拘捕押送南京投入天牢。(頁六四二) 賴李友邦夫人嚴秀峰的奔走，趕赴南京向蔣經國解釋「二二八事件」的原因，經蔣經國親自來到臺調查後，證明嚴女士所言均係事實後，李友邦才從南京羊皮巷的天牢釋放出來。(註六)至同年六月三十日，中國國民黨中央常務委員會及中央政治委員會舉行聯席會議，由國民黨總裁兼「三青團」團長蔣中正主持，決定集中黨團的力量，黨團統一組織，「三民主義青年團」解散，臺灣區團部亦隨之解散。

四、「二二八事件」參與者的直接史料

(一)指出「二二八事件」的背景

民國三十六年的「二二八事件」，是臺灣史上的重大事件。有關此一不幸事件的背景，論者說法不一，行政院《「二二八事件」研究報告》指出，此一事件的背景除「平日種因已深」，人謀不臧外，尚有政策上、文化上、情感上、社會上各種不同的因素。(註七)嚴秀峰則就親身經歷強調：「『二二八』起於臺灣政經建制特殊化。」(註八)本書爲作者的自傳，並未針對事件的背景作有系統的論述，惟因作者是事件的參與者，其耳聞目睹的追記，仍極具參考價值。

如前所述，本書多處舉例敘述政府接收臺灣的弊端—文化的隔閡與接收變成劫收，這應是事件的主要背景之一。此外，對於臺灣省行政長官陳儀主政期間的各種措施，特別是「統

制經濟」所造成的缺糧情況，使得城市居民有錢也買不到米糧的恐慌景象，本書有深入的描述：「住在農村的人也許還可以找蕃薯、玉米、馬鈴薯、南瓜來充飢，可是城市人就不同，他們到那裡去找這些雜糧？於是求生存的本能變成恐慌、迷惘和幻滅。甚至於衝出街頭，喚起群衆向新統治者示威。在臺北大稻埕、艋舺、基隆和新竹等地，因鬧米荒，到處買不到米的憤怒家庭主婦們，一手拿小棍子，另一手拿著方形鐵皮米桶，衝出街頭邊敲鐵皮桶邊高呼：『沒有米會餓死人，我們要裏腹不要光復了。』（頁三八九）而缺糧問題的形成，則與高級警官的走私有關：「就在這時候，後龍（苗栗縣）、金湖（雲林縣）和沙山、粘厝庄（彰化縣）等地方，也由於買不到米，憤怒的餓民自動提供線索，接連破獲幾件米、糖的大走私案。如沙山武裝走私案的幕後主謀者，赫然竟是臺中市警察局長洪字民的秘書蔡文慶、鹿港警察所長黃德海、北斗警察所長蒲仲欽及縣保安隊長孫才良等高級警官。」（頁三九〇）因此，雖然這些參加武裝走私的高級警官，均經司法單位分別判處重刑，但仍無法平息民怨。同時，對於警方射殺執行公務的司法人員，所謂的「員林事件」（頁三九五—九八）；官員貪污腐敗，軍紀不佳等現象（頁三五八—五九、三六二、四三一）；失業者像洪流般地衝向街頭，盜賊橫行（頁三六三）；退伍軍人未獲安頓，情緒顯得浮躁（頁四四六—四七）等，也有生動的叙述，爲探討事件背景的活生生史料。

(二)描寫「二二八事件」期間臺中動態

迄今爲止，有關「二二八事件」期間臺中動態的記載，似僅有古瑞雲的《臺中的風雷》、黃金島的《站在第一線》(註九)，以及本書三部而已。因古著《臺中的風雷》側重「跟謝雪紅在一起的日子裡」(副標題)，故其記載掛一漏萬者不少。而黃著《站在第一線》則側重追述「二二八事件中最激烈一戰『烏牛湳之役』始末」(副標題)，有關臺中動態的記載也不多。故論及記載當時臺中動態所涉及層面之廣，人物之多者，似仍推本書。

本書有關「二二八事件」期間臺中動態的記載，從「聞變印發傳單」小節開始，作者追述民國三十六年三月一日中午聽到臺北發生因查緝私煙而爆發的此一事件後，立即趕到白鳩堂(今臺中市中山路)印製傳單，並沿街分發，通知市民參加翌日召開的市民大會(頁四三一—三五)。該小節同時對是日爲討論「臺北不幸事件」，而於臺中市「大屯郡役所」(今臺中市議會會址)召開的臺中縣市、彰化市各界聯席會議之參加成員、會議經過與結論等，均有生動的描述。

本書對當時臺中市長黃克立如何阻止市民參加市民大會(頁四四八—五〇)、原由「臺灣省政治建設協會臺中分會」主辦的「憲政演講會」改爲市民大會的轉折(頁四三四、四五一)、謝雪紅的「人民協會」如何操縱市民大會(頁四五三—五四)、參加市民大會的群衆毆打大陸籍同胞的經過(頁四五四—五五)、軍用卡車沿街掃射激起民憤(頁四五五—五六)、加納(何鑾旗)接管臺中市警察局的經過(頁五〇〇)、市民包圍臺中縣長劉存忠公館的衝突經過(頁四五六—五八)，以及吳振武被推舉爲「民主保衛隊」隊長(頁四六一—六八)、埔里黃信卿成立「白虎隊」(頁四七一—七二)、第三飛機場成立「保安隊」(頁四九六—九八)等民軍蜂起的經過，均有詳細的記載。特別是對當時臺中地區的知識份子、「三青團」成員、各級民意代表、醫師、律師、教師、日據時期的士紳和巨賈小販等，都站出來關心自己的故鄉和局勢的演變，而分別聚會、研商善後問題，出錢出力的情形，均不厭其煩地加以敘述（頁四七二—七九），爲「二二八事件」期間臺中動態留下珍貴的一手史料。

(三)追記「二七部隊」的成立與行動

本書作者鍾逸人是「二二八事件」期間臺中民軍「二七部隊」的部隊長，所以有關「二二八事件」的追記，尤其是關於「二七部隊」，乃當事人的現身說法，特別值得注意。

以目前有關「二七部隊」的古著《臺中的風雷》、黃著《站在第一線》與本書之內容來看，除部隊長、副官、參謀長、宣傳部長四個職務分別由鍾逸人、古瑞雲、黃信卿、蔡鐵城四人擔任外，唯一無爭議的是：「烏牛湳之役」係由警備隊長黃金島率領，曾造成國軍相當的傷亡。（《臺中的風雷》，頁八一、八四—八五；《站在第一線》頁一一二—四三；《辛酸六十年》，頁五七七—八一）其他有關「二七部隊」的記載，則有相當的出入，茲舉例說明如下：

(1)**成立時間與命名**：成立時間方面，《臺中的風雷》未有明確的交代，僅提及作者接受謝雪紅的指示，於三月六日進入「二七部隊」。（頁五六）《辛酸六十年》則明確指出爲民國三十六年三月四日下午四時。（頁四八〇）至於命名，《臺中的風雷》轉述謝雪紅的秘書楊克煌的話，楊氏說：「二七部隊」是他命名，並請鍾逸人擔任隊長。（頁五五）《辛酸六十年》則強調係鍾氏爲抗議糾正陳儀的顛倒是非，並紀念「二、二七」晚而命名的。（頁四八〇）

(2)基本隊伍及領導權：《臺中的風雷》談及「二七部隊」的基本隊伍云：「有以鍾逸人親信黃信卿爲首的埔里隊；以何集淮、蔡伯勳爲首的中商隊；以呂煥章爲首的中師隊；以黃金島爲首的警備隊；以李炳崑爲首的建國工藝學校學生隊。此外，有林大宜從農村招募來的，當過日軍的農民；有延平學院的同學；前日軍炮兵少尉；前日軍工兵。還有三五成群來報到的。」（頁五六）同時，因這些隊伍多係自動到「作戰本部」向謝雪紅請纓（頁五六），而「鍾逸人這位隊長本來就有名無實」（頁七五），所以「二七部隊」的領導權自然握在謝雪紅手中。《辛酸六十年》則強調「二七部隊」係由原吳振武擔任隊長、鍾氏擔任參謀的「民主保衛隊」及黃信卿的埔里隊改組而成，由鍾氏擔任部隊長、黃信卿擔任參謀長。（頁四七六—八〇）而謝雪紅乃因逃避加納（何鑾旗）的追殺，而到「二七部隊」求救，被鍾氏所收容。（頁四九九—五〇〇）《站在第一線》亦指出：「謝雪紅到營區要求保護」（頁一二），似與鍾氏所記較爲接近。另據警備總部檔案云，謝雪紅「另編二七部隊，自任總指揮，以鍾逸人、蔡鐵城分任隊長、參謀等職務。」（註一〇）說法不一。

(3)人數與性質：人數方面，《臺中的風雷》強調，「二七部隊」僅有二百多人而已，「從未看到過任何其他隊伍來會師」。（頁六八）《辛酸六十年》則指出：「回顧過去十天，我們從不到一百個人的隊伍，發展到今天擁有三、四千人的部隊，連同接受過二七部隊裝備、接受我們節制的隊伍也加算進去，當然不止此數。」（頁五五四）另據警備總部檔案，則有四百餘人。（註一一）至於性質，《臺中的風雷》認爲，「二七部隊」是一支道道地地的「紅軍」，也可說是謝雪紅的「御林軍」。（頁五六—五七）《辛酸六十年》則強調，由於霧社事件的陰影，埔里、霧社一帶居民聞「紅」色變，排斥共產黨。（頁五一六—二一）故「二七部隊」乃道地的民軍。

從以上的例子，可知有關「二七部隊」的各種記載，彼此差距甚大，仍有待學者進一步的探討與釐清。（註一二）

四側寫「二二八事件」的影響

「二二八事件」是一次影響臺灣民心與社會極爲深遠的不幸事件。（註一三）有關此一事件的研究，在民國八十一年二月行政院公布《「二二八事件」研究報告》前後，曾掀起一陣研究熱潮。本書係作者的自傳，不是此一事件的專題論著，並未針對事件的影響作系統的討論。唯因作者是此一事件的參與者，且因此長期坐牢，其耳聞目睹之眞切與感受之深刻，實非尋常。

本書描寫「二二八事件」影響之處不多，就個人閱讀所及，似僅提及作家張文環因此一事件，而未再發表任何作品，也誓死不學中文。其原文如下：「張文環，嘉義縣梅山鄉大坪人，一九〇九年生，一九三三年日本東洋大學文學部畢業，同時發表處女作『落雷』。自此每年都有中短篇小說、散文或劇本發表於島內各種文藝雜誌或報章。但自一九四七年『二、二八』事件發生至一九五七年，臺灣正處於所謂『白色恐怖時代』，他不但未發表任何作品，也誓死不學習中文與北京語。『二、二八』後，他逃匿彰化縣大村，臺中縣參議會議長賴維種邸內糧倉，晚上則爬上大榕樹避難，幾達兩個多月。一九四四年，他擔任林獻堂秘書（第四任）並兼霧峰區公所主事。林獻堂生前有四個秘書，最早是甘得中，次爲蔡培火，繼而由葉榮鐘擔任，張文環則爲第四任。一九四五年日本戰敗一個月前，張文環任臺中州大屯郡大里庄庄長（大里鄉長），我與他之認識則始於此時。『二、二八』後不久，他又繼廖德聰兼代能高區長。一九六五年以後，任職『中美企業（股）公司』投資的日月潭觀光大飯店，至一九七八年逝世。在這段時間完成長篇小說『爬在地上的人』日文版，他因深受『二、二八』刺激，誓死不學中文，結果『爬在地上的人』由廖清秀譯成中文，以『滾地郎』見世。」（頁五一一－一二）上述文字對張氏生平與創作歷程，娓娓道來，乍看似平淡無奇，而其寓意之深遠，側寫「二二八事件」影響之入木三分，實非專題研究論文所能比擬。

五、史料價值的評估

自傳是以作者生平事蹟爲主線，兼述時代與社會的紀錄。其史料價值的高低，與作者的閱歷與所處時代，叙事的可信度，以及文字表達能力等有密切的關係。

本書作者鍾逸人生當日據時期，幼年曾經歷殖民地經驗，青年時期也曾遠赴日本留學。臺灣光復前，曾因逃避日本「特高」，一度擔任日本陸軍經理部的「陸軍囑託」；台灣光復初期，先後擔任過新生活促進隊隊長、吳鳳鄉樂野國小校長、「三青團」股員及股長、和平日報嘉義分社社長等職，「二二八事件」期間並擔任全臺最具規模的民軍「二七部隊」的部隊長。臺灣光復前後，作者雖僅二十餘歲，惟因活動力旺盛，交遊廣闊，全臺南北各路菁英如：臺北的王添灯、林日高、潘欽信、連溫卿、蘇新、蕭來福等，中南部的謝雪紅、楊逵、陳纂地、高一生、湯守仁、張榮宗、吳新榮、莊孟侯、簡吉等，均與作者時相過從，而成爲作者筆下的人物，構成本書的重要內容。由於作者具有敏銳的觀察力，加上書中人物「不是文化協會、農民組合時代的臺灣知名之士，便是終戰初期臺灣政、經、文化抬面上由左到右的人物。」(註一四)因此本書乃成爲臺灣光復初期歷史的重要證言，它反映了政府接收臺灣前後的若干事例，爲「三青團」在臺灣的發展作見證，更是「二二八事件」參與者的直接史料，其史料價值之高，是毋庸置疑的。

本書作者寫作才華甚高，文字運用極爲巧妙。作者在敘述其聞見，描寫書中人物時，或對照國內外局勢，或發抒胸中塊壘，筆端帶有感情，既具廣度又有深度，書中人物在其入微的刻畫之下，栩栩如生，史事因而重現。例如書中描寫光復之初，臺北某鐘錶店的福州老闆見到穿日本軍裝的作者時的驚嚇與滑稽動作(頁二七七—七八)、臺灣各地進入無政府狀態的一幕(頁二八二—九四)，以及「二二八事件」前臺北大稻埕等地主婦遊行，抗議搶運民糧的情形(頁二八九)等等，其描寫的生動與寓意的深長，均教人掩卷嘆息，感觸良深。這是史學的極高境界，而作者做到了。

唯本書的敘事，誠如彭瑞金所指出的：「它缺乏足夠的引經據典的第一手史料，做爲說服的有力證據，使得全書最有力的支撐點建築在作者的記憶和誠實上。除非讀者完全陶醉在作者的叙述中，否則可能便要對作者清晰的記憶和龐雜而牽涉深遠的情節持疑。」(註一五)由於記憶每隨時間的久遠而模糊甚或淡忘，而史事的人、時、地若未參證相關資料，亦難免舛誤疏漏，出現疑點。本書的叙事正是如此，茲俯拾數例說明如下：

其一、「二七部隊」的人數問題：本書提及「二七部隊」擁有三、四千人，「連同接受二七部隊裝備、接受我們節制的隊伍也加算進去，當然不止此數。」(頁五五四)惟本書作者接受省文獻會的訪問則指出：「二七部隊究竟有多少人，其實連我也不知道，……我想總數大概有二、三千人吧。」(註一六)前後說法不一，顯然與記憶模糊有關。

其二、作者的職業疑點：根據本書的叙述，「二二八事件」前作者身兼吳鳳鄉樂野國小校長、「三青團」嘉義分團組訓股長、和平日報嘉義分社社長三職。惟另據警備總部檔案顯示，作者的職業爲「國聲報記者」。(註一七)此一職業記載，係當時憲兵第四團提供的調查資料，應具有相當程度的可信度，而本書隻字未提。眞相如何？有待釐正。

其三、民國三十五年前後的臺中市長姓名：本書叙述民國三十五年元旦「新年慶祝大會」主席團名單，列有臺中市長，但缺市長姓名。經查證《臺中縣志》與《臺中市沿革》等資料(註一八)，民國三十五年元旦臺中市長係由時任臺中縣長的劉存忠兼任。本書的遺漏，不是作者一時疏忽，便是作者未能確知。

其四、關於愛爾蘭模式的自治問題：本書多次提及「二七部隊」的政治訴求與建軍目標，係希望國民政府准許臺灣能如愛爾蘭之於英國的自治地位，其建軍以擁有三個師團兵力爲目標，以爲談判籌碼。（頁四五七、四八〇等）唯另據古著《臺中的風雷》云：「至於鍾兄在《辛酸六十年》中說的『愛爾蘭式』的什麼，我未曾聽說過。當然，我未曾聽說，不等於他心中未曾想過。」（頁五六）眞相如何？仍待探討。

綜括而言，本書因作者閱歷豐富，生活層面廣闊，且文字表達能力極佳，因此內容相當充實，叙述亦具條理，確爲研究臺灣光復初期歷史不可多得的一手史料。但因本書的叙事缺乏相關史料作爲佐證，或前後說法不一，或闕漏未載，因此學者引用之時，仍宜參證相關資料，考而後信。

附註

註一：關於日據時期臺灣住民對孫、蔣兩人的懷念與敬仰，請參閱梁惠錦：《臺灣民報對 國父暨 蔣公的崇仰》（臺北：弘道文化事業有限公司，民國七十年三月初版），頁一——一四三。

註二：見楊肇嘉：《楊肇嘉回憶錄（下册）》（臺北：三民書局，民國六十七年四月三版），頁三五三。

註三：見陳三井：〈臺灣光復的序曲：復臺準備與接收〉，收入氏著《臺灣近代史事與人物》（臺北：臺灣商務印書館，民國七十七年七月初版），頁一七一。

註四：參閱李筱峰：〈二二八事件前的文化衝突〉，《思與言》，第二十九卷第四期，頁一八五—二一五。

註五：關於「三青團」成立之時代背景與經過，請參閱朱高影，〈三民主義青年團之研究（一九三八—一九四七）〉（臺北：國立臺灣師範大學歷史研究所碩士論文，民國八十一年六月），頁一—五三。

註六：見記者專訪：〈訪嚴秀峰女士談李友邦與『二二八』〉，《海峽評論》，第三期，（一九九一年三月），頁九七—九八。

註七：參閱行政院研究「二二八事件」小組：《「二二八事件」研究報告》（民國八十一年二月），頁五—四三。

註八：同註六，頁九五。

註九：古著計二一五頁，於民國七十九年九月由人間出版社出版；黃著計八一頁，作者自印，未署出版時地。

註一〇：見臺灣省警備總司令檔案：《案犯處理》(二)，〈民國三十六年四月五日憲四團團長張慕陶函臺灣省警備總司令部軍法處徐處長函〉，頁八五。

註一一：同註一〇。

註一二：鍾著《辛酸六十年》新增訂版第一刷，已於今（八十二）年十一月由前衛出版社出版，附錄一〈風雷魅影—給古瑞雲的一封信〉（頁六五一—七一）鍾氏曾對古著《臺中的風雷》所提及「二七部隊」的命名、基本隊伍、領導權、人數與性質等，有所質疑。另外，民國八十年七月十一日本書作者在臺中市接受筆者訪問，追憶「二七部隊」時，也對古著《臺中的風雷》所述「二七部隊」的種種說法，有所澄清。見黃秀政訪問：〈訪鍾逸人談二七部隊〉，收入行政院《「二二八事件」研究報告》，附錄二〈重要口述歷史〉(一)。

註一三：同註七，頁一。

註一四：見彭瑞金：〈「辛酸六十年」照亮黑暗歷史的路〉，收入前揭《辛酸六十年》新增訂版第一刷附錄三，頁六八二—八三。

註一五：同前註，頁六八三。

註一六：見臺灣省文獻委員會編：〈鍾逸人先生口述〉（李宣鋒訪問），收入《二二八事件文獻輯錄》（民國八十年十一月），頁四〇六。

註一七：同註一〇，頁八九。

註一八：見張勝彥總編纂：《臺中縣志》，卷首，第二冊（大事記）（臺中：臺中縣政府，民國七十七年八月），頁二九二。又見臺中市政府編：《吾鄉吾土—臺中市沿革暨古蹟簡介》（臺中：編著，民國七十四年十二月），頁一〇三。

天意

——《辛酸六十年》讀後記

蕭米倫

看到「開釋」一節時，我摒息地一字字讀下去，深怕這又是一個蔣幫的謊言，又是一個希望的落空，彷彿作者所受的苦難，永遠劃不上休止符似的。

眞是恐怖。想想二十幾的年紀，無不年少輕狂、風花雪月。但在那個血淚交織的年代，作者最寶貴的青春歲月，竟與「監獄」二字劃上等號！我無法掩飾內心的震驚。從沒看過一本書的目錄，是由監獄的名稱所塡滿，一所換過一所，一間換到另一間，其中的轉折，承受的竟是螻蟻般的踐踏，地獄般的折磨。

無法想像，而它竟是這樣眞實。

爲了難忍飢餓，猛喝塩水造成的「發福症」；爲了與「長頭毛」鬥智，裝病跛行的「關節炎」；爲了不滿獄中特權，而遭二十公斤刑具侍候的「脚鐐」；爲了中飽私囊，以爛蕃薯充數的「貪官猾吏」；乃至對生命絕望，追求海市蜃樓的「忍術夢」；因繫獄在身，無法有情人終成眷屬的「披著婚紗的苦旦」；及介紹獄中性生活的種種怪異行爲，如「金谷民」、「山上的怪獸」等，包羅萬象，無不叫人眼界大開，嘖嘖稱奇。

《辛酸六十年》，是整個大時代的辛酸，是作者的辛酸，也是一個母親及一個未過門妻子的辛酸。

眼見唯一的孩子身繫囹圄，出獄無期，年邁老母除了受盡嘲諷，還得爲人幫傭以求溫飽；他人兒孫承歡膝下，故　鍾老太太卻得面對家破無依的孤苦。一次次漫長車程，僅爲了幾分鐘短暫探視；一點小魚乾、幾根香蕉，隱含多少無價的慈愛與眼淚。如果朱自清的「背影」曾讓你動容，那麼亂世中這一顆慈母的心，會讓你痛得淌血。

曾問林玉扃女士，爲什麼等了作者十七年，十七年呵！走過等待，六十九歲的她，祇淡淡的笑著說：「如果他是作奸犯科，我早就跑了；可是，他不是。」是的，他不是！爲了愛台灣、愛同胞的男人，她甘願用生命中最璀璨的十七年來等待。相思的苦楚搾乾了笑容，採監的無奈刻劃了皺紋，她依然有著無悔的執著。

在瞬息萬變的愛情世界裡，這樣的故事，震撼了時空。我幾乎錯覺，看到王寶釧穿過隧道，再一次苦守著寒窰的企盼……。

「走過那段血淚編織的歲月，我要活得更有尊嚴！爲了這塊飽受踐踏的苦難故土，我要以生命留下見證！十七年的牢獄生涯，闖走了我的青春，卻阻擋不了我對台灣的摯愛及奉獻的決心！在我有生之年，都將以身爲台灣人的神聖使命，爲這個美麗之島耕耘播種，直至開花結果。」誠如作者所言，他用行動宣告決心，以熱情擁抱台灣，執一支平實的筆，寫下了最駭人的傷痕……一切的出發點，祇緣於他矢志爲人羣，祇緣於他身爲台灣人。

也是福氣。《辛酸六十年》上、下二冊，翔實的敍述了當時台灣知識青年的處境和心情，對現代的青年，有著傳承與啓發的意義，讓台灣新生的一代，回顧過去，展望未來，知道自己還能愛得更多，付出更多。

一部以生命鍛鍊的文學
——鍾逸人的《煉獄風雲錄》

彭瑞金

《煉獄風雲錄》是「二七部隊長」鍾逸人的回憶錄——《辛酸六十年》的下卷。標示《煉獄風雲錄》，雖不是正式的書名，卻比較接近事實，因爲這是一部澈頭澈尾寫坐牢經歷的監獄文章。

一九八七年，二二八事件發生的四十年後，眞相一直未經澄清，海內外人士發起的「二二八和平促進會」鑑於因事件引起的滿天疑雲，仍然深深影響到台灣社會的各個層面，尤其台灣內部的各族群融合的大阻礙，因有和平日運動的發起，鍾逸人是此一歷史事件最重要也是最關鍵性的見證人。他在這一年應邀赴美，參加海外的二二八紀念活動，等於把傳聞中的「二七部隊」第一次眞實地帶到人們的面前，許多人在震撼之餘，紛紛要求他寫下這段歷史來。

那一年，他已經六十五歲；一九四七年，他二十五歲，他自稱沒有寫過文章，尤其從未用中文寫過作品，然而，不到十個月的時間，便交出了一部四十多萬字的回憶錄，取名《辛酸六十年》出版，而且文采動人。這部近似素人作家的作品，並不是什麼奇蹟，完全是他的親身經驗，只是一個活過動亂時代風暴中的人，誠實地記錄了自己成長的經驗，曾經發生的、曾經看過的、做過的……眞誠地呈現出來，它就自然成爲具有時代的風貌又兼具個人特質的作品。

當然，《辛酸六十年》既無意寫成文學作品，也無法逃避接受歷史眼光的挑剔、檢驗，它具有史料的價值高於一切。尤其「二七部隊」是二二八事件後，台灣人唯一組成的武力對抗組織，轉戰台中、埔里山區以後失敗而消失。事後因不久即進入白色恐怖時代，眞相如何，衆說紛紜。《辛酸六十年》打開台灣歷史的記憶庫，重新檢視二二八，當然有其不可抹滅的價值，何況，回憶錄從自己的出生、童年、求學的經過寫起，在橫跨日台兩地的廣闊交遊中，實際上等於把事件前四分之一世紀的台灣社會做了它主要的陳述背景，也許正因爲「上卷」挑動了衆多關心、研究台灣歷史，以及苦苦追索台灣人命運的讀者的心，讀過「上卷」的人在飽啜之餘，可以說難以阻止自己「渴」望知道事件之後，部隊長如何熬過長達十七年的煉獄，如何走過日後的歲月。

「下卷」正是各方千呼萬喚下，才「難產」出來的，作者一直覺得「上卷」給了他壓力，寫起來格外謹愼，恐怕也因爲多了這樣的謹愼，下卷的文學味就更濃了，使它更接近「完全」的文學作品。「上卷」雖註明是回憶錄，明顯以自己的經驗爲寫作的中心，不過，事件的份量，歷史的成分，仍然比較濃厚，整體四十多萬字讀下來，圍繞著二七部隊或整個二二八事件的前因後果，還是最受矚目的焦點，作者個人的經歷反而只像是時代平面圖的指示燈而已。他代表具有行動力的知識份子的動向，就文學而言，比較能贏得文學關心的是時代的風景；若從文學的觀點看，「下卷」就的確提供了我們一幅戰後台灣最詭異、最神秘的一角風景——監獄。而且，我們看到了人的故事，一個人在黑暗的煉獄中迭經生死大限的考驗，求生奮鬥的經驗，寫下的辛酸人生的心路歷程，眞正的監獄文學。

鍾逸人在一九四七年四月底被捕，性命隨著日後的時局擺盪了一年多，幾度在鬼門關口徘徊之後，最後被判決有期徒刑十五年，卻結結實實坐了十七年牢，出獄時已經四十二歲。被捕後，原由軍方審判，未及判決，即因魏道明宣佈取消戒嚴而改由司法審理，但司法的「首謀」、「內亂罪」仍是唯一死刑，終因中國內戰情勢丕變，逃過一劫，可是國民政府來台前，爲籠絡本土人士，釋放所有因二二八案入獄者，獨獨遺漏了這位「首謀」，而且關滿十五年還不放他回家，再管訓兩年。

十七年煉獄，先後經過台北、台中、台南三大監及警總保安處、新店軍人監獄、綠島、琉球第三職訓總隊等七座監獄，換了八次囚禁的地方。鍾逸人以良心犯坐牢卻被送去和殺人犯關在同一牢房，由司法判決卻被長期囚於軍人監獄，同案釋放殆盡，他卻不獲一天減刑，服完刑期卻被送去當流氓管訓，在在顯示他坐的牢不僅特殊而且無理，他坐的是亂世之牢，鍛鍊也就格外嚴酷。

《煉獄風雲錄》以編年的方式，敘述他十七年的牢中見聞和經歷，其實，這十七年間，獄中歲月不但不比「娑婆」世界和平，反而是風高浪惡，處處凶險，隨時都有送命的可能，命運完全掌控在那不可知的不確定中，刑期、生命，隨時可能因爲時局的變化、或來自別人的供詞。其他被捕的人而改變，同志的誤會，不同背景、不同意識型態同囚的敵視，獄卒的借刀殺人，使得獄中生存不僅需要極敏銳的反應能力更要有極高的智慧，否則飢餓、疾病、同囚互毆、互鬥、獄卒暴力……，都有可能使槍口下撿回的生命成爲徒然。

鍾逸人刑期長，經過的監牢多處而多樣，獄中閱歷自是開闊而寬廣，所遭遇的奇遇怪事當然也比人多，但《煉獄風雲錄》眞正可貴的是它記錄了一顆從絕處逢生的生命於驚濤駭浪中泅泳向上的經驗。監獄是最容易觀察到人性的地方，也是人性面臨重大考驗的所在，人性的自私、猥瑣、貪婪、卑劣、殘忍……，可能在遭遇監禁的際遇中，赤裸裸地暴露無遺；友誼、愛情、親情乃至人性，不論是曾經同命共生的同志，抑或陌生的同囚，都面臨考驗，當然人性的高貴、光明，也可能因禁得起試探考驗而現出光芒。鍾逸人的坐牢故事，正是記錄了從自己身上反射出來的人性的明面與暗面，有令人氣血上沖的背叛，有叫人心灰意喪的絕情炎涼，也有讓人刻骨銘心的愛情、友誼。

除了寫到新店軍監，那些令人髮指的「前解放軍」「小蘇區」的作威作福，明顯地呈現屬於後見之明的統獨意識區分外，「下卷」可以說並沒有太多的政治氣氛，就算是「歷史」的意義，也因爲坐牢是個人的經驗，相對地可以被忽略；那麼，這部作品稱作《辛酸六十年》的「下卷」就不僅不是必要的，反而會忽略了它獨立的作品生命，或許附加上去的《煉獄風雲錄》更能凸顯這部作品的價值，它經由監獄所觀察到的，記錄的人性的種種變貌、面像，是具有文學上恆遠的價值的，它應該是台灣罕見的可貴的監獄文學代表作。

戰後台灣人追求民主、自由的道路上，據統計曾經付出槍斃二六五次，坐牢六千年的慘重代價，文學沒有爲這樣的歷史留下見證，作家的良知、職守沒有反省到這樣的歷史面相，將是我們社會、文化上極嚴重的蒙昧、作家的失敗、文學發展的盲點。或許有人會反駁說，楊逵的《綠島家書》、施明正的《喝尿者》、施明德的《囚室之春》、陳列的《無怨》或劉峰松、阿圖、呂昱、謝聰敏、許曹德……等人都寫過以坐牢爲背景的「監獄文學」，近者也有以日文寫的柯旗化的《台灣監獄島》，以及蔡德本的《蕃薯仔哀歌》，屬長篇巨著，可惜尚未有中文譯本。誠然都是事實，但我仍然要說，眞正體驗到監獄是生命的煉獄特質，眞正記錄一顆生命自黑暗、絕望中向上泅泳的經驗，《煉獄風雲錄》有這些作品不曾進入的完整體驗，它的確是台灣「監獄文學」的開端。

《二十一劃》

《二十二劃》

《二十四劃》

《十九劃》

《二十劃》

《十八劃》

《十七劃》

《十六劃》

《十五劃》

《十四劃》

《十二劃》

《十一劃》

《十劃》

《八劃》

《五劃》

《四劃》

《三劃》

《辛酸六十年》名稱索引

國家圖書館出版品預行編目資料

辛酸六十年. 下，煉獄風雲錄 / 鍾逸人著.
-- 修訂二版. -- 臺北市：前衛，
2009.12
530面；15×21公分
ISBN 978-957-801-630-9(精裝)

1. 鍾逸人 2. 臺灣傳記 3. 回憶錄

783.3886 98020274

辛酸六十年（下）
~煉獄風雲錄

著　者　鍾逸人
出 版 者　前衛出版社
10468 台北市中山區農安街153號4F之3
Tel：02-2586-5708　Fax：02-2586-3758
郵撥帳號：05625551
e-mail：a4791@ms15.hinet.net
http://www.avanguard.com.tw
出版總監　林文欽
法律顧問　南國春秋法律事務所林峰正律師
總 經 銷　紅螞蟻圖書有限公司
台北市內湖舊宗路二段121巷28、32號4樓
Tel：02-27953656　Fax：02-27954100
出版日期　2009年12月修訂二版一刷
定　價　新台幣500元

Printed in Taiwan　ISBN 978-957-801-630-9